KUNST UND GESCHICHTE

ROM
und der VATIKAN

Gesamtentwurf
Serena de Leonardis

Texte
Stefano Masi

Übersetzung
Heide Marianne Siefert

BONECHI

INHALT

KUNST UND GESCHICHTE - ROM
UND DER VATIKAN

Projekt und Verlagsidee: Casa Editrice Bonechi
Gesamtentwurf: Serena de Leonardis
Bildrecherchen: Stefano Masi, Giovannella Masini
Graphische Gestaltung und Layout: Serena de Leonardis
Umschlag: Manuela Ranfagni
Computersatz: Vanni Berti; *Redaktion:* Anna Baldini
Zeichnungen der Stadt und der Monumente: Stefano Benini

Arte e Storia - Roma - n° 4 - Pubblicazione Periodica Trimestrale - Autorizzazione del Tribunale di Firenze n° 3873 del 4/8/1989 - Direttore Responsabile: Giovanna Magi

Gedruckt in Italien von Centro Stampa Editoriale Bonechi- Sesto Fiorentino

FOTONACHWEIS

Der überwiegende Teil der Fotos stammt aus den Archiven der Casa Editrice Bonechi. Fotografen:
Marco Banti, Gaetano Barone, Marco Bonechi, Emanuela Crimini, Gianni Dagli Orti, Serena de Leonardis, Paolo Giambone, Nicola Grifoni, Stefano Masi, MSA, Andrea Pistolesi, Gustavo Tomsich, Cesare Tonini, Michele Tonini, Arnaldo Vescovo.

Weitere Fotos wurden von folgenden Archiven zur Verfügung gestellt:
Foto Archivio Fabbrica di San Pietro in Vaticano: *S. 14, 15, 17, 18 oben, 19, 20, 21 links.*
Gaetano Barone: *S. 23, 35.*
Gianni Dagli Orti: *S. 72 unten rechts, 73 unten links, 96 unten rechts, 116 oben, rechts und Mitte , 123 unten, 172 Mitte links, 173 Mitte rechts, 183 unten.*
Foto Musei Vaticani: *S. 2, 26, 31 unten;*
S. 38 unten (P. Abbrescia);
S. 27/30, 31 oben, 32, 33 unten, 34 (A. Bracchetti, P. Zigrossi);
S. 38 oben (T. Okamura); *S. 33 oben, 41* (P. Zigrossi).
Foto-Dienst des "L'Osservatore Romano"(Arturo Mari): *S. 7 unten, 42.*
Foto Pont. Comm. Arch. Sacra: *S. 189.*
Scala - Istituto Fotografico Editoriale: *S. 39, 40, 73 oben, 138.*
Giuliano Valsecchi: *S. 156 oben.*

Der Herausgeber bittet um Verständnis für etwaige Auslassungen und steht, sofern er von den Anspruchsberechtigen informiert wird, für entsprechende Ergänzungen zur Verfügung.

ISBN 88-476-0177-0

* * *

EINFÜHRUNG

DIE STADT DURCH DIE JAHRHUNDERTE

Der Kopf der Kolossalstatue des Kaisers Konstantin, Kapitolinische Museen.

Die Geschichte einer Stadt wie Rom ist im Grunde Weltgeschichte, so dass es fast unmöglich ist, im Rahmen einer kurzen Einführung auch nur einen groben Abriss zu geben. Vertiefende Hinweise enthalten die Einleitungen zu den einzelnen Zonen, in die das Stadtgebiet von Rom unterteilt ist, und zwar dort, wo es sinnvoll erschien, einen ausführlichen Überblick über die Geschichte und Entwicklung des Stadtgefüges im Zusammenhang mit den jeweils dort befindlichen Monumenten und Kunstwerken zu vermitteln. Dennoch halten wir es für unerlässlich, an dieser Stelle generell jene historischen, künstlerischen und kulturellen "Koordinaten" aufzuzeigen, zwischen denen die wichtigsten städtebaulichen Eingriffe stattgefunden haben. Anhand dieser Etappen ist es möglich, den jahrtausendealten und vielschichtigen Entwicklungsprozess einer Weltmetropole wie Rom zu beleuchten, von der legendären Gründung im Jahre 753 v. Chr. bis zum zweitausendsten Jahr christlicher Geschichte, die in der Stadt am Tiber, und insbesondere im Vatikan, ihren Hauptsitz hat. Einer der Schlüssel zum Verständnis von Rom liegt in der Untersuchung dieses doppelten Charakters als ***Hauptstadt der Antike*** *und* ***Hauptstadt der Christenheit****, zwei Rollen, die in ständigem Wechsel, aber auch sich ergänzend und ablösend, im Laufe der Jahrhunderte die Entwicklung entscheidend beeinflusst haben. Das Wesen einer Stadt wie Rom besteht in der progressiven Stratifizierung aufeinander folgender städtebaulicher Brennpunkte, die jeweils von verschiedenen Kriterien bestimmt werden und die das Ergebnis unterschiedlicher Epochen und Kulturen sind, jedoch einstimmig auf die Verherrlichung der Urbs als Caput Mundi hinzielen, Leitstern der westlichen Zivilisation, heilige Stadt und Symbol der Menschheitsgeschichte.*

DAS ANTIKE ROM

Das ursprüngliche Rom oder sogenannte Roma quadrata, das innnerhalb des von Romulus gezogenen Mauergürtels lag, entwickelte sich auf dem ***Palatin****, einem Hügel, wo menschliche Niederlassungen schon in der Bronzezeit nachgewiesen sind. Diese Anhöhe war der Ausgangspunkt für die spätere Ausdehnung der Stadt, die auch von italischen Stämmen bewohnte Siedlungen auf den umliegenden Hügeln einschloss: die Sabiner, die den* ***Quirinal*** *und den* ***Viminal*** *einnahmen, die Latiner, die auf dem* ***Aventin*** *angesiedelt waren, und andere Stämme, die auf dem* ***Esquilin*** *und dem* ***Caelius*** *lebten. Sichtbarer Ausdruck des Zusammenschlusses war der siebte Stadthügel, das* ***Kapitol****, auf dem Romulus der Legende nach alle diese Volksstämme in dem sogenannten* ***Asylum Romuli*** *aufgenommen hatte und wo die Akropolis mit der Kapitolinischen Festung und dem Tempel für den Schutzgott der Stadt, Jupiter Optimus Maximus, angelegt wurde.*
Später breitete sich die Stadt in der Talsenke zwischen Palatin, Oppius und Quirinal aus, wo das ***Forum Romanum*** *entstand, sowie in dem dicht am Kapitol zum Tiber und der Tiberinsel gelegenen Gebiet, wo das Forum Boarium und das Forum Holitorium lagen, zwei Handelszentren in der Nähe des Portus Tiberinus genannten Flußhafens, der für das wirtschaftliche Leben der Urbs von vitaler Bedeutung war.*

Gegen Ende der Königsherrschaft (6. Jahrhundert), in der sieben legendäre Könige aufeinander gefolgt waren, wurde die Stadt mit einem Mauerring umgeben. Diese sogenannte ***Servianische Mauer*** *wurde der Überlieferung nach von Servius Tullius errichtet, jedoch in republikanischer Zeit, etwa im 4. Jahrhundert v. Chr., einer Epoche des wirtschaftlichen Wohlstands für die Stadt, weiter verstärkt. Diese Blütezeit setzte sich fort, vor allem nach den Punischen Kriegen und den Bürgerkriegen, als sich das Stadtgebiet bis zu dem bis dahin unbewohnten Marsfeld ausdehnte, ein weites ebenes Gelände zwischen dem Tiber und dem Hügelkranz, der vom Kapitol bis zum Pincio reicht. Die Stadt wandelte ihr Gesicht auch aufgrund der neu erbauten öffentlichen Gebäude aus Marmor und Travertin, unter anderem der großartigen Basiliken am Forum, der Tempel, Paläste und Patrizierhäuser, aber auch durch die Entstehung ausgedehnter Stadtviertel für das Volk.*
Die Expansion, die in der Folgezeit noch andauerte, erhielt Mitte des 1. Jahrhunderts starken Antrieb durch Cäsar, der das Forum über die bisherigen Grenzen hinaus erweiterte und den Kern der späteren ***Kaiserforen*** *anlegte.* ***Augustus*** *folgte dem Beispiel des illustren Vorgängers und leitete eine großangelegte Baukampagne ein, die sich durch einen Großteil der Kaiserzeit hinziehen sollte. Insbesondere nach dem Brand Neros im Jahre 54 n. Chr. und dem Großfeuer 80 n. Chr. wurde die Stadt nach einem gleichmäßigeren und funktionelleren Schema wiederaufgebaut. Die großartigen Monu-*

Oben die Kapitolinische Wölfin, Wahrzeichen der Stadt Rom, Kapitolinische Museen.

In der Mitte der Seite, die Silhouette des Kolosseums.

Detail der Ara Pacis Augustae. Der Altar wurde zu Ehren der Friedenspolitik errichtet, die Kaiser Augustus gegenüber den Barbarenvölkern verfolgte.

mente und prachtvollen Gebäude, die unter den verschiedenen Dynastien errichtet wurden, waren Ausdruck einer die Kaiserzeit verherrlichenden Ideologie. So entstanden überall kolossale öffentliche Bauten, wie Thermen, Zirkusanlagen, Theater, Bibliotheken, aber auch Bauwerke, die ausschließlich die Größe der Kaiser priesen, wie Ehrensäulen und Triumphbögen.

*Seine größte Ausdehnung erreichte das antike Rom im 2. Jahrhundert, als die in 14 Regionen geteilte Stadt mehr als eine Million Einwohner zählte. Im folgenden Jahrhundert kam es zu einem Stillstand des Wachstums, während die Gefahr der Barbareneinfälle Kaiser Aurelian zwischen 270 und 275 veranlaßte, einen weiteren und stärkeren Mauergürtel zu bauen, der nach ihm benannt wurde (**Aurelianische Mauer**).*

Damit setzte eine lange Periode des Verfalls ein, die von einer fortschreitenden Entvölkerung gekennzeichnet war. In dieser Zeit regte sich jedoch ein neues kraftvolles Ferment, das schon bald das Gesicht der Stadt von Grund auf ändern sollte: die christliche Religion, die anfangs von der kaiserlichen Politik bekämpft wurde, sich aber immer mehr durchsetzte, zuerst in den niederen Gesellschaftsschichten, dann aber auch in den höheren Kreisen, bis hinauf zu den höchsten Regierungsstellen.

DAS MITTELALTERLICHE ROM UND DIE GRÜNDUNG DER GROSSEN BASILIKEN

*Mit der offiziellen Anerkennung der christlichen Religion durch das von Kaiser **Konstantin** erlassene Mailänder Edikt im Jahre 313 begann sich das Stadtbild allmählich zu ändern. Ein erstes Anzeichen dieses Wandels stellte die Errichtung der sogenannten **konstantinischen Basiliken** dar, die zwar die basilikale Struktur beibehielten, jedoch einen völlig anderen Zweck erfüllten, indem aus dem zivilen Gebäude ein Gotteshaus wurde. Diese Basiliken lagen am Rand der antiken Urbs, während das Zentrum der Stadt in den folgenden drei Jahrhunderten im wesentlichen unverändert blieb. Die erste dieser Basiliken war San Giovanni in Laterano, die von 312 bis 315 auf dem Grundstück der Laterani errichtet wurde. Neben der Kirche entstand auch der erste offizielle Bischofssitz von Rom, der sogenannte Patriarchensitz, Zentrum der päpstlichen Macht bis zur zweiten Hälfte des 14. Jahrhunderts, als der Heilige Stuhl seinen Sitz in den **Vatikan** verlegte.*

Am Zirkus des Nero entstand ab 320 die zweite der konstantinischen Basiliken. Sie war dem heiligen Petrus geweiht, der an dieser Stelle den Martertod erlitten hatte. Zusammen mit der 324 gegründeten Basilika San Paolo fuori le Mura und Santa Maria Maggiore, die 356 entstand, bezeichneten Alt-St.-Peter und San Giovanni in Laterano die Ausgangspunkte der rechtwinkligen Verkehrsachsen, die sich am Kolosseum kreuzten und symbolisch die kreuzförmige Anlage bildeten, an der sich später das mittelalterliche Rom entwickeln sollte.

*Die Barbareneinfälle im 5. Jahrhundert und der anschließende Gotenkrieg (535-553) führten zum totalen Niedergang der Stadt. Dennoch lagen im Christentum die Keime eines Neubeginns. Neben den Titularkirchen, das heißt, Pfarrkirchen, die an den frühen Kultorten der Christengemeinde, oft in Privathäusern, erbaut worden waren, entstanden vor allem in den Außenbezirken der Stadt die bedeutendsten **frühchristlichen Kirchen**: San Clemente und Santi Quattro Coronati im Gebiet des Laterans; Santa Pudenziana auf dem Esquilin; Santo Stefano Rotondo und Santi Giovanni e Paolo auf dem Caelius; Santa Sabina, Santa Prisca und Santa Balbina auf dem Aventin; San Crisogono, Santa Cecilia und Santa Maria in Trastevere im gleichnamigen Stadtviertel; Sant'Agnese und Santa Costanza an der Via Nomentana; Santi Nereo e Achilleo an der Via Appia.*

Das Herz des antiken Rom, das bis dahin von diesen Veränderungen unberührt geblieben war, wurde mit Beginn des 7. Jahrhunderts, als das Verbot, heidnische Tempel in Kirchen zu verwandeln, aufgehoben wurde, allmählich in den Entwicklungsprozess der Stadt einbezogen. Bei der daraus folgenden Zerstörung und dem Wiederaufbau verwendete man antikes Material, und die bestehenden Gebäude wurden in ebensoviele Sakralbauten verwandelt (Pantheon, Tempel der Fortuna Virilis, Vesta-Tempel), die im Inneren häufig mit kostbaren Mosaiken und Freskomalereien ausgeschmückt wurden. Anfangs handelte es sich um Werke einheimischer Meister, doch machte sich zunehmend der Einfluss der byzantinischen Kunst geltend (Santi Cosma e Damiano, Sant'Agnese, Santa Maria Antiqua). Diese Aspekte der frühchristlichen Kunst kennzeichneten das gesamte Hochmittelalter bis zur karolingischen Zeit, in der Rom erneut auflebte. Die Stadt, die inzwischen endgültig der päpstlichen Hoheit unterstand, bestätigte diesen Neuanfang, als am 25. Dezember des Jahres 800 Karl d. Große in der Peterskirche zum ersten Kaiser des Heiligen Römischen Reiches gekrönt wurde.

*In der ersten Hälfte des 9. Jahrhunderts wurden, vor allem auf Initiative des Papstes Paschalis I., die Basiliken Santa Prassede, Santa Maria in Domnica, Santa Cecilia und San Marco mit herrlichen Mosaiken geschmückt, aber schon bald danach setzte eine Invasion der Sarazenen dieser kurzlebigen Blüte ein Ende. Zur besseren Verteidigung gegen solche Angriffe ließ Papst Leo IV. den Vatikan mit einem mächtigen Mauergürtel umschließen, dessen Brückenkopf die Engelsburg wurde, und schuf so die sogenannte **Leoninische Stadt**. In den beiden folgenden Jahrhunderten wurde Rom durch die Auseinandersetzungen zwischen Kaiserreich und Stadtadel und später durch den Investiturstreit zerrüttet, bis sie 1084 den Normannen in die Hände fiel, die sie mit Feuer und Schwert völlig ausplünderten.*

Im 12. Jahrhundert war ein langsamer Aufstieg zu verzeichnen, sowohl im Bereich der bürgerlichen und politischen Tätigkeit der Stadt - Einsetzung der Kommune (1143) und Gründung des Senatssitzes auf dem Kapitol - als auch im Bauwesen, im Rahmen dessen im Stil der romanischen Kunst die zuvor beschädigten Kirchen wiederhergestellt wurden: San Clemente, Santi Quattro Coronati, Santa

DIE SPRECHENDEN STATUEN

Unter den interessantesten und einfallsreichsten Kuriositäten in Rom nehmen die sogenannten "sprechenden Statuen" eine Sonderstellung ein. Natürlich sprechen sie nicht wirklich, sondern es handelt sich um kurze bissige Schriften, die Unbekannte seit vier Jahrhunderten auf Plakate schreiben und den Statuen um den Hals hängen. In diesen provokatorischen und gesalzenen Sprüchen, geistreich in Versform oder Prosa verfasst, drückt sich gewöhnlich die Unzufriedenheit der Bürger aus. Die berühmteste dieser Statuen ist **Pasquino**, nach der diese Satyren *Pasquinate* genannt werden. Kardinal Oliviero Carafa ließ die Figur, die zu einer hellenistischen Skulpturengruppe mit Menelaos und dem sterbenen Patroklus gehörte, im Jahre 1501 an der Ecke des zur Piazzetta di Parione weisenden Palazzo Braschi aufstellen. Der Brauch, an dem Monument satyrische Sprüche aufzuhängen, geht auf römische Gymnasiasten zurück, die am Heiligenfest des Evangelisten Markus am 25. April am Sockel des Pasquino lateinische Spottschriften anzuheften pflegten.

Schon nach kurzer Zeit wurde die Stimme des Volkes lauter, indem weitere Statuen hinzukamen, als erste **Marforio**, das Bild einer Flussgottheit des 1. Jahrhunderts v. Chr., das Innozenz X. im Hof des Palazzo Nuovo unterbrachte. Die Reihe setzte sich dann fort mit **Madama Lucrezia**, einer kolossalen weiblichen Büste, die in der Nähe der Kirche San Marco ihren Standort fand, dem **Abate Luigi** auf der Piazza Vidoni, der **Fontana del Facchino** in der Via Lata und der nach der gleichnamigen Straße **Babuino** genannten Figur eines Silens.

Maria in Trastever, San Crisogono, Santa Maria in Cosmedin. Großen Einfluss übte die lombardische Romanik bei der Errichtung zahlreicher Backstein-Glockentürme aus, die im Zuge des Wiederaufbaus dieser und anderer Kirchen (Santa Francesca Romana, Santi Giovanni e Paolo, Santa Maria Maggiore) verwirklicht wurden. In dieser Zeit waren auch die sogenannten Cosmaten-Künstler tätig, die es meisterlich verstanden haben, unter Verwendung von Marmor und sonstigem Spolienmaterial viele dieser Kirchen mit Intarsienfußböden, Portalen, Ambonen, Bischofsstühlen und Grabmonumenten auszuschmücken. Im 13. Jahrhundert schufen insbesondere die Cosmaten der Familie Vasselletto die Kreuzgänge von San Giovanni in Laterano und San Paolo fuori le Mura, die im Glanz phantasievoller, mosaikverzierter Säulen erstrahlten. Auch die Mosaikdekoration und die Freskomalerei erlebten eine Erneuerung, indem sie sich von byzantinischen Vorbildern lösten, vor allem durch Jacopo Torriti, den Schöpfer der Apsismosaiken in Santa Maria Maggiore und San Giovanni in Laterano, und durch Pietro Cavallini, der das schöne Jüngste Gericht in Santa Cecilia malte, beides Künstler, die Ende des 13. Jahrhunderts wirkten. Zur gleichen Zeit entstanden auf dem Gebiet des Profanbaus, in dem sich die Prahlsucht und die Gegensätze der sich um die Kontrolle der einzelnen Stadtbezirke ständig streitenden Adelsfamilien widerspiegelte, zahlreiche ***Turmhäuser*** *(Torre dei Conti, Torre dei Capocci, Torre dei Caetani), von denen einige auf antiken römischen Gebäuden stehen, wie der Palazzo dei Savelli (später Palazzo Orsini), der auf den Ruinen des Marcellustheaters errichtet wurde.*

ROM ZWISCHEN RENAISSANCE UND BAROCK

Papst Eugen IV. Condulmer kehrte nach langjährigem Exil in Florenz, wo er Gelegenheit hatte, die künstlerische Produktion der Renaissance kennen und schätzen zu lernen, 1443 nach Rom zurück. Einige Jahre später berief er die Hauptvertreter dieser Kunst in die Ewige Stadt, unter anderem Masolino da Panicale und Filarete, die jeweils die Fresken in San Clemente und das Bronzeportal der Peterskirche schufen, und leitete damit eine regelrechte Wiedergeburt des bürgerlichen und kulturellen Lebens der Stadt ein. Diese Blüte erreichte ihren Höhepunkt um die Jahrhundertmitte unter dem Pontifikat von Nikolaus V. Parentucelli, während immer mehr toskanische Künstler an den päpstlichen Hof strömten, der es an Ruhm und Glanz inzwischen mit den zahlreichen italienischen Fürstenhöfen aufnehmen konnte. Lorenzo Ghiberti, Donatello, Isaia da Pisa, Leon Battista Alberti und Rossellino sind nur einige der berühmten Namen, die hier vertreten waren. Rossellino beauftragte der Papst 1452 mit dem Entwurf einer Neugestaltung der Leoninischen Stadt und mit der Erneuerung der Peterskirche im Renaissancestil, zwei Projekte, die seine Nachfolger dann verwirklichten.
In der Zwischenzeit schritt die Stadtentwicklung mit der vatikanischen Basilika und dem angrenzenden Papstsitz als Mittelpunkt weiter fort. Sie dehnte sich an den drei Hauptachsen aus, die sich vom Vatikan aus zu den Brennpunkten der Stadt hin verzweigten: die Via Peregrinorum oder Via dei Pellegrini in Richtung Ghetto und Basilika San Paolo, die Via Papalis oder Via Papale in Richtung Kapitol und San Giovanni in Laterano, und die Via Recta in Richtung des Stadtviertels, das um die Kirche Santi Apostoli entstanden war. In diesem Gebiet ließ Papst Paul II. Barbo in der zweiten Jahrhunderthälfte den Palazzo Venezia, ein vollendetes Beispiel der profanen Renaissancearchitektur, erbauen. Doch setzte sich vor allem unter seinem Nachfolger, Sixtus IV. Della Rovere, der ***Renaissancestil*** *durch, sowohl in der profanen Architektur (Palazzo della Cancelleria) als auch in der Kirchenbaukunst (Santa Maria del Popolo, Sant'Agostino, San Pietro in Montorio), die in Bramante ihren berühmtesten Vertreter fand.* ***Sixtus IV.*** *ist insbesondere die Errichtung der Sixtinischen Kapelle zu verdanken, an deren Ausgestaltung Botticelli, Ghirlandaio, Luca Signorelli und Perugino beteiligt waren.*
Eine echte Revolution auf dem Gebiet der Architektur und des Städtebaus fand 1503 statt, als ***Julius II. Della Rovere*** *den päpstlichen Thron bestieg. Er griff die Projekte Nikolaus' V. wieder auf und beauftragte Bramante mit dem Neubau der Peterskirche und mit dem Bau der Via Giulia, die zusammen mit der Via della Lungara eine neue Achse bildete, an der sich die Stadt parallel zu den beiden Tiberufern ausdehnen konnte. Dieses neue Konzept einer Renaissancestadt, bei dem die in die Tiberschleife eingeschriebene mittelalterliche Stadt ausgeklammert wurde, bedeutete eine Alternative, die den Hafen von Ripa Grande in Trastevere mit dem Vatikan und letzteren mit den großen Pilgerkirchen und dem Kapitol verbinden sollte. Unter Julius II. und seinen unmittelbaren Nachfolgern*

Detail der Fresken von Michelangelo in der Sixtinischen Kapelle.

schufen Bramante, und später auch Raffael und Michelangelo, überragende Kunstwerke, die das Rom des Cinquecento kennzeichneten: die Freskomalereien in der Sixtinischen Kapelle, die Stanzen und Loggien Raffaels, die Paläste und vatikanischen Höfe Bramantes. Ferner die Villa Farnesina von Peruzzi und der Palazzo Farnese von Antonio da Sangallo il Giovane, um nur die bedeutendsten zu nennen. Insbesondere Leo X. de' Medici weitete den urbanistischen Plan Julius' II. aus, indem er Sangallo und Raffael mit dem Bau der Via Leonina - heute Via di Ripetta - beauftragte, Ausgangspunkt der Stadtausdehnung rund um den sogenannten Tridente (drei Straßen - Via di Ripetta, Via del Corso, Via del Babuino - mit gemeinsamem Beginn an der Piazza del Popolo). Diese Bautätigkeit erhielt, nach einer kurzen Unterbrechung durch den Sacco di Roma im Jahre 1527, neue Impulse durch Klemens VII., der ebenfalls der Medici-Familie angehörte.
1545 berief Papst Paul III. Farnese das Trienter Konzil ein, um die Einheit der katholischen Kirche zu sanktionieren (deren ideelles und symbolisches Zentrum Rom mehr denn je wurde), die durch die protestantische Reform erschüttert worden war. Das Konzil leitete die sogenannte Gegenreformation ein, die stark von den Jesuiten geprägt war. Dieser neue Kirchenorden wurde 1534 von Ignatius von Loyola gegründet, auf dessen Veranlassung die Kirchen Il Gesù und Sant'Ignazio erbaut wurden. Neben dem Jesuitenorden blühten weitere religiöse Zentren anderer Kirchenorden, wie die der Theatiner mit der Kirche Sant'Andrea della Valle und der Filippini mit der Chiesa Nuova, während die Stadt, vor allem unter Pius IV. de' Medici und Gregor XIII. Boncompagni, weitere Projekte an neugebauten Straßen (Strada Pia, Via Gregoriana, Via Merulana) verwirklichte, an denen Architekten wie Giacomo della Porta, Martino Longhi il Vecchio, Jacopo de Duca, Pirro Ligorio, Flaminio Ponzio und Ottaviano Mascherino beteiligt waren. Dieser Plan wurde fortgeführt und erweitert durch Sixtus V., mit bürgerlichem Namen Felice Peretti, der mit Hilfe des Architekten Domenico Fontana neue Straßen (Via Felice) anlegte und spezielle Schwerpunkte der Stadt zu einer Reihe kulissenartiger Straßenzüge zusammenfasste.
Auf dem Gebiet der bildenden Künste setzte sich in diesen letzten Jahrzehnten des Cinquecento der Manierismus durch, zu dessen berühmtesten Vertretern die Brüder Taddeo und Federico Zuccari, Perin del Vaga, Vasari und Cavalier d'Arpino zählten. Schon bald mußte sich die wenn auch qualitativ hochstehende Produktion dieser Richtung mit der revolutionären Malerei Caravaggios messen, der von 1599 bis 1602, unter dem Pontifikat von Klemens VIII. Aldobrandini, die Cappella Contarelli in der Kirche San Luigi dei Francesi ausmalte.
Das Werk Caravaggios leitete zu einer neuen Kunstepoche über, die allgemein als ***Barock*** *bekannt ist und zu der dieser lombardische Maler fruchtbare Anstöße lieferte, die später von seinen Schülern (Orazio Gentileschi, Gherardo delle Notti, Spadarino usw.) aufgegriffen wurden. Gleichzeitig eröffneten die Werke der Caracci und ihrer Schüler, wie Pomarancio, Pietro da Cortona (der auch Architekt war) und Baciccia, eine neue Dimension in dieser innovativen Malrichtung, der auf dem Gebiet der Architektur das Werk Berninis, Borrominis und Madernos entsprach. Vor allem die beiden ersteren trugen im Verlauf des Seicento dazu bei, der Stadt ein neues monumentales Aussehen zu verleihen, insbesondere zur Zeit der Päpste Urban VIII. Barberini, Innozenz X. Pamphili und Alexander VII. Chigi. Die Kirchen San Carlo alle Quattro Fontane, Sant'Ivo alla Spienza und das Oratorio dei Filippini gehören zu den absoluten Meisterwerken Borrominis, während Berninis Genius in der Kirche Sant'Andrea al Quirinale, dem Vierströmebrunnen auf der Piazza Navona und der Kolonnade auf dem Petersplatz zum Ausdruck kam.*

DER WEG IN DIE MODERNE: ROM, HAUPTSTADT ITALIENS

Zwischen der zweiten Hälfte des 17. und der ersten Hälfte des 18. Jahrhunderts erlebte die Stadt die Krönung seiner spektakulären barocken Ausstattung mit phantasiereichen Werken, die Rom zu einer faszinierenden Kulisse werden ließen. So entstanden die Spanische Treppe von De Sanctis, der Burrò von Filippo Raguzzini und der Trevibrunnen von Salvi. Eine herausragende Persönlichkeit in dieser Epoche war Piranesi, der es mit seinen eindrucksvollen Radierungen darüber hinaus verstand, ein neues Licht auf die Ruinen des antiken Rom zu werfen, deren Wiederverwendung für urbanistische Zwecke im 16. und 17. Jahrhundert die Grundlage für jegliche Bautätigkeit der Päpste Gregor und Sixtus bildete.
Die Liebe zur Antike und zur Archäologie wurde in der Folgezeit zum ausschlaggebenden Faktor bei der Neugestaltung des Stadtgefüges unter klassizistischem Vorzeichen, vor allem nach der französischen Besetzung (1809-1814), eine Tendenz, die auch während der Restauration und nach der Rückkehr von Papst Pius VII. Chiaramonti nach Rom im Jahre 1815 noch anhielt. Erst 1864, als Italien der Einigung des Landes zustrebte, wurde ein erster Stadtbebauungsplan erstellt, der eine Entwicklung und eine Neuordnung der Stadt nach modernen Gesichtspunkten vorsah. Dieser Plan bildete - nachdem die Einigung Italiens (1870) erreicht und Rom als ***Hauptstadt*** *des Königreiches ausgerufen war - die Grundlage für eine neue städtebauliche Ordnung, die einerseits durch den Abriss weiter Teile vor allem auf Kosten der mittelalterlichen Stadt gekennzeichnet war, andererseits aber den Vorzug hatte, den Verkehrsfluss zu optimieren und eine sinnvolle Stadtraumentwicklung zu gewährleisten, die dann Ende des 19. und Anfang des 20. Jahrhunderts unter Umberto I. ihre Fortsetzung fand.*
Der Modernisierungsprozess der Stadt, der sich im übrigen nicht frei von Spekulationen vollzog, schritt weiter fort und erlebte noch einmal einen Höhepunkt in den dreißiger Jahren unter dem Faschismus. Damals wurden Projekte verwirklicht, die einerseits aus einer den Reichsgedanken und die Traditionen verherrlichenden, propagandistischen Sicht heraus die römischen Monumente der Antike (Via dei Fori Imperiali, Grabungsgelände des heiligen Bezirks Argentina, Restaurierung des Marcellustheaters und der Ara Pacis) und der Barockzeit (Via della Conciliazione) in den Vordergrund rückten und andererseits die Realisierung moderner Gebäude vorsahen, denen zwar zuweilen etwas Rhetorisches anhaftete, die sich aber durch ein hohes Maß an Funktionalität und architektonischer Qualität auszeichneten (Teatro dei Marmi, Foro Italico, ***EUR****).*
Zum Glück wurde Rom im Zweiten Weltkrieg nur wenig beschädigt. In der Nachkriegszeit erlebte die Stadt eine starke Aufwärtsentwicklung, wenn auch zuweilen ohne architektonisches Konzept. Die Ausdehnung erfolgte proportional zur Zunahme der Bevölkerung, die heute rund drei Millionen Einwohner zählt.

EUR, Palazzo della Civiltà del Lavoro, Detail einer der vier Dioskurengruppen.

DIE JUBILÄUMSJAHRE IN DER GESCHICHTE DER CHRISTENHEIT

Der Ursprung des christlichen Jubiläums- oder Jubeljahres ist in der Tradition des Judentums zu suchen. Das biblische Gesetz schrieb alle 50 Jahre ein solches Jubiläumsjahr vor, in dem die Schulden erlassen wurden, den Sklaven die Freiheit gewährt wurde, veräußerte Güter zurückgegeben und die zu bebauenden Ländereien neu verteilt wurden. Der Ausdruck "Jubiläum" geht auf das hebräische Wort "Jobel", Widder oder Widderhorn zurück, das während der Eröffnungsfeier des sogenannten Jubiläumsjahres geblasen wurde. Das erste Jubeljahr der Christenheit wurde im Jahr 1300 unter dem Pontifikat von Bonifatius VIII. ausgerufen, der einen vollkommenen Ablass, das heißt den Nachlaß aller zeitlichen Sündenstrafen all den Gläubigen gewährte, die nach vorschriftsmäßigem Empfang der Sakramente (Beichte und Hl. Kommunion) die Peterskirche und die Basilika San Paolo fuori le Mura besuchten, um die Grabstätten der beiden Märtyrer zu ehren, und zwar dreißigmal, wenn sie Römer waren, und fünfzehnmal, wenn sie von auswärts kamen.

Im Verlauf der Jahrhunderte änderten sich nicht nur die Abstände zwischen den einzelnen Jubeljahren, die von fünfzig auf fünfundzwanzig reduziert wurden, sondern auch die Bedingungen, Riten, Eröffnungs- und Schlussfeiern des Jubiläumsjahres, das auch ***Heiliges Jahr*** *genannt wurde. Während die päpstliche Bulle von Bonifatius VIII. den Pilgern nur den Besuch der Grabstätten der beiden Apostel Petrus und Paulus und der jeweiligen Basiliken vorschrieb, fügte Papst Urban VI. noch die Basilika Santa Maria Maggiore und Martin V. im Jahre 1425 auch San Giovanni in Laterano hinzu. 1552 erhöhte der hl. Philipp Neri die Zahl der zu besuchenden Kirchen auf sieben, indem er außer den vier Patriarchalbasiliken oder großen Pilgerkirchen den Besuch der drei kleineren Pilgerkirchen San Lorenzo fuori le Mura, Santa Croce in Gerusalemme und San Sebastiano vorschrieb. Die Pflicht zum Besuch der sieben Kirchen hielt sich bis 1950, als die Zahl erneut auf vier gesenkt wurde.*

Traditionsgemäß beginnt das Heilige Jahr am Heiligen Abend in der Peterskirche mit der Öffnung des Jubeltores durch den Papst und endet im darauffolgenden Jahr mit der Wiedervermauerung des Tores. Das gleiche Zeremoniell findet in den anderen drei Hauptbasiliken statt, die alle mit einem Jubeltor ausgestattet sind. In der siebenhundertjährigen Tradition, die einen immer größeren Pilgerstrom verzeichnete, wurden bei besonderen Anlässen auch außerordentliche Jubiläumsjahre ausgerufen, während andere aus politischen oder historischen Gründen überhaupt nicht stattgefunden haben. Einige Jubiläumsjahre gaben Anlass zu großartigen ***städtebaulichen Eingriffen****, die dazu beigetragen haben, Rom jenen monumental-feierlichen Charakter zu verleihen, der dem weltweiten Ruhm dieser Stadt zugrunde liegt. Siebenundzwanzig von der katholischen Kirche ausgerufenen Jubeljahren, zu denen auch das Heilige Jahr 2000 zählt, kommt besondere Bedeutung zu.*

I (1300) - Das erste Jubiläum in der Geschichte der Christenheit wurde von Bonifatius VIII. Caetani mit päpstlicher Bulle vom 22. Januar ausgerufen, deren Text auf einem in der Vorhalle der Peterskirche aufbewahrten Gedenkstein zu lesen steht. An der Jubelfeier nahmen berühmte Persönlichkeiten aus der Politik und Kultur jener Zeit teil, wie Carlo Martello, Dante, Giotto und Cimabue.

II (1350) - Dieses Jubiläumsjahr, das Klemens VI. (mit bürgerlichem Namen Pietro Roger) zur Zeit des "Babylonischen Exils" der Päpste in Avignon ausrief, wurde in Rom von einem päpstlichen Legat eröffnet. An der Feier nahm neben vielen herausragenden Persönlichkeiten auch Brigitta, die spätere Schutzheilige von Schweden, teil.

III (1390) - Es handelt sich um das erste außerordentliche Jubiläum, das von Urban VI. Prignano ausgerufen und von seinem Nachfolger, Bonifatius IX. Tomacelli, fortgeführt wurde, um die Kirche während des großen abendländischen Schismas wieder zusammenzuführen. Der gleiche Papst verkündete, wenn auch nicht offiziell, im Jahre 1400 ein Jubiläumsjahr zur Feier und zur Versöhnung des anbrechenden Jahrhunderts.

IV (1423) - Dieses zweite außerordenliche Jubiläumsjahr wurde von Martin V. Colonna ausgerufen, um die Einigung der Kirche nach dem großen abendländischen Schisma zu feiern. Anlässlich der Verkündigung des Heiligen Jahres leitete man eine teilweise Neugestaltung der Stadt ein, um die schweren Schäden auszumerzen, die durch die Vernachlässigung während des Exils der Päpste in Avignon entstanden waren. Neben der Kirche Santi Apostoli wurde die Familienresidenz der Colonna wiederaufgebaut, die später das gesamte 15. Jahrhundert hindurch als Vorbild für andere Kardinalssitze diente.

V (1450) - Nikolaus V. Parentucelli rief dieses Jubiläum aus, an dem Zigtausende von Pilgern teilnahmen. Damals setzte man den Abstand der Jubeljahre von fünfzig auf fünfundzwanzig zurück. Anlässlich dieses Ereignisses wurde der Florentiner Architekt Bernardo Rossellino vom Papst beauftragt, im Hinblick auf den zu erwartenden großen Zustrom von Gläubigen einen Plan für die städtebauliche Neuordnung der Stadt, insbesondere des Vatikans (Anlage des Petersplatzes, Wiederaufbau der Basilika, Abriss des Borgo Vecchio und Bau einer geradlinigen Straße zur Engelsbrücke) aufzustellen, der jedoch erst in späterer Zeit vollständig ausgeführt wurde.

Das Porträt von Papst Bonifatius VIII. (1295-1303), der das erste Jubeljahr der Christenheit ausrief, und das Porträt von Papst Sixtus IV. (1471-84), unter dessen Pontifikat die Sixtinische Kapelle gebaut und das Heilige Jahr 1475 ausgerufen wurde.

Papst Johannes Paul II. grüßt die Pilger auf dem Petersplatz.

VI (1475) - Der Ausrufung dieses Heiligen Jahres durch Papst Sixtus IV. Della Rovere ging eine intensive Bautätigkeit auf urbanistischer Ebene voraus. Die unter der Leitung des Kardinalschatzmeisters Guglielmo d'Estouteville vorgenommenen Arbeiten führten zu beachtlichen Veränderungen des römischen Stadtbildes und betrafen die Neuordnung des Straßennetzes, den Bau des Ponte Sisto, die Ausschmückung der Basiliken und die Errichtung zahlreicher Hospize für Pilger, unter anderem das Ospedale di Santo Spirito in Sassia.

VII (1500) - Mit der Ausrufung dieses Jubiläums führte Papst Alexander VI. Borgia den Ritus der Öffnung des Jubeltores ein. Gleichzeitig wurde eine der kostbarsten Reliquien der Christenheit ausgestellt: das Heilige Antlitz Christi oder das Schweißtuch der Veronika, das in der Peterskirche aufbewahrt wird. Beachtlich waren auch die städtebaulichen Arbeiten, welche mit der Eröffnung der sogenannten Via Alessandrina als Verbindung zur Engelsbrücke, ihren Abschluss fanden. Aus diesem Jahr datiert auch das erste römische Werk Michelangelos: die *Pietà* in der Peterskirche im Vatikan.

VIII (1525) - Klemens VII. dei' Medici rief dieses Jubiläumsjahr aus, das aufgrund der blutigen Kriege in Europa zwischen Franz I. und Karl V., die 1527 den Sacco di Roma auslösten, wenig Resonanz fand. Der Papst führte einige der zahlreichen Großprojekte zum Abschluss, die seine Vorgänger Julius II. Della Rovere und Leo X. de' Medici eingeleitet hatten. Diese Päpste hatten sich die Erfahrung großer Meister wie Bramante, Michelangelo, Raffael und Antonio da Sangallo il Giovane zunutze gemacht und im Zusammenhang mit dem Neubau der Peterskirche das Stadtbild von Rom grundlegend verändert, indem sie neue Verbindungswege (Via Giulia, Via Leonina - die heutige Via di Ripetta -, Tridente) schufen, die den Pilgerstrom zum Vatikan und zu den Pilgerkirchen regelten.

IX (1550) - Das von Paul III. Farnese ausgerufene, offiziell aber von Julius III. eröffnete Jubiläum verzeichnete wieder einen beachtlichen Zustrom von Gläubigen, mit deren Unterbringung sich der später heiliggesprochene Philipp Neri befasste, der zu diesem Zweck die Bruderschaft der Allerheiligsten Dreifaltigkeit ins Leben rief. Anlässlich des Jubeljahres - kurz nach dem triumphalen Einzug Karls V. in Rom - für das eine neue Straße gebaut worden war, kamen zahlreiche städtebauliche Projekte zur Ausführung, unter anderem die Anlage der archäologischen Zone zwischen den Caracalla-Thermen und dem Kapitol, dessen Platz nach einem Entwurf Michelangelos neu gestaltet wurde.

X (1555) - Aufgrund der nach dem Schisma zwischen der englischen und römischen Kirche von Maria Stuart angestrebten und nie erfolgten Einigung verkündete Julius III. Ciocchi del Monte dieses außerordentliche Heilige Jahr.

XI (1575) - Während des von Gregor XIII. Boncompagni ausgerufenen Heiligen Jahres kamen viele Fürsten und wichtige Vertreter der Kultur und Kirche nach Rom, unter anderem der später heiliggesprochene Karl Borromäus und Torquato Tasso, um nur zwei der berühmtesten Namen zu nennen. Auch dieser Papst, der dem Beispiel Sixtus' IV. folgte und dem von Sixtus V. veranlaßten großartigen Sanierungswerk vorausgriff, gab der Stadtentwicklung auf urbanistischer und monumentaler Ebene starke Impulse.

XII (1600) - Der immense Zustrom von Gläubigen, fast eineinhalb Millionen, drängte Klemens VIII. Aldobrandini dazu, die Pilgerherbergen auszubauen, indem er eigens hierfür bestimmte Organe schuf, die sich mit deren Verwaltung befassten. Im gleichen Jahr wurde Giordano Bruno als Häretiker auf dem Campo de' Fiori verbrannt.

XIII (1625) - Das von Urban VIII. Barberini ausgerufene Jubiläum in diesem Jahr war Anlass für bedeutende und umfangreiche Eingriffe auf dem Gebiet des Städtebaus, der Architektur und der Kunst, an denen Borromini und Bernini maßgeblich beteiligt waren. Letzterer war mit dem Entwurf für die Neugestaltung der Fassade der Peterskirche beauftragt und schuf die berühmte Kolonnade auf dem Platz, die er Mitte des Jahrhunderts unter dem Pontifikat von Alexander VII. Chigi verwirklichte.

XIV (1650) - Dieses Jubeljahr wurde von Papst Innozenz X. Pamphili ausgerufen.

XV (1575) - Das von Klemens X. Altieri ausgerufene Jubiläumsjahr fand aufgrund der zermürbenden Konflikte in Europa nur ein schwaches Echo. Aus Schweden kam jedoch die Königin Christina nach Rom, wo sie im Hospiz der Allerheiligsten Dreifaltigkeit als Zeichen der Demut den Pilgern selbst die Füße wusch. Die Ankunft der schwedischen Königin im Heiligen Jahr gab den Anstoß zu neuen Arbeiten, die das Stadtbild besser gestalteten und verschönerten. Bei dieser Gelegenheit wurde das Kolosseum dem Gedenken der Märtyrer geweiht, die hier zur Zeit der Christenverfolgungen unter den römischen Kaisern den Tod gefunden hatten.

XVI (1700) - Das Heilige Jahr, das Innozenz XII. Pignatelli zur Stärkung des Friedens zwischen den einzelnen europäischen Nationen ausgerufen hatte, wurde unter seinem Nachfolger Klemens XI. fortgeführt.

XVII (1725) - Dieses von Benedikt XIII. Orsini verkündete Jubiläum rief eine starke Beteiligung seitens der Pilger wach, zu denen auch vierhundert christliche Sklaven gehörten, die durch die Mercedarierbrüder die Freiheit erlangt hatten.

XVIII (1750) - Auch während dieses Jubeljahres, das Benedikt XIV. Lambertini ausrief, strömten unzählige Pilger aus aller Welt nach Rom, von denen einige sogar aus Nord- und Südamerika und aus dem asiatischen Kontinent kamen.

XIX (1755) - Unter dem drohend sich zusammenballenden Sturm der Revolution in Europa, die in Frankreich kurz vor dem Ausbruch stand, veranlasste Pius VI. Braschi, die Dauer des Jubiläumsjahres abzukürzen.

XX (1825) - Nachdem das Jubliäum im Jahre 1800 aufgrund des Abbruchs der diplomatischen Beziehungen zwischen dem napoleonischen Frankreich und dem Heiligen Stuhl ausgefallen war, eröffnete Papst Leo XII. Sermattei della Genga fünfundzwanzig Jahre später ein Heiliges Jahr.

XXI (1900) - Die politischen Ereignisse in Italien - die Bewegungen des Risorgimento, die Unabhängigkeitskriege, die Ausrufung der Römischen Republik, die vorübergehende Abwesenheit des Papstes aus Rom - zwangen Pius IX. Mastai, in den Jahren 1850 und 1875 kein Jubiläum einzulegen, so dass erst Leo XIII. Pecci Anfang des folgenden Jahrhunderts endlich wieder ein neues Jubiläumsjahr ausrufen konnte.

XXII (1925) - Das von Pius XI. Ratti ausgerufene Jubeljahr hatte einen Widerhall wie nie zuvor in der Geschichte.

XXIII (1933) - Pius XI. kündigte auch dieses außerordentliche Jubiläum zur Feier der Lateranverträge von 1929 an, mit denen die Beziehungen zwischen dem Heiligen Stuhl und dem italienischen Staat geregelt wurden.

XXIV (1950) - Das von Pius XII. Pacelli ausgerufene Jubiläumsjahr diente der Festigung der Beziehungen und der Brüderlichkeit zwischen den Nationen nach dem Zweiten Weltkrieg.

XXV - (1975) - Papst Paul VI. Montini rief dieses Heilige Jahr aus.

XXVI (1983) - Mit diesem letzten außerordentlichen Jubiläum in unserem Jahrhundert brachte Johannes Paul II., mit bürgerlichem Namen Karol Wojtyla, das eintausendneunhundertfünfzigste Jahr nach dem Tod Christi in Erinnerung. Außergewöhnlich auch die Dauer dieses Heiligen Jahres mit 394 Tagen.

XXVII (2000) - Das erste Jubiläumsjahr des 21. Jahrhunderts findet genau zweitausend Jahre nach Christi Geburt statt.

DIE PILGERKIRCHEN

Die großen Basiliken:

PETERSKIRCHE
SANTA MARIA MAGGIORE
SAN GIOVANNI IN LATERANO
SAN PAOLO FUORI LE MURA

Die kleineren Basiliken:

SANTA CROCE IN GERUSALEMME
SAN LORENZO FUORI LE MURA
SAN SEBASTIANO

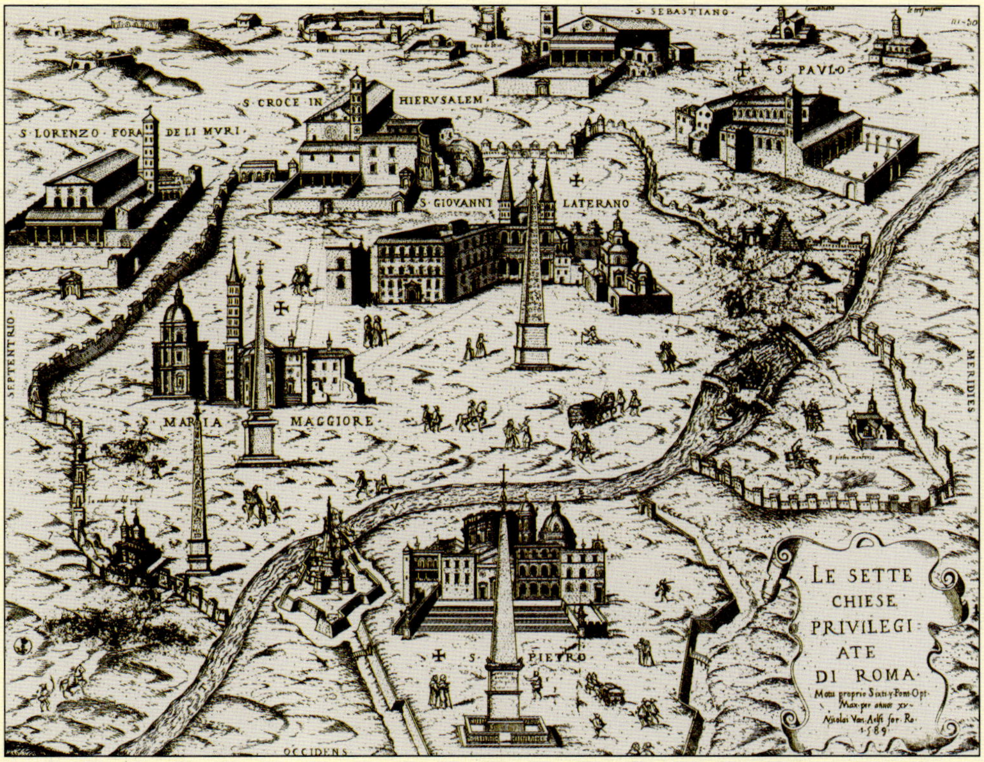

Der heilige Philipp Neri führte den Brauch des Besuches der sieben Pilgerkirchen ein, indem er zu den vier großen Pilgerkirchen - Peterskirche, San Giovanni in Laterano, San Paolo fuori le Mura, Santa Maria Maggiore - die drei kleineren Basiliken Santa Croce in Gerusalemme, San Lorenzo fuori le Mura und San Sebastiano hinzufügte.

DER VATIKAN

Zentrum der Christenheit, geistiger Brennpunkt der westlichen Welt und Hauptsitz der katholischen Religion, ist der Vatikan seit jeher sichtbarer Ausdruck der Verherrlichung der Triumphierenden Kirche. Der kleinste Staat der Welt liegt auf dem antiken Ager Vaticanus, *dessen von 'vaticinio' (Prophezeiung) abgeleiteter Name schon im Heidentum auf seine Bestimmung als heilige Stätte verwies. Der Vatikan erstreckt sich auf dem Gelände einer von Caligula begonnenen und von Kaiser Nero fertiggestellten Zirkusanlage, in der Petrus, erster Kirchenfürst und Zentralfigur der Christenheit, den Märtyrertod erlitt. Das* ***Apostelgrab*** *am Marterort wurde schon bald zu einer vielbesuchten Verehrungsstätte, so dass Kaiser Konstantin nach dem 313 erlassenen Toleranzedikt von Mailand für die freie Ausübung des christlichen Glaubens hier eine mächtige Basilika gründete, deren Bau einige Jahre später eingeleitet wurde.*
So entstand die ***Basilika Alt-Sankt-Peter****, die in kürzester Zeit zum strahlenden Mittelpunkt der Christenheit wurde. Nach der Kaiserkrönung Karls d. Großen am Weihnachtstag des Jahres 800 in der Basilika kam dem Vatikan neben seiner geistigen Bedeutung auch politisches Gewicht zu. Das von der sogenannten* ***Leoninischen Mauer*** *(nach dem Erbauer Leo IV.) umgebene Areal, das bis dahin außerhalb der unbebauten Mauerzone lag, wurde nun Bestandteil des römischen Stadtgebietes. Doch gaben die Päpste auch in den folgenden fünf Jahrhunderten dem Lateran den Vorzug, in dem die höchsten Kirchenämter untergebracht waren und sich das Zentrum des Heiligen Stuhls befand. Im Verlauf des 13. Jahrhunderts kennzeichnete eine rege Bautätigkeit den Raum rund um die Basilika, wo Gebäude für die verschiedenen Einrichtungen der römischen Kurie entstanden.*
Unter Papst Nikolaus III. nahmen zwei Dominikanermönche und Architekten, Sisto und Ristoro, eine Erweiterung des ersten Papstpalastes vor, aus dem sich in der Folgezeit der Komplex des ***Vatikanischen Palastes*** *entwickelte, einschließlich der* ***Vatikanischen Museen****, der Cappella Palatina, an deren Stelle später die* ***Sixtinische Kapelle*** *gebaut wurde, und eines umfriedeten Gartens, in dem der* ***Palazzetto del Belvedere*** *errichtet wurde. Mit der Rückkehr der Päpste nach Rom aus dem Exil in Avignon im Jahre 1377 wurde der Vatikan ständige Papstresidenz. Damit begann eine Bautätigkeit, an der jahrhundertelang Scharen von Architekten und Künstlern beteiligt waren.*
Unter Nikolaus V. nahm man auch den Neubau der Basilika in Angriff, der jedoch erst unter Julius II. nach Plänen Bramantes zur Vollendung kommen sollte. Später übernahm Michelangelo die Arbeiten, der damals auch die ***Kuppel der Peterskirche*** *und die* ***Fresken in der Sixtina*** *schuf.*
Mit Paul V. und Maderno erreichte die Basilika ihre endgültige Anlage. Die Innenausstattung wurde unter dem Pontifikat Urbans VIII. von Gian Lorenzo Bernini zum Abschluß gebracht, dem auch der Entwurf des ***Petersplatzes*** *zu verdanken ist. Vom Vatikan aus haben die Päpste ununterbrochen durch die Jahrhunderte ihr Amt als geistige und weltliche Autorität ausgeübt. Auch heute verfügt der Papst über die Gerichtshoheit in der nach den Lateranverträgen vom 11. Febraur 1929 geschaffenen sogenannten* ***Vatikanstadt****, dem kleinsten souveränen Staat der Welt. Der Papst, der im Verlauf einer geheimen Wahl in der Sixtinischen Kapelle, dem sogenannten Konklave* (cum clave, *bei verschlossener Tür), gewählt wird, besitzt volle legislative, exekutive und juristische Vollmachten und wird von der römisch-katholischen Christengemeinde als kirchliches Oberhaupt anerkannt. Der Vatikanstaat prägt eigene Münzen, gibt Briefmarken heraus, verfügt über einen eigenen Radiosender und eine eigene Tageszeitung, "L'Osservatore Romano". Der öffentliche Ordnungs- und Polizeidienst wird von der berühmten Schweizer Garde, die 1506 ins Leben gerufen wurde, sowie von der im 19. Jahrhundert eingerichteten Vigilanza übernommen.*

Luftaufnahme des Petersplatzes mit der Peterskirche.

Vatikanische Gärten - Die Anlagen haben ihren Charakter des Italienischen Gartens aus dem 16. Jahrhundert fast vollständig bewahren können.

Fontana dell'Aquilone - Der von Giovanni Vasanzio gebaute Brunnen ist nach dem riesigen Tuffsteinadler auf der Spitze des Felsens benannt.

Radio Vatikan - Die erste Rundfunkstation wurde von Guglielmo Marconi 1931 unweit des heutigen Senders in einem Rundturm der ehemaligen Leoninischen Mauer eingerichtet, in dem früher die Sternwarte untergebracht war.

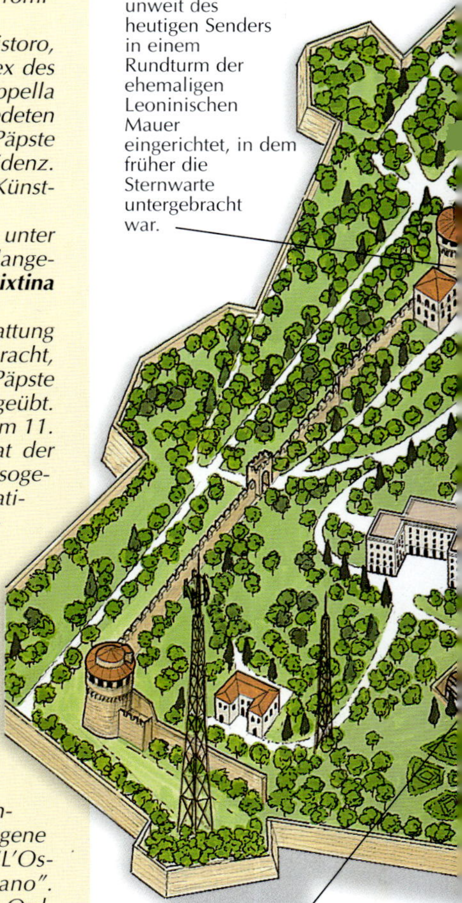

Palazzo del Governatorato - Der in den dreißiger Jahren entstandene Governatoratspalast beherbergt die Organisationsbüros der Vatikanstadt.

Santo Stefano degli Abissini - Papst Leo II. gründete diese Kirche, die 1479 von Sixtus IV. an koptische Mönche übergeben wurde.

Casina di Pio IV - Das nach einem Entwurf von Pirro Ligorio 1558 entstandene Gebäude geht, entgegen seiner Bezeichnung, auf das Pontifikat von Paul IV. zurück. Das Innere bewahrt wertvolle *Fresken* von Federico Zuccari und Santi di Tito.

Eingang zu den VATIKANISCHEN MUSEEN
(S. 35)

N

VATIKANISCHER PALAST
(S. 22)

PETERSKIRCHE
(S. 13)

SIXTINISCHE KAPELLE
(S. 26)

STANZEN RAFFAELS
(S. 24)

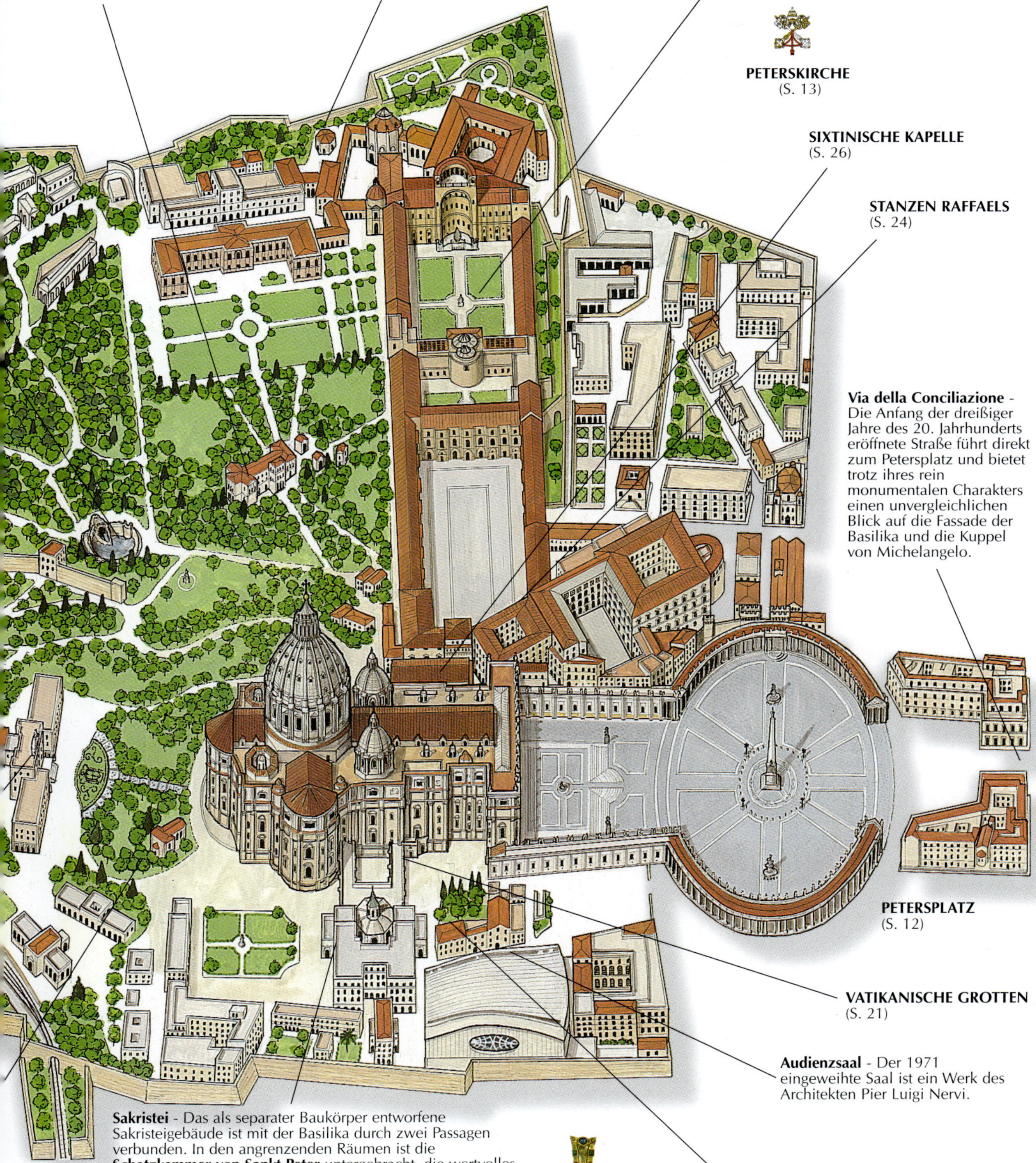

Via della Conciliazione - Die Anfang der dreißiger Jahre des 20. Jahrhunderts eröffnete Straße führt direkt zum Petersplatz und bietet trotz ihres rein monumentalen Charakters einen unvergleichlichen Blick auf die Fassade der Basilika und die Kuppel von Michelangelo.

PETERSPLATZ
(S. 12)

VATIKANISCHE GROTTEN
(S. 21)

Audienzsaal - Der 1971 eingeweihte Saal ist ein Werk des Architekten Pier Luigi Nervi.

Sakristei - Das als separater Baukörper entworfene Sakristeigebäude ist mit der Basilika durch zwei Passagen verbunden. In den angrenzenden Räumen ist die **Schatzkammer von Sankt Peter** untergebracht, die wertvolles Kirchengerät und die kostbarsten Reliquien des Vatikans enthält (auf dem Foto das *Crux Vaticana* genannte, edelsteinbesetzte Reliquiar aus dem 6. Jahrhundert), nachdem vieles nach den Raubzügen der Sarazenen im Jahre 846, der Plünderung Roms 1527 und der Beschlagnahmung durch Napoleon verloren gegangen war. Hier befinden sich u.a. die **Heilige Säule**, der Überlieferung nach ein Fragment der Säule aus dem Salomontempel in Jerusalem, an die sich Jesus zu lehnen pflegte, wenn er predigte; ein wunderschönes **Ziborium** von Donatello und das **Grabmonument für Sixtus IV.** von Pollaiolo.

Collegio und Camposanto Teutonico - Der Friedhof, der für die deutsche Gemeinde in Rom schon Ende des 8. Jahrhunderts eingerichtet wurde, enthält der Legende nach Erde vom Kalvarienberg.

DER PETERSPLATZ

Die feierlich wirkende Piazza San Pietro, der eine tiefe religiöse und symbolische Bedeutung zugrunde liegt, ist der wohl berühmteste Platz der Welt. Seit dem Mittelalter ist der Petersplatz tagtäglich Versammlungsstätte unzähliger Pilger, die den Petersdom, Zentrum der Christenheit, aufsuchen. Dieser Platz, auf dem sich das kirchliche Leben der Stadt konzentriert, erstreckt sich zum Teil auf dem Gelände des fast gänzlich unter Caligula erbauten antiken Circus Vaticanus oder Circus des Nero, von dem noch der sogenannte **Vatikanische Obelisk** zeugt, der 37 n. Chr. aus Alexandria in Ägypten nach Rom gebracht und zuvor im Cäsar-Forum aufgestellt war. Dieser *aguglia* genannte Obelisk stand lange Zeit neben der Basilika, bis Papst Sixtus V. im Jahre 1586 Domenico Fontana mit der Verlegung an den heutigen Standort beauftragte. Carlo Maderno schuf 1613 auf Wunsch Pauls V. rechts davon einen **Brunnen**, den man ein halbes Jahrhundert später durch ein symmetrisches Pendant von Carlo Fontana ergänzte. Unter Sixtus V. wurde auch der bronzene Globus (heute in den Kapitolinischen Museen), der den Obelisken ursprünglich schmückte und angeblich die Asche Cäsars enthielt, durch das päpstliche Wappen (Berge mit einem Stern) ersetzt; die Krönung bildete ein Kruzifix, das einen Splitter vom Kreuz Christi barg.

Mitte des 17. Jahrhunderts vollendete man das gigantische Verschönerungswerk der Peterskirche durch die prunkvolle Anlage des Vorplatzes, die Gian Lorenzo Bernini zwischen 1656 und 1667 verwirklichte. Das Triumphale und Spektakuläre, das der geniale Baumeister und Bildhauer des Barocks in diesem riesigen architektonischen Meisterwerk zum Ausdruck brachte, unterstand jedoch keineswegs nur ästhetischen Kriterien, sondern war mit tiefgreifenden Symbolgehalten gefüllt, die diesen Platz zu einer monumentalen Allegorie erheben.

Die mächtigen **Portiken**, die den Platz im Halbrund umgreifen, wirken wie eine symbolhafte "Umarmung" der Kirche, die alle Gläubige der Welt sowohl in diesem Leben als auch im Jenseits aufnehmen und beschützen will. Die beiden Kolonnaden bestehen aus jeweils vierreihigen Wandelhallen mit tuskischen Säulen; auf dem Gebälk wechseln *Statuen von Heiligen* mit den großen *Wappen* Alexanders VII. ab, unter dessen Pontifikat dieses Werk entstanden ist. Der elliptische (über 240 Meter breite) Platz, der durch die beiden Halbkreise einen kulissenartigen Abschluß findet, besitzt einen vielschichtigen Symbolgehalt. Das letzte der römischen Foren, das der Christenheit gewidmet war, greift die Form der Zirkusanlagen der antiken Urbs, insbesondere des Kolosseums, auf und übernimmt damit die Rolle eines *Trait-d'union* zwischen der Urkirche, vertreten durch die Märtyrer, die in den Arenen den Tod gefunden hatten, und der Verherrlichung der Triumphierenden Kirche, der Christus und die in den Statuen wiedergegebenen Heiligen angehören. Die elliptische Form ist aber auch eine Darstellung des Weltsystems, in dem die Planeten, nach den damaligen Theorien von Kopernikus, solche Bahnen beschreiben. Die Welt, auch verstanden als Raum/Zeit-Dimension, in welcher der Obelisk, Mittelpunkt der Ellipse und Schattenstab einer riesigen Sonnenuhr, gleichsam zum Sonnensymbol wird, indem er auf die zentrale Figur des Pontifex als Stellvertreter Christi auf Erden anspielt.

Blick von der Kuppel der Peterskirche auf den Petersplatz, die Via della Conciliazione und den Stadtbezirk Borgo.

DIE PETERSKIRCHE

Die erste Basilika, Alt-Sankt-Peter, ließ Kaiser Konstantin an der Stelle errichten, wo der heilige Apostel zur Zeit Neros den Martertod starb und wo sich seine Grabstätte befand, die von Anfang an Ziel eines ununterbrochenen Pilgerstroms war. Der 324 begonnene riesige, fünfschiffige Kirchenbau wurde erst 349 abgeschlossen, jedoch schon 326 geweiht und für den Gottesdienst geöffnet. Rund um die monumentale Basilika entstanden später zahlreiche Sakralbauten, Oratorien, Kreuzgänge und Baptisterien, die alle mit kostbaren Mosaiken, Statuen und erlesenen Ornamenten geschmückt waren. Der Komplex gelangte intakt bis in die Renaissancezeit, als Papst Nikolaus V. im Jahr 1452 Rossellino mit der Erweiterung der Apsispartie beauftragte. Doch mußten weitere fünfzig Jahre vergehen, bevor Papst Julius II. im Jahre 1506 Bramante den Auftrag für eine radikale Neugestaltung der

Peterskirche, die Kuppel von Michelangelo und die Fassade.

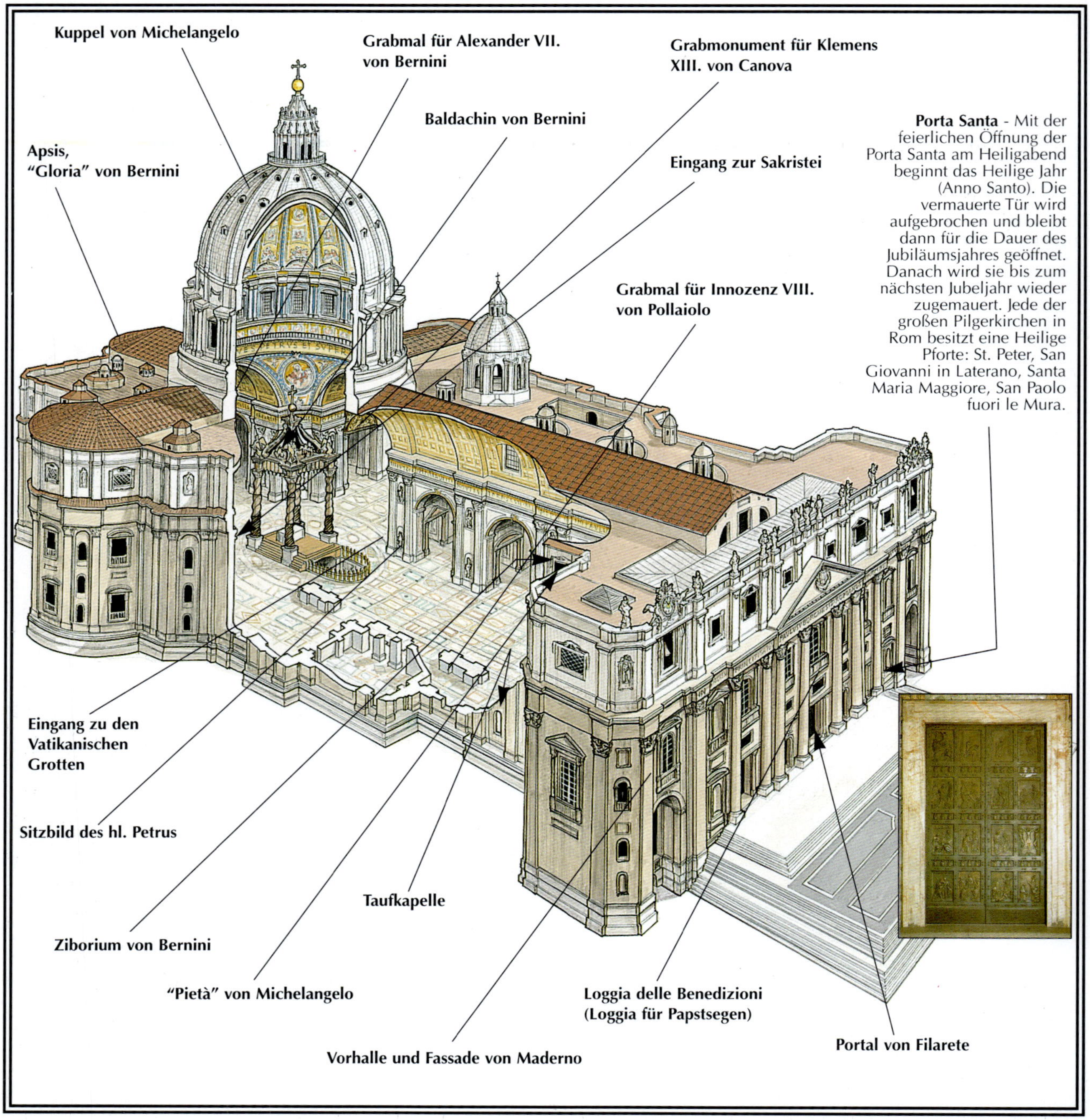

Porta Santa - Mit der feierlichen Öffnung der Porta Santa am Heiligabend beginnt das Heilige Jahr (Anno Santo). Die vermauerte Tür wird aufgebrochen und bleibt dann für die Dauer des Jubiläumsjahres geöffnet. Danach wird sie bis zum nächsten Jubeljahr wieder zugemauert. Jede der großen Pilgerkirchen in Rom besitzt eine Heilige Pforte: St. Peter, San Giovanni in Laterano, Santa Maria Maggiore, San Paolo fuori le Mura.

Kirche erteilte. Der Architekt aus den Marken sah praktisch den völligen Abriss der basilikalen Anlage wie auch der umliegenden Strukturen vor, um Raum für ein großartigeres Gebäude mit Grundriss auf griechischem Kreuz und zentraler Kuppel zu schaffen. Nach seinem Tod ging der Entwurf an Raffael über, der hingegen ein lateinisches Kreuz vorzog, indem er den Eingangstrakt verlängerte, die Kuppel jedoch beibehielt.

An den beiden Lösungen wurde jahrelang abwechselnd weitergearbeitet. Viele Architekten übernahmen nacheinander die Bauleitung, bis Michelangelo 1546 Bramantes ersten Entwurf wieder aufgriff, wenn auch mit geringfügigen Änderungen in den Ausmaßen und in der kleineren und schmaleren Struktur wie auch im Konzept der **Kuppel**, die er nach dem Vorbild der Florentiner Domkuppel von Brunelleschi gestaltete und die damals als revolutionär galt. Sie wurde von Giacomo della Porta und Domenico Fontana 1588/59 fertiggestellt. Die Kuppel besteht aus einem Tambour, der auf 16 von Säulenpaaren verdeckten Stützpfeilern ruht, zwischen denen sich große Giebelfenster öffnen. Die doppelschalige Kuppelhaube wird von 16 Rippen in Zwickel unterteilt, in denen drei Ordnungen Rundfenster liegen. Die beiden seitlichen **kleinen Kuppeln**, Werke von Vignola, haben rein dekorativen Charakter und stehen in keiner Beziehung zu den darunter befindlichen Kapellen des hl. Klemens und des hl. Gregor.

Nach dem Tod des toskanischen Meisters gingen die Arbeiten wiederum an eine Reihe von Architekten über, bis unter Paul V. die Lösung des lateinischen Kreuzgrundrisses wieder aktuell wurde. Maderno fügte drei Kapellen auf jeder Seite an und zog die Langhausschiffe bis zur **Fassade** vor, die er 1614 zur Vollendung brachte. Am 18. November 1626, 1300 Jahre nach der Erstweihung, konnte Urban

VIII. endlich die neue Basilika weihen. Madernos Eingriff beeinträchtigte zum Teil den Entwurf Michelangelos, insofern als die Kuppel nun teilweise von der monumentalen Fassade verdeckt wurde, die mit zwei anmutigen *Uhren* von Valadier und zwei großen klassizistischen Statuen der *Heiligen Peter und Paul* geschmückt ist.
Von der mittleren Loggia, der **Loggia delle Benedizioni**, spendet der Papst den feierlichen Segen, und hier wird auch die Wahl des neuen Papstes verkündet. Die **Vorhalle**, die in den Proportionen dem Ausmaß des Innenraumes entspricht, ist phantasiereich gestaltet mit Statuen, Friesen und Stuckadekorationen. Hier wird das von Giotto für die erste Basilika entworfene, wenn auch fast vollkommen neu geschaffene *Mosaik der Navicella* bewahrt, das die Episode *Christus fordert Petrus zum Gang auf dem Wasser auf* darstellt.
An der Rückwand liegen fünf Eingänge. Der mittlere führt in die Basilika und besitzt ein herrliches **Portal**, ein Werk Filaretes aus dem 15. Jahrhundert; das letzte rechts ist die berühmte **Porta Santa**, die Heilige Pforte, die der Papst zu Beginn des Jubiläumsjahres feierlich öffnet und die nach Ablauf des Heiligen Jahres mit einer ebenso feierlichen Zeremonie wieder verschlossen wird.
Der erhabene **Innenraum** erscheint grenzenlos in seiner Größe und Pracht und vermittelt auf eindrucksvolle Weise das Bild der Triumphierenden Kirche und der Verherrlichung des Christentums. Überwältigend ist der Blick ins **Mittelschiff** mit dem unter Pius VI. 1780 reichgeschmückten *Gewölbe*, den *Sternen* im Fußboden, die das Ausmaß der größten Kirchen der Welt angeben, die von kolossalen Marmorputten getragenen *Weihwasserbecken* und die viel-

Vorhalle der Peterskirche, das "Mosaik der Navicella" nach einem Entwurf von Giotto.

Peteskirche, Blick in den weiten Innenraum.

verehrte **Bronzestatue des hl. Petrus**, der, auf dem Thron sitzend, mit segnender Geste am letzten Pfeiler rechts dargestellt ist, vermutlich ein Werk von Arnolfo di Cambio. Schon beim Eintritt in die Kirche wird der Blick angezogen von dem mächtigen, auf gewundenen Säulen ruhenden, bronzenen **Baldachin**, den drei Künstler, Bernini, Borromini und Duquesnoy, von 1624 bis 1633 gemeinsam geschaffen haben. Unter der mit Engeln geschmückten Bekrönung dieses fast 30 Meter hohen, kühnen Aufbaus, für den Urban VIII. Barberini die Bronzedekoration des Pantheons opferte, befindet sich der *Papstaltar*, wo nur der Papst die Messe halten darf; davor erstreckt sich, genau über dem Petrusgrab, die *Confessio*, die Maderno gestaltete und mit 95 ewigen Lichtern beleuchtet wird. Über dem Baldachin blickt man in die Kuppel Michelangelos, die mit Mosaiken nach Entwürfen von Cavalier d'Arpino verziert ist.

Im rückwärtigen Teil der riesigen **Apsis** oder Tribuna erstrahlt die herrliche **Gloria**, ein Spätwerk Berninis, der hier sein ganzes bildhauerisches Können in einer dynamischen Komposition aus vergoldeten Stuckornamenten, Figuren und Reliefs unter Beweis stellte. Das zwischen 1656 und 1665 geschaffene Werk umrahmt den *Stuhl Petri*, der von Statuen der *Kirchenväter* getragen wird und einen hölzernen Thron enthält, der einer historisch unbegründeten Überlieferung nach dem hl. Petrus gehört haben soll. Rechts und links neben der monumentalen Tribuna befinden sich die *Papstgräber für Paul III.*, ein Werk von Guglielmo della Porta, und *Urban VIII.* von Bernini.

Im **rechten Seitenschiff**, das durch die Dekoration Berninis die Verengung auf der Höhe der dritten Arkade ausgleicht, wo die michelangioleske Struktur sich in die Erweiterung Madernos einfügt, befindet sich gleich in der ersten Kapelle die weltberühmte **Pietà** von Michelangelo, die der toskanische Meister 1498/99 für den Legat Karls VIII. beim Heiligen Stuhl schuf. Die dritte Kapelle ist die *Sakramentskapelle* mit dem von zwei knienden Engeln eingerahmten, reichverzierten **Ziborium** von Bernini, der sich hier an Bramantes Tempietto in San Pietro in Montorio inspirierte. Nach dem *Grabmal für Gregor XIII.*, der den nach ihm benannten Kalender reformierte, betritt

Peterskirche, Innenraum. Michelangelo schuf die Pietà um die Mitte des 15. Jahrhunderts.

Gegenüberstehende Seite: Blick in das Innere der Peterskirche mit dem berühmten Baldachin von Bernini über dem Papstaltar.

NDO REFV
ET OVES

Innenraum der Peterskirche: Statue des hl. Petrus, Arnolfo di Cambio zugeschrieben, und die "Gloria" von Bernini, die den Stuhl Petri umrahmt.

Nebenstehend, Blick in die Kuppel von Michelangelo.

Innenraum der Peterskirche, das mit reichem Marmorschmuck gestaltete Grabmonument für Alexander VII., ein Werk von Bernini.

ALEXANDER·VII·
CHISIVS·
PONT·MAX·

Innenraum der Peterskirche: nebenstehend das Grabmal für Innozenz VIII., ein Bronzewerk von Pollaiolo.

Oben das Grabmal für Klemens XIII. von Canova.

man die *Cappella Gregoriana*, die Giacomo della Porta 1583 vollendete. Im anschließenden **rechten Querschiff** hat man Zugang zur *Cappella di San Michele* mit dem **Grabmal für Klemens XIII.**, ein Meisterwerk von Canova etwa aus dem Jahr 1790. Nach Durchquerung der Apsis betritt man im linken Schiff der Basilika die *Cappella della Colonna*, wo die Reliquien des hl. Papstes Leo d. Gr. aufbewahrt werden und wo ein schönes Altarbild die *Begegnung Leos d. Gr. mit Attila* darstellt.
Das düstere Skelett mit der Sanduhr in der Hand in der angrenzenden Passage deutet auf Berninis **Grabmal für Alexander VII.** hin, das zum **linken Querschiff** überleitet, wo man nach Besichtigung der *Cappella Clementina*, einem Pendant zu der Kapelle von Della Porta auf der gegenüberliegenden Seite, das **linke Kirchenschiff** erreicht. Hier liegt die reichgeschmückte *Cappella del Coro*, die von Maderno gebaut und von Maratta ausgestaltet wurde. In dem anschließenden Durchgang befindet sich das **Grabmal für Innozenz VIII.**, ein Bronzewerk von Pollaiolo aus dem Jahr 1498. Auf der Höhe der ersten Kapelle ist ein weiteres Meisterwerk Canovas zu sehen, das *Grabdenkmal der letzten Stuarts*, an dem zwei anmutige fackeltragende Genien auffallen. Am Ende des Schiffes liegt die **Taufkapelle** mit *Taufbecken* aus einem antiken römischen Sarkophag, das aus dem nahegelegenen Mausoleum des Hadrian, der heutigen Engelsburg, stammt.

Innenraum der Peterskirche, Sakramentskapelle.
Das Ziborium von Bernini inspiriert sich am Tempietto von Bramante in San Pietro in Montorio.

Das Petrusgrab.

DIE VATIKANISCHEN GROTTEN

Diese bedeutende sakrale Stätte unter der vatikanischen Basilika ist die Papstgruft, in der sich auch das *Petrusgrab* befindet, über dem die erste Kirche entstanden war. Das Geflecht der unterirdischen Räume, aus denen die Vatikanischen Grotten bestehen, gliedern sich im wesentlichen in drei Bereiche. Die **Alten Grotten**, die sich unter der heutigen Basilika und einem Teil von Alt-St.-Peter erstrecken, bewahren die **Gräber** zahlreicher Päpste, unter anderem das Grab für *Bonifatius VIII.*, der das erste Jubläumsjahr einführte, ein Werk von Arnolfo di Cambio, sowie Papstgräber aus jüngerer Zeit, etwa für *Johannes XIII.*, *Paul VI.* und *Johannes Paul I.*, aber auch die Gräber bedeutender Herrscher, wie Kaiser *Otto II.* und die Königin *Christina von Schweden*. Auch viele Altäre, Skulpturen, Fresken und Mosaiken aus Alt-St.-Peter sind hier untergebracht.
Die sog. **Neuen Grotten** aus späterer Zeit legen sich mit zahlreichen, strahlenförmig angeordneten Seitenkapellen im Wechsel mit Nischen, die *Apostelstatuen* von Mino da Fiesole und anderen zeitgenössischen Künstlern enthalten, im Halbkreis um die unter Klemens VIII. reich ausgeschmückte **Peterskapelle**, die das Grab des ersten Papstes der katholischen Kirche enthält. In der Cappella della Bocciata wird ein sehenswertes Fresko von Pietro Cavallini aus dem 14. Jahrhundert bewahrt, das eine *Madonna mit Kind* darstellt und früher das Atrium der antiken Basilika zierte. Eine dritte Ebene unter den Grotten birgt eine große **Nekropole aus vorkonstantinischer Zeit**. In dieser antiken Begräbnisstätte, die vom ausgehenden 1. bis zum 4. Jahrhundert entstanden war, fand man zahlreiche heidnische Grabstätten, aber auch einige christliche Gräber, unter anderem das vermutlich tatsächliche Petrusgrab.

DIE HEILIGEN PETRUS UND PAULUS IN ROM

Die Frühgeschichte der römischen Kirche ist an die Heiligen Petrus und Paulus geknüpft, zwei Schlüsselfiguren der christlichen Lehre, deren Anwesenheit in der Urbs das Schicksal der Stadt grundlegend beeinflusst hat.
Mit dem Andenken dieser beiden Heiligen sind bedeutende Sakralbauten verbunden, zunächst die **Peterskirche**, die über der Grabstätte des Apostels und Märtyrers erbaut wurde. Petrus wurde im 1. Jahrhundert in Bethsaida geboren. Er hieß in Wirklichkeit Simon und war Fischer, als er Jesus begegnete, der ihn zu seinem Jünger machte. Der Messias übertrug ihm auch das Primat über die anderen Apostel (Matthäus 16, 13-20); die Nachfolger Petri sind die Päpste, denen die Bischöfe unterstehen. Nach dem Tod und der Auferstehung Christi und nach dem Pfingstfest predigte Petrus lange in Jerusalem, wo er um 41 n. Chr. verhaftet wurde. Ein Engel, der seine Ketten sprengte, befreite ihn jedoch aus dem Gefängnis. Die Ketten verschmolzen später wunderbarerweise mit den Ketten, die man ihm in Rom anlegte und die heute noch in der Kirche **San Pietro in Vincoli** verehrt werden.
Von Palästina flüchtete er in die Cäsarenstadt, wo er, wenn auch mit Unterbrechungen, fast zwanzig Jahre lebte, indem er häufig seinen Wohnsitz wechselte. Unter anderem war er auch Gast im Hause des Patriziers Pudens, an dessen Stelle heute die Kirche **Santa Pudenziana** steht. Der Überlieferung nach wurde Petrus dann erneut festgenommen und im **Mamertinischen Kerker** gefangen gehalten, wo er seine Wärter taufte. Aus diesem Gefängnis soll er, in den Mantel eines Sklaven gehüllt, und, wegen der Wunden, die ihm die Ketten beigebracht hatten, mit verbundenen Füßen entflohen sein. Auf der Flucht auf der Via Appia verlor er die Binden in der Nähe der heutigen Kirche **Santi Nereo e Achilleo**. Hier begegnete ihm an der Stelle, wo später die Kirche **"Domine quo vadis"** gebaut wurde, Christus und er entschloß sich, nach Rom zurückzukehren, um das Martyrium anzunehmen. Im Jahre 64 oder 66 wurde Petrus in der Nähe des Zirkus des Nero im **Vatikan** auf eigenen Wunsch mit dem Kopf nach unten gekreuzigt.

Zur gleichen Zeit erlitt an der Via Laurentina auch der heilige Paulus den Martertod. Der Heidenapostel wurde enthauptet, und an der Stelle, wo der Legende nach sein Kopf dreimal auf dem Boden aufschlug, entsprangen drei Quellen. Später entstand hier die **Abbazia delle Tre Fontane**. Der Leichnam wurde auf einem Friedhof an der Via Ostiensis beigesetzt, auf dem dann die **Basilika San Paolo** gebaut wurde. Paulus, in einer jüdischen Familie in Tarsus geboren, war Soldat des römischen Heeres. Auf dem Weg nach Damaskus geschah das Wunder seiner Bekehrung. Nach apostolischen Reisen durch Griechenland und Kleinasien wurde er verhaftet und im Jahre 61 erstmals nach Rom geführt, wo er sich zur Berufung an den Kaiser wandte. Von der Anklage freigesprochen, brach er nach Spanien auf und kehrte drei Jahre später nach Rom zurück, wo er Berichten zufolge in einem Haus vor der heutigen Kirche **San Paolino alla Regola** wohnte. Dort wurde er dann verhaftet und hingerichtet.

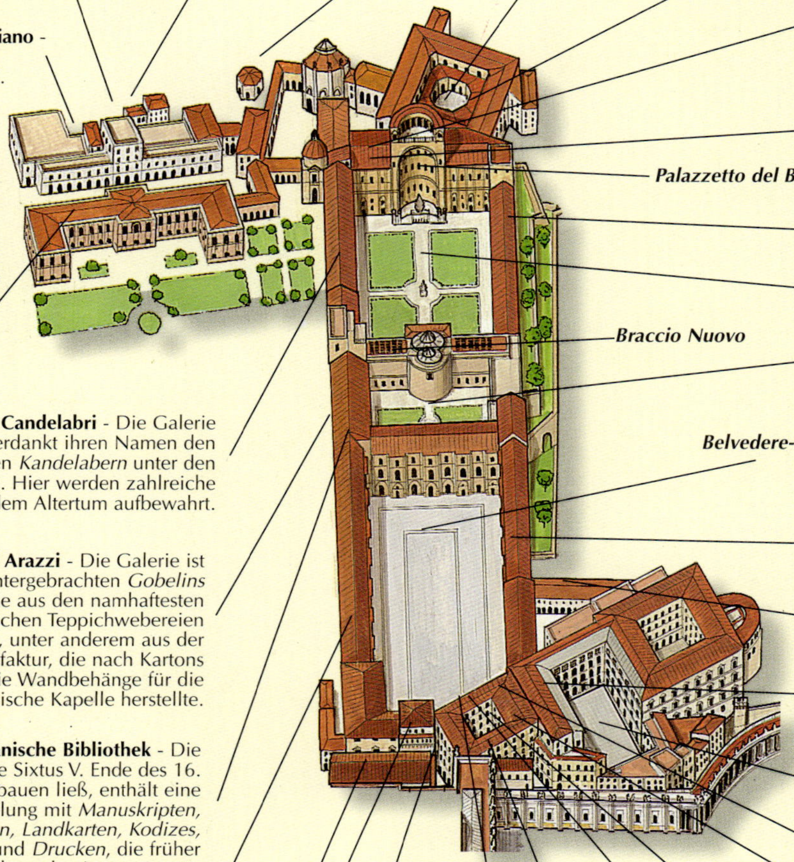

DER VATIKANISCHE PALAST

Den Kern dieses großartigen Komplexes, der heute Vatikanischer Palast genannt wird und der eine Reihe miteinander verbundener Gebäude umfasst, die in einem Zeitraum von fast tausendfünfhundert Jahren entstanden sind, bildete der erste apostolische Sitz, den Papst Symmachus im 6. Jahrhundert errichten ließ. Dieses Gebäude, von dem heute nichts mehr zu sehen ist und das in spätere Umbauten einbezogen wurde, diente den Päpsten, die damals im Lateranspalast residierten, anfangs vorübergehend als Wohnung während ihrer Besuche in der angrenzenden Basilika St. Peter. Der kleine Papstpalast wurde später erweitert und nahm an Bedeutung zu, als er zwischen dem 9. und 10. Jahrhundert Karl d. Großen und Otto I. beherbergte, die zur Kaiserkrönung in die vatikanische Basilika von Rom gekommen waren. Leo IV. befestigte den Ort mit einem mächtigen Mauergürtel, der die Basilika und die Papstresidenz umschloss, so dass der gesamte Komplex den Namen Leoninische Stadt annahm. Die historischen Ereignisse in den folgenden Jahrhunderten konnten jedoch den allmählichen Verfall des Gebäudes nicht aufhalten, so dass umfangreiche Restaurierungsarbeiten notwendig waren, die aber erst ab dem 12. Jahrhundert in Angriff genommen wurden. Im Verlauf des 13. Jahrhunderts nahm man im Hinblick auf eine spätere Umgestaltung als dauerhafte Papstresidenz einen weiteren Ausbau vor. Der Entwurf, für den sich Papst Innozenz III. besonders einsetzte, folgte in erster Linie dem Kriterium einer besseren Verteidigung des Geländes, das bereits durch die ***Leoninische Mauer*** *und die benachbarte Engelsburg geschützt war. Gegen Ende des Jahrhunderts schuf man von der Festung zum Apostolischen Palast eine Verbindung durch den sogenannten* ***Passetto*** *oder* ***Corridore di Borgo****, den Papst Nikolaus III. veranlasste.*

Doch erst im folgenden Jahrhundert, am 17. Januar 1377, ließ sich Papst Gregor XI., der nach der Zeit des Exils der höchsten Kirchenämter in Avignon endgültig nach Rom zurückgekehrt war, im Vatikan nieder und erklärte ihn zum ständigen Papstsitz. Das ganze 15. und 16. Jahrhundert hindurch baute man an dem Komplex weiter, veränderte ihn und fügte neue Gebäude hinzu. Der Entwurf eines neuen ***Vatikanischen Palastes*** *nahm unter Nikolaus V. Gestalt an, der 1450 die Papstresidenz ausbaute und seinen Hof hierher verlegte. Unter Einbeziehung der Gebäude des 14. Jahrhunderts schuf er einen großartigen Palast, der sich in* *einem Viereck um den* **Cortile del Pappagallo** *erstreckte. Das Gebäude bestand aus zahlreichen Sälen, an deren Ausschmückung große Meister der damaligen Zeit, wie Andrea del Castagno und Piero della Francesca, beteiligt waren. Der Palast enthielt auch eine Kapelle, die sogenannte* **Kapelle Nikolaus' V.**, *die Beato Angelico mit* Geschichten aus dem Leben der Heiligen Stephanus und Laurentius *ausmalte, und im Erdgeschoß zahlreiche, hofseits gelegene Räume, in denen der Kernbestand der vom Papst 1471 gegründeten Vatikanischen Bibliothek untergebracht war. 1473 beauftragte Sixtus IV. Giovanni de' Dolci mit dem Bau einer Kapelle, die für die Gottesdienste des Papstes bestimmt war. Mit der Innendekoration der nach diesem Papst benannten* **Sixtinischen Kapelle** *befassten sich Künstler der umbrischen und toskanischen Schule, vor allem Botticelli, Pinturicchio und Perugino, die in der Zeit von 1481 bis 1483 hier zwei Freskenzyklen über die* Moses-Geschichte *und das* Leben Christi *schufen. Die Fertigstellung des von Nikolaus V. begonnenen Gebäudes übernahm Alexander VI. Borgia, der in den letzten Jahren des 15. Jahrhunderts das sogenannte* **Appartamento Borgia** *bauen ließ. Die Wohnung bestand aus sechs Sälen, von denen drei im Apostolischen Palast und drei in der* **Torre Borgia** *lagen, deren Ausschmückung Pinturicchio und seinen Schülern übertragen wurde. Die einzelnen Säle sind nach den jeweiligen Fresken benannt. In der* Sala delle Sibille *malten der umbrische Maler und seine Gehilfen Sibyllen und Propheten, die das Kommen des Messias ankündigen; die* Sala del Credo *hat hingegen das christliche Glaubensbekenntnis zum Thema, dessen Verse durch Darstellungen von Propheten und Aposteln erläutert werden; in der* Sala delle Arti Liberali *schuf Antonio da Viterbo in wappengeschmückten Bildfeldern die* Freien Künste des Trivium *(Grammatik, Dialektik, Rhetorik) und des* Quadrivium *(Geometrie, Arithmetik, Musik, Astronomie); die* Sala dei Santi *mit* Geschichten aus dem Leben von Heiligen und Märtyrern der Kirche, *ein Meisterwerk Pinturicchios; die* Sala dei Misteri della Fede, *wo der Künstler mit zahlreichen Gehilfen die Glaubensgeheimnisse darstellte, und die* Sala dei Pontefici, *die nach dem Einsturz im Jahre 1500 vollständig restauriert und mit Stuckarbeiten und Fresken von Giovanni da Udine und Perin del Vaga dekoriert wurde. Noch bevor Alexander VI. seinen Ausbau begann, hatte Innozenz VIII. zwischen 1484 und 1492 im höher gelegenen Teil des Belvedere-Tals, auf der Höhe des Vatikanischen Palastes, durch Giacomo da Pietrasanta den sogenannten* **Palazzetto del Belvedere** *errichten lassen, der mitten im Grün der letzten Ausläufer des Monte Vaticano als Erholungsstätte diente.*

Was Julius II. bei seiner Wahl zum Papst 1503 vorfand, waren zwei Paläste im Abstand von etwa 300 Metern, die er zu einem einzigen Gebäude zusammenschließen wollte. Mit dieser Aufgabe betraute der Della Rovere-Papst Bramante, der damals die Arbeiten des Wiederaufbaus der Peterskirche leitete. Der Baumeister aus den Marken entwarf so die beiden langen **Galerien** *mit übereinandergestellten Portiken, die später den Vatikanischen Museen vorbehalten wurden. Die Galerien stellten die Verbindung zu den beiden Gebäuden her und begrenzten einen großen zentralen Innenhof, den sogenannten Cortile del Belvedere. Die Innenfassade des Palazzetto wurde durch den Bau einer Stufenexedra verändert, die Pirro Ligorio Mitte des 16. Jahrhunderts zu einer fälschlicherweise für ein Werk Bramantes gehaltenen, riesigen Nische umgestaltete. Von Bramante stammt hingegen der* **Cortile di San Damaso**, *der im Zuge der Erweiterung des Vatikanischen Palastes entstanden war; der Hof besteht aus drei übereinander gestellten Loggien, die Raffael nach dem Tod Bramantes 1514 vollendete und mit Hilfe seiner Schüler, unter anderem Giulio Romano, Perin del Vaga und Polidoro da Caravaggio, mit Fresken ausmalte. Zwölf der dreizehn Joche mit Pavillongewölben, aus denen die harmonisch konzipierten sogenannten* **Loggien Raffaels** *bestehen, sind mit* Alttestamentarischen Szenen *ausgemalt, während das dreizehnte Gewölbe mit* Episoden aus dem Neuen Testament *geschmückt ist. Der Künstler aus Urbino übernahm auch die Dekoration einiger Säle im Vatikanischen Palast, mit denen Julius II. zuvor namhafte Künstler wie Lorenzo Lotto, Perugino und Sodoma beauftragt hatte, und die nach dem großen Künstler* **Stanzen Raffaels** *genannt werden.*

Zur gleichen Zeit übertrug Julius II. die Dekoration der Sixtinischen Kapelle Michelangelo, der von 1508 bis 1512 das Gewölbe und die Lünetten über den Fenstern ausmalte. Für die Deckenfresken wählte der berühmte toskanische Künstler Themen aus dem Alten Testament, *insbesondere aus der Genesis, die um die zentrale Episode der* **Erschaffung Adams** *kreisen, während die Lünetten den* **Stammbaum Jesu** *mit* Darstellungen von Vorfahren des Messias *enthalten. Von 1534 bis 1549, unter Paul III. Farnese, entstand in der Sixtinischen Kapelle das gigantische Meisterwerk Michelangelos, das* **Jüngste Gericht.** *Neben der Ausmalung der Sixtina, die Sitz des Konklave geworden war, benötigte der Papst einen weiteren Ort für private Gottesdienste und beauftragte 1540 Antonio da Sangallo il Giovane mit dem Bau der sogenannten* **Cappella Paolina**, *wo Michelangelo seine letzten großen Fresken schuf, die* Bekehrung des heiligen Paulus *und die* Kreuzigung des heiligen Petrus. *Im gleichen Jahr begann Sangallo mit dem Bau der sogenannten* **Sala Regia**, *an deren Ausschmückung zahlreiche Künstler mitwirkten, unter anderem Perin del Vaga, Daniele da Volterra und Vasari. Die Nachfolger Pauls III. bis Sixtus V. widmeten sich Restaurierungsarbeiten, fast alle unter der Leitung von Pirro Ligorio, die unter Gregor III. mit dem Bau des Ostflügels des Vatikanischen Palastes, hinter dem Cortile di San Damaso, ihren Abschluß fanden. Sixtus V. ließ zwischen 1587 und 1588 etwa in der Mitte des von Bramante geschaffenen Belvedere-Hofes durch Fontana auf der Längsachse den Flügel der* **Biblioteca Apostolica Vaticana** *errichten. So entstanden zwei getrennte Höfe: einer dicht am Vatikanischen Palast, der auch heute noch* **Cortile del Belvedere** *heißt, und ein zweiter vor dem Palais Papst Innozenz' VIII., der die Bezeichnung* **Cortile della Pigna** *trägt.*

Im 17. Jahrhundert leitete Klemens VIII. eine Reihe von Umbauarbeiten im Komplex der apostolischen Gebäude ein; ihm ist der weitere Ausbau des Vatikanischen Palastes mit der Schaffung der 1603 fertiggestellten **Sala del Concistoro** *und der sogenannten* **Sala Clementina** *zu verdanken, die als Vorzimmer für Papstaudienzen benutzt wurde. Die zweite Phase der Arbeiten wurde hingegen von Urban VIII. veranlaßt, der Bernini mit dem Bau der unter Alexander VII. vollendeten* **Prunktreppe** *und der* **Sala Ducale** *beauftragte. Die zeitlich zuletzt vorgenommenen Veränderungen des Komplexes betreffen vor allem die Umgestaltung in Museumsanlage, die gegen Ende des 18. Jahrhunderts in Angriff genommen wurde. So änderte der Vatikanische Palast teilweise noch einmal seine Gestalt: der Palazzetto del Belvedere wurde erweitert und als* **Museo Pio-Clementino** *eingerichtet; eine der beiden Galerien Bramantes wurde umgebaut und nahm das* **Museo Chiaramonti** *auf; das* **Museo Etrusco** *und das* **Museo Egizio** *wurden neu geschaffen. In der Absicht, einige Werke aus der Antikensammlung unterzubringen, beauftragte Papst Pius VII. 1817 den Architekten Raffaele Stern mit dem Bau des* **Braccio Nuovo**, *einer parallel zum Flügel der Biblioteca Apostolica Vaticana verlaufende Galerie, die den Belvedere-Hof noch einmal teilte und einen dritten Hof, den sogenannten* **Cortile della Biblioteca**, *entstehen ließ.*

In der zweiten Hälfte des 19. Jahrhunderts ließ Pius IX. einen Flügel der Loggien Raffaels ergänzen, der nach diesem Papst die Bezeichnung **Loggia di Pio IX.** *erhielt; 1860 veranlaßte er außerdem den Bau der Ehrentreppe, der sogenannten* **Scala Pia**, *die zum Corridore di Borgo führt. Pius XI. ließ schließlich 1932 den monumentalen* **Eingang zu den Vatikanischen Museen** *errichten. Papst Johannes XXIII. und Paul VI. schufen in den sechziger und siebziger Jahren neue Gebäude, in denen die Kunstsammlungen des Lateranspalastes untergebracht wurden.*

Vatikanische Museen, Melozzo da Forlì, Musizierender Engel.

DIE STANZEN RAFFAELS

Die Ausmalung der Stanzen Raffaels mit Themen der Verherrlichung des Glaubens und der Kirche wurde vom Meister 1509 in Angriff genommen und in den folgenden Jahren, auch unter dem Pontifikat Leos X., fortgesetzt.
Der erste Raum, in dem Raffael seine vortreffliche Kunst unter Beweis stellte, war die **Stanza della Segnatura** (hier unterzeichnete der Papst seine amtlichen Urkunden), wo der Künstler drei großartige Fresken schuf: die *Disputation des Altarsakraments* (Disputa sul Sacramento), die *Schule von Athen* (Scuola d'Atene), wo Gelehrte und Philosophen des Altertums sowie die Herrscher und Künstler der Renaissance-Szene in einen großartigen architektonischen Rahmen gestellt sind und sich um die zentralen Figuren des Platon und Aritoteles scharen, und den *Parnass*, eine allegorische Verherrlichung der Künste in der Verkörperung der mythologischen Gestalten von Musen und Gottheiten. In den großen Medaillons der Gewölbe, die mit Bildfeldern abwechseln, malte der Künstler aus Urbino, gleichsam als symbolhafte Ergänzung der Fresken, einige Allegorien der Wissenschaften und Künste (*Theologie, Rechtswissenschaft, Philosophie, Dichtkunst, Astronomie*) neben Episoden, die der Verdeutlichung dienen (*Die Erbsünde, Salomos Urteil, Apoll und Marsyas*).
Von 1512 bis 1514 arbeitete Raffael an der Ausschmückung der **Stanza di Eliodoro**, indem er in den Fresken nach einem von Julius II. vorgegebenen ikonographischen Konzept historische Episoden wiedergab. Die hier behandelten Themen beziehen sich auf das Wirken Gottes zum Schutz der Kirche und auf die Verherrlichung der herausragenden Ereignisse des Pontifikats Julius' II.: *Leo d. Große gebietet Attila halt* ist eine Anspielung auf die Schlacht bei Ravenna im Jahre 1512, in deren Verlauf der künftige Papst Leo X. die Franzosen versprengt; die *Messe von Bolsena*, die Würdigung des Corpus Domini, die zur Einführung des Fronleichnamsfestes durch Urban V. führte, bezieht sich auch auf das Gelübde, das Julius II. vor der Belagerung von Bologna abgelegt hatte; und schließlich die biblische Episode der *Vertreibung des Heliodor aus dem Tempel*, die auf den Kampf des Papstes gegen die Feinde der Kirche anspielt, und die *Befreiung des hl. Petrus*, die Bezug nimmt auf die Befreiung Leos X., der nach der Schlacht bei Ravenna gefangengenommen worden war.
In den beiden folgenden Jahren, bis 1517, wurde die sogenannte **Stanza dell'Incendio** ausgemalt; der Raum ist nach dem Thema des Hauptfreskos, dem Brand des Borgo, benannt und zeigt Papst Leo IV., der das schreckliche Unheil durch die Kraft des Kreuzes bannt.
Dieses Fresko, wie auch die anderen (*Sieg Leos IV. gegen die Sarazenen, Eid Leos III., Krönung Kaiser Karls d. Großen durch Leo III.*), die fast alle nach präzisen Angaben des Meisters von Schülern Raffaels ausgeführt wurden, beziehen sich auf die illustren gleichnamigen Vorgänger von Papst Leo X., zu deren Amtszeit der Raum dekoriert worden war. Auch die **Sala dei Palafrenieri** enthielt Wandmalereien aus der Schule Raffaels; diese gingen jedoch verloren und wurden später durch andere ersetzt, die Gregor XIII. gegen Ende des 16. Jahrhunderts veranlaßte.
Ein sicheres Werk eines der bedeutendsten Schüler Raffaels, Giulio Romano, ist hingegen die Ausschmückung der **Sala di Costantino**, die der Künstler in Zusammenarbeit mit Gehilfen nach dem Tod des Meisters ausmalte und wo er Episoden aus dem Leben Konstantins (*Taufe des Kaisers, Schlacht gegen Maxentius, Auffindung des Kreuzes, Konstantinische Schenkung*) darstellte.

Stanza di Eliodoro, Raffael, die Vertreibung des Heliodor aus dem Tempel.

Gegenüberstehende Seite: Stanza della Segnatura, Raffael, die Schule von Athen.

Stanza della Segnatura, Raffael, die Disputation des Altarsakraments.

DIE SIXTINISCHE KAPELLE

Sixtinische Kapelle, Michelangelo, restaurierte Lünette mit einer Figur des "Stammbaums Jesu".

Auf dem Faltblatt eine Gesamtansicht der Deckenfresken von Michelangelo in der Sixtinischen Kapelle (nach der Restaurierung)

Zwischen 1475 und 1481 beauftragte Sixtus IV. den Architekten Baccio Pontelli mit der Planung einer neuen Papstkapelle. Der Entwurf des Architekten sah einen großen rechteckigen Raum mit Tonnengewölbe vor, an dessen Bau Giovannino de' Dolci arbeitete. Mino da Fiesole, Giovanni Dalmata und Andrea Bregno teilten den Raum durch eine Marmorschranke in zwei Bereiche und schufen eine Sängertribüne, während ein Riesenaufgebot an namhaften Künstlern die malerische Ausgestaltung übernahmen. Von 1481 bis 1483 wirkten hier so berühmte Künstler wie Botticelli, Ghirlandaio, Perugino, Luca Signorelli und Cosimo Rosselli.

Im Jahre 1506 beschloß Julius II., das **Gewölbe** der Kapelle, das bis dahin einem sternenübersäten Himmel glich, mit Fresken ausmalen zu lassen, und übertrug diese ungeheure Aufgabe dem genialen Michelangelo, der bereits mit dem Wiederaufbau der Peterskirche beschäftigt war. 1508 begann der toskanische Meister mit der Ausmalung der fast 800 Quadratmeter großen Fläche, und vier Jahre später war die Arbeit abgeschlossen. Michelangelo schwebte eine Komposition aus Szenen des Alten Testaments vor, deren Kontinuität durch architektonische, plastische und malerische Elemente gegeben war und in der Symbolgestalten wie bei einer Rahmenerzählung die bildhafte Verknüpfung zwischen den einzelnen Episoden übernahmen. Bei der jüngsten Restaurierung trat die innovative Farbenwahl dieser einmaligen Fresken erneut ans Licht.

Zwölf **Propheten** und **Sibyllen** kündigen das Kommen des Messias auf der Erde an: *Jeremias*, die *Persische Sibylle*, *Ezechiel*, die *Erythräische Sibylle*, *Joeles*, *Zacharias*, die *Delphische Sibylle*, *Jesaias*, die *Cumäische Sibylle*, *Daniel*, die *Libysche Sibylle*, und schließlich *Jonas*, der soeben aus dem Bauch des Wals befreit wurde. Sie bilden, zusammen mit den Girlanden und Medaillons tragenden nackten Jünglingen, den sog. *Ignudi*, den Rahmen der neun Darstellungen aus der **Schöpfungsgeschichte**: *Gott scheidet das Licht von der Finsternis, Gott erschafft die Sonne, den Mond und die Pflanzen auf der Erde, Gott trennt die Wasser und erschafft die Fische und Vögel*, dann in der Mitte des Gewölbes, die *Erschaffung Adams* und die *Erschaffung Evas,* dann der *Sündenfall* und die *Vertreibung aus dem Paradies*, das *Opfer Noahs*, die *Sintflut* und die *Trunkenheit Noahs*.

In den Gewölbezwickeln der vier Ecken sind weitere biblische Episoden dargestellt: *Judith und Holofernes, David und Goliath, Ahasver, Esther* und *Amman*, die *eherne Schlange*. Die Lünetten und die Kappen über den Fenstern enthalten Figuren aus dem **Stammbaum Jesu**. Fünfundzwanzig Jahre nach der Fertigstellung des Deckengewölbes wurde Michelangelo von Papst Paul III. noch einmal mit einem großen Fresko, diesmal für die Rückwand der Kapelle, beauftragt. So schuf der toskanische Künstler zwischen 1536 und 1541 das **Jüngste Gericht**, das viele Kunsthistoriker für sein größtes Meisterwerk halten. Zentrale Figur der gewaltigen Komposition ist Christus als Weltenrichter, um den in einem herrlichen, völlig neuen Aufbauschema die Scharen der Auserwählten und Verdammten kreisen. Für die Verwirklichung dieses Wandgemäldes mussten die bestehenden Fresken von Perugino zerstört werden.

Sixtinische Kapelle, Gewölbe, Erschaffung des Menschen, *und (unten) die* Erbsünde, *Michelangelos Fresken nach der Restaurierung.*

Folgende Seiten:
Sixtinische Kapelle, Gesamtansicht des Jüngsten Gerichts *von Michelangelo (nach der Restaurierung)*

Sixtinische Kapelle, "Fresken des Quattrocento" an den Seitenwänden; oben, die Prüfungen des Moses *von Sandro Botticelli; unten, die* Rückkehr des Moses nach Ägypten *von Perugino.*

IONAS

IOSIAS
ECHONIAS
SALATHIEL
AZOR
SADOCH
CONTVRBATIO·IESV·CHRISTI·LEGISLATORIS
REPLICATIO·LEGIS·EVANGELICAE·A·CHRISTO

Gegenüberstehende Seite, eine Seitenwand in der Sixtinischen Kapelle. Im oberen Bereich Fresken von Michelangelo: Figuren aus dem "Stammbaum Jesu" in den Lünetten und, unten, vier Persönlichkeiten aus der Reihe der "Päpste". Im unteren Abschnitt "Fresken des Quattrocento": Perugino, die Schlüsselübergabe; *Cosimo Rosselli,* Letztes Abendmahl.

Oben, Gesamtansicht der Vatikanischen Museen.

VATIKANISCHE MUSEEN

Der Komplex des Vatikanischen Palastes, der das Ergebnis einer langen Baugeschichte darstellt, beherbergte von Anfang an reiche Kunstsammlungen, die von verschiedenen Päpsten angelegt und vergrößert wurden, dank eines intensiven Mäzenatentums, das ganzen Generationen italienischer und ausländischer Künstler die Möglichkeit gab, hervorragende Meisterwerke zu schaffen.
Die zahlreichen Abteilungen, von den griechischen, römischen, etruskischen und ägyptischen Antikensammlungen bis zu Büchersammlungen und Gemäldegalerien (letztere bilden die berühmte **Vatikanische Pinakothek**) nahmen nach und nach die Säle und Galerien des sich ständig ausdehnenden Komplexes ein und lieferten nicht selten den Anlaß für neue Anbauten. Die Unterbringung dieser Sammlungen änderte sich im Laufe der Zeit je nach verfügbarem Raum, wobei auch museumstechnische und die Katalogisierung betreffende Kriterien eine Rolle spielten. So wurden aus den Gebäuden allmählich regelrechte Museen, vor allem ab Mitte des 18. Jahrhunderts, als Klemens XIV. den Palazzetto del Belvedere in ein Museum umwandelte, das nach der von seinem Nachfolger Pius VI. vorgenommenen Neuordnung den Namen **Museo Pio-Clementino** annahm. Die für den neoklassischen Geschmack typische Leidenschaft für Archäologie und Antiquitäten veranlaßten in der ersten Hälfte des folgenden Jahrhunderts zwei Päpste, Pius VII. und Gregor XVI., einige der wichtigsten Institutionen des vatikanischen Museumskomplexes zu gründen. Ersterem ist das **Museo Chiaramonti** zu verdanken, an dessen Einrichtung sogar Canova mitwirkte und für das man den sogenannten Braccio Nuovo anbaute; der zweite Papst hingegen brachte in siebzehn Sälen das **Museo Gregoriano Etrusco** und das **Museo Gregoriano Egizio** unter. Ebenfalls im 19. Jahrhundert machte Leo XIII., dem die Restaurierung großer Teile des vatikanischen Komplexes zu verdanken ist, zahlreiche bisher nur dem Papst und hohen Würdenträgern der Kirche vorbehaltene Räume für Publikum zugänglich, und zwar zunächst das Appartamento Borgia, in dem später die von Paul VI. 1973 eröffnete **Collezione di Arte Religiosa Moderna** Aufnahme fand. Die Einrichtung neuer Museen kennzeichnete das gesamte zwanzigste Jahrhundert: Johannes XXIII. ließ aus dem ursprünglichen Lateransitz sowohl das **Museo Missionario Etnologico**, in dem man 1926 das im Jubiläumsjahr 1925 für die Missionsausstellung zusammengetragene Material untergebracht hatte, wie auch das 1854 von Pius IX. gegründete **Museo Pio Cristiano**, das Gemälde, Inschriften, Reliefs und Skulpturen aus den Katakomben und den antiken römischen Basiliken enthielt, in den neuen Museumskomplex überstellen.

MUSEO PIO-CLEMENTINO

1771 schuf Klemens XIV. die erste vatikanische Museumseinrichtung in den Räumen des Palazzetto del Belvedere. Den Kernbestand aus der Renaissance bildete die Sammlung antiker Statuen, die bis dahin in dem von Bramante entworfenen und 1793 durch Michelangelo Simonetti umgestalteten **Cortile Ottagono** untergebracht waren. Der Nachfolger von Papst Klemens, Pius VI., vergrößerte die Sammlung und dehnte den Museumsraum auf andere Gebäudetrakte des vatikanischen Komplexes aus. Ganz in der Nähe des Cortile Ottagono, im sogenannten **Gabinetto di Apollo**, stellte man eine Skulptur auf, die insbesondere das Interesse der Altertumsforscher, wie Winckelmann und Goethe, weckte, den berühmten *Apoll vom Belvedere*, ein faszinierendes Werk, das Leochares zugeschrieben wird und im 15. Jahrhundert aufgefunden wurde. Das **Gabinetto dell'Apoxyomenes** hingegen verdankt seinen Namen einem weiteren Meisterwerk der antiken Bildhauerkunst, das man Mitte 19. Jahrhundert in Trastevere fand; es handelt sich um die römische Kopie eines Originals von Lysipp mit der Darstellung eines Faustkämpfers, der sich mit einem Schabeisen das Öl und den Schweiß vom Körper abstreift. Im **Gabinetto del Laocoonte** wird die im 16. Jahrhundert in der *Domus Aurea* gefundene Laokoon-Gruppe bewahrt; das Werk inspiriert sich an der berühmten Episode aus dem Trojanischen Krieg und zeigt den Priester Laokoon, der mit seinen Söhnen von zwei Schlangen erwürgt wird. Das Werk übte einen starken Einfluss auf die Kunst der Spätrenaissance aus, insbesondere auf Michelangelo. Das **Gabinetto dell'Hermes** verdankt seine Bezeichnung einer Kopie aus hadrianischer Zeit nach einem Original von Praxiteles, das die Gottheit in der Gestalt dessen, der die Seelen der Verstorbenen in den Hades begleitet, darstellt. Neoklassisch geprägt ist hingegen die Statue, nach dem das **Gabinetto del Perseo** benannt ist, ein im Jahre 1800 von Antonio Canova geschaffenes Werk, das sich am *Apoll vom Belvedere* inspiriert. Auf Wunsch Pius' VI. baute Michelangelo Simonetti 1776 die **Sala degli Animali**, in der dem Themenkreis der Tiere angehörende Skulpturen und Mosaikfragmente aus römischer Zeit untergebracht wurden. Das berühmteste Exponat dieser einzigartigen Sammlung ist die *Statue des Meleagros*, eine römische Kopie nach einem Original von Skopas, die den Helden mit einem Hund und mit einem Wildschweinkopf darstellt. Mit der Erweiterung des Palazzetto durch Innozenz VIII. sollten neue Ausstellungsräume geschaffen werden, unter anderem die **Galleria delle Statue**, in der beachtenswerte Statuen bewahrt werden, wie der *Apollon Sauroktonos (Eidechsentöter)*, *Schlafende Ariadne*, *Ruhender Satyr* und die *Barberinischen Kandelaber*. Simonetti baute weitere Säle mit großer perspektivischer Wirkung, die **Sala delle Muse**, wo sich der berühmte *Belvedere-Torso* befindet, an dem sich Michelangelo inspirierte, als er die nackten Gestalten in der Sixtinischen Kapelle schuf; die **Sala Rotonda** mit dem *Zeus von Otricoli* und der *Kolossalstatue des Herkules* aus vergoldeter Bronze; die **Sala a Croce Greca**, die den *Sarkophag der Konstanze*, der Tochter Konstantins, und den der *Heiligen Helena*, der Mutter des Kaisers, birgt, und das **Gabinetto delle Maschere**, in dem die berühmte *Venus von Knidos* Aufnahme fand. Klemens XIV. hatte jedoch bereits einige Räume des Gebäudes für die Unterbringung der Sammlungen umgestaltet; so war die **Galleria dei Busti** geschaffen worden, in der einige der berühmtesten Porträts aus der Kaiserzeit, wie die Büsten des *Caracalla*, *Cäsar* und *Augustus*, bewahrt werden.

MUSEO CHIARAMONTI

Das **Museum Chiaramonti**, das Anfang des 19. Jahrhunderts auf Wunsch Papst Pius' VII. (mit bürgerlichem Namen Barnaba Chiaramonti) gegründet und von Antonio Canova eingerichtet wurde, fand in der von Bramante geplanten Ostgalerie Aufnahme, die den Palazzetto del Belvedere mit dem Vatikanischen Palast verbindet. Das Museum nimmt den ersten Abschnitt der Galerie ein, die dann in die **Galleria Lapidaria** mit der reichhaltigen epigraphischen Sammlung und in den **Braccio Nuovo** übergeht, in dem alle Werke untergebracht wurden, für die der Raum in der Galerie nicht ausreichte. Die erste Abteilung des Museums enthält in einem klassizistisch ausgestatteten

Raum mehrere römische Plastiken, die sich an griechischen Vorbildern inspirieren. Neben Gottheiten des Olymp, wie der *Athena-Statue*, Kopie eines griechischen Originals aus der Schule des Myron, sind Darstellungen von mythischen Helden zu sehen, wie *Herakles mit seinem Sohn*

Telephos, ferner Porträtbüsten von römischen Persönlichkeiten, zum Beispiel ein *Isis-Priester*, der auch als Scipio Africanus bekannt ist, oder das *Porträt eines Mannes*, das eine unbekannte Persönlichkeit mit der typischen, bei Opferritualen getragenen Kopfbedeckung darstellt. Die Galleria Lapidaria, die nur für Studienzwecke zugänglich ist, vermittelt einen hervorragenden Überblick über heidnische und christliche Inschriften, die zum großen Teil aus Nekropolen und Katakomben stammen. Die von Klemens XIV. angelegte und von Pius VI. und Pius VII. vergrößerte Sammlung wurde dann von einem namhaften Epigraphiker, Gaetano Marini, geordnet. Der von Raffaele Stern 1817 gebaute Braccio Nuovo, der den Belvedere-Hof durchquert und parallel zur Galerie der Apostolischen Bibliothek verläuft, besteht ebenfalls aus einer breiten und hellen Galerie, in deren Mitte ein mit Apsis ausgestatteter großer Raum liegt.

Hier fanden einige Hauptwerke der römischen Bildhauerkunst Aufnahme, unter anderem die *Augustusstatue von Prima Porta*, ein Standbild des Kaisers Augustus, der mit Herrschermiene zu seinen Untertanen spricht, zu seinen Füßen ein Amor, Symbol der Venus und Schutzgöttin des Hauses Julia; die Anfang des 16. Jahrhunderts in der Nähe der Kirche Santa Maria Sopra Minerva gefundene Statue des Flußgottes *Nil*, der zusammen mit dem Tiber (heute im Louvre) einst den Isis- und Serapis-Tempel schmückte; und der berühmte *Doryphoros* (Speerträger), eine Kopie des Bronzeoriginals von Polyklet, ein in seinen harmonischen Proportionen vollendetes Werk der griechischen Bildhauerkunst.

MUSEO GREGORIANO ETRUSCO

Das Interesse für Etruskologie und das Studium der italischen Völker der vorrömischen Epoche führten in der ersten Hälfte des neunzehnten Jahrhunderts zur Organisation systematischer Grabungskampagnen, die an zahlreichen Orten des damaligen Kirchenstaates, wie Cerveteri, Tarquinia, Vulci und Veji, vorgenommen wurden. Die Fundstücke wurden katalogisiert und in einem 1837 von Papst Gregor XVI. eigens hierfür eingerichteten Museum untergebracht, dessen Sammlung durch Schenkungen und Ankäufe später angewachsen ist. Die Museumssäle bewahren einen Antikenschatz mit Funden aus dem Lebensbereich der Etrusker und Bewohner Latiums ab Beginn der Eisenzeit, die durch eine Reihe hochinteressanter *Grabgefäße* nachgewiesen ist. Beispielhaft für eine vollständige Grabausstattung ist das Fundmaterial aus der *Tomba Regolini-Galassi*, das Bronzegegenstände, Keramikvasen, Buccherogefäße (eine typisch etruskische, schwarzgebrannte Tonerde) und Goldgegenstände von erlesener Eleganz umfaßte. Die Urnen, in denen die Etrusker die Asche ihrer Verstorbenen aufbewahrten, sind hier mit hervorragenden Exponaten vertreten, etwa der sogenannten *Urna Calabresi*, die auf das 7. Jahrhundert v. Chr. zurückgeht. Der *Mars von Todi* stellt hingegen ein wertvolles Zeugnis für das hohe Niveau der Bronzegußkunst dar, das dieses Volk erreicht hatte. Hauptanziehungspunkt des Museums ist jedoch die Keramiksammlung mit Vasen insbesondere die wunderschöne **Sammlung Benedetto Guglielmi** mit bemerkenswerten attischen schwarz- und rotfigurigen Vasen.

Gegenüberstehende Seite, Museo Pio-Clementino: der Apoll vom Belvedere *und die Skulpturengruppe* Laokoon mit seinen Söhnen.

Museo Gregoriano Etrusco: das Innere einer lakonischen Schale mit der Darstellung der Qual des Prometheus und, unten, das Innere einer attischen Schale mit Ödipus und der Sphynx.

DIE VATIKANISCHE PINAKOTHEK

Vatikanische Pinakothek, Giotto und Gehilfen, Stefaneschi-Altar: *oben die Rückseite und unten die Vorderseite des Polyptychons.*

Diese von Papst Pius VI. gegründete, außergewöhnliche Gemäldegalerie gehört zu den angesehensten Sammlungen der Welt und besitzt Meisterwerke von einzigartiger Schönheit aus der Zeit vom 12. bis 18. Jahrhundert. Obgleich zahlreiche Werke Ende des 18. Jahrhunderts nach dem Vertrag von Tolentino nach Frankreich verschleppt und rund zwanzig Jahre später auf Betreiben Canovas nur teilweise zurückgeholt wurden, wuchs die Pinakothek im Laufe der Jahre an, da andere päpstliche Sammlungen, zum Teil aus der Sakristei der Peterskirche und zum Teil aus der Sommerresidenz des Papstes in Castel Gandolfo, in den Bestand eingeflossen sind.
Der chronologisch angeordnete Rundgang beginnt mit der frühen italienischen Malerei, die durch hervorragende Werke vertreten ist; besondere Erwähnung verdienen *Maria Magdalena* von Veneziano, *Madonna mit Kind* von Vitale da Bologna, der *Hl. Franz von Assisi* von Giunta Pisano und das *Jüngste Gericht*, ein kostbares

Tafelgemälde der römischen Benediktinermönche Giovanni und Niccolò des ausgehenden 11. und beginnenden 12. Jahrhunderts. Die *Geschichten aus dem Leben des hl. Stephanus* von Bernardo Daddi bilden die Einführung in die folgende Abteilung, die der gotischen Malerei gewidmet ist und sich hauptsächlich auf Giotto und seine Schüler konzentriert. Von dem großen toskanischen Meister stammt das *Stefaneschi-Polyptychon*, das der Künstler während seines römischen Aufenthaltes für Kardinal Stefaneschi ausführte und für einen der Altäre in Alt-St.-Peter bestimmt war. Daneben sind hervorragende Gemälde wie der *Erlöser* von Simone Martini, die *Madonna des Magnificat* von Daddi und die *Geburt Christi* von Giovanni da Paolo zu sehen. Beato Angelico hielt sich ebenfalls in der Hauptstadt auf und hinterließ Werke von eindringlicher Aussagekraft, wie die *Lebengeschichte des hl. Nikolaus von Bari* und die *Wundmale des hl. Franz*, denen die schönen Gemälde von Filippo Lippi und Benozzo Gozzoli gegenüberstehen. Die Tätigkeit von Melozzo da Forlì als Freskenmaler wird beispielhaft deutlich an zwei einzigartigen Fragmenten eines im 18. Jahrhundert verloren gegangenen Werkes, das einst die Apsis der Kirche Santi Apostoli schmückte und die *Himmelfahrt Christi* darstellte, und an den umfangreichen Wandgemälden, mit denen die ersten Räume der Apostolischen Bibliothek ausgemalt waren, ein Werk aus der zweiten Hälfte des 15. Jahrhunderts, das die *Ernennung von Bartolomeo Sacchi zum Präfekten der Bibliothek durch Sixtus IV.* zum Thema hat.
Mit Melozzo beginnt die reifere Phase der Malerei des 15. Jahrhunderts, wo neben Werken ausländischer Meister, wie Lucas Cranach, der hier mit einer dramatischen *Pietà*

Vatikanische Pinakothek, Raffael, Verklärung Christi.

Vatikanische Pinakothek, Raffael, Marienkrönung.

in der typisch nordischen Farbgebung vertreten ist, *Flügelaltäre* von Carlo und Vittore Crivelli zu sehen sind. Einen Schwerpunkt des Museums bildet die umbrische Schule mit eindrucksvollen Renaissancewerken wie der *Marienkrönung* von Pinturicchio und *Madonna mit Kind und vier Heiligen* von Perugino. Sie leiten über zu einer der berühmtesten und interessantesten Abteilungen der gesamten Pinakothek, die Raffael vorbehalten ist und Meisterwerke von unvergleichlicher Schönheit enthält, u.a. herausragende Gemälde wie die *Verklärung Christi*, eines der letzten Werke des Malers aus Urbino, das Giulio de' Medici, der spätere Papst Klemens VII., in Auftrag gab; *Madonna von Foligno*, die im Auftrag von Sigismondo Conti, Privatsekretär Julius' II., entstand, und zehn *Wandteppiche*, die 1515/16 flämische Manufakturen nach Kartons des Meisters ausführten und früher in der Sixtinischen Kapelle bei Konklaven und feierlichen Anlässen aufgehängt wurden.
Ein anderer großer Meister, Leonardo da Vinci, ist hier mit der Skizze zu einem Gemälde vertreten, die den *Hl. Hieronymus* darstellt. Es handelt sich um ein ganz besonders bedeutsames Werk, da es interessante Aufschlüsse über die Helldunkel-Technik und das Kompositionsschema Leonardos vermittelt. Das Cinquecento ist mit einer großen Auswahl an Gemälden vorwiegend aus der venezianischen Schule vertreten, darunter in erster Linie Tizian, der das vortreffliche *Porträt des Dogen Nicolò Marcello* schuf, und Veronese. Die Entwicklung der Malerei des 16. Jahrhun-

derts geht in der interessanten Malrichtung des toskanischen und römischen Manierismus auf, der hier durch Vasari (*Martyrium des hl. Stephanus*), Carracci (*Opferung Isaaks*) und Cavalier d'Arpino (*Verkündigung*) vertreten ist. Die Revolution des Barocks wird an den Werken so berühmter Künstler jener Zeit deutlich wie Caravaggio, von dem hier eine in den ersten Jahren des 17. Jahrhunderts entstandene, wunderschöne *Kreuzabnahme* zu sehen ist, aber auch Guido Reni (*Kreuzigung des hl. Petrus*) und Domenichino (*Kommunion des hl. Hieronymus*).
Sehenswert sind darüber hinaus die Säle, die der Malerei des 17. und 18. Jahrhunderts gewidmet sind; die hier ausgestellten Werke stammen von bedeutenden italienischen Künstlern, die hauptsächlich in Rom tätig waren, wie Pietro da Cortona, Orazio Gentileschi und Baciccia, aber auch von ausländischen Meistern wie Poussin, van Dyck und Rubens. Die Abteilung mit besonderem Schwerpunkt auf der Malerei des 18. Jahrhunderts enthält einige ausgezeichnete Werke von Giuseppe Maria Crespi, Giaquinto und Donato Creti.

Vatikanische Pinakothek, Raffael,
Madonna di Foligno.

MUSEO GREGORIANO PROFANO

Die Gründung des ursprünglich im Lateranspalast untergebrachten Museums geht auf die erste Hälfte des 19. Jahrhunderts zurück. Papst Gregor XVI. veranlasste als erster eine systematische Zusammenstellung des immensen Fundmaterials griechischer und römischer Herkunft, das im Verlauf der im Gebiet des ehemaligen Kirchenstaates durchgeführten Grabungen zutage getreten war. 1970 wurde die reiche Sammlung in die Räume des Vatikans überstellt, die auf ausdrücklichen Wunsch Johannes' XXIII. eigens für diesen Zweck durch die Architekten Fausto und Lucio Passarelli gebaut wurden.
Das Museum gliedert sich in fünf Abteilungen, die den künstlerischen Ausdrucksformen der griechischen Bildhauerei und den verschiedenen Aspekten der römischen Skulptur gewidmet sind, von der Neubearbeitung und Nachbildung griechischer Vorbilder bis zur selbständigen Produktion von der Kaiserzeit bis zur Spätantike. Unter den Werken griechischer Herkunft verdienen besondere Erwähnung: *Fragmente von Skulpturen des Parthenon* und der berühmte *Athena-Kopf* als Ausdruck der Kunst Großgriechenlands. Der Einfluß der griechischen und hellenistischen Kunst spielte lange Zeit eine fundamentale Rolle in der Entwicklung der römischen Kunst, insbesondere auf dem Gebiet der Bildhauerei, die anfangs vor allem attische Modelle kopierte, wie die *Statuen des Marsyas und der Athena* zeigen, Nachbildungen einer berühmten Bronzegruppe von Myron aus dem Jahr 460 v. Chr., die am Eingang der Akropolis von Athen stand, oder die *Niobide Chiaramonti*, die nach einer Skopas zugeschriebenen Skulpturengruppe gearbeitet wurde.
Die römische Bildhauerei ging dann mit Beginn der republikanischen Ära und frühen Kaiserzeit eigene Wege, vor allem auf dem Gebiet der Porträtkunst, und brachte ganzfigurige *Statuen* und *Büsten* von wichtigen Persönlichkeiten sowie von Kaisern und deren Familienmitgliedern hervor. Auch die Grabkunst, die sich insbesondere in der Produktion von *Sarkophagen* ausdrückt, gibt in den Darstellungen der Reliefdekorationen wertvolle Aufschlüsse über die Mythologie der antiken Welt (*Adonis, Ödipus, Phädra*). Mythen und religiöse Vorstellungen aus dem Orient durchdringen die römische Kunst des 2. und 3. Jahrhunderts n. Chr., die in der letzten Abteilung vertreten ist; ein typischer Ausdruck der spätantiken Kunst stellt die hier gezeigte *Mithrasgruppe* dar.

Gegenüberstehende Seite: Vatikanische Pinakothek, Leonardo da Vinci, Hl. Hieroymus.

Pilger auf dem Petersplatz; das Fenster, an dem sich Papst Johannes Paul II. den Gläubigen zeigt; Luftaufnahme des Petersplatzes mit dem Petersdom.

DER ESQUILIN

Der heutige Rione Esquilino, der 1870 enstanden ist, als Rom zur Hauptstadt Italiens erklärt wurde, nimmt die Osthänge des gleichnamigen Hügels ein, dessen Name aus dem lateinischen excolere, *das heißt "draußen wohnen", abgeleitet ist, mit dem der ausschließlich für Bestattungszwecke bestimmte Vorort außerhalb des servianischen Mauerringes bezeichnet wurde. Erst in augusteischer Zeit wurde dieses Gebiet der Stadt angeschlossen und in Wohnviertel für reiche Angehörige des kaiserlichen Hofes verwandelt. Hier residierte der berühmte Mäcenas, der persönliche Ratgeber des Augustus und Förderer des bedeutendsten Kulturkreises der Antike, Freund der Dichter Horaz und Vergil (der hier auch ein Haus besaß) und Eigentümer eines riesigen Parks mit herrlichen Kunstwerken, der unter dem Namen* Horti Mecenatiani *bekannt war. Mit dem Verfall der Stadt Rom verwilderten die grünen Hänge des Hügels, die Patriziervillen verfielen, und das Gebiet geriet völlig in Vergessenheit. Das Gelände bot sich jedoch für die Gründung von Kirchen und Klöstern an, so dass hier einige der ältesten römischen* Tituli *entstanden sind, wie* **Santa Prassede** *in der Nähe des Brunnens, in dem die heilige Praxedis die sterblichen Reste von nicht weniger als zweitausend Märtyrern zusammengetragen hatte, und* **Santa Pudenziana** *über dem Haus des Senators Pudens, in dem auch der hl. Petrus zu Gast war. Pudens war der Vater der beiden Märtyrerinnen, denen die beiden Kirchen aus dem 4.-5. Jahrhundert geweiht sind.*
Hier befindet sich auch eine der vier großen Pilgerkirchen Roms, **Santa Maria Maggiore**, *die auf der Hügelkuppe des Esquilins an der Stelle erbaut wurde, wo im August des Jahres 356 Schnee gefallen war, ein Wunder, das die Jungfrau Maria Papst Liberius im Traum voraussgesagt hatte.*
Das ganze Mittelalter hindurch bewahrte der Hügel seinen Charakter als Grünzone, die mit Kirchen, Klöstern und Wohlfahrtseinrichtungen übersät war. In der zweiten Hälfte des 16. Jahrhunderts erlebte der Esquilin vom städtebaulichen Gesichtspunkt aus eine Art Wiedergeburt, als unter Sixtus V. ein dichtes Straßennetz angelegt wurde. Einer der Brennpunkte war die Kirche Santa Maria Maggiore, auf die zwei wichtige Straßen zuliefen: auf der einen Seite die Strada Felice, die zur Kirche Trinità dei Monti führt, und auf der anderen Seite die (von Gregor XIII. für das Jubiläumsjahr 1575 begonnene) Via Merulana, die eine Verbindung zur Basilika San Giovanni in Laterano herstellte. Nach dem Vorbild einer von Sixtus V. dicht am Hügel erbauten Villa entstanden später weitere Palais mit großen Gärten, die sich bis ins 19. Jahrhundert lückenlos an der aurelianischen Mauer aufreihten. Der Stadtbebauungsplan von Rom als Hauptstadt sah den Abriss dieser Villen vor, an deren Stelle schachbrettartig neue Blocks mit Gebäuden entstanden, die dem eklektischen und klassizistischen Stil der damaligen Zeit entsprachen. Die urbanistische Neugestaltung dehnte sich im 20. Jahrhundert auch auf den Viminal aus, den vor dem Esquilin gelegenen Hügel, wo der monumentale **Palazzo del Viminale**, *Sitz des Innenministeriums, errichtet wurde.*

Santa Pudenziana - Die Kirche entstand über dem Haus des Senators Pudens, Vater der Titelheiligen Praxedis und Pudentiana, der den Apostel Petrus während seiner apostolischen Reisen in Rom gastlich aufgenommen hatte. Der antike *Titulus*, möglicherweise aus dem 2. Jahrhundert, wurde gegen Ende des 4. Jahrhunderts durch eine Kirche ersetzt, die trotz radikaler Umbauten in Mittelalter und Renaissance in der heutigen Struktur noch erkennbar ist. Reste des mittelalterlichen Gebäudes finden sich am Außenbau, am romanischen **Kampanile** aus dem beginnenden 13. Jahrhundert und an der Fassade mit anmutiger **Vorhalle**, die zwei antike kannelierte Säulen und einen Fries aus dem 11. Jahrhundert mit dem *Osterlamm* zwischen den *Heiligen Petrus, Pudens, Pudentiana und Praxedis* aufweist. Die Apsis ist innen mit wunderschönen Mosaiken des 4. Jahrhunderts geschmückt, die den *Thronenden Christus* darstellen, umgeben von den *Aposteln* und den Kränze darbringenden *Heiligen Pudentiana* und *Praxedis*. An der Rückwand ein *Kreuz*, das *Himmlische Jerusalem* und die *Symbole der Evangelisten*. Sehenswert ist auch die **Cappella Caetani** am linken Seitenschiff, die von Francesco da Volterra 1598 begonnen und von Maderno 1614 fertiggestellt wurde.

San Lorenzo in Panisperna - Die Kirche, die sich auf einer doppelrampigen Treppe in einem baumbestandenen, von **mittelalterlichen Häusern** gesäumten Hof erhebt, entstand zur Zeit Konstantins am Marterort der Heiligen. Dem ersten Wiederaufbau Anfang des 14. Jahrhunderts folgte ein weiterer im 16. Jahrhundert, auf das auch der **Glockenturm** zurückgeht. Das Innere bewahrt ein Fresko michelangiolesker Prägung von Pasquale Cati und stellt das *Martyrium des hl. Laurentius* dar.

Luftaufnahme mit der Basilika Santa Maria Maggiore im Vordergrund.

Palazzo del Viminale - Der nach streng monumentalen Kriterien des 16. Jahrhunderts konzipierte Palast wurde zwischen 1912 und 1921 von Manfredo Manfredi erbaut und beherbergt gegenwärtig das Innenministerium.

Obelisk auf dem Esquilino - Der Obelisk, der wie sein Zwilling auf dem Quirinalsplatz dem Mausoleum des Augustus entstammt, wurde im Auftrag von Sixtus V. von Domenico Fontana 1587 als perspektivischer Fluchtpunkt der Strada Felice aufgestellt.

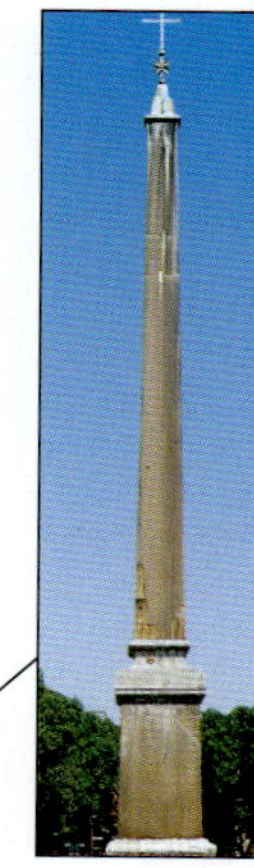

Kirche Bambin Gesù und Oblatenkloster - Die 1731 von Carlo Buratti begonnene und 1736 von Ferdinando Fuga vollendete Kirche ist in die langgestreckte Klosterfassade einbezogen.

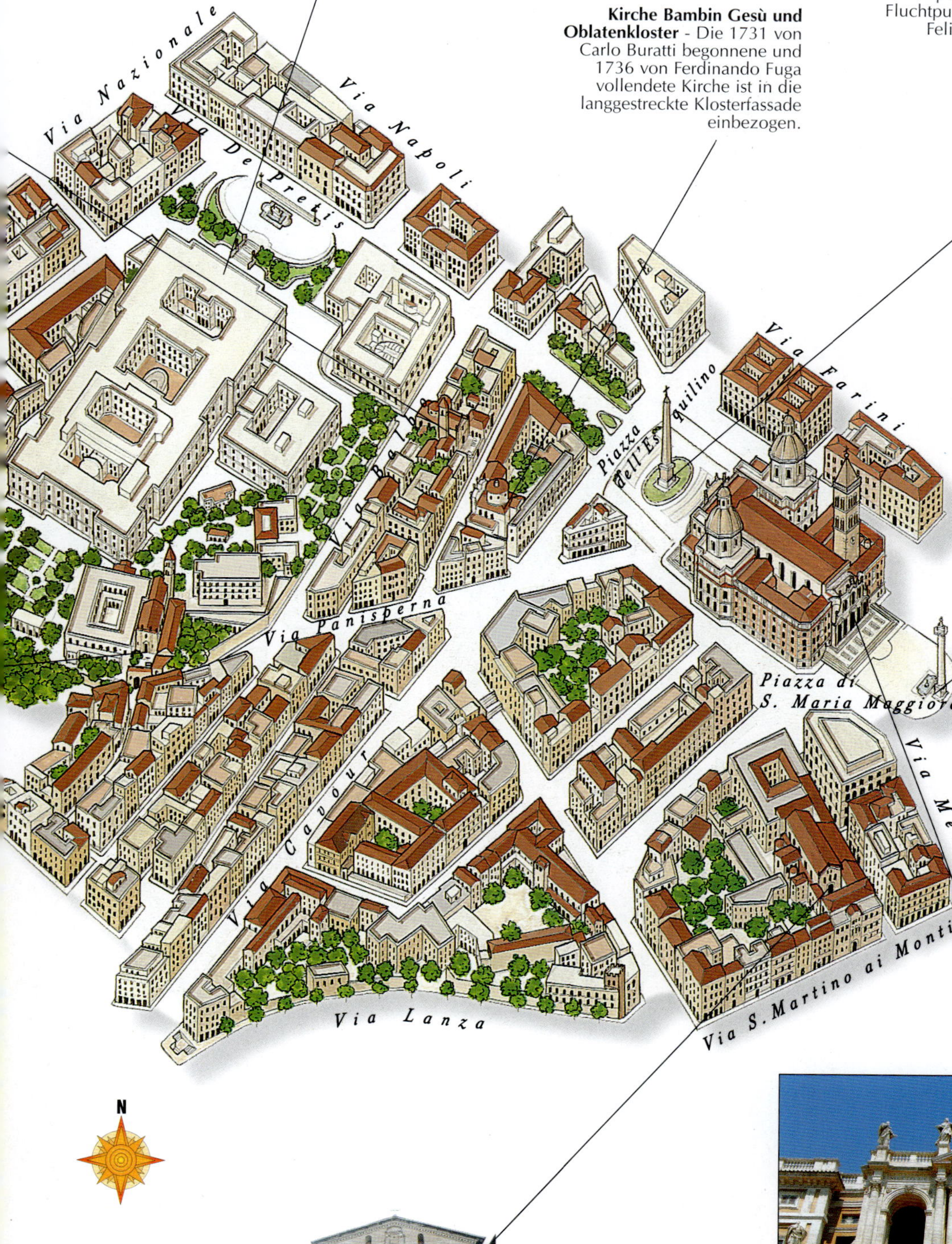

Colonna della Vergine - Die über 14 Meter hohe Säule gehörte einst zur Maxentius-Basilika. 1614 ließ sie Papst Paul V. als schmückendes Element hierher bringen. Maderno stattete sie mit einem Brunnen aus und stellte sie symmetrisch zum Obelisken auf dem Esquilino auf. Die bronzene *Marienstatue* auf der Spitze ist ein Werk von Berthélot und Orazio Censore.

BASILIKA SANTA MARIA MAGGIORE
(S. 46)

SANTA PRASSEDE
(S. 49)

Santa Maria Maggiore, die Fassade des 17. Jahrhunderts und das reichgeschmückte Innere der Cappella Paolina mit den Kuppelfresken von Cigoli.

BASILIKA SANTA MARIA MAGGIORE

Eine Legende berichtet, daß in der Nacht des 5. August 356 dem später heiliggesprochenen Papst Liberius und einem römischen Adligen die Muttergottes im Traum erschienen sei und diese bat, auf dem schneebedeckten Esquilin-Hügel (in der Antike Mons Cispius) ihr zu Ehren eine Kirche zu bauen. Am anderen Morgen stellte man fest, daß es auf dem Hügel tatsächlich geschneit hatte. Sogleich ordnete der Papst den Bau einer Kirche an, die nach ihm Basilica Liberiana und mit Bezug auf das Schneewunder Santa Maria ad Nives genannt wurde. In Wirklichkeit entspricht die Gründung historisch nicht der Basilika Santa Maria Maggiore, die nach dem Konzil von Ephesus 431 von Papst Sixtus III. der Muttergottes geweiht wurde. Trotz ständiger Umbauten im Laufe der Jahrhunderte konnte das Gebäude die typische Anlage der frühchristlichen Basilika fast unverändert bewahren und birgt zugleich eine wahre Summa der Kunst und Architektur von der Romanik bis zum Spätbarock.
Spektakulär wirkt die **Fassade**, in der die unterschiedlichsten Komponenten miteinander verschmelzen. Hinter der **Vorhalle** von Ferdinando Fuga aus dem 18. Jahrhundert

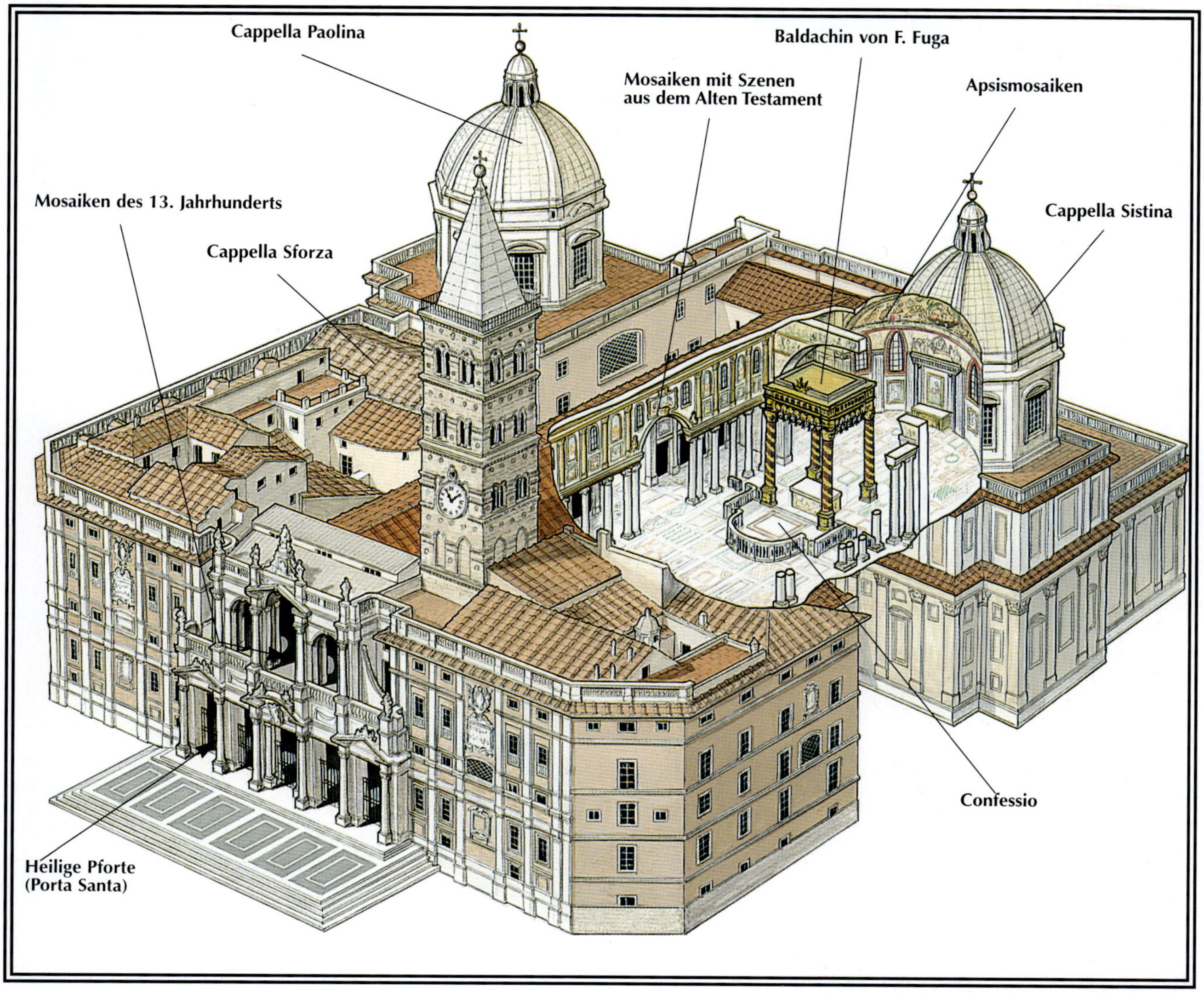

verbirgt sich die Fassade der mittelalterlichen Basilika mit farbenprächtigen **Mosaiken** des 13. Jahrhunderts, die das *Schneewunder* darstellen. Ein Kontrast, der sich auch in der Nebeneinanderstellung der beiden seitlichen Gebäude des 17. Jahrhunderts wiederholt, von denen die Fassade mit dem hohen **Kampanile** eingerahmt wird, der zwar noch romanische Formen aufweist, jedoch aus dem 14. Jahrhundert stammt. Dem 17. Jahrhundert gehört auch die **Chorfassade** an, ein harmonisches Werk von Carlo Rainaldi, dem es hier gelang, durch eine elegante und dennoch schlichte Struktur die beiden in der Spätrenaissance entstandenen, symmetrischen **Kuppeln** über der Cappella Sistina und der Cappella Paolina miteinander zu verbinden.

Beim Betreten der Basilika beeindruckt sogleich die Gesamtanlage, deren essentielle Linienführung trotz der

Santa Maria Maggiore, Kuppelhimmel der Cappella Sistina.

Kassettendecke, die Giuliano da Sangallo mit dem ersten Gold aus Amerika ausschmückte, den ursprünglichen Bau des 5. Jahrhunderts erkennen läßt. Auf diese Zeit gehen die - wenn auch später großenteils erneuerten - sechsunddreißig Mosaiken mit *Szenen aus dem Alten Testament* an den **Mittelschiffwänden** zurück. Weitere herrliche Mosaiken aus der Gründungszeit der Kirche finden sich in der **Apsis**, vor allem am Triumphbogen, wo *Episoden aus dem Leben Jesu* dargestellt sind, ferner in der Wölbung, an der die *Marienkrönung* (1295) von Jacopo Torriti erscheint, dem Schöpfer der Mosaiken, die ursprünglich die Apsis von San Giovanni in Laterano schmückten. Beachtenswert sind auch der *Baldachin* von Fuga, und die von Vespignani im 19. Jahrhundert neu geschaffene **Confessio**, in der Reliquien von der Krippe des Jesuskindes aufbewahrt werden. Eine Fülle von Kunstwerken aus den verschiedensten Epochen zieren die Seitenschiffe und die Kapellen, die man kaum bei nur einem Besuch bewältigen kann. Am Anfang des **rechten Seitenschiffes** befindet sich die *Taufkapelle* von Flaminio Ponzio aus dem Jahr 1605, die mit Fresken von Passignano und mit wertvollen Skulpturen ausgeschmückt ist.

Am Ende des rechten Seitenschiffes öffnet sich die **Cappella Sistina**, die Papst Sixtus V. 1585 bei Domenico Fontana in Auftrag gab und für sein *Grabmal* bestimmt war, das neben dem des heiligen Papstes Pius V. steht. Die ganz im Geist der Gegenreformation erbaute Kapelle ist mit Marmor aus dem *Septizodium* am Palatin geschmückt und besteht aus einem überkuppelten Raum mit zwei kleineren Seitenkapellen. Von hier hat man Zugang zu dem darunter liegenden **Oratorio del Santo Presepio**, das ursprünglich eine Reliquie der Krippe des Jesuskindes enthielt. Heute bewahrt der Raum eine schöne Krippe mit Figuren (*Hl. Joseph*, die *Heiligen Drei Könige*, *Ochs* und *Esel*) von Arnolfo di Cambio und Valsoldo (*Maria* und das *Jesuskind*). Eine Kuriosität: Hier ist in einem Familiengrab mit schlichter Steininschrift Gian Lorenzo Bernini beigesetzt.

Genau symmetrisch zur Cappella Sistina liegt am Ende des **linken Seitenschiffes** die **Cappella Paolina**. Die von Papst Paul V. zur Aufnahme seines *Grabmonuments* in Auftrag gegebene Kapelle wurde von Flaminio Ponzio 1611 vollendet, der das Schema der rechten Zwillingskapelle aufgriff. Kostbarer sind jedoch die Kunstwerke, die hier bewahrt werden. Die Gemäldedekoration wurde von namhaften Künstlern des späten Manierismus geschaffen. Die Kuppelfresken stammen von Cigoli, die Zwickel sind ein Werk von Cavalier d'Arpino. Guido Reni und Passignano verwirklichten die Malereien im unteren Kapellenabschnitt. Dem Genius Rainaldis ist der Entwurf des **Altars** zu verdanken, der eine überaus kostbare Dekoration mit Halbedelsteinen und ein am Mosaik der mittelalterlichen Fassade inspiriertes Flachrelief von Maderno aufweist, auf dem *Papst Liberius* dargestellt ist, *der den Umfang der Basilika aufzeichnet*. Über dem Altar befindet sich ein *Marienbild* in byzantinischem Stil, das der Legende nach der hl. Lukas gemalt haben soll. Als letztes der unzähligen Meisterwerke in dieser Kirche sei di **Cappella Sforza** erwähnt, die Michelangelo in seinem Todesjahr 1564 entwarf und sein Schüler Giacomo della Porta ausführte.

Santa Maria Maggiore,
Mosaiken an der Fassade, die geschnitzte Holzdecke von Giuliano da Sangallo und, unten links, Detail des Apsismosaiks von Jacopo Torriti mit Marienkrönung (Ende 13. Jh.)

Unten rechts, die herrlichen Apsismosaiken der Kirche Santa Pudenziana mit Thronendem Christus, *umgeben von den* Aposteln *und den* Heiligen Pudentiana und Praxedis, *die Blumenkränze darbringen (4. Jh.)*

SANTA PRASSEDE

Diese frühchristliche Basilika, die in ihren wesentlichen Linien praktisch intakt zu uns gelangte und einige der schönsten Meisterwerke der hochmittelalterlichen Mosaikkunst bewahrt, entstand im 5. Jahrhundert an der Stelle, wo die heilige Praxedis und ihre Schwester Pudentiana, Töchter des Senatos Pudens, in einem Brunnen die sterblichen Reste von nicht weniger als zweitausend Märtyrern der christlichen Kirche zusammentrugen, bevor sie selbst wegen dieser Geste der Frömmigkeit und des religiösen Glaubens zu Tode gemartert wurden. Rund um den Brunnen entstand die erste Titelkirche (Titulus), über der Papst Paschalis I. im 9. Jahrhundert die heutige Basilika errichten ließ, die nur zum Teil verändert wurde, etwa durch den Bau einiger Pfeiler, die zur Stütze der schönen Holzdecke im 13. Jahrhundert angefügt wurden. Auf das 9. Jahrhundert geht auch die **Backsteinfassade** mit dem Renaissanceportal zurück. Davor liegen ein Hof und ein doppeltes Atrium, das an der Außenseite mit einer romanischen **Vorhalle** ausgestattet ist.
Das dreischiffige **Kircheninnere** wird von mittelalterlichen Pfeilern und sechzehn Säulen gegliedert, die einen zum Teil aus antiken Gebäudefragmenten gebildeten Architrav tragen. Eine Porphyrscheibe in Eingangsnähe zeigt auf dem Fußboden die Stelle an, wo sich der Brunnen der heiligen Praxedis befand. Hauptschmuck der Kirche sind die herrlichen **Mosaiken** aus der Zeit Paschalis' I., mit denen die Apsis und die Kapelle des hl. Zeno geschmückt sind. Am **Triumphbogen**, der in den Altarraum führt, erscheint eine Darstellung mit dem *Himmlischen Jerusalem*, dem die Scharen der Auswählten zustreben; oben *Christus zwischen Engeln und Heiligen*, unter anderem die *Hl. Praxedis* und ihre Schwester, die *Hl. Pudentiana*. Die Dekoration des **Altarraumes** mit beherrschendem Ziborium hat die *Vierundzwanzig Ältesten der Apokalypse* zum Thema, die dem *Mystischen Lamm*, den *Erzengeln*, den *Evangelisten* und den hier symbolisch dargestellten *Aposteln* Kränze entgegenreichen. Die **Apsiswölbung** zeigt den *Erlöser* zwischen den *Heiligen Petrus, Paulus, Praxedis, Pudentiana, Zeno und Paschalis I.*, der ein kleines Modell der Kirche darbringt und einen viereckigen Heiligenschein trägt, da er zur Zeit der Entstehung der Mosaiken noch lebte. Weiter unten ein Streifen mit dem *Lämmerfries*, den *beiden heiligen Flüssen* und den beiden *heiligen Städten* Jerusalem und Bethlehem. Die **Kapelle des hl. Zeno**, früher "Paradiesgarten" genannt, öffnet sich zum Hauptschiff mit einem klassischen Portal, flankiert von zwei Säulen, einer in einem Fenster enthaltenen antiken Urne und einem Mosaikband, auf dem *Christus*, die *Jungfrau Maria* und *Heilige* dargestellt sind. Das Meisterwerk in dieser Kapelle, die Paschalis I. als Grabstätte für seine (mit viereckigem Heiligenschein in der Nische links dargestellte) Mutter Theodora schuf, ist das **Gewölbemosaik** mit vier *Engeln*, die ein Medaillon mit dem *Christusbild* tragen. Ringsum Heiligenfiguren und in der Altarnische ein *Marienbild*, möglicherweise ein späteres Werk. Eine kleine Kapelle nebenan bewahrt die sogenannte *Geißelsäule Christi*, eine vielverehrte Reliquie, die im Mittelalter aus Jerusalem hierher gebracht wurde. Die Kirche enthält weitere Werke von beachtlichem künstlerischem Wert. Bei dem 1614 datierten *Grabmonument für den Bischof Santoni* handelt es sich um die erste Arbeit Berninis in Rom. Sehenswert ist auch die **Confessio**, in der die *Sarkophage* der beiden heiligen Schwestern und zahlreiche *Reliquien* von Märtyrern bewahrt werden.

Santa Prassede, Inneres und Ausschnitte aus den Mosaiken der Triumphbögen und der Apsis.

Santa Prassede, Kapelle des hl. Zeno, Mosaik am Gewölbe und über dem Eingang.

Porta Asinaria - Ursprünglich handelte es sich um ein *Pusterula* genanntes Nebentor, aus dem die Via Asinaria hinausführte und das Honorius vergrößern ließ, indem er es mit einem Innentor und zwei halbrunden Türmen ausstattete.

Porta San Giovanni - Das Tor wurde 1574 unter dem Pontifikat Gregors XIII. von Jacopo del Duca gebaut und ersetzte die ältere Porta Asinaria.

BASILIKA SAN GIOVANNI IN LATERANO
(S. 52)

Triclinio Leoniano - Das Mosaik mit den Darstellungen *Christus und die Apostel, Der hl. Petrus krönt Leo III.* und *Christus stattet die Päpste Sylvester und Konstantin mit Vollmachten aus,* das Ferdinand Fuga im 18. Jahrhundert in einer Art Exedra anbrachte, ist alles, was von dem Speisesaal des ehemaligen Patriarchensitzes (Papstpalast) erhalten blieb, den Leo III. Ende des 8. Jahrhunderts hatte erbauen lassen.

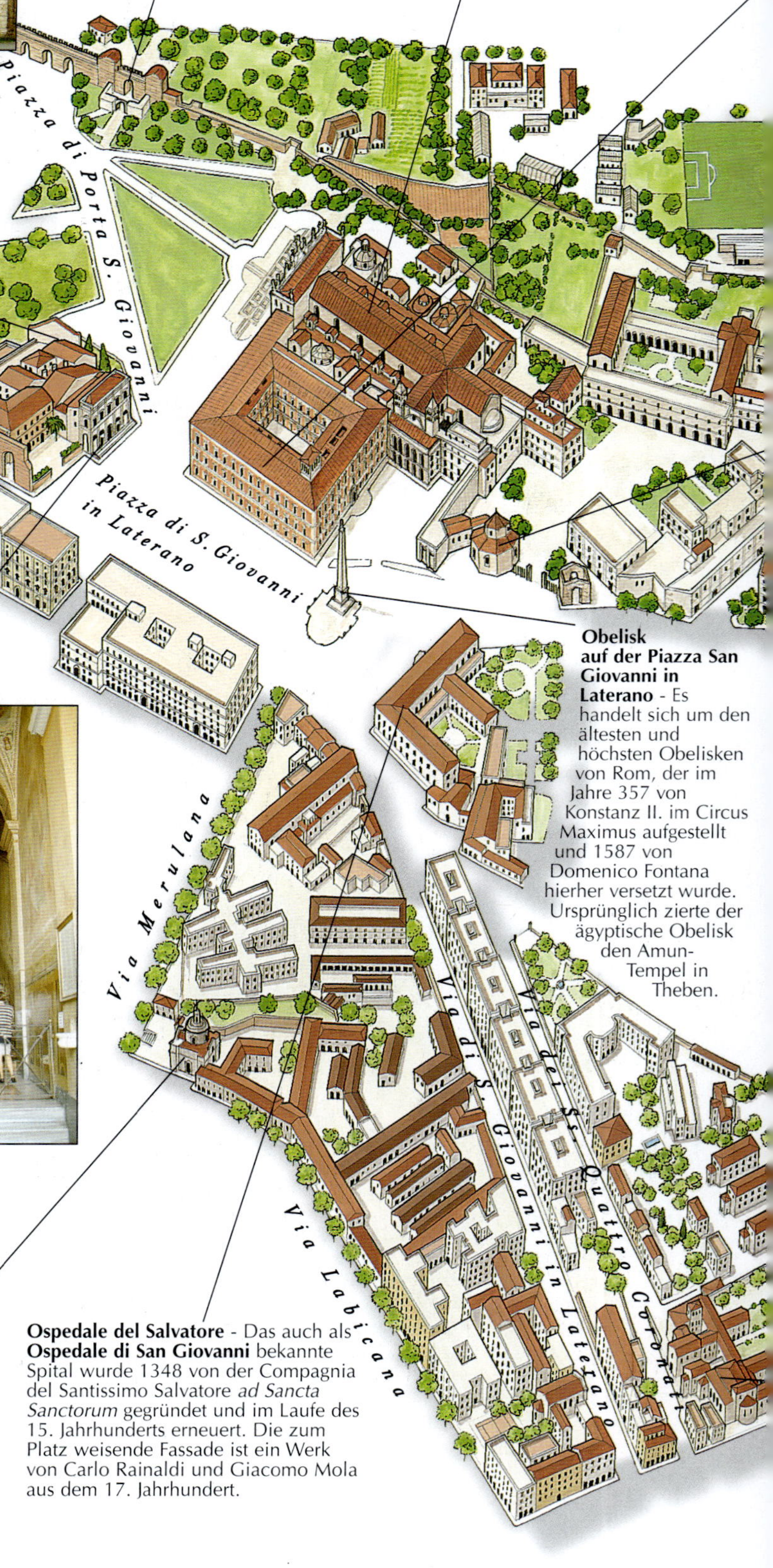

Scala Santa - Das von Sixtus V. im 16. Jahrhundert veranlasste Gebäude birgt, wie eine Inschrift im Inneren besagt, die heiligste Stätte der Welt, die aus der eigentlichen **Scala Santa** (Heilige Treppe) und der **Cappella di San Lorenzo** oder *Sancta Sanctorum* besteht. Im 15. Jahrhundert kam die Meinung auf, dass es sich um die Treppe des Prätoriums handelte, die Jesus beschritten haben soll, um von dem römischen Statthalter verurteilt zu werden. Die Pilger besteigen sie traditionsgemäß auf Knien und beten auf jeder der 28 Stufen besondere Gebete. Die *Sancta Sanctorum* hingegen ist ein Überrest des ursprünglichen Papstpalastes, den die Cosmaten Ende 13. Jahrhundert unter Nikolaus III. neu gestaltet hatten. Hier werden überaus kostbare Reliquien aufbewahrt, unter anderem der berühmte Acheiropoiet des *Heilands*, ein nicht durch Menschenhand, sondern auf übernatürliche Weise entstandenes Christusbild.

Obelisk auf der Piazza San Giovanni in Laterano - Es handelt sich um den ältesten und höchsten Obelisken von Rom, der im Jahre 357 von Konstanz II. im Circus Maximus aufgestellt und 1587 von Domenico Fontana hierher versetzt wurde. Ursprünglich zierte der ägyptische Obelisk den Amun-Tempel in Theben.

Santi Marcellino e Pietro - Die nach diesen beiden Märtyrern benannte antike Kirche wurde im 4. Jahrhundert gegründet und 1751 von Girolamo Theodoli in den Stilformen Borrominis vollkommen erneuert, dessen Einfluss sowohl im Inneren als auch an der gestuften Kuppel erkennbar ist.

Ospedale del Salvatore - Das auch als **Ospedale di San Giovanni** bekannte Spital wurde 1348 von der Compagnia del Santissimo Salvatore *ad Sancta Sanctorum* gegründet und im Laufe des 15. Jahrhunderts erneuert. Die zum Platz weisende Fassade ist ein Werk von Carlo Rainaldi und Giacomo Mola aus dem 17. Jahrhundert.

Lateran-Palast - Der heutige Palast wurde 1586 bis 1589 unter Sixtus V. von Domenico Fontana erbaut, der die ursprüngliche Anlage des früheren Patriarchensitzes, in dem jahrhundertelang die Päpste residierten, beibehielt. Das massive quadratische Gebäude mit drei fast identischen Fassaden inspiriert sich an typischen Vorbildern der schmucklosen Architektur der Gegenreformation, die im Palazzo Farnese ihren besten Ausdruck fand. Im 19. Jahrhundert brachte man hier das Museo Gregoriano Profano, das Museo Pio Cristiano und, in den zwanziger Jahren des 20. Jahrhunderts, das Museo Etnologico Missionario unter, das später in den Vatikanischen Palast verlegt wurde. Heute beherbergt er nur noch das **Museo Storico Vaticano**, das die Säle der ehemaligen Papstwohnung einnimmt, unter anderem auch die Sala della Conciliazione, die sich an der Stelle der ehemaligen Aula der Päpste befindet.

BATTISTERO LATERANENSE
(S. 55)

DIE COSMATEN

Im 12. und 13. Jahrhundert wirkte in Rom über mehrere Generationen eine Gruppe von Marmorkünstlern und Architekten, die auf dem Gebiet der spätromanischen Dekorationskunst einen einmaligen Stil entwickelten. Sie schufen farbige Marmorintarsien und Mosaikornamente aus Glaspaste und vergoldeten Steinen zur Verwendung als Gebäudeschmuck (Kreuzgärten, Glockentürme, Fußböden) oder Kirchenausstattung (Ambone, Bischofsstühle, Altäre, Ziborien).

Die allgemeine Bezeichnung Cosmaten leitet sich von *Cosma* her, einem häufigen Vornamen der verschiedenen Familien, die zwei Jahrhunderte lang diese künstlerische Tradition weitergetragen haben. Gegründet wurde die Künstlerdynastie mit Paolo, der um 1148 zusammen mit seinen Söhnen das Ziborium in **San Lorenzo fuori le Mura** schuf. Der bekanntesten Cosmatenfamilie gehörten Lorenzo, sein Sohn Jacopo und sein Neffe Cosma an, die im Verlauf des 12. Jahrhunderts an der Neugestaltung mehrerer Kirchen (**Santa Maria in Trastevere, San Clemente, Santa Maria in Cosmedin**) gemeinsam arbeiteten. Im 13. Jahrhundert wurde die Tradition der Cosmatenarbeit von der Familie Vassalletto übernommen, die unter anderem die Kreuzgänge von **San Giovanni in Laterano** und **San Paolo fuori le Mura** schufen.

SANTI QUATTRO CORONATI
(S. 56)

DER LATERAN

*Das Gelände, das sich innerhalb der **aurelianischen Mauer**, in der die **Porta Maggiore** und die **Porta Asinaria** lagen, östlich des Celio-Hügels erstreckte, war schon in der frühen Kaiserzeit bevorzugter Wohnort der einflussreichsten römischen Patrizier. Zu diesen Familien gehörten auch die Plautii Laterani, Eigentümer einer Villa mit einem großen Anwesen, das unter Nero in Staatsbesitz überging; Fausta, die Gemahlin Kaiser Konstantins, schenkte es Papst Melchiades, der es zu seiner Residenz machte, die wiederum von seinen Nachfolgern übernommen wurde. Nach dieser Familie ist das gesamte Stadtgebiet benannt, in dem sich bedeutende Monumente des Altertums befanden, wie die berühmte Reiterstatue des Marc Aurel, die im 16. Jahrhundert auf dem Kapitol aufgestellt wurde, das unter Septimius Severus und Heliogabal erbaute **Amphitheater Castrense** und mehrere öffentliche Bauten, wie die **Aquädukte des Claudius** und **Nero**, die einen Großteil des städtischen Wasserleitungsnetzes speisten. Neben der Papstresidenz, dem sogenannten Patriarchensitz, der sich mit seinen Zinnentürmen und verzweigten Baukörpern weit über den heutigen Umfang des **Lateran-Palastes** ausdehnte, ließ Konstantin von 311 bis 314 die erste Basilika der Christenheit und Kathedrale der Stadt Rom, **San Giovanni in Laterano**, errichten. Unweit entfernt befand sich das Sessorium, der letzte Kaiserpalast des antiken Rom, in den die hl. Helena, die Mutter des Kaisers, eine Unmenge Reliquien aus dem Heiligen Land überführen ließ, für deren Aufnahme später in unmittelbarer Näe die Basilika **Santa Croce in Gerusalemme** erbaut wurde.*

*Außerhalb der aurelianischen Stadtmauer, an der Via Tiburtina, ließ Konstantin eine weitere Basilika errichten, **San Lorenzo fuori le Mura**, die anfangs ausschließlich als Grabkirche für Heilige und Märtyrer diente und neben die später ein richtiges Gotteshaus trat, die sogenannte Basilica Minore oder Basilica Pelagiana, nach dem Erbauer, Papst Pelagius. Im Mittelalter verschmolz eine weitere Kirche mit dem vorhandenen Gebäude, aus dem dann die heutige Basilika San Lorenzo entstand, die nach den immensen Schäden des Zweiten Weltkrieges hervorragend restauriert wurde. In der Nähe der Basilika entstand an den ersten Hängen des Celio-Hügels, ebenfalls im 4. Jahrhundert, eine weitere bedeutende Kirche, **Santi Quattro Coronati**, deren einmalige mittelalterliche Struktur in perfektem Erhaltungszustand zu uns gelangte.*

*Nach dem Exil der Päpste nach Avignon und ihrer Rückkehr nach Rom (1377) verfiel der Patriarchensitz zunehmend, da der Heilige Stuhl seinen Sitz in den Vatikan verlegte, der von nun an den Ruhm des Lateran-Komplexes in den Schatten stellte, zumal er auch nicht mehr Schauplatz des prunkvollen Zeremoniells bei der Einsetzung des neugewählten Papstes war, der in einer feierlichen Prozession den langen Weg von der Peterskirche zu seiner Residenz zurücklegte, um die Basilika/Kathedrale in Besitz zu nehmen. Im Zuge der durch Sixtus V. veranlassten städtebaulichen Maßnahmen wurde der Lateran-Palast schließlich fast völlig abgetragen. Zu den radikalen Veränderungen zählten 1585 bis 1589 die Eröffnung der Verbindungsstraßen mit der Basilika Santa Maria Maggiore, dem Kolosseum und der antiken Via Appia, die Aufstellung des **Obelisken** am Zusammenschluss dieser Straßen, der Bau des neuen Papstpalastes, der **Loggia delle Benedizioni** und des Gebäudes der **Scala Santa**.*

*In den folgenden zwei Jahrhunderten wurde das Werk Sixtus' ergänzt durch den Bau des **Ospedale** del Salvatore oder **di San Giovanni**, die Errichtung der neuen Fassade an der Basilika und die Wiederherstellung des **Leonianischen Speisesaals**. Im Verlauf des 19. und in den ersten Jahren des 20. Jahrhunderts mussten viele der in üppigen Gärten gelegenen Villen dem Diktat des Bebauungsplans Umbertos I. weichen, der hier monumentale Gebäude in eklektisch-klassizistischem Stil errichtete, die den Anforderungen der italienischen Hauptstadt mehr entsprachen.*

Der altägyptische Obelisk auf der Piazza San Giovanni in Laterano.

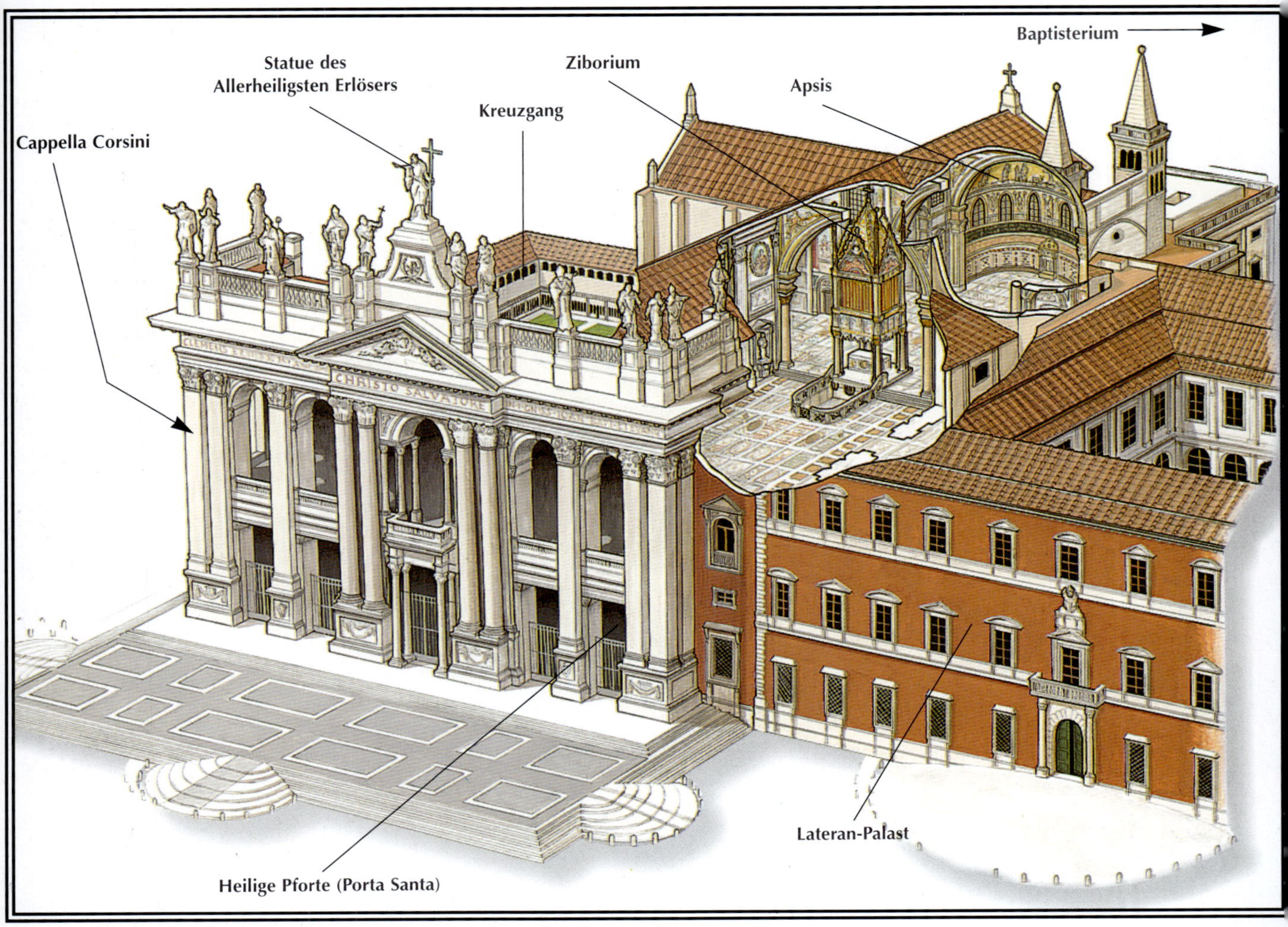

San Giovanni in Laterano, Kreuzgang des 13. Jahrhunderts, ein Meisterwerk der Marmorkunst der Cosmaten.

BASILIKA SAN GIOVANNI IN LATERANO

Die Basilika San Giovanni in Laterano, Kathedrale von Rom und Amtssitz der Päpste durch das gesamte Mittelalter, wurde von Papst Melchiades zwischen 311 und 314 auf einem Grundstück der Familie Plautii Laterani errichtet, das er von der Gemahlin Kaiser Konstantins zum Geschenk erhalten hatte. Es handelt sich um die älteste Basilika der Welt, insofern als ihre Gründung vierzehn Jahre vor dem Bau der Peterskirche erfolgte. Im Unterschied zu Sankt Peter wurde San Giovanni Stück für Stück um- und wiederaufgebaut, ohne einheitlichen Entwurf und nach einem Konzept, das sich trotz manch radikaler Veränderung an der ursprünglichen Anlage inspirierte. Die **unterirdischen Räume** bewahren Reste der ältesten Strukturen, während die Außenmauern zwar in späteren Jahrhunderten verstärkt wurden, jedoch noch aus dem Hochmittelalter stammen. Dem 13. Jahrhundert gehören der Kreuzgang und die beiden **Glockentürme** an.

Ein Ergebnis der von Domenico Fontana und Giacomo della Porta im 16. Jahrhundert vorgenommenen Arbeiten sind das **Querschiff** und die **Seitenfassade** an der Loggia delle Benedizioni, die Sixtus V. errichten ließ. Eine große Schar manieristischer Maler schmückte unter der Leitung von Cavalier d'Arpino das Querhaus mit Fresken aus, die *Biblische Episoden*, *Geschichten aus dem Leben Konstantins* und die wichtigsten *Bauphasen der Basilika* darstellen.

Das Gebäude gelangte fast intakt bis ins 16. Jahrhundert, was die innere Struktur mit den fünf durch hohe Kolonnaden geteilten Schiffen und dem kostbaren **Cosmaten-Fußboden** betrifft.

San Giovanni in Laterano, die Hauptfassade und das Innere mit dem Cosmatenfußboden im Vordergrund.

Der Erhaltungszustand der Kirche war jedoch bedenklich, so dass Innozenz X. anlässlich des Jubiläumsjahres 1650 Borromini mit einer umfassenden Neugestaltung des **Innenraumes** beauftragte. Trotz der vom Konservierungsprinzip diktierten Auflagen gelang es dem Künstler, hier sein architektonisches Talent unter Beweis zu stellen.
Die 1562 bis 1567 von Pirro Ligorio entworfene und von Daniele da Volterra verzierte schöne **Holzdecke** ließ er unangetastet. An den Pfeilern des **Mittelschiffes** stellte er zwölf Nischen mit *Apostelstatuen* auf, während er sich in den vier **Seitenschiffen** auf eine schlichte Dekoration mit Engels- und Cherubinköpfen beschränkte und die reinen architektonischen Formen der Pfeiler, Bögen und Gewölbe hervorhob. Zahlreiche Plastiken aus *mittelalterlichen* und *Renaissancegräbern*, die er in selbst entworfenen barocken Nischen unterbrachte, fanden hier eine neue Verwendung. Die Ädikula am ersten Pfeiler des rechten Zwischenschiffes enthält hingegen ein Giotto zugeschriebenes Fresko, das die *Ausrufung des ersten Heiligen Jahres* durch Papst Bonifatius VIII. im Jahre 1300 darstellt. Weitere Nischen bergen Grabdenkmäler von Prälaten, Adligen und berühmten Päpsten: *Sylvester II.*, der im Mittelalter Wunder gewirkt haben soll, *Alexander III.* und *Sergius IV.* Sehenswert auch das Grabmonument für *Elena Savelli* im linken Zwi-

San Giovanni in Laterano, Innenraum. Teilansicht des Altarraums und die holzgeschnitzte Decke (16. Jh.)

San Giovanni in Laterano, eine der zwölf Apostelstatuen im Mittelschiff.

San Giovanni in Laterano, mit Freskotafeln geschmücktes Ziborium.

schenschiff, das Jacopo del Duca, ein fähiger Schüler Michelangelos, mit einer expressiven Bronzebüste und feinen Reliefs schmückte. Das Grabmonument für Papst *Martin V.* in der Einfassung der **Confessio** fällt durch die schöne Grabplatte auf, ein Meisterwerk der Renaissance des Florentiner Künstlers Simone Ghini. Hoch über dem **Papstaltar**, an dem nur der Pontifex die Messe lesen darf, thront das gotisierende **Ziborium**, das Sieneser Meister 1367 für Urban V. schufen und mit zwölf Fresken von Barna da Siena geschmückt ist; hier werden in silbernen *Reliquiaren* die Kopfreliquien der Apostel Petrus und Paulus aufbewahrt.

Hinter dem Presbyterium liegt die unter Leo XIII. völlig erneuerte **Apsis**, wo der Papst das ursprüngliche *Mosaik* von Jacopo Torriti und Fra' Jacopo da Camerino neu verlegen ließ (die beiden Künstler sind kniend neben den *Aposteln*

zwischen den Fenstern dargestellt). Am äußersten linken Schiff hat man Zugang zu zwei Meisterwerken der Basilika, der Cappella Corsini und dem **Kreuzgang**, wo die Cosmaten der Familie Vassalletto im 13. Jahrhundert einen Beweis ihrer hervorragenden Marmorkunst lieferten. Das große Viereck ist von einem Wandelgang umgeben, dessen Säulen die verschiedensten Formen aufweisen und zum Teil Mosaikintarsien enthalten. Über den Arkaden verläuft ein mit Mosaiken und marmornen Löwenköpfen reichverziertes Gebälk. Unter dem Portikus finden sich architektonische Reste und Dekorationen der antiken Basilika, unter anderem schöne Skulpturen aus dem *Grabmal für Kardinal Annibaldi*, einem Werk von Arnolfo di Cambio, und die originale Bronzetür der Scala Santa. Die **Cappella Corsini** stammt hingegen von dem toskanischen Architekten Alessandro Galilei, der den Bau 1732 bis 1735 zur Aufnahme des *Grabmonuments für Papst Klemens XII.* Corsini verwirklichte; die Kapelle enthält außerdem die *Statue* des Papstes von Giovan Battista Maini.
Galilei war auch der Schöpfer der feierlich-monumentalen **Hauptfassade** mit der überragenden *Statue des Allerheiligsten Erlösers*, eingerahmt von den Titelheiligen der Basilika, *Johannes d. Täufer* und dem *Evangelisten Johannes*, sowie von Kirchenvätern.

Battistero Lateranense, Innenraum. Kreisförmige Einfassung mit zwei übereinander gestellten Säulenordnungen; unten die Mosaiken im Narthex; weiterer Mosaikschmuck in der Apsis und am Bogen der Cappella di San Venanzio.

BATTISTERO LATERANENSE

Dieses kleine antike Gebäude, das auch San Giovanni in Fonte heißt, entspricht im wesentlichen dem Bau Konstantins, wurde jedoch mehrmals umfassend verändert, vor allem im 5. Jahrhundert unter Sixtus III. und 1657 unter Urban VIII.
Der achteckige Grundriß, der für spätere Baptisterien vorbildlich war, besteht aus einem zentralen Raum mit zwei umlaufenden übereinandergestellten Säulenordnungen aus Porphyr und weißem Marmor. In der Mitte befindet sich in einer kreisförmigen Einfassung eine mit Bronzedeckel verschlossene grüne *Basalturne*, die für Taufen durch Untertauchen benutzt wurde. Ringsum reihen sich Kapellen aneinander.
Die **Cappella del Battista** bewahrt massive Bronzetüren des 5. Jahrhunderts, die **Cappella di San Venanzio** und die **Cappella di Santa Rufina** weisen noch schöne *Mosaiken* des 5. und 7. Jahrhunderts auf, und die **Cappella di San Giovanni Evangelista**, ebenfalls mit *Bronzeportal* (1196), enthält *Mosaiken* aus der zweiten Hälfte des 5. Jahrhunderts.

Santi Quattro Coronati,
Blick in den Kreuzgang und drei der Fresken im Oratorio di San Silvestro mit Episoden aus dem Leben des heiligen Sylvester und Konstantins; oben links, Kaiser Konstantin, kniend, übergibt in symbolischer Geste dem hl. Sylvester die Tiara ("Konstantinische Schenkung").

SANTI QUATTRO CORONATI

Diese im 4. Jahrhundert erbaute Kirche war den vier Soldaten Severus, Severianus, Carpophorus und Victorinus gewidmet, die einer alten Legende nach gemartert wurden, weil sie sich geweigert hatten, vier dalmatische Bildhauer zu töten, die es abgelehnt hatten, das Bildnis einer heidnischen Gottheit zu meißeln. Einigen Quellen zufolge handelt es sich bei den Bildhauern um die Märtyrer selbst, nach denen diese Kirche benannt ist. Auch heute noch ist das Gotteshaus für die Steinmetze von Rom ein Ort besonderer Verehrung. Das ursprüngliche Gebäude wurde zunächst im 9. Jahrhundert und noch einmal unter dem Pontifikat von Paschalis II. neu erbaut. Im 12. und 13. Jahrhundert fügte man das Kloster, den Kreuzgang und das Oratorium des hl. Sylvester an.
Durch einen Torbogen, über dem sich ein romanischer **Kampanile** erhebt, betritt man eine Reihe von **Höfen** und **Portiken**, die in die Kirche führen. Das dreischiffige **Innere** mit *Matroneum* gilt als ein außergewöhnliches Beispiel mittelalterlicher Baukunst und ist in seiner Struktur fast intakt erhalten. Die Säulen tragen asymmetrische Bögen, der *Cosmaten-Fußboden* besteht zum Teil aus Fragmenten antiker römischer Gedenksteine, und zahlreiche Fresken zeugen von der Geschichte dieser Kirche.
Die alle drei Schiffe umgreifende, riesige **Apsis** ist mit Fresken (17. Jh.) von Giovanni da San Giovanni geschmückt; dargestellt sind das *Martyrium der vier gekrönten Heiligen* und *Alle Heiligen in der Glorie*, darunter einige weibliche Engelsköpfe, die dem Gemälde die Bezeichnung *Coro delle Angiolesse* eintrugen. Unter dem Presbyterium erstreckt sich die **Krypta**, in der die Reliquien der vier Märtyrer aufbewahrt werden. Vom linken Schiff hat man Zutritt zum **Kreuzgang** des Klosters mit wunderschönen Arkaden, die auf zierlichen, mit Lotosblättern geschmückten Säulen ruhen; in der Mitte befindet sich ein einzigartiger *Reinigungsbrunnen* aus der Zeit Paschalis' II. Vom zweiten Außenhof betritt man das **Oratorio di San Silvestro**, dessen ursprüngliche Gemäldedekoration, die venezianische Meister mit byzantinischer Ausbildung im Jahre 1246 schufen, perfekt erhalten ist. Neben dem Thema des *Jüngsten Gerichts* sind hier *Episoden aus dem Leben des hl. Sylvester und Konstantins* dargestellt. Einer antiken Legende nach soll der an Lepra erkrankte Kaiser von diesem Heiligen geheilt worden sein, nachdem ihm im Traum die Heiligen Petrus und Paulus erschienen waren. Sylvester heilte den Kaiser durch die Taufe, wofür dieser ihm zum Dank die Herrschaft über die Stadt Rom zuerkannte, ein Akt, der als *Konstantinische Schenkung* in die Geschichte einging, dessen historische Echtheit jedoch im 15. Jahrhundert durch Loreno Valla widerlegt wurde.

Aquädukt Neros - Kaiser Nero baute diese Wasserleitung als Abzweigung der *Aqua Claudia*, um die *Domus Aurea* auf dem Oppius-Hügel und das Nymphäum im Tempel des Divus Claudius auf dem Caelius zu speisen. Domitian velängerte sie bis zum Palatin, um die kaiserliche Residenz mit Wasser zu versorgen.

BASILIKA SAN LORENZO FUORI LE MURA
(S. 59)

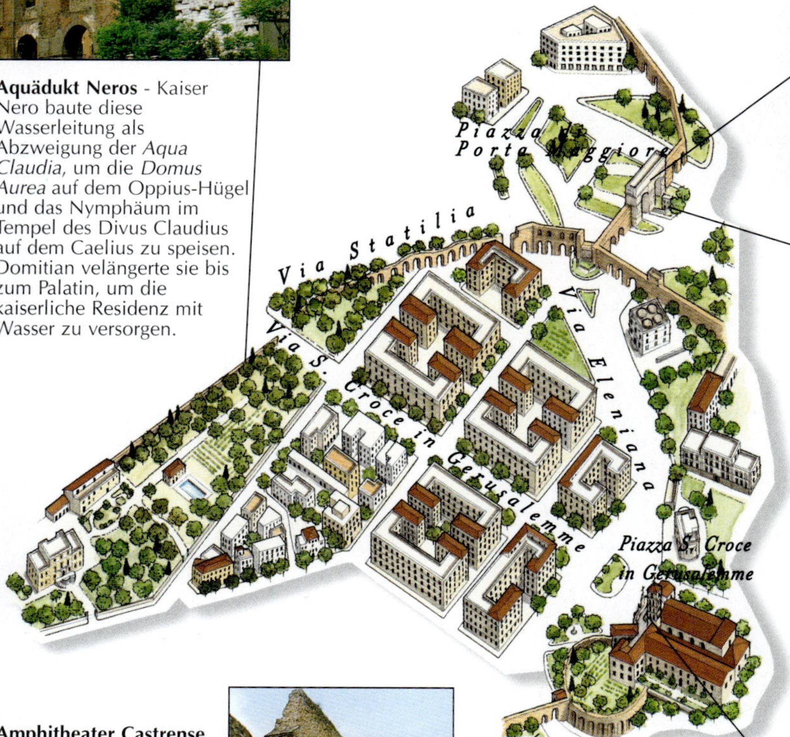

Porta Maggiore - Kaiser Claudius baute dieses Tor 38 n. Chr. zur Überquerung der Aquädukte *Aqua Claudia* und *Anio Novus* über die Via Prenestina und Via Labicana. Später wurde das Tor in die aurelianische Mauer einbezogen. Typisch ist der architektonische Aufbau mit zwei Durchgängen und den aus Travertinquadern gebildeten Nischen und Säulen.

Grabmal des Eurysaces - Dieses Grab aus spätrepublikanischer Zeit gehörte dem reichen Bäcker Marcus Virgilius Eurysaces und trat 1838 nach der Abtragung der von Honorius erbauten Bastionen ans Licht. Der Bau, der die Architektur des zwanzigjährigen Faschismus stark beeindruckte, umfasst auch ein Relief, das Eurysaces bei der Überwachung des Brotbackens zeigt.

Amphitheater Castrense - Das von Septimius Severus begonnene und von Heliogabal vollendete Amphitheater gehörte zum Sessorianum, der Privatresidenz der letzten Kaiser von Rom. Später wurde es in die aurelianische Mauer einbezogen, aus der es mit den Arkaden und Säulen des ersten Stockwerkes herausragt.

BASILIKA
SANTA CROCE IN GERUSALEMME
(S. 57)

Santa Croce in Gerusalemme, Kreuz von Valadier (1803) mit den Reliquien des Kreuzes Christi.

BASILIKA SANTA CROCE IN GERUSALEMME

Die wohl bedeutendste der drei kleineren Pilgerkirchen, Santa Croce in Gerusalemme, hieß im Mittelalter "Reliquienbasilika", da sie zahlreiche Erinnerungsstücke von Heiligen und Märtyrern barg. Der Name der Kirche bezieht sich auf die von der heiligen Helena, der Mutter Kaiser Konstantins, aus dem Heiligen Grab in Jerusalem mitgebrachte Erde, die anfangs, zusammen mit den kostbaren Kreuzes- und Passionsreliquien Christi, in ihrem Wohnhaus, dem sogenannten Palatium Sessorianum, untergebracht waren, weshalb die Kirche auch Basilica Sessoriana genannt wurde. Einige Jahrzehnte später baute man die Vorhalle des Gebäudes zur Basilika um, die jedoch im 12. Jahrhundert von Papst Lucius II. völlig neu errichtet wurde.

Auf diese Zeit gehen der **Glockenturm** mit der Cosmaten-Ädikula und die **Kreuzgänge** zurück, die einzigen Überreste nach den von Papst Benedikt XIV. eingeleiteten Arbeiten, deren Ausführung Domenico Gregorini und Pietro Passalacqua übernahmen, von denen auch die an Borromini inspirierte konvexe **Fassade** stammt. Die beiden Architekten verwandelten auch den mittelalterlichen Narthex in ein lichterfülltes ellipsenförmiges Atrium, das noch Teile der ursprünglichen Dekoration, wie das schöne *Kruzifix-Fresko* (14. Jh.) in der angrenzenden kleinen Kapelle links, bewahrt.

Das dreischiffige **Innere** mit zwölf Säulen, von denen vier im 18. Jahrhundert in Pfeiler einbezogen wurden, ist kein architektonisches Meisterwerk, besticht

Das Atrium und ein Fassadendetail von Santa Croce in Gerusalemme; unten das Innere mit dem Baldachin (18. Jh.) und dem Apsisfresko.

aber durch die schöne *Holzdecke* mit falschem Gewölbe und der *Apotheose der hl. Helena* von Giaquinto, der auch die Fresken in der **Apsis** und im **Presbyterium** schuf, mit Ausnahme der *Kreuzeslegende* (15. Jh.), die als ein Hauptwerk von Antoniazzo Romano gilt. An der Rückwand der Apsis befindet sich das *Grabmal für Kardinal Quiñones*, ein Werk Sansovinos, überragt von einem *Tabernakel* aus Marmor und vergoldeter Bronze, der nach einem Entwurf von Maderno geschaffen wurde. Rechts von der Apsis führt eine Treppe zur **Cappella di Sant'Elena** aus konstantinischer Zeit, unter deren Fußboden die Erde vom Berg Golgatha bewahrt wird. Die Titelheilige erscheint in einer abgewandelten römischen *Statue* auf dem Altar. Von großem künstlerischem Wert ist das **Mosaik**, das die oberen Wandabschnitte und das Gewölbe ziert und vermutlich von Melozzo da Forlì und Baldassarre Peruzzi in der Renaissance erneuert wurde. Von hier hat man Zutritt zur angrenzenden Cappella Gregoriana, die Kardinal Carvajal erbauen ließ, dessen Grab in der Apsis steht. Künstlerisch und architektonisch weniger bedeutend, aber für die Kirche von unschätzbarem Wert ist die **Reliquienkapelle**, in der Partikel vom Kreuz Christi, Dornen aus der Dornenkrone, ein Stück vom Kreuz des rechten Schächers Dismas und andere heilige Gegenstände bewahrt werden. Von beachtlichem Interesse ist auch die **Biblioteca Sessoriana**, die in dem anschließenden Kloster untergebracht und mit Fresken von Pannini ausgemalt ist.

BASILIKA SAN LORENZO FUORI LE MURA

Die Kirche San Lorenzo, die im Zweiten Weltkrieg schwere Bombenschäden davontrug, bewahrt noch beachtliche Zeugnisse aus frühchristlicher Zeit. Das Gebäude entstand durch die Zusammenlegung zweier Basiliken, der Basilica Pelagiana, die dem hl. Laurentius gewidmet war, und der Basilica Onoriana zu Ehren der Heiligen Jungfrau Maria, die jeweils im Auftrag der Päpste Pelagius II. (6. Jh.) und Honorius III. (13. Jh.) erbaut worden waren. Die Basilica Pelagiana entstand neben einer ersten konstantinischen Gründung, einer reinen Friedhofskirche, in der anfangs die kostbaren Reliquien des Titelheiligen aufbewahrt wurden. Auf das 13. Jahrhundert geht der schöne **Portikus** zurück, den die Cosmaten der Familie Vassalletto mit Spoliensäulen und ionischen Kapitellen schufen und unter dem *antike Gräber* und mittelalterliche *Fresken* zu sehen sind. Daneben befinden sich das Kloster (sehenswert der **Kreuzgang**) und der romanische **Glockenturm** aus dem 12. Jahrhundert.
Das **Innere** weist deutlich auf den Ursprung des Gebäudes als Verschmelzung der beiden nebeneinander, doch auf verschiedenen Achsen liegenden Kirchen hin. Der ältere Kirchenraum wird durch zweiundzwanzig antike Säulen in drei Schiffe geteilt, während der jüngere, der das Presbyterium und die Apsis der heutigen Basilika einnimmt, ebenfalls drei Schiffe bildet, deren Säulen vermutlich aus dem früheren konstantinischen Gebäude stammen; charakteristisch sind die **Matroneen**, den Frauen vorbehaltene Obergaden, die mit zierlichen Säulen in byzantinisch anmutendem Stil ausgestattet sind. Beispiele der regen Tätigkeit der Cosmaten finden sich auch in dem schönen Mosaikfußboden, der leider durch die Bombardierung beschädigt wurde, in den beiden *Kanzeln*, im *Ziborium*, im *Osterkerzenleuchter* und im *Bischofsstuhl*, der an der Chorrückwand steht. Noch aus dem 6. Jahrhundert stammt das **Mosaik**, das den Triumphbogen schmückt und *Jesus zwischen den Heiligen Paulus, Stephanus, Hypollitus, Petrus, Laurentius* und *Papst Pelagius* darstellt.

San Lorenzo fuori le Mura, der romanische Kampanile und der Portikus des 13. Jahrhunderts; unten der Bischofsstuhl mit Antependium (Cosmatenarbeit) und Blick in den Kreuzgang.

Rocca dei Savelli und Giardino degli Aranci - Von der antiken mächtigen Burg, die Alberich II. im 10. Jahrhundert hatte errichten lassen und die um das Jahr Tausend an die Savelli überging, sind nur die ehemaligen Glacis erhalten, die in den dreißiger Jahren unseres Jahrhunderts mit Strandkiefern und Orangenbäumen bepflanzt und als öffentliche Parkanlagen eingerichtet wurden. Zuvor gehörte das Gelände den Dominikanern der angrenzenden Kirche Santa Sabina.

Mazzini-Denkmal - Die Statue des Helden des italienischen Risorgimenti, ein Werk von Ettore Ferrari aus dem Jahr 1929, wurde anläßlich der Hundertjahrfeier der Römischen Republik hier aufgestellt.

Santi Bonifacio e Alessio - Das erste frühromanische Gebäude, vermutlich aus dem 8. Jahrhundert, wurde im 16. und 17. Jahrhundert mehrmals umgebaut. Dabei wurde die ursprüngliche Anlage großenteils entstellt, jedoch blieb die *Krypta* erhalten. Das Innere im Stil des 18. Jahrhunderts, das man durch ein Portal aus der Zeit des Papstes Honorius III. betritt, bewahrt noch Teile des *Cosmaten-Fußbodens* und zwei Ziersäulen, ebenfalls eine Cosmatenarbeit, in der Apsis. Im linken Schiff befinden sich ein Brunnen, angeblich aus dem Haus des hl. Alexis, und die im Barockstil kunstvoll umrahmte Treppe, unter der er jahrelang geschlafen haben soll. Die Krypta birgt die Reliquie des hl. Thomas von Canterbury. Der Kampanile stammt aus dem 13. Jahrhundert.

SANTA SABINA
(S. 64)

Priorat der Malteserritter - Von 1764 bis 1766 hatte Giovanni Battista Piranese Gelegenheit, auf Wunsch Kardinals Rezzonico sein geniales Talent als Architekt unter Beweis zu stellen, das er bis dahin nur in Zeichnungen und nie ausgeführten Entwürfen ausleben durfte. So konnte der Meister bei der Neugestaltung des Komplexes, der seit dem 14. Jahrhundert den Malteserorden beherbergte, seine ganze schöpferische Phantasie zum Ausdruck bringen. Die Dekoration mit Stelen, Obelisken, Wappenemblemen, Rüstungen und Nischen wird in eine essentielle architektonische Linienführung einbezogen, die schon vom klassizistischen Geist geprägt ist. Die Freude des Künstlers an der kulissenartigen Anordnung des Ganzen beweist der *Blick auf die Kuppel der Peterskirche*, den man durch ein Loch im Eingangsportal genießt.

Santa Prisca - Das sehr alte Gebäude entstand über dem Wohnhaus der Matrona Priscilla und ihres Ehemannes Aquila, der Eltern der Märtyrerin Prisca, der die Kirche geweiht ist. Das Ehepaar, bei dem Petrus zu Gast war, wird in den *Paulusbriefen* erwähnt. Erkennbar sind noch Reste eines römischen Hauses und eines **Mithräums** aus dem 3. Jahrhundert mit bruchstückhaften eindrucksvollen Fresken neben der *Krypta*, in der die Reliquien der Heiligen aufbewahrt werden. Die Kirche wurde mehrmals umgebaut, verkürzt und 1456 nach einem Einsturz fast vollständig wiederaufgebaut. Die Fassade wurde von Carlo Lambardi im 17. Jahrhundert neu gestaltet. Das Innere bewahrt über dem Hochaltar die *Taufe der hl. Prisca*, ein Meisterwerk Passignanos aus dem 17. Jahrhundert.

Santa Maria del Priorato - In dem Entwurf dieser kleinen Kirche ließ Piranesi architektonische Elemente der vorrömischen Sakralbaukunst einfließen. Auf der einen Seite wird die an der Gegenreformation inspirierte Strenge der **Fassade** durch die prunkvolle Dekoration ausgeglichen, während das Innere wie eine phantasiereiche Variation der Stilformen Borrominis wirkt, bei der die schönen Ornamente mit den Emblemen des Malteserordens auffallen.

Cestius-Pyramide - Das kuriose Grabmonument für Gaius Cestius, das ägyptischen Pyramiden nachempfunden ist, wurde 12 v. Chr. gebaut und zweihundert Jahre später in die aurelianische Mauer einbezogen. Der rund 36 Meter hohe Tuffsteinbau ist innen mit einer Grabkammer ausgestattet.

Sant'Anselmo - Die Kirche neben dem gleichnamigen Kloster wurde Ende des 19. Jahrhunderts in romanischem Stil erbaut und weist einen offenen Dachstuhl und Mosaikdekorationen in der Apsis auf.

Bastione della Colonnella - Die von Paul III. als Verstärkung der aurelianischen Mauer in Auftrag gegebene Bastion wurde von Antonio da Sangallo il Giovane verwirklicht.

DER AVENTINO

Der Hügel mit seinen beiden Anhöhen, dem Großen und dem Kleinen Aventin, der sich ursprünglich außerhalb der servianischen Mauer befand, wurde erst nach dem Bau des aurelianischen Mauergürtels, von dem weiter unten die **Porta San Paolo** erhalten ist, von rechts wegen intra moenia, das heißt, in das Stadtareal einbezogen. Damals hatte das Viertel bereits seinen ursprünglichen Charakter geändert, insofern als das vorwiegend von der Plebs bewohnte Gebiet sich zu einem der exklusivsten Wohngegenden der Stadt entwickelt hatte, wo unter anderem Trajan eine Villa besaß. Zuvor hatte das älteste römische Gesetz, die Lex Acilia (456 v. Chr.) dem Volk, das sich anfangs aus den von Ancus Marcius hierher geführten Stämmen zusammensetzte, die Möglichkeit gegeben, auf dem Aventin Häuser zu bauen.
Über die Etymologie des Namens gibt es die verschiedensten Auslegungen. Die einen leiten ihn von dem Hafer ab, der auf den Hängen des Hügels angebaut und weiter unten im Tal verkauft wurde. Andere bringen ihn mit dem Tempel des Jupiter Inventor in Zusammenhang, den Herkules errichtet hatte, als Dank an den Gott, der ihn seine Herden wiederfinden ließ, die ihm der hier in einer Höhle lebende Riese Cacus geraubt hatte. Die dritte, glaubhaftere These geht hingegen auf das lateinische Wort aves zurück, d.h. auf die Vögel, die Remus auf der Anhöhe in der Nähe des Saxum Sacrum gesichtet und als gute Vorzeichen gedeutet hatte. Daher der Name Remurio, wie der Hügel zeitweise hieß und wo Remus begraben ist. Der Aventin wurde auch collis Dianae genannt, mit Bezug auf den großartigen Diana-Tempel, den Servius Tullius als Kultort für die latinische Stadt errichtete und den Augustus durch prächtige Portikusbauten vollendete. In der Nähe des Diana-Tempels stand der Minvera-Tempel, seit dem 3. Jahrhundert v. Chr. Sitz des Kollegiums der Schriftsteller und Schauspieler, dem die Ausrichtung der Ludi Scaenici oblag, öffentlichen sakralen Veranstaltungen, bei denen Hymnen an die Götter gesungen wurden. Ein weiterer bedeutender Tempel auf dem Aventin war der Juno Regina geweiht, den Furius Camillus 392 v. Chr. errichten ließ, um das Kultbild der Göttin aufzunehmen, das aus der eroberten Etruskerstadt Veji nach Rom gebracht worden war.
In südlicher Richtung überragt der Hügel das Emporium, den bedeutenden Flußhafen am Tiber, der mit Portiken und Lagerhäusern ausgestattet war, die sog. Horrea, in denen die Waren, vor allem das in Amphoren aufbewahrte Öl, gelagert wurden. Die Scherben (textae) der Amphoren, die man in Hafennähe aufhäufte, bildeten mit der Zeit einen Hügel, den sog. **Monte Testaccio**, in dessen Umkreis an der äußersten Peripherie der antiken Stadt im 20. Jahrhundert ein volkstümliches Stadtviertel entstand. Hier befand sich ein einzigartiger römischer Grabbau, die **Pyramide des Gaius Cestius**, die zwei Jahrhunderte nach ihrer Entstehung in den aurelianischen Mauerring einbezogen wurde. Während der Barbareneinfälle wurde der Hügel entsetzlich verwüstet. Die Bevölkerung zog ab und hinterließ eine offene Landschaft, in der sich hier und da auf den Anhöhen Mönche niederließen. So entstanden auf dem Großen und dem Kleinen Aventin einige der bedeutendsten mittelalterlichen Tituli: **Santa Sabina, Santa Prisca, Santi Bonifacio e Alessio, San Saba.** Im übrigen wurde der dicht am Tiber gelegene Hügel von Festungsanlagen eingenommen, unter denen die **Rocca dei Savelli** herausragte; von den Glacis, inzwischen öffentliche Parkanlagen, genießt man noch heute ein herrliches Panorama der Stadt.
Das Gebiet blieb jahrhundertelang fast unbebaut, mit Ausnahme eines Projekts von Piranesi im 18. Jahrhundert, der auf der Anlage eines früheren Benediktinerklosters, das später an die Templer und den Malteserorden überging, das **Priorat der Malteserritter** und die **Kirche Santa Maria del Priorato** verwirklichte. Von der Porta San Paolo geht die Via Ostiense aus, die kurz danach zu einer der vier großen Pilgerkirchen führt, **San Paolo fuori le Mura**. Ganz in der Nähe die **Abbazia delle Tre Fontane**, der Marterort des Heiligen, dem die benachbarte Basilika geweiht ist.

Porta San Paolo - Das in der Antike Porta Ostiense genannte Stadttor am Ausgang der antiken Via Laurentina und Via Ostiensis mit den beiden ursprünglichen Durchgängen, die noch an der Innenfront zu sehen sind und die Honorius zu einem einzigen Bogen vereinte, verdankt seinen heutigen Namen der benachbarten Basilika San Paolo fuori le Mura. Das Tor wird von zwei mächtigen halbkreisförmigen Türmen eingerahmt, in denen das **Museo della Via Ostiense** untergebracht ist. Das Museum besitzt Fundmaterial und Rekonstruktionen der Straße, die Rom mit dem Hafen Ostia verband.

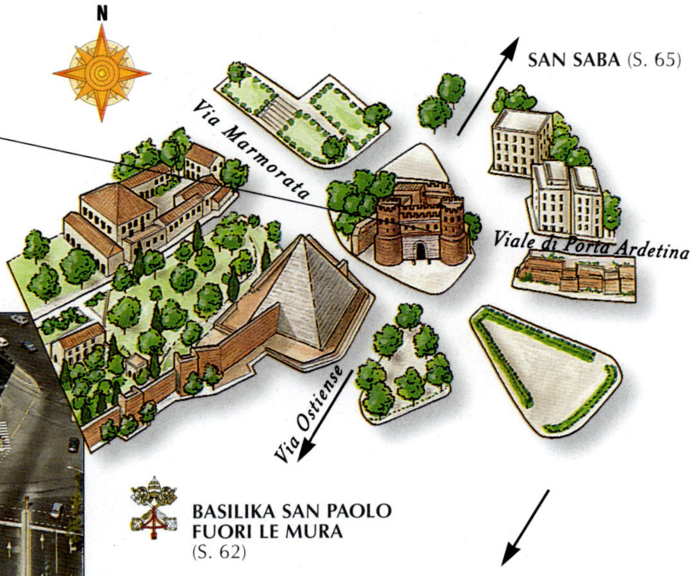

Abbazia delle Tre Fontane - Dieses Kloster, das an der Via Laurentina, unweit der Basilika San Paolo liegt, stellt eine Pilgerstation von außerordentlicher symbolischer und religiöser Bedeutung dar, insofern als hier der Apostel der Heiden den Märtyrertod starb. Die Legende berichtet, dass Paulus enthauptet wurde und dass sein Kopf beim Herabfallen dreimal auf dem Boden aufprallte, wo dann drei Quellen entsprangen. An dieser Stelle baute man im 4. Jahrhundert eine nach dem **hl. Paulus** benannte Kapelle, und später, in der Nähe, die Kirchen **Santi Vincenzo e Anastasio** und **Santa Maria Scala Coeli**.

San Paolo fuori le Mura, Gesamtansicht der Fassade und des vierseitigen Portikus; Detail des Fassadenmosaiks mit Segnendem Christus.

In der Mitte ein Blick in das weite Mittelschiff mit dem mosaikverzierten Triumphbogen.

Unten der Kreuzgang, ein Werk der Cosmaten.

BASILIKA SAN PAOLO FUORI LE MURA

Von den vier großen Patriarchalkirchen ist San Paolo nach dem Petersdom die zweitgrößte und zugleich eine der größten Kirchen der Welt. Die in konstantinischer Zeit gegründete Basilika wirkt leider modern in ihrer neuen Gestalt nach dem Brand von 1823, bei dem die ursprüngliche Struktur und damit die Umbauten aus byzantinischer Zeit, Renaissance und Barock, die für die Geschichte des Gebäudes bezeichnend waren, verloren gegangen waren. Heute erstreckt sich vor der Kirche ein breiter **vierseitiger Portikus**, in dessen Mitte die Statue des *Hl. Paulus* von Obici steht. Dahinter liegt der Eingang zu dieser erhabenen fünfschiffigen Basilika, die durch ihre monumentalen Ausmaße (132 Meter Länge, 65 Meter Breite und 30 Meter Höhe) überwältigt.
Achtzig riesige Granitsäulen skandieren das gewaltige **Mittelschiff**, das eine Kassettendecke im Stil des 19. Jahrhunderts trägt und einen einzigartigen Mosaikfries aufweist, der sich auch in den Seitenschiffen fortsetzt und auf dem sich die *Porträts aller Päpste* der katholischen Kirchengeschichte, von Petrus bis in unsere Tage, aneinanderreihen. Rechts vom Hauptportal liegt die *Porta Santa*, die Heilige Pforte, deren Bronzeflügel auf das 9. Jahrhundert zurückgehen und mit *Szenen des Neuen und Alten Testaments* geschmückt sind, und die zu Beginn des Jubiläumsjahres geöffnet wird. Immerhin konnten zahlreiche Reste des ursprünglichen Gebäudes, die von den

Flammen verschont geblieben und restauriert worden waren, bei dem Neubau im 19. Jahrhundert wiederverwendet werden. Dazu gehört vor allem der *Triumphbogen* mit der herrlichen Mosaikdekoration aus der Zeit Leos d. Gr. (5. Jh.), die *Christus zwischen zwei Engeln*, die *Evangelistensymbole* und die *24 Ältesten der Apokalypse* darstellt, sowie die *Mosaiken* an der Rückseite, die Pietro Cavallini im 13. Jahrhundert für die Fassade der Basilika geschaffen hatte. Auch die **Apsis** ziert ein großes Mosaik mit *Segnendem Christus* in der Mitte, das venezianische Künstler zur Zeit des Papstes Honorius III. in byzantinisch anmutenden Formen verwirklichten. Ein Stück weiter vorn, an der Grenzlinie des Querschiffes, steht hinter der Confessio der *Hochaltar* mit wunderschönem *Ziborium*, einem eleganten gotischen Werk, das Arnolfo di Cambio 1285 mit Hilfe eines Pietro schuf, den man irrtümlicherweise mit Cavallini verwechselte. Rechts vom Altar steht der über fünf Meter hohe *Osterleuchter*, den Pietro Vassalletto und Niccolò d'Angelo gegen Ende des 12. Jahrhunderts mit menschlichen Figuren, Pflanzen- und Tiermotiven, gemischt mit sakralen Szenen, verzierten. Das bei dem Neubau im 19. Jahrhundert völlig veränderte **Querschiff** weist jedoch noch zahlreiche Elemente aus der Barockzeit auf, vor allem in der *Kapelle des hl. Stephanus*, in der *Allerheiligsten-Kapelle* und in der *Kapelle des hl. Laurentius*, alle drei von Maderno, in denen sehenswerte Kunstwerke bewahrt werden, unter anderem in der zweiten Kapelle ein *Kruzifix* des 14. Jahrhunderts, das dem hier auch beigesetzten Cavallini zugeschrieben wird. Vassalletto ist, zusammen mit anderen Cosmaten-Künstlern, der Schöpfer des an die Basilika grenzenden **Kreuzgartens**, der wie in San Giovanni in Laterano mit eleganten, vielfältig gestalteten Säulen ausgestattet und mit feinen Mosaikintarsien geschmückt ist. Über den zierlichen Bögen verläuft ein Gebälk mit phantasievollen farbigen Marmorintarsien und einer Mosaikinschrift, die mit goldenen Lettern auf azurblauem Grund das Werk beschreibt. Um den Kreuzgang angeordnet liegen: der **Saal des Martyriums** oder Oratorio di San Giuliano, die **Taufkapelle**, die **Sala Gregoriana**, die **Reliquienkapelle** und die **Pinakothek**, in der beachtenswerte Kunstwerke bewahrt werden, unter anderem eine *Geißelung* von Bramantino und ein *Kruzifix mit der hl. Birgitta* von Cigoli.

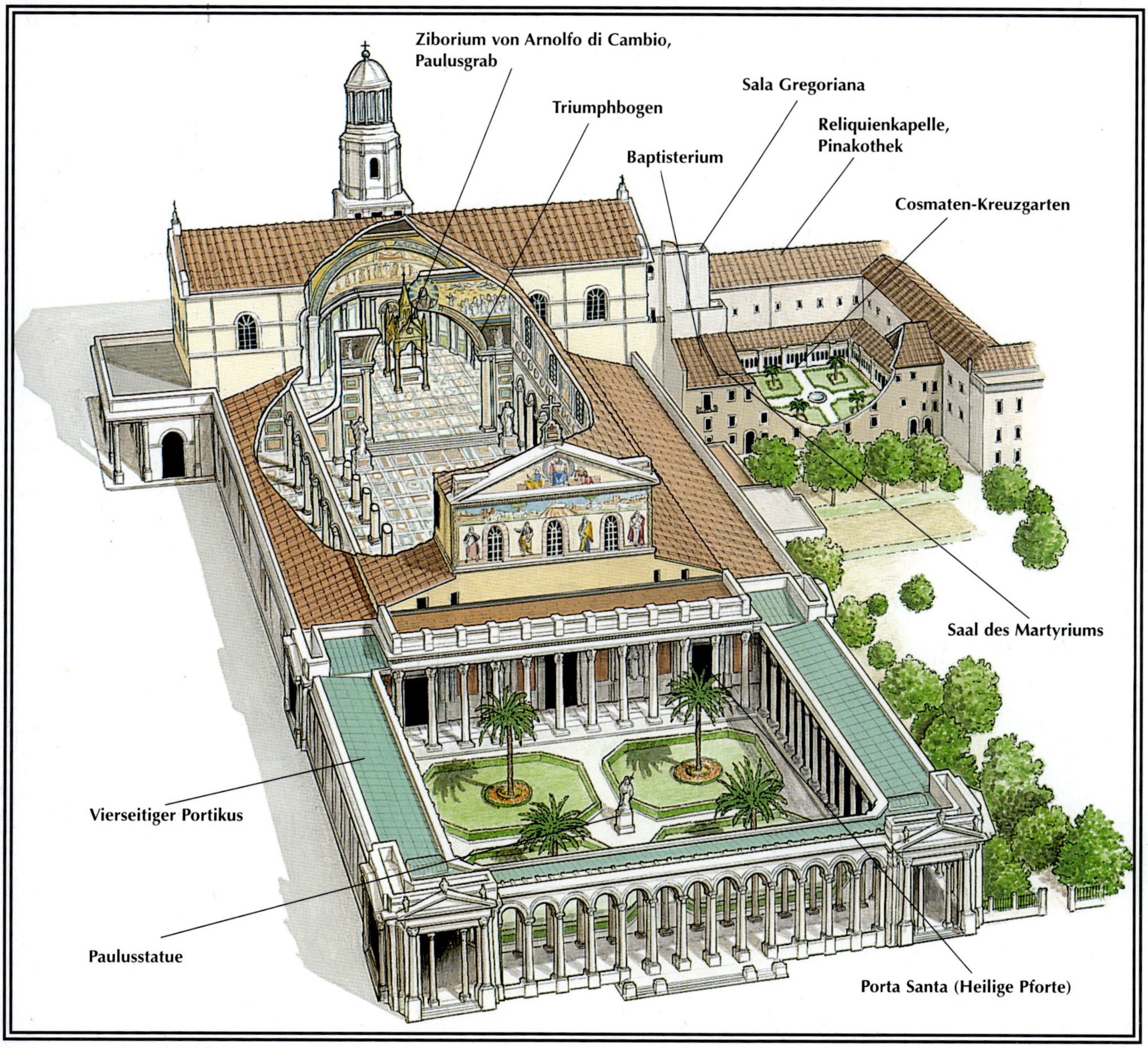

Santa Sabina, Ansichten der Kirche: Blick auf die rechte Flanke, eine Innenansicht, und, unten, der seitliche Portikus und eine Außenansicht der Apsis.

SANTA SABINA

Es handelt sich um eines der vollendetsten Beispiele der frühchristlichen Baukunst in Rom, das in seinen originalen Formen fast intakt zu uns gelangt ist. Im 19. Jahrhundert erhielt die Kirche ihren alten Glanz zurück, indem man sie von den Überbauten befreite, die Domenico Fontana im 16. und Francesco Borromini im 17. Jahrhundert hinterlassen hatten. Die Kirche wurde 422 von Petrus von Illyrien über dem Wohnhaus einer römischen Matrone namens Sabina erbaut. Diese Christin wurde früher mit der gleichnamigen umbrischen Heiligen verwechselt, über deren Grabstätte die erste *Titularkirche* entstanden war. Das angrenzende **Kloster** ist hingegen an den hl. Dominikus geknüpft; er ließ im 13. Jahrhundert den harmonischen **Kreuzgarten** bauen, auf den der *Kapitelsaal* und die *Zelle* des Heiligen hinausgehen.

Der **Außenbau** der Kirche besteht ganz aus Backstein und weist eine Reihe Fenster auf, deren originale *Zierstäbe* aus Selenit, einem besonders brüchigen Baumaterial, bestehen. Ein **Portikus** führt in die Vorhalle, wo das bei Restaurierungsarbeiten im 20. Jahrhundert gesammelte Spolienmaterial der Kirche aufbewahrt wird. Das Hauptportal, vermutlich noch aus der Kaiserzeit (5. Jh.), mit zwei Türflügeln aus kostbarem Zypressenholz, enthält in reich geschnitzten Rahmungen zehn der ursprünglich 28 Reliefs mit *Darstellungen aus dem Neuen und Alten Testament*.

Das **Innere** mit basilikalem Grundriss wird durch Säulen in drei Schiffe geteilt und erinnert in der Formensprache an Vorbilder aus Ravenna. Von der einstigen Mosaikdekoration ist heute nur noch ein Rest über der Tür zu sehen, wo eine Inschrift auf die Gründung der Kirche durch Petrus von Illyrien unter dem Pontifikat von Cölestin I. hinweist. Zwei weibliche Figuren symbolisieren jeweils die Kirche, die aus der Bekehrung der Heiden (*Ecclesia ex gentibus*) und aus der Bekehrung der Juden (*Ecclesia ex circumcisione*) hervorgegangen ist. Die Apsismosaiken hat man entfernt und

San Saba, Innenraum. Detail der antiken Altarschranke, und, unten, der Bischofsstuhl (Cosmatenarbeit).

durch Fresken von Taddeo Zuccari mit gleichem Thema, *Thronender Christus mit den Aposteln*, ersetzt. Eine Dekoration mit Intarsien aus Porphyr und Serpentin verläuft zwischen den Arkaden des **Hauptschiffes**, wo in der Mitte die *Grabplatte des Muñoz de Zamora* (14. Jh.) mit dem Marmorbildnis des Dominikanergenerals zu sehen ist und, weiter vorn, die *Marmorschranke der Sängerbühne* mit byzantinisch anmutenden Pflanzen- und Tierornamenten, die auf das Pontifikat Eugens II. (9. Jh.) zurückgeht. Im **rechten Seitenschiff** befindet sich eine bemerkenswerte Reliquie auf einer Ziersäule, ein schwarzer Stein, den der Legende nach der Satan gegen den hl. Dominikus geschleudert habe, um ihn vom Gebet abzuhalten. Ein Stück weiter liegt eine von den Zuccari mit Fresken ausgemalte Kapelle des 16. Jahrhunderts; das *Grabmonument für Kardinal Auxia* mit einer einzigartigen lateinischen Inschrift stammt aus der Schule des Andrea Bregno.

SAN SABA

Steigt man von der Hügelspitze des sogenannten Grande Aventino hinunter und den Piccolo Aventino wieder hinauf, trifft man auf die Kirche San Saba, der eine romanische Vorhalle aus dem 13. Jahrhundert und ein großer Hof vorgelagert sind. Die Kirche ist dem heiligen Gründermönch der ersten Klöster Kleinasiens geweiht, steht jedoch in enger Verbindung mit der hl. Silvia, der Mutter Papst Gregors d. Gr., die im 5. Jahrhundert hier das erste Oratorium baute; über dieser Kapelle entstand im 7. Jahrhundert dann die heutige Kirche, die im 13. und 15. Jahrhundert weiter ausgebaut wurde. Aus dieser letzteren Epoche stammen der **Portikus** und die **Galerie mit Loggia**, die, ebenso wie das Fresko am Triumphbogen, der Kardinal Francesco Piccolomini veranlasste. Hier werden interessante Funde aus der Römerzeit und dem Mittelalter bewahrt, unter anderem ein schöner *Sarkophag* und ein Relief, das einen *Ritter mit Falken* (8. Jh.) darstellt. Durch das mit feinen Mosaikintarsien geschmückte Cosmaten-Portal betritt man den äußerst schlichten, schmucklosen **Innenraum**, der aufgrund der Angliederung eines ehemaligen Portikus an das linke Seitenschiff kurioserweise vier Schiffe aufweist. Die drei ursprünglichen Schiffe, die alle mit einer Apsis abschließen, weisen zahlreiche Kunstwerke auf, die von der mittelalterlichen Geschichte der Kirche zeugen: der *Bischofsstuhl*, der *Hochaltar*, Reste des *Ambos* und der *Sängertribüne*, die heute an das rechte Schiff angeschlossen sind. Die ursprüngliche Mosaikdekoration wurde durch *Fresken* ersetzt, von denen einige aus dem 13. Jahrhundert stammen und aus der Schule von Subiaco hervorgegangen sind. Weitere *Fragmente von Wandmalereien* (7.-9. Jh.) der Kirche und des daneben erbauten befestigten Klosters werden im Gang zur *Sakristei* aufbewahrt, wo sich der Eingang zu dem von der hl. Silvia gegründeten *unterirdischen Oratorium* befindet.

DAS ANTIKE ROM

DAS KAPITOL UND DAS FORUM BOARIUM, DAS FORUM ROMANUM, DIE KAISERFOREN UND DER STADTBEZIRK MONTI, DER OPPIO-HÜGEL, DER PALATIN, DIE THERMEN DES CARACALLA, DAS JUDENVIERTEL UND DER STADTTEIL SANT'ANGELO, DIE TIBERINSEL, PIAZZA ESEDRA UND DIE WOHNVIERTEL UMBERTOS I., PIAZZA DEL POPOLO UND DER STADTTEIL CAMPO MARZIO

Denkmal für Cola di Rienzo - Ein Werk des ausgehenden 19. Jahrhunderts zu Ehren dieser volkstümlichen Persönlichkeit des politischen Lebens in Rom; der Volkstribun, der republikanische Ideen vertrat, wurde bei einem von römischen Adligen entfachten Aufstand 1354 auf dem Kapitol getötet.

Nationaldenkmal - Der 1885 begonnene Bau dieses kolossalen Denkmals zu Ehren des Königs Viktor Emanuel II. zog sich ein halbes Jahrhundert hin. Das in einem die Antike nachahmenden Stil errichtete und mit Bronzeskulpturen geschmückte Denkmal enthält auch den **Altar des Vaterlandes** und das **Grab des Unbekannten Soldaten**.

KAPITOLSPLATZ
(S. 71)

KAPITOLINISCHE MUSEEN KONSERVATORENPALAST UND PINAKOTHEK
(S. 73)

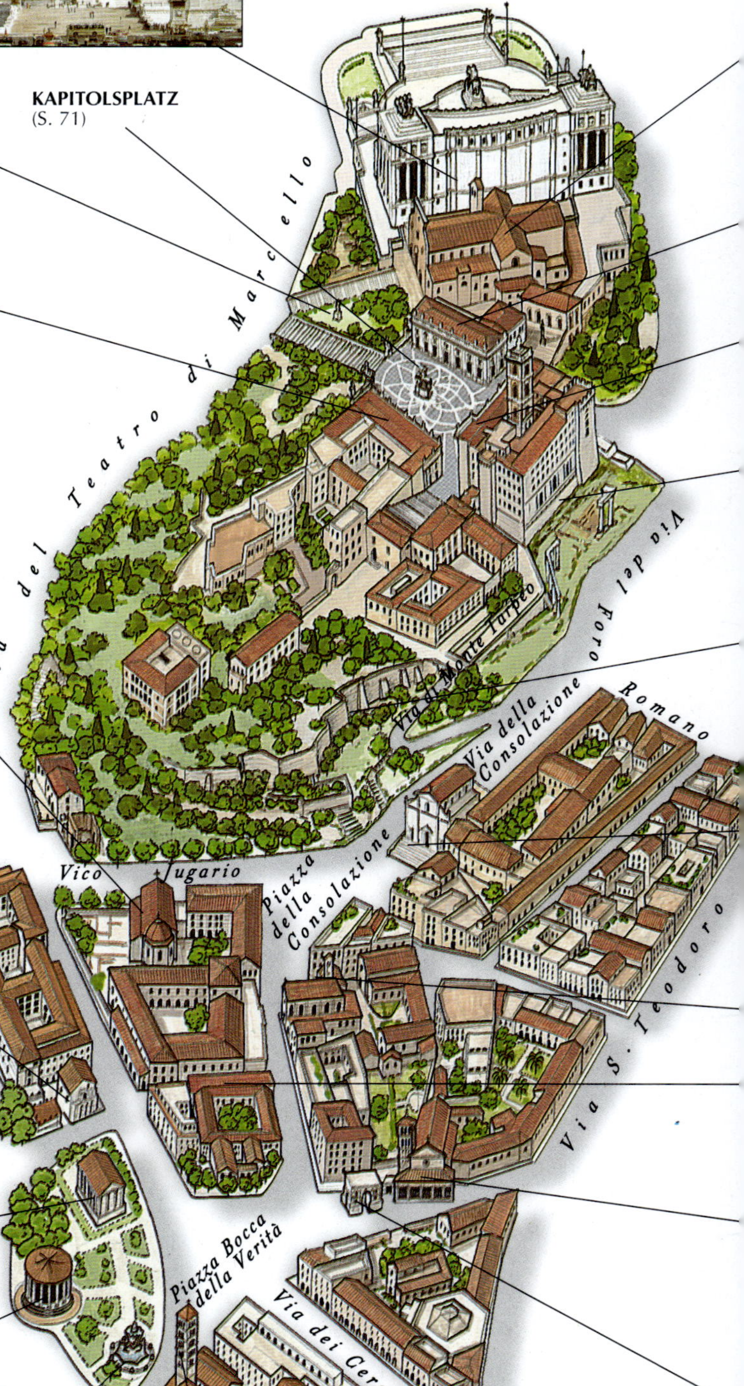

Sant'Omobono - Das Gebäude, das dem Schutzpatron der Schneiderinnung gewidmet ist, wurde 1573 auf den Ruinen der Vorläuferkirche San Salvatore in Portico erbaut, die wiederum auf dem Gelände eines bedeutenden römischen Heiligtums stand.

Casa dei Crescenzi - Dieses mittelalterliche Gebäude, das Nicolò di Crescenzo um die Mitte des Jahres Tausend mit Spolien aus dem Forum Boarium errichtet hatte, wurde in früheren Zeiten beim Beschreiten des Kreuzwegs als Haus des Pilatus benutzt.

Tempel der Fortuna Virilis - Er war Portunus, dem Schutzgott des Tiberhafens geweiht, dessen Lagerhallen dieses Gebiet einnahmen. Der im 1. und 2. Jahrhundert v. Chr. restaurierte Tempel wurde im 9. Jahrhundert als Kirche umgestaltet und erhielt den Namen Santa Maria Egiziaca.

Vesta-Tempel - Das im 2. Jahrhundert v. Chr. errichtete Gebäude war dem Herkules Olivarius, dem Schutzgott der Ölhändler am Tiberhafen geweiht. Der Tempel wurde im 1. Jahrhundert n. Chr. wiederaufgebaut und im Mittelalter mit dem Namen Santa Maria del Sole in eine christliche Kirche verwandelt.

Tritonenbrunnen - Der Brunnen ist ein deutlich von Bernini beeinflusstes Werk des Bildhauers Francesco Carlo Bizzaccheri aus dem 18. Jahrhundert.

SANTA MARIA IN COSMEDIN
(S. 75)

DAS KAPITOL UND DAS FORUM BOARIUM

Das hoch über der Stadt gelegene, bürgerliche und religiöse Zentrum des antiken Rom mit seinen den wichtigsten Schutzgöttern der Urbs geweihten Tempeln bewahrt auch heute noch etwas von dem symbolischen Wert seiner einstigen Macht als Sitz der Stadtregierung, die seit dem Mittelalter in den Sälen des ***Senatorenpalastes*** *ihren Sitz hat. Weiter nördlich, auf der höheren und steileren Hügelkuppe, wo die Kirche* ***Santa Maria in Aracoeli*** *steht, erhoben sich die* Arx, *die befestigte Zitadelle und äußerstes Bollwerk der Stadt, und der Tempel der Juno Moneta, der zur Warnung aller Feinde Roms von Furius Camillus erbaut wurde, nachdem er die Gallier vernichtend geschlagen hatte, und der auch Sitz der ersten römischen Münzprägestelle war. Der Burgberg war durch eine Senke, das sogenannte* Asylum Romuli *- hier hatte der erste König von Rom die Nachbarstämme gastlich aufgenommen - mit dem südlichen Teil des Kapitols verbunden, wo neben dem kolossalen* ***Tempel des Jupiter Optimus Maximus****, einem von Tarquinius Priscus im 6. Jahrhundert errichteten und mehrmals restaurierten Gebäude, weitere bedeutende Kultstätten lagen, wie der Tempel der Fides Publica und der Tempel des Jupiter Feretrius, der erste Tempel der Urbs, den Romulus selbst gegründet hatte. Im Laufe der Jahrhunderte verfielen diese monumentalen Gebäude Roms, und der Hügel wurde mit der Zeit zu Weideland, so daß man ihm den Namen "Monte Caprino" (Ziegenberg) gab. Im 16. Jahrhundert schuf Michelangelo hier eine neue, endgültige Platzanlage*

Am Fuß der Südseite des Hügels, dem sogenannten ***Tarpejischen Felsen****, von dem die Vaterlandsverräter hinabgestürzt wurden, erstreckte sich im Altertum das Forum Boarium, das den Viehhändlern vorbehalten war und in einen heiligen Bezirk überging, der bis zum Portus Tiberinus reichte, dem wichtigsten Handelshafen am Tiber. Das Forum Boarium ist heute ein archäologisch hochinteressantes Gelände mit zahlreichen antiken Kultstätten. Hinter dem Kapitol, wo jetzt die Kirche* ***Sant'Omobono*** *steht, sind die Überreste von zwei sehr alten Tempeln zu sehen, die Servius Tullius erbaut hatte und der Fortuna und der Mater Matuta gewidmet waren. Nahezu intakt zu uns gelangten hingegen die* ***Tempel der Fortuna Virilis*** *und der* ***Vesta-Tempel****, die dicht am Tiberhafen im Gebiet des Forum Boarium stehen, und der vierseitige* ***Janus-Bogen****, unter dem die Händler sich bei schlechtem Wetter unterstellten.*

Perin del Vaga, Tarquinius Priscus gründet den Jupitertempel auf dem Kapitol.

SANTA MARIA IN ARACOELI
(S. 70)

KAPITOLINISCHE MUSEEN PALAZZO NUOVO
(S. 72)

SENATORENPALAST
(S. 70)

Tabularium - In diesem 78 v. Chr. entstandenen Gebäude wurden Staatsurkunden (*Tabulae*) aufbewahrt; erhalten sind noch der vom Forum aus sichtbare massive Tuffunterbau unterhalb des Senatorenpalastes sowie Reste der oberen Arkaden.

Tarpejischer Felsen - Der Ort ist an die Sage von dem Mädchen Tarpeia geknüpft, das den Sabinern die Tore der Burg Roms öffnete und somit die Stadt verriet.

Santa Maria della Consolazione - Die in den strengen Stilformen der Spätrenaissance erbaute Kirche verdankt einen Teil der Fassade und das dreischiffige Innere dem genialen Künstler Martino Longhi il Vecchio, der von 1583 bis 1600 an dem Gebäude arbeitete. Die Seitenkapellen sind mit beispielhaften Werken des römischen Manierismus geschmückt.

Sant'Eligio dei Ferrari - Das Gebäude, das an der Stelle eines den Heiligen Jakobus und Martin geweihten Kirchleins entstanden war, wurde 1453 der Zunft der Eisenschmiede überlassen. Später vollkommen barockisiert, besitzt die Kirche einen reich ausgestatteten Innenraum mit Gemälden des 16. und 17. Jahrhunderts.

SAN GIOVANNI DECOLLATO
(S. 74)

SAN GIORGIO IN VELABRO
(S. 74)

N

Janusbogen - Der Bogen, der unter Konstantin II. im 4. Jahrhundert n. Chr. errichtet wurde, diente als überdachter Durchgang. Der Außenschmuck besteht aus zahlreichen Nischen, in denen unter den Schlußsteinen früher Statuen und Götterbilder standen. Im Mittelalter wurde der Bogen in einen Turm der Frangipane einbezogen, der später zusammen mit der ursprünglichen Bedachung des Bogens abgetragen wurde.

SANTA MARIA IN ARACOELI

Das Baudatum dieser Kirche, die ein wahres Schmuckstück mittelalterlicher Architektur darstellt, ist nicht genau bekannt, so dass das Gebäude zuweilen in die konstantinische Zeit, aber auch in die Zeit des Gregorius Magnus eingeordnet wird. Wahrscheinlicher ist jedoch die Annahme, dass die Kirche im 8. Jahrhundert von griechischen Mönchen errichtet wurde, die zunächst von Benediktinern und später von Franziskanern abgelöst wurden. Letztere nahmen im 13. Jahrhundert, vermutlich nach Plänen von Arnolfo di Cambio, eine Erweiterung und eine Umgestaltung des Gebäudes vor. Den Abschluß der Arbeiten bildete die steile **Treppe**, die 1348 eingeweiht wurde; doch baute man auch in späteren Jahrhunderten noch an der Kirche weiter, wobei die bestehende mittelalterliche Struktur zum Teil verändert wurde. Der eindrucksvolle dreischiffige **Innenraum** wird durch Säulen geteilt, die von verschiedenen Monumenten des antiken Rom stammen, und bewahrt Kunstwerke von großer Bedeutung. Die Cappella Bufalini enthält Fresken des ausgehenden Quattrocento mit *Darstellungen aus dem Leben des hl. Bernhardin*, die als Meisterwerk Pinturicchios gelten; aber auch die übrigen Kapellen sowie die Quer- und Seitenschiffe sind mit künstlerisch wertvollen Werken ausgestattet, etwa die Cappella Savelli im rechten Querschiff, die das schöne *Grabmal für Luca Savelli* birgt, ein Arnolfo di Cambio zugeschriebenes Werk. Sehenswert ist auch das *Grabmonument für Kardinal Matteo d'Acquasparta* im linken Querschiff, eine Cosmatenarbeit in einer gotischen Ädikula, die mit einem Cavallini zugeschriebenen schönen Fresko geschmückt ist.

SENATORENPALAST

Dieser Ort erfüllte seit jeher einen an das politische Leben der Stadt geknüpften Zweck. Ursprünglich stand hier das **Tabularium**, ein von Quintus Lutatius Catulus im Jahre 78 v. Chr. errichtetes, imposantes Gebäude, in dem das Staatsarchiv untergebracht war. Damals trat der Senat in der Curia zusammen, aber als dieses Gebäude im 8. Jahrhundert infolge der Versumpfung des Forums beschädigt wurde, beschloss man, die Stadtverwaltung zu verlegen. Zunächst wählte man den heute nicht mehr existierenden Kreuzgang von Santa Maria in Aracoeli; mit der zunehmenden Festigung der Stadtregierung und dem wachsenden Ansehen der Senatoren wurde jedoch ein würdigerer Amtssitz notwendig. So begann man 1143 mit den Arbeiten für ein neues Gebäude, das auf den Ruinen des damals als Salzlager benutzten *Tabulariums* entstand. Schon im Jahre 1160 versammelte sich das Senatorenkollegium in den Räumen des neuen Palastes,

Santa Maria in Aracoeli, Innenraum. Oben das Grabmonument für Kardinal Matteo d'Acquasparta, darüber Fresko mit Thronender Madonna zwischen zwei Heiligen; nebenstehend, das Grabmal für Luca Savelli.

Ein breiter Treppenaufgang führt zum Senatorenpalast, Sitz der römischen Stadtverwaltung. Links der Palazzo Nuovo, rechts der Konservatorenpalast.

der 1229 modernisiert und 1299 mit einer Loggia und zwei Ecktürmen versehen wurde. Der beim Ansturm der Truppen Kaiser Heinrichs VII. schwer beschädigte Palast wurde Anfang des 15. Jahrhunderts von Papst Bonifatius IX. restauriert, der das Gebäude der Stadt Rom zum Geschenk machte. Mitte des gleichen Jahrhunderts ließ Papst Nikolaus V. den Mittelturm anfügen, aber die endgültige Gestaltung des Gebäudes erfolgte ein Jahrhundert später unter Papst Paul III., der mit dem Entwurf Michelangelo beauftragte.
Der Künstler leitete persönlich die Arbeiten der **Freitreppe**, die später auf Veranlassung von Papst Sixtus V. mit der ursprünglich Minerva geweihten Statue der Göttin *Roma Capitolina* geschmückt wurde; das Standbild wurde in der Mittelnische aufgestellt, flankiert von den Statuen der Flussgottheiten *Nil* und *Tiber* (vormals Tigris), die man aus den Thermen des Konstantin auf dem Quirinal hierher gebracht hatte. Michelangelos Projekt wurde von 1582 bis 1605 in teilweise freier Interpretation durch Giacomo della Porta, Girolamo Rainaldi und Martino Longhi il Vecchio fertiggestellt; letzterer schuf den Glockenturm aus Backstein, der einen früheren mittelalterlichen Turm ersetzte.

Piazza del Campidoglio, die beiden Statuen der Dioskuren an der Brüstung und Roma Capitolina, Statue aus Porphyr und Marmor, in einer Nische an der Treppe des Senatorenpalastes.

KAPITOLSPLATZ

Der Entwurf, den Michelangelo 1547 für das Kapitol erstellte, umfaßte auch die Anlage des Freiraumes zwischen dem **Palazzo Nuovo**, dem **Senatoren**- und **Konservatorenpalast**, dem antiken Gelände des *Asylum Romuli*, und den Bau der sogenannten **Cordonata**, des eleganten Treppenaufgangs, der zum Platz führt. Nach Michelangelos Plänen schmückte man die Balustrade, die als Bestandteil der Platzanlage konzipiert war, 1585 mit den Statuen der **Dioskuren**, die aus dem diesen Göttern geweihten Tempel hierher verbracht wurden. Die Dekoration mit den *Trophäen des Marius* und mit den Statuen *Konstantins* und seines Sohnes *Konstans II.* wurde später fertiggestellt. Die *Pflasterung* des Platzes mit dem dynamischen Bogenmotiv soll eine konvexe Anlage vortäuschen und spielt vermutlich auf eine Darstellung der Welt an, deren symbolische Hauptstadt Rom war. In der Mitte steht auf einem ebenfalls von Michelangelo entworfenen Sockel das *Reiterstandbild des Marc Aurel* das Papst Paul III. 1538 aus dem Lateran hierher bringen ließ.

Piazza del Campidoglio, Blick auf die Stadt. In der Mitte des Platzes eine Kopie der Reiterstatue des Marc Aurel, dessen restauriertes Original sich in den Kapitolinischen Museen befindet.

DIE KAPITOLINISCHEN MUSEEN

Kapitolinische Museen, Palazzo Nuovo, Blick in die Sala degli Imperatori, und die Büsten der Kaiser Marc Aurel (oben) und Hadrian.

Palazzo Nuovo, das Reiterstandbild des Marc Aurel.

Die Kapitolinischen Museen enthalten eine der berühmtesten öffentlichen Kunstsammlungen der Antike, insbesondere Statuen des klassischen Altertums, unter denen sich weltbekannte Werke von größter kunsthistorischer Bedeutung befinden. Die Sammlungen verteilen sich auf den Palazzo Nuovo und den davor liegenden Konservatorenpalast, in dem auch die Pinakothek untergebracht ist.

Die Sammlungen der Kapitolinischen Museen existierten bereits lange vor dem Bau dieser Paläste, die heute die Kunstwerke beherbergen und die 1734 auf Veranlassung von Papst Klemens XII. hier untergebracht wurden. Den Kernbestand dieser unschätzbaren Sammlungen bildeten die römischen Bronzewerke aus dem Lateran, die Papst Sixtus IV. im Jahre 1471 der Stadt Rom schenkte und denen bald darauf weitere Stiftungen folgten. Die Päpste Leo X. und Pius V. trugen im 16. Jahrhundert dazu bei, die Sammlungen durch einige hervorragende klassische Statuen zu bereichern. Zwei Jahrhunderte später kam dem Museum noch die Sammlung des Kardinals Albani zu. Unter dem Pontifikat Benedikts XIV. vergrößerte sich später der Museumsbestand durch die Werke aus der Hadriansvilla bei Tivoli. Der jüngste Zuwachs bestand aus der Sammlung Castellani und aus zahlreichen Werken, die während der Arbeiten für die städtebauliche Neugestaltung der Hauptstadt Rom im Verlauf der Ausgrabungen ans Licht getreten sind.

PALAZZO NUOVO

Im Jahre 1734 richtete man im Palazzo Nuovo den ersten Sitz der Kapitolinischen Museen ein. Hier sind einige der interessantesten Werke der römischen Bildhauerkunst untergebracht. Insbesondere befindet sich in diesem Gebäude eine der vollständigsten Sammlungen der Porträtkunst aus der Kaiserzeit. Die Sala degli Imperatori enthält 65 *Porträtbüsten von römischen Kaisern*, die in chronologischer Reihenfolge um eine eindrucksvolle *Helena* angeordnet sind, eine Sitzfigur, bei der das Porträt der Mutter Konstantins auf den Körper eines griechischen Originals des 5. Jahrhunderts v. Chr. gesetzt wurde. Das letzte Meisterwerk, das dem Museum zugekommen ist, stellt den Kaiser **Marc Aurel** dar. Das Reiterdenkmal aus vergoldeter Bronze zierte jahrhundertelang die Mitte des Kapitolsplatzes und fand nach zehnjähriger Restaurierung, die 1990 abgeschlossen war, hier seinen endgültigen Standort. Das Reiterstandbild, das im Mittelalter für ein Porträt Konstantins gehalten wurde und somit der Zerstörung entging, diente vielen Renaissancekünstlern als Vorbild für ihre Reitermonumente. Unter den Skulpturen, die in den Sälen des Palazzo Nuovo bewahrt werden, verdienen einige Werke besondere Erwähnung: die berühmte *Kapitolinische Venus*, eine römische Kopie nach hellenistischem Original, *Verwundete Amazone* und *Sterbender Gallier*, der in den Gärten des Sallust zusammen mit der heute im Museum des Palazzo Altemps ausgestellten *Galatergruppe* aufgefunden wurde.

KONSERVATORENPALAST UND PINAKOTHEK

Der Palazzo dei Conservatori, bereits im Mittelalter Sitz der höchsten Magistrate der Stadt, wurde ab 1563 nach einem Entwurf Michelangelos vollkommen neu gestaltet. Die harmonische **Fassade**, die durch markante Lisenen gegliedert und von einer statuengeschmückten Balustrade bekrönt wird, ist das Werk einer Zusammenarbeit von Schülern des großen toskanischen Künstlers, Guidetto Guidetti und Giacomo della Porta. An die ursprüngliche Bestimmung des Palastes erinnert noch die Konservatorenwohnung, in deren Sälen einige der berühmtesten Werke der kapitolinischen Sammlungen aufbewahrt werden, unter anderem der *Dornauszieher* und die **Kapitolinische Wölfin**, eine Bronzeskulptur des 5. Jahrhunderts v. Chr., die im Quattrocento durch Anfügen der beiden Zwillingsfiguren, möglicherweise ein Werk Pollaiolos, vollendet und später zum Wahrzeichen der Stadt wurde.

Im Innenhof sind neben mehreren gotischen Bögen des ersten Gebäudes aus dem 15. Jahrhundert eindrucksvolle Fragmente zu sehen, etwa der Kopf und eine Hand der *Kolossalstatue Konstantins*, einer überlebensgroßen Statue, die früher in der Apsis der Maxentius-Basilika stand.

Das eigentliche Museum ist in den Sälen und in den Galerien eines Seitenflügels des Palastes untergebracht. Hier befinden sich Meisterwerke wie die *Büste des Kaisers Commodus*, die *Esquilinische Venus*, *Ringender Herkules* und *Der geschundene Marsyas*, die zusammen mit anderen Skulpturen jeweils in den Orti Laminiani und in den Gärten der Villa di Mecenate auf dem Esquilin gefunden wurden.

Die Sammlung Castellani, die eine Fülle schwarz- und rotfiguriger griechischer Vasen umfasst, stellt eine außerordentlich interessante Abteilung des Museums dar, die sich im Braccio Nuovo und im Museo Nuovo fortsetzt. Insbesondere nach der Neuordnung kommen jetzt die Skulpturengruppen, die einst öffentliche und sakrale Bauten des antiken Rom schmückten, wieder wunderbar zur Geltung.

Den Abschluss des Museumsrundganges bildet die **Pinakothek**, die 1748 von Papst Benedikt XIV. gegründet wurde und den anderen Palastflügel einnimmt. Der Papst wollte hier unter anderem die zahlreichen Gemälde der Sammlungen Sacchetti und Pio di Savoia unterbringen, zu denen bedeutende Werke von Tizian, Tintoretto, Guido Reni und der berühmte *Johannes d. Täufer* von Caravaggio zählen.

Pinakothek, Caravaggio, Johannesknabe.

Konservatorenpalast, Kopf der einstigen Kolossalstatue Konstantins.

Konservatorenpalast, die Kapitolinische Wölfin, ein Werk des 5. Jh. v. Chr., mit den in der Renaissance hinzugefügten säugenden Zwillingen. Das Wahrzeichen der Stadt Rom ruft die Legende von Romulus und Remus wach, Nachkommen des Äneas, Söhne des Gottes Mars und der Göttin Rhea Silvia. Die von Amulius, Usurpator des Throns von Alba Longa, im Tiber ausgesetzten Zwillinge wurden von einer Wölfin aufgefunden und gesäugt; damit rettete sie dieses edle Geschlecht, dem die Gründung Roms auf dem Palatin durch Romulus und Remus zu verdanken ist.

Palazzo Nuovo, der Sterbende Gallier.

SAN GIORGIO IN VELABRO

Die Kirche, die vermutlich im 6. Jahrhundert in der Nähe des *Velabrum*, des Sumpfes, wo der Legende nach Romulus und Remus aufgefunden wurden, erbaut wurde, war anfänglich Georg und Sebastian, den Schutzheiligen des Ritterstandes und der Waffen, geweiht. Der Name des ersten Titularheiligen setzte sich im Sprachgebrauch durch, als Papst Zacharias die Kopfreliquie des Heiligen hierher bringen ließ. Im 9. Jahrhundert, unter dem Pontifikat Gregors IV., wurde die Kirche teilweise in romanischem Stil erneuert. Damals fügte man die Seitenschiffe an, die Apsis wurde neu gestaltet, und an dem ebenfalls veränderten Presbyterium stellte man ein von den Cosmaten geschaffenes herrliches **Ziborium** auf. Weitere Veränderungen der ursprünglichen Struktur erfuhr die Kirche im 12. Jahrhundert, als man den ionischen **Portikus** und den **Kampanile** hinzufügte. Die Apsisnische schmückte man gegen Ende des folgenden Jahrhunderts mit Fresken aus, die Pietro Cavallini zugeschrieben wurden, die aber vermutlich ein Werk seiner Schüler sind und *Christus, die Jungfrau Maria und die Heiligen Georg, Petrus und Sebastian* darstellen.

San Giorgio in Velabro, Innenraum mit dem herrlichen Ziborium der Cosmaten und, unten, zwei Details des Apsisfreskos mit der Jungfrau Maria und den Heiligen Georg, Petrus und Sebastian.

SAN GIOVANNI DECOLLATO

Im Jahre 1488 wurde auf Initiative des florentinischen Volkes die Confraternità di San Giovanni Decollato gegründet. Aufgabe dieser Bruderschaft, deren Bezeichnung an die Enthauptung des Täufers erinnert, war der geistige Beistand und die materielle Unterstützung von zum Tode verurteilten Häftlingen. Da die Bruderschaft eine Kirche benötigte, beschloss man in den ersten Jahren des 16. Jahrhunderts, an der Stelle der antiken Kirche Santa Maria de Fovea ein neues Gotteshaus zu bauen, das Johannes dem Täufer, dem Stadtpatron der Florentiner, gewidmet wurde. Mitte des Jahrhunderts war der Bau der Kirche, des *Oratoriums* und des angeschlossenen *Kreuzgangs* mit dem *Friedhof* für die Hingerichteten fertiggestellt. Die Gebäude, die ganz dem Geist der Gegenreformation entsprechen, sind voller Ausdruck des römischen Manierismus, der vor allem in der Innendekoration sichtbar wird. Sehr harmonisch wirkt die Kirchenausstattung mit *Stuckarbeiten*, *Holzschnitzereien* und *Marmorschmuck* als Rahmendekoration für zahlreiche Fresken, die Künstler wie Zucchi, Vasari und Pomarancio geschaffen haben. Reichgeschmückt mit Fresken aus der Schule des toskanischen Manierismus ist das Oratorium, wo sich die *Camera Storica della Confraternità* befindet, ein Raum, in dem unter anderem Hinrichtungswerkzeuge aufbewahrt werden.

San Giovanni Decollato, die Renaissancefassade.

SANTA MARIA IN COSMEDIN

Als man Ende des 19. Jahrhunderts die schöne Barockfassade Sardis abschlug, nahm die Kirche Santa Maria in Cosmedin ihr ursprüngliches frühmittelalterliches Aussehen wieder an. Auf diese Zeit nämlich geht die Gründung der Kirche zurück, die vom 6. bis 7. Jahrhundert auf den Resten des altrömischen Getreideamts für die Märkte am Forum Boarium und eines Ceres-Tempels aus dem 5. Jahrhundert v. Chr. errichtet worden war. Neben dem Tempel stand die *Ara Maxima*, deren Strukturen später für die Krypta der Kirche verwendet wurden. Etwa zwei Jahrhunderte nach dem Bau der Kirche veranlasste Papst Hadrian I. einige Verschönerungsarbeiten (daher der Name Cosmedin), mit denen er die griechischen Mönche beauftragte, die den Verfolgungen zur Zeit des byzantinischen Bildersturms entgangen waren. Weitere Eingriffe erfolgten unter dem Pontifikat von Kalixtus II. im ersten Viertel des 12. Jahrhunderts. Auf diese Zeit gehen der schlanke romanische **Kampanile** mit sieben Fenstergeschossen und der Portikus zurück, unter dessen Arkaden sich der berühmte **Mund der Wahrheit** (Bocca della Verità) befindet, eine in die Wand eingelassene Steinmaske, die eine Flussgottheit darstellt und einer mittelalterlichen Tradition zufolge alle Lügner durch einen Biss in die Hand entlarven soll.

Der feierliche **Innenraum** bewahrt neben der Ikonostase und den Apsisfresken, die im 19. Jahrhundert großenteils übermalt wurden, einen der schönsten Cosmaten-Fußböden in Rom und ein elegantes gotisches Ziborium von Deodato di Cosma aus dem ausgehenden 14. Jahrhundert.

Die klassizistische **Sakristei** birgt ein kostbares, in leuchtenden Farben schillerndes Mosaik auf Goldgrund mit der Darstellung der Heiligen Drei Könige. Es handelt sich um das Fragment eines sehr viel größeren Werkes aus dem 8. Jahrhundert, das aus der Cappella di Giovanni VII. in Alt-Sankt-Peter stammt.

Santa Maria in Cosmedin, die Bocca della Verità genannte Steinmaske unter dem Portikus und ein Seitenschiff; unten ein Ausschnitt aus dem Epiphanie-Mosaik in der Sakristei und ein Detail des Cosmatenfußbodens.

Phokas-Säule - Das letzte Monument auf dem Forum ließ Smaragd, Exarch von Italien, im Jahre 608 zu Ehren des byzantinischen Kaisers Phokas errichten, dessen Standbild aus vergoldeter Bronze einst die Spitze der Säule zierte.

Bogen des Septimius Severus - Dieser im Jahre 203 errichtete, mächtige Bogen mit drei Durchgängen und vorgesetzten Kompositsäulen trägt auf der breiten Attika eine Inschrift mit einer Widmung seitens des Senats und des römischen Volkes (S.P.Q.R.: *Senatus PopulusQue Romanus*) an Septimius Severus und Caracalla, die in mehreren auf den Reliefs des Ehrenmals dargestellten ruhmreichen Feldzügen über die mesopotamischen Völker gesiegt hatten.

Curia - Der zur Zeit des Tullius Hostilius gegründete Versammlungsort des Senats (*Curia Hostilia*) wurde unter Sulla 80 v. Chr. wiederaufgebaut (*Curia Cornelia*) und von Cäsar später an der heutigen Stelle neu errichtet (*Curia Iulia*).

CÄSAR-FORUM (S. 79)

SANTI LUCA E MARTINA (S. 91)

SAN GIUSEPPE DEI FALEGNAMI, MAMERTINISCHER KERKER (S. 89)

Concordia-Tempel - Nur geringfügige Reste sind erhalten von diesem antiken Gebäude, das Furio Camillo 367 v. Chr. errichten ließ, um das Abkommen zwischen Patriziern und Plebejern zu feiern. Der Tempel wurde 121 v. Chr. durch den Konsul Lucius Opimius zu Ehren des Sieges über Gaius Gracchus und später unter Tiberius ein drittes Mal wiederaufgebaut.

Tempel des Vespasian - Von dem Tempel, den Domitian 81 n. Chr. zu Ehren seines Vaters Vespasian und des Bruders Titus errichten ließ, sind drei schöne korinthische Säulen mit Architrav erhalten, der einen schmückenden Fries mit Opfergegenständen trägt.

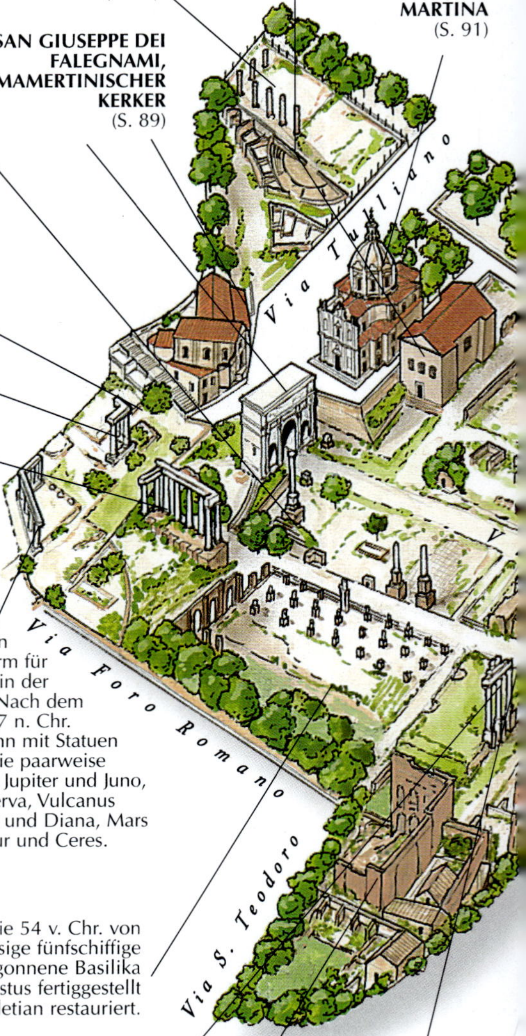

Saturntempel - Der Tempel wurde 497 v. Chr. an der Stelle eines antiken Altars errichtet, den Titus Tatius, der erste Diktator von Rom, diesem Gott gewidmet hatte. Nach zahlreichen Restaurierungen wurde der Tempel 42 v. Chr. von Lucius Munatius Plancus, einem General Cäsars, mit der Kriegsbeute des Syrienfeldzuges wiederaufgebaut. Die acht verbliebenen Säulen waren 286 n. Chr. erneuert worden.

Portikus der Dei Consentes - Der ursprüngliche Bau lässt sich auf das 4. Jahrhundert v. Chr. zurückführen, aber erst Domitian schuf eine Plattform für den Portikus, der in der Folgezeit verfiel. Nach dem Wiederaufbau 367 n. Chr. schmückte man ihn mit Statuen von Gottheiten, die paarweise aufgestellt waren: Jupiter und Juno, Neptun und Minerva, Vulcanus und Vesta, Apollo und Diana, Mars und Venus, Merkur und Ceres.

DAS FORUM ROMANUM

Das Tal zwischen den Hügeln Kapitol, Palatin, Quirinal, Esquilin und Caelius wurde bis zum 9. Jahrhundert v. Chr. nur marginal von menschlichen Siedlungen und im wesentlichen von einer ***Nekropole*** *eingenommen, die auf die Eisenzeit zurückgeht und von Bewohnern jener Dörfer gegründet worden war, die auf den umliegenden Anhöhen lagen und zwei Jahrhunderte später das sogenannte* Septimontium *bildeten, auf dem sich später die Urbs entwickelte. Damals war das Gebiet großenteils von Sümpfen durchzogen, die sich vom Velabrum am Forum Boarium bis zum* Lacus Curtius, *einem See, in dem sich das Wasser der von den Hügeln herabfließenden Bäche sammelte, erstreckten. Es waren dies der* Amnis Petronia, *der auf dem Quirinal entsprang, der* Nodinus *und der* Spino, *sowie andere Gewässer, wie das* Tullianum, *eine Quelle, die in der Nähe des Gefängnisses entsprang, das Ancus Martius dort bauen ließ und als* ***Mamertinischer Kerker*** *in die Geschichte einging, und die Juturna-Quelle, die an die Nymphe und Schwester des Turnus, König der Rutuler, geknüpft ist und neben der eines der ältesten römischen Heiligtümer errichtet wurde. Das Gebiet blieb Sumpfgelände bis ins 7. Jahrhundert v. Chr., als Tarquinius Priscus die Cloaca Maxima bauen ließ, ein hervorragendes Abwassersystem, das in der Lage war, diese Gewässer in den Tiber zu leiten. Der Eingang des Kanals ins Forum war durch das* ***Sacellum der Venus Cloacina*** *gekennzeichnet, das später in der Kaiserzeit wiederaufgebaut wurde.*
Vor dieser Zeit standen auf dem Forum Magnum *oder* Forum Romanum, *wie es damals hieß - vermutlich abgeleitet von fores = Einfriedung -, bereits einige wichtige Gebäude, die zur Zeit der Diarchie des Romulus und Titus*

Basilica Iulia - Die 54 v. Chr. von Cäsar als riesige fünfschiffige Säulenhalle begonnene Basilika wurde von Augustus fertiggestellt und unter Diokletian restauriert.

Cäsar-Tempel - Der Tempel, den Augustus 29 v. Chr. dem göttlichen Julius Cäsar gewidmet hatte, wurde im 15. Jahrhundert vollkommen zerstört.

Tempel des Augustus - Das traditionell so genannte Gebäude war in Wirklichkeit eines der Atrien am Eingang der kaiserlichen Paläste auf dem Palatin. Im Mittelalter baute man an dieser Stelle zwei bedeutende Kirchen: **SANTA MARIA ANTIQUA** (S. 89) und das Oratorium der Vierzig Märtyrer.

Tempel der Dioskuren - Der Tempel wurde 484 v. Chr. eingeweiht und 117 n. Chr. mit der Kriegsbeute aus dem von Lucius Metellus Dalmaticus in Dalmatien geführten Feldzug restauriert. Die heutigen Überreste gehen auf den radikalen Wiederaufbau durch Tiberius im Jahre 7 n. Chr. zurück.

Tempel des Antoninus und der Faustina - Der 141 n. Chr. erbaute Tempel wurde in christlicher Epoche in die Kirche **SAN LORENZO IN MIRANDA** (S. 90) umgewandelt, die auf den Resten der Tempelcella entstanden ist. Erhalten sind vor der Fassade sechs riesige Säulen aus Euböa.

Regia - Numa Pompilius inspirierte sich an etruskischen Häusern, als er diese Residenz schuf, in der auch der Pontifex Maximus, der höchste Priester, seinen Sitz hatte. Nach einem ersten Wiederaufbau 148 v. Chr. wurde die Regia 36 v. Chr. von Domitius Calvinus neu errichtet.

Basilica Aemilia - Die einzige noch vorhandene der vier Basiliken, die in republikanischer Zeit nach dem Sieg über Karthago erbaut wurden, stammt aus dem Jahr 179 v. Chr. und wurde im Laufe der Jahrhunderte mehrmals restauriert, bis sie 410 bei der Plünderung Roms durch die Vandalen zerstört wurde.

Tempel des Divus Romulus - Der von Maxentius begonnene und von Konstantin vollendete Tempel ist beinahe vollständig erhalten, da er im Mittelalter als Vorhalle der Kirche **SANTI COSMA E DAMIANO** (S. 90) diente, und bewahrt noch das erste bronzene Portal aus der späten Kaiserzeit.

Vesta-Tempel - Von diesem antiken Rundtempel sind die Überreste des letzten Wiederaufbaus erhalten, den Septimius Severus durchführte. Eine kleine Nische im Podium enthielt die *Sacra* (Kultbilder), die Äneas nach Italien mitgebracht hatte und an die das Geschick der Stadt geknüpft war.

Maxentius- oder Konstantinsbasilika - Der Bau dieser mächtigen Basilika, die durch Pfeiler und Säulen (die letzte dieser Säulen stellte man 1613 vor der Basilika Santa Maria Maggiore auf) in drei Schiffe geteilt ist, wurde von Maxentius begonnen. Nach der Schlacht an der Milvischen Brücke im Jahre 312, in der Maxentius ums Leben kam, vollendete der siegreiche Konstantin den Bau, indem er die ursprüngliche Orientierung änderte und das Gebäude mit schönen Statuen und kostbarem Marmorschmuck versah.

ARCHAISCHE NEKROPOLE
(S. 76)

Antiquarium Forense - Hier werden die wichtigsten Grabungsfunde aus dem Forum und der Nekropole bewahrt.

SANTA FRANCESCA ROMANA
(S. 91)

Tempel der Venus und Roma - Am Rand des Forums, in Richtung der Talsenke, in der das Kolosseum liegt, schuf Kaiser Hadrian 121 n. Chr. diesen riesigen Tempel mit dem restlichen Baumaterial der *Domus Aurea*, der Residenz Neros, und dessen Kolossalstatue, nach dem das Kolosseum benannt ist. Der Tempel besaß zwei Cellen mit Apsiden, von denen eine Venus, der Stammutter der Gens Julia, und die andere der Göttin Roma, der Schutzherrin des gesamten Imperiums, geweiht war.

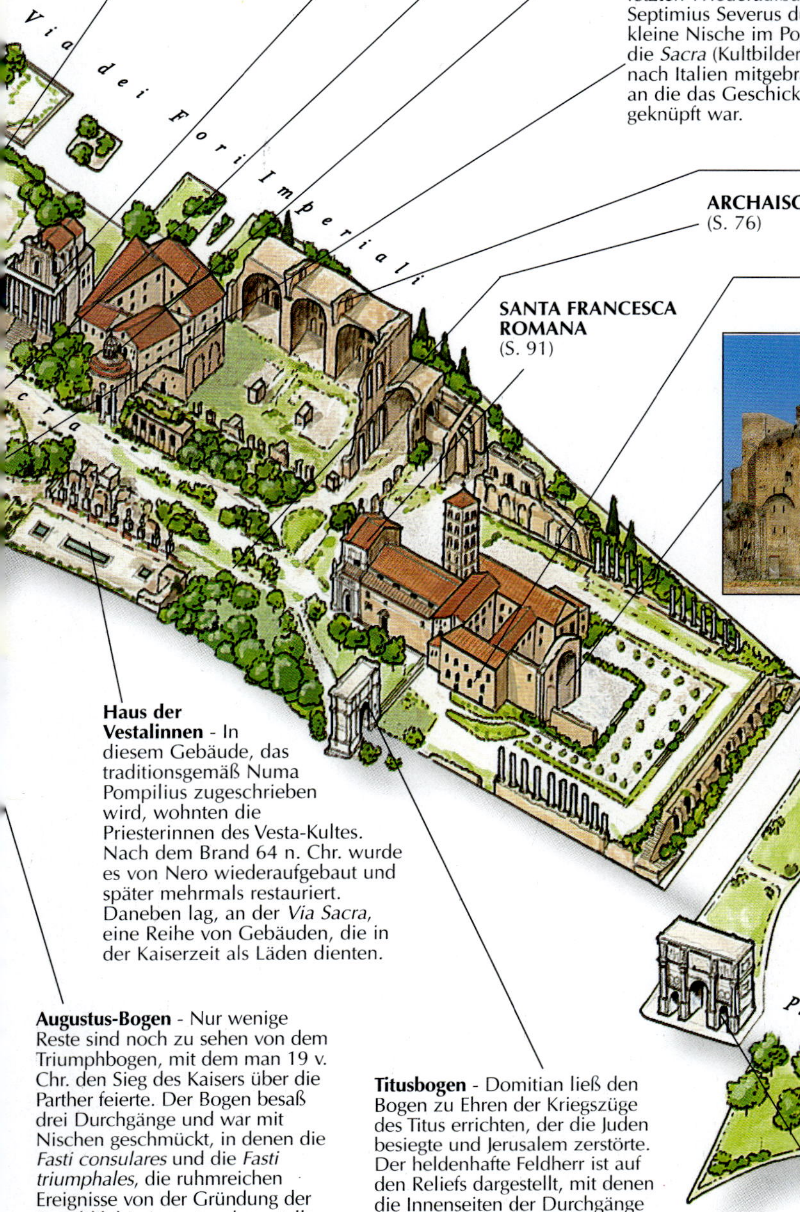

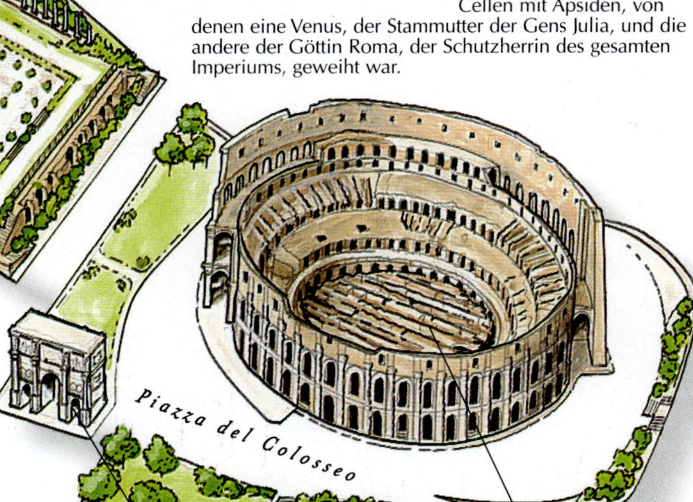

Haus der Vestalinnen - In diesem Gebäude, das traditionsgemäß Numa Pompilius zugeschrieben wird, wohnten die Priesterinnen des Vesta-Kultes. Nach dem Brand 64 n. Chr. wurde es von Nero wiederaufgebaut und später mehrmals restauriert. Daneben lag, an der *Via Sacra*, eine Reihe von Gebäuden, die in der Kaiserzeit als Läden dienten.

Augustus-Bogen - Nur wenige Reste sind noch zu sehen von dem Triumphbogen, mit dem man 19 v. Chr. den Sieg des Kaisers über die Parther feierte. Der Bogen besaß drei Durchgänge und war mit Nischen geschmückt, in denen die *Fasti consulares* und die *Fasti triumphales*, die ruhmreichen Ereignisse von der Gründung der Republik bis Augustus dargestellt waren. Zu der Dekoration des Bogens gehörten auch Statuen von geschlagenen Kriegern und eine bronzene Quadriga mit der Darstellung des siegreichen Kaisers.

Titusbogen - Domitian ließ den Bogen zu Ehren der Kriegszüge des Titus errichten, der die Juden besiegte und Jerusalem zerstörte. Der heldenhafte Feldherr ist auf den Reliefs dargestellt, mit denen die Innenseiten der Durchgänge geschmückt sind. Der von Victoria gekrönte Titus fährt im Triumph auf einer Quadriga, die von der Göttin Roma gezogen wird und vor der die höchsten Staatsbeamten herschreiten.

KOLOSSEUM
(S. 81)

KONSTANTINSBOGEN
(S. 88)

Blick in das Forum Romanum; im Hintergrund der Titusbogen, rechts die Reste des Vesta-Tempels.

Unten der Tempel des Vespasian, Detail der korinthischen Säulen.

Tatius, des Königs der auf dem Quirinal lebenden Sabiner, entstanden waren. Letzterer hatte hier nach dem Krieg, der nach dem berühmten Raub der Sabinerinnen entbrannt war, mit dem ersten König von Rom ein Bündnis geschlossen, das durch den Bau eines Altars für den Gott Vulcanus bekräftigt wurde, das sogenannte Volcanal, *ein geschliffener, rotbemalter Felsen in der Nähe des dicht an der Kapitolinischen Festung gelegenen* Comitium.
Auf dem Weg, den die beiden Könige nach der Vertragsschließung beschritten haben, wurde die ***Via Sacra*** *verzeichnet, auf der sich jahrhundertelang die großen religiösen Prozessionen und zahlreiche Triumphzüge von Generälen und siegreichen Kaisern hinzogen, die von hier aus das Kapitol erreichten. Romulus, der auf dem Forum bestattet wurde, schreibt die Überlieferung die Errichtung eines Jupiter Stator geweihten Tempels in der Nähe des Titusbogens zu, von dem heute nur noch das Fundament erhalten ist und auf dem im Mittelalter die Familie Frangipane einen Turm baute. Sein Nachfolger, Numa Pompilius, wählte das Forum als Residenz und gründete die sogenannte* ***Regia****, später Sitz des* Pontifex Maximus *und des Archivs der* Annales Maximi, *der Bücher, in denen die wichtigsten Ereignisse des Jahres verzeichnet waren. Der Komplex umfasste auch das Marsheiligtum, wo die* Ancilia *aufbewahrt wurden, das heißt, die dem Gott heiligen Schilde und Lanzen, von denen berichtet wird, daß sie vom Himmel gefallen seien und durch den Lärm, den ihre Schwingung in der Luft erzeugten, die bevorstehenden Kriege ankündigen könnten. Numa Pompilius wird alten Quellen zufolge auch der* ***Vesta-Tempel*** *und das angrenzende* ***Haus der Vestalinnen*** *zugeschrieben. Hier wohnten die anfänglich sechs, später zehn Priesterinnen, die unter den Töchtern der berühmtesten Patrizierfamilien Roms ausgewählt wurden. Die Jungfrauen blieben dreißig Jahre im Amt und zelebrierten die an den Vestakult geknüpften Riten. Eine der Aufgaben der Vestalinnen war es, das Heilige Feuer, Symbol dieser Fruchtbarkeitsgöttin, zu hüten und die Sacra zu bewahren, die heiligen Gegenstände, die der Überlieferung nach Äneas in das Land der Italiker mitgebracht hatte, darunter das berühmte* Palladium, *ein sehr altes Kultbild der Minerva aus einem trojanischen Tempel. Die Hochachtung und Verehrung gegenüber diesen Priesterinnen war so groß, daß ein zum Tode Verurteilter, der das Glück hatte, vor der Hinrichtung einer Vestalin zu begegnen, begnadigt wurde. Die Vestalinnen versahen ihren Tempeldienst auch bei den Feierlichkeiten zu Ehren der Göttin, den Vestalia, die alljährlich am 9. Juni stattfanden, und wohnten in einer Art Kloster* ante litteram, *in dem noch Reste von Statuen der rangältesten Vestalinnen zu erkennen sind.*

Das Forum war jedoch nicht nur ein wichtiges religiöses Zentrum mit antiken Kultstätten, sondern auch ein Ort, an dem ein reges Handelstreiben herrschte und wo alle Geschäfte abgewickelt wurden, die mit Politik und Staatsverwaltung in Zusammenhang standen. In der von Tullius Hostilius gegründeten ***Curia*** *(daher* Curia Hostilia*) tagte der Senat, wogegen die Volksversammlungen auf dem davor liegenden Platz abgehalten wurden, dem sogenannten* ***Comitium****, unter dem sich angeblich das Grab des Romulus befand, auf das eine schwarze Marmorplatte, der* ***Lapis Niger****, hinwies. Die Bedeutung dieser Stelle geht aus einem Säulenstumpf mit der ältesten lateinischen Inschrift aus dem 6. Jahrhundert v. Chr. hervor, die auf ein heiliges Gesetz Bezug nimmt. Unter den Nachfolgern des Numa Pompilius wurde das Forum vergrößert und nach der Vertreibung der Tarquinier mit neuen Prachtbauten ausgestattet. Große Bedeutung kam dem Saturntempel zu, der einer der meistverehrten Gottheiten der Antike geweiht war und wo im übrigen auch der Staatsschatz, das* Aerarium Saturni, *aufbewahrt wurde, insofern als dieser Gott an das mythische Goldene Zeitalter geknüpft war, eine Zeit des Friedens und der Eintracht, die alljährlich vom 17. bis 23. Dezember durch die Feier der Saturnalien wachgerufen wurde. Auf die gleiche Zeit geht der Dioskurentempel zurück, den der Sohn des Diktators Aulus Postumius in der Nähe der Juturna-Quelle errichten ließ und damit ein Gelübde einlöste, das er den beiden Zwillingsgöttern vor der Schlacht gegen die von Tarquinius Superbus angeführten Latiner am Regillo-See geleistet hatte. Kastor und Pollux, die auf der Seite der Römer gekämpft hatten, überbrachten dem römischen Volk die Siegesnachricht, während sie ihre Pferde an der Quelle tränkten. Zur Erinnerung an diese Episode wurde später ein Tempel errichtet. Mehrmals versammelte sich hier der Senat, und das Podium, das mit den Schiffsschnäbeln der feindlichen Schiffe geschmückt war, diente als Rednertribüne, auf der auch Cäsar sein Agrargesetz verkündete.*

Reste des Hauses der Vestalinnen und der Basilica Julia.

Unten rechts, Blick von oben auf den Rundtempel der Vesta.

Unten links, Saturn-Tempel. Der auf Säulen mit ionischem Kapitell ruhende Architrav trägt eine Inschrift, die an einen Tempelbrand erinnert.

Mit Beginn der Republik nahm das Forum an Bedeutung zu und wurde zum Brennpunkt des öffentlichen Lebens. Sinnbild dieser Funktion war das Tribunal, ein hohes Podium, auf dem die Redner standen, die zu der auf dem Platz versammelten Volksmenge sprachen. Die Rednertribüne war mit den sogenannten ***Rostra*** *geschmückt, bronzenen Spornen, die am Schiffsbug befestigt waren und mit denen man die feindlichen Schiffe rammte. In diesem Fall handelte es sich um die Schiffsschnäbel, die in der letzten Schlacht des Krieges gegen die Latiner bei Antium im Jahre 338 v. Chr. erbeutet worden waren und jetzt als Zeichen der Macht Roms die Tribüne zierten.*

Im Verlauf des 2. Jahrhunderts v. Chr. benötigte das öffentliche Geschäftszentrum von Rom zusätzlichen Raum. So entstanden zunächst die Basiliken, große rechteckige Hallen mit säulengestützter Bedachung, in denen Organismen für die Beilegung von Rechtsstreitigkeiten (tribunalia) und für Handelsabschlüsse untergebracht waren. Die erste Basilika auf dem Forum war die Basilica Porcia, die 184 v. Chr. von den Zensoren Marcus Procius Cato und Lucius Valerius Flaccus an der Westseite des Comitium als Versammlungsort für die Volkstribunen erbaut und im Laufe der Tumulte unter Claudius 52 v. Chr. zerstört wurde. Im Jahre 170 v. Chr. entstand die ***Basilica Aemilia****, die anfangs Basilica Fulvia hieß und von Marcus Fulvius Nobilioris und Marcus Aemilius Lepidus mit der Kriegsbeute der Ätoler erbaut wurde. Ein weiteres wichtiges Gebäude dieser Art war die Basilica Sempronia, die, dicht am Palatin gegenüber dem Lacus Curtius gelegen, an die Erinnerung des Patriziers Marcus Curtius geknüpft war; dieser hatte sich mit den Waffen in der Hand samt seinem Pferd in den Abgrund gestürzt, wodurch der See entstanden sein soll; damit sollten sich die Augurien erfüllen, die vorausgesagt hatten, daß sich die Schlucht schließen würde, wenn das hinuntergestürzt würde, was den Römern am teuersten war, nämlich Waffen und Mut.*

Anstelle dieser Basilika ließ Gaius Julius Cäsar im Zuge der von ihm von 54 bis 44 v. Chr. veranlassten Arbeiten für die Neuordnung des Forums die ***Basilica Iulia*** *erbauen, in der das Tribunal der Zentumvirn ihren Sitz hatte. Der große Heerführer musste indessen bald feststellen, dass das Forum Romanum für eine Bevölkerung, die allein in Rom mehrere hunderttausend Einwohner betrug, nicht mehr angemessen war; so beschloss er nach 48 v. Chr., zur Feier des Sieges über Pompeius bei Pharsalus, das Forum jenseits der Curia, die er bereits hatte verlegen und als Curia Iulia neuerbauen lassen, auszudehnen und einen weiteren Komplex mit sakralen und profanen Gebäuden anzufügen. Dieses neue* ***Cäsar-Forum*** *erstreckte sich vor der Fassade des* ***Tempels der Venus Genetrix****, der Schutzgöttin des Geschlechts der Julier, dem Cäsar angehörte; das Bild der Göttin, eine berühmte Skulptur des griechischen Bildhauers Arkesilaos, wurde in der Tempelcella aufbewahrt. Der Tempel war darüber hinaus mit hervorragenden Malereien geschmückt, Werke von Timomachos von Byzanz, die Medea, Ajax und Kleopatra darstellten. Ein Portikus, der später mit Kunstwerken aus den vom römischen Heer eroberten Gebieten dekoriert wurde, säumte den rechteckigen Platz, in dessen Mitte sich eine Reiterstatue Cäsars aus vergoldeter Bronze erhob. An der dem Forum zugewandten Seite, unmittelbar neben der Curia, wo heute die Kirche Santi Luca e Martina steht, reihten sich Tabernae aneinander, in denen Läden und Schulen untergebracht waren.*

Im Jahre 29 v. Chr. ließ Augustus zu Ehren Cäsars an der Stelle, wo der große römische Feldherr verbrannt worden war und dessen Testament Marc Anton hier öffentlich verlesen hatte, den ***Cäsar-Tempel*** *errichten; das halbkreisförmige Podium des Tempels war mit den Rostra geschmückt, die nach der Schlacht bei Aktium von den Schiffen des Antonius erbeutet worden waren. Einige Jahre später, im Jahre 20 v. Chr., stellte der Kaiser in der Mitte des Forums eine* ***Miliarium*** *genannte, bronzeverkleidete*

Die mächtigen Arkaden der Maxentiusbasilika sind vollständig erhalten.

Ein Abschnitt der Via Sacra, die jahrhundertelang als Prozessionsweg diente.

Marmorsäule auf, die den Ausgangspunkt der Straßen des Imperiums kennzeichnete und auf der die Entfernungen zwischen Rom und den einzelnen Städten angegeben war. Die Urbs hatte ihre Herrschaft in weit entlegene Gegenden ausgedehnt, indem sie Völker unterworfen und deren Länder erobert hatte. Zur Feier dieser Feldzüge entstanden in der Nähe des Cäsar-Tempels zwei Triumphbögen, die der Senat dem Kaiser widmete: der sogenannte **Augustusbogen** oder Arcus Particus, zur Erinnerung an die Rückholung der römischen Hoheitszeichen, die Crassus 55 v. Chr. von den Parthern abgenommen worden waren, und ein Ehrenbogen, der dem Sieg bei Aktium gewidmet war.

Wie aus den von Augustus durchgeführten Bauten ersichtlich ist, vollzog sich zu Beginn der Kaiserzeit auf dem Forum Romanum ein grundlegender Wandel hinsichtlich der Bestimmung des Platzes, dessen Funktion als kommerzielles, politisches und administratives Zentrum zugunsten der Zurschaustellung historischer Ereignisse und der Tradition der Stadt Rom allmählich abnahm. So entstanden im Zuge einer Ausdehnung und nach dem Vorbild des Cäsar-Forums, dem bald danach das Augustus-Forum folgte, die sogenannten Kaiserfora.

Dem ersten Kaiser der flavischen Dynastie war der **Tempel des Vespasian** geweiht, den sein Sohn, Domitian, in der Nähe des **Concordia-Tempels** erbaute. Domitian ist auch die Errichtung der sieben **Ehrensäulen** vor der Basilica Iulia zu verdanken, die sich neben dem kolossalen Reiterdenkmal des Kaisers erhoben; das Monument wurde nach der damnatio memoriae, der Verurteilung zur Tilgung seiner Bilder nach seinem Tod, vom Senat zerstört.

Zur Feier der Siege, die sein Bruder Titus über die Juden errang und die mit der Zerstörung Jerusalems 70 n. Chr. endeten, errichtete Domitian den **Titusbogen**, auf dessen Reliefs die herausragenden Phasen des Kriegszuges und die Zerstörung des Tempels des Salomon dargestellt sind; die Spolien des Tempels wurden auf der unterhalb verlaufenden Via Sacra im Triumph nach Rom gebracht. Ein weiterer Triumphbogen mitten auf dem Forum stellte der **Bogen des Septimius Severus** dar, mit dem man den zehnten Jahrestag der Thronbesteigung dieses Kaisers und seine Siege über die Parther, Araber und Adjabiener feierte. Der vorhergehenden antoninischen Dynastie sind hingegen der Bau des **Tempels für Antoninus Pius** und seine Gemahlin **Faustina** wie auch die Fertigstellung des unter Hadrian begonnenen **Tempels der Venus und Roma** zu verdanken.

Im 4. Jahrhundert bereicherte Maxentius, Mitkaiser des Imperiums unter Konstantin, das Forum um neue Monumente. Zu Ehren seines 307 im Knabenalter verstorbenen Sohnes ließ er den Tempel des Divus Romulus errichten; dieses Gebäude nahm die Stelle des ehemaligen Tempels der Penaten ein, der dem Bau der sogenannten Maxentius-Basilika weichen mußte, die Konstantin vollendete; in der Apsis stellte der Kaiser eine Kolossalstatue seiner Person auf, von der im Hof des Konservatorenpalastes noch einige Fragmente zu sehen sind. Das letzte, dem heidnischen Kult gewidmete Monument auf dem Forum war der **Portikus der Dei Consentes**, der im Jahre 367 auf einem mit sieben Atrien ausgestatteten Podium erbaut wurde; der Portikus wurde unter Domitian erbaut und mit vergoldeten Statuen der zwölf Hauptgötter des Olymp geschmückt. Als 608 die Phokas-Säule aufgestellt wurde, war die ruhmreiche Zeit des Forum Romanum bereits seit längerem abgeschlossen.

Mit dem Untergang des Römischen Reiches und der fortschreitenden Entvölkerung von Rom im Mittelalter verlor das Gebiet, in dem die meisten historischen Bauten der Ewigen Stadt konzentriert waren, immer mehr an Bedeutung. Das Gelände versumpfte wieder und die von den Barbaren verwüsteten Monumente wurden verschüttet. Nur hier und da ragten vereinzelte Überreste aus den als Weideland genutzten Feldern empor. Das einst prächtige Forum Magnum war schlicht zu einem "Campo Vaccino" (Kuhfeld) geworden.

Blick in das Forum mit den Resten des Saturn-Tempels, der Phokas-Säule und dem Bogen des Septimius Severus; dahinter die Reste des Tabulariums unterhalb des Kapitols.

DAS KOLOSSEUM

Nach dem Brand im Jahre 64 n. Chr., der einen Großteil der Stadt verwüstete, begann Kaiser Nero auf dem Oppius-Hügel mit dem Bau der großartigen *Domus Aurea*, die ein teilweise noch erhaltener Kryptoportikus mit dem gegenüber liegenden Palatin verband. Die Talsenke zwischen den beiden Anhöhen nahmen Gärten und ein künstlicher See ein, in dessen Nähe am Palasteingang man eine Kolossalstatue aus vergoldeter Bronze aufstellte, die den Kaiser als Sonnengott darstellte. Im Jahre 72 ließ Vespasian den See trockenlegen, um hier ein Amphitheater zu bauen, das Kaiser Titus im Jahr 79 fertigstellte. Nach den beiden Kaisern, die der Dynastie der Flavier angehörten, trug das Gebäude ursprünglich den Namen **Flavisches Amphitheater**. Die Bezeichnung Kolosseum geht auf das Mittelalter zurück und bezieht sich auf die Kolossalstatue Neros, die Hadrian in die Nähe des berühmten Bauwerkes überstellen ließ. Das Amphitheater wurde im Jahre 80 mit prächtigen Festspielen und Wettkämpfen eingeweiht, die zeitgenössischen Quellen zufolge hundert Tage dauerten und in deren Verlauf Tausende von Raubtieren und zahlreiche Gladiatoren getötet wurden. Das gigantische Bauwerk erhielt unter Domitian eine Bekrönung in Form einer Attika. An den dort angebrachten, noch erkennbaren Halterungen wurde das *Velarium*, ein riesiges Zeltdach, befestigt, das die Zuschauer vor der Sonne schützte. Das Theater fasste 50.000 Personen, die sich auf die *Cavea* (Zuschauerraum) verteilten. Die 86 mal 54 Meter große, elliptische Arena war von der Cavea durch ein mit Balustrade versehenes Podium getrennt. Dahinter nahmen die prominenten Persönlichkeiten Platz, während dem Kaiser und den Vestalinnen eine besondere Loge vorbehalten war. Die ganz aus Marmor erbaute Cavea war in Ränge und Blocks unterteilt, die von den Zuschauern nach sozialem Rang eingenommen wurden. Der obereste Rang war für das gemeine Volk (Plebs) bestimmt. In den Räumen und Galerien unter der Arena waren die Käfige für die wilden Tiere und das Kulissenmaterial für die Veranstaltungen untergebracht. Am Ende befanden sich Aufzüge für den Transport der Bühnen und Personen. Das Außenwerk des Kolosseums bestand aus Travertin und wies drei übereinander stehende Arkadenreihen mit klassischen Säulenordnungen - dorisch, ionisch und korinthisch - und eine durch Lisenen gegliederte Attika auf. Der Bau war insgesamt 50 Meter hoch. Im Mittelalter verursachten Erdbeben den Einsturz einiger Teile des Amphitheaters, und die Überreste wurden in die Festungsanlage der Familie Frangipane einbezogen. Später wurde das Kolosseum zu einer riesigen Fundgrube für Baumaterial, das für Kirchen und wichtige Gebäude verwendet wurde, bis Benedikt XIV. den Ort den Märtyrern des Glaubens weihte und durch ein Edikt jegliche weitere Demolierung verbot. 1805 leitete man Restaurierungsarbeiten ein, die der Erhaltung der ursprünglichen Bausubstanz dienten.

Oben, Luftaufnahme des Kolosseums. Der Bau des größten Amphitheaters in Rom und Symbol des Römertums schlechthin geht auf die Kaiserdynastie der Flavier zurück, die nach dem Großfeuer 64 n. Chr. Rom mit einem feststehenden großen Amphitheater ausstatten wollten.

Außenbau und Innenansichten des Kolosseums mit der Cavea und der Arena.
Die Sitzreihen des Zuschauerraums waren nach sozialem Rang unterteilt, wobei die obersten Ränge dem niederen Volk vorbehalten waren. Dicht an der Arena nahmen die Senatoren Platz. Unter der ursprünglich mit Holzplatten belegten Arena lagen unterirdische Räume, die drei ringartige Umgänge bildeten und mit Zugängen zu allen Sektoren ausgestattet waren. Hier wurden das Kulissenmaterial für die Veranstaltungen, die Tierkäfige und die Waffen der Gladiatoren aufbewahrt.

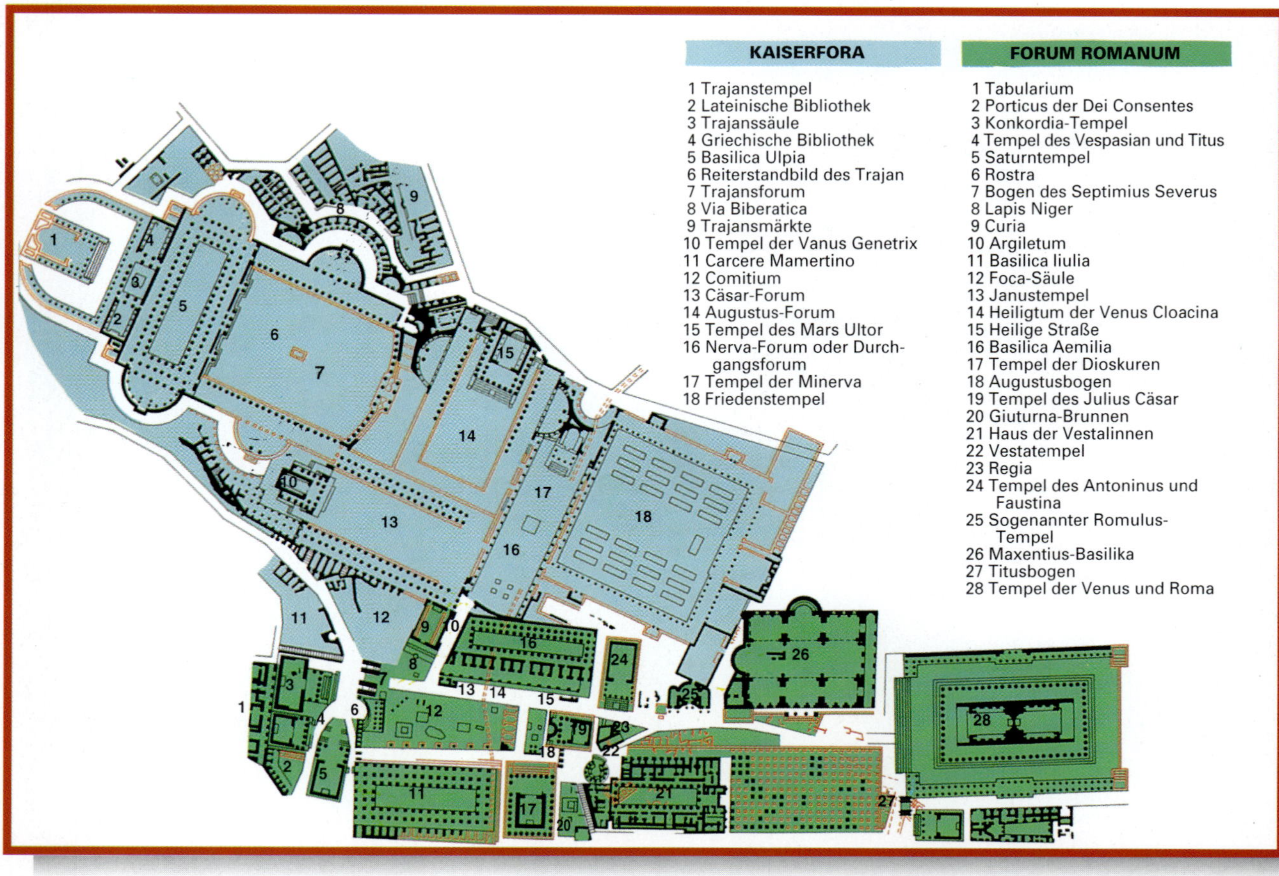

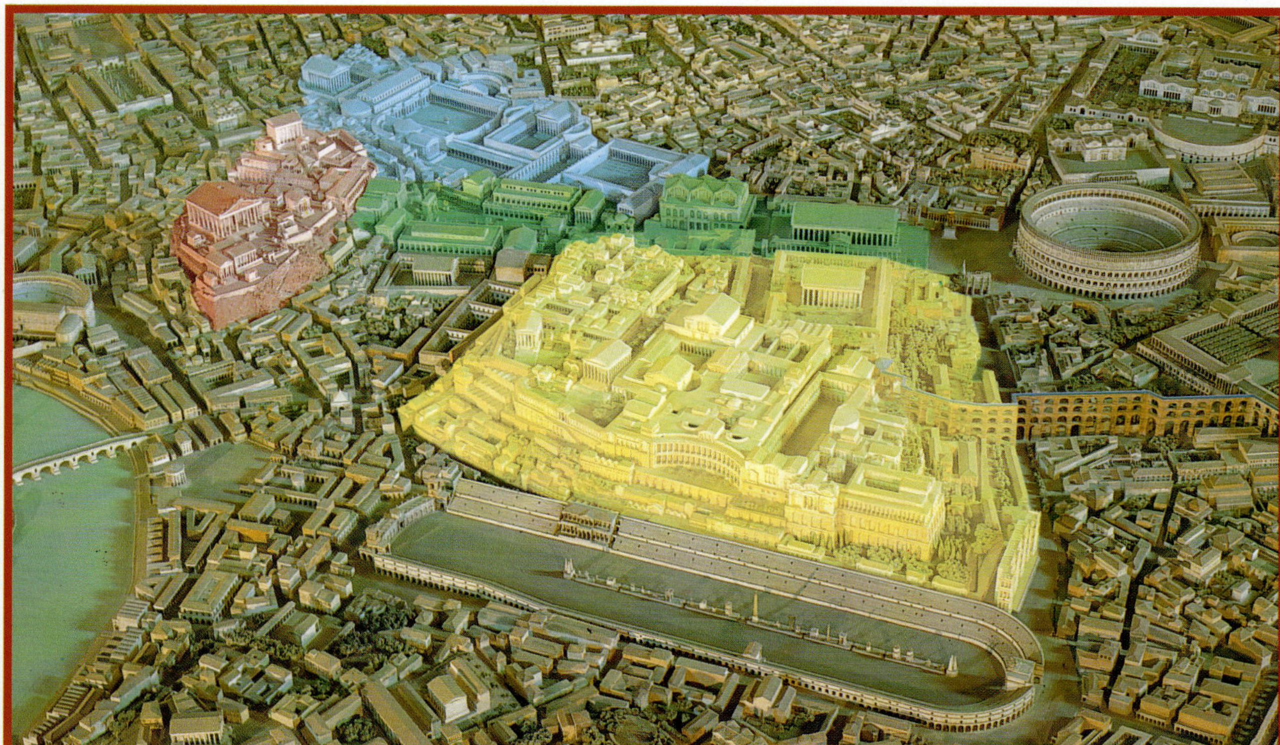

KAISERFORA FORUM ROMANUM PALATIN KAPITOL

Das Forum Romanum mit einem Abschnitt der Via Sacra, dem Tempel des Antoninus und der Faustina (links) und dem Vesta-Tempel (rechts); im Hintergrund die Kirche Santa Francesca Romana und das Kolosseum.

Der Titusbogen, den Domitian zu Ehren seines Vorgängers errichten ließ, erinnert an die Siege im Judäischen Krieg (70 n. Chr.). Auf dem Architrav ein Relieffries mit dem Triumph des Vespasian und des Titus über die Judäer; ein Relief in der Mitte des Kassettengewölbes des eintorigen Bogens enthält eine Darstellung mit der Verherrlichung des Titus.

Gegenüberstehende Seite: das Kolosseum und eine Ansicht der riesigen Arena mit der Cavea.

Auf dem Faltblatt Teilansichten des großen Modells der Stadt Rom zur Zeit der Antike, das im Museo della Civiltà Romana aufbewahrt wird, mit den Foren, dem Kolosseum, dem Palatin und dem Circus Maximus.

Der Triumphbogen des Septimius Severus (unten) mit hoher Mittelarkade und zwei kleineren seitlichen Durchgängen war für den Konstantinsbogen (oben) vorbildlich.

DER KONSTANTINSBOGEN

Zur Feier des Sieges Konstantins über Maxentius in der Schlacht an der Milvischen Brücke im Jahre 312 n. Chr., die der Kaiser - wie auf der Inschrift der Attika zu lesen steht - durch "göttliche Eingebung" gewann, errichteten der Senat und das römische Volk im Jahr 315 diesen Triumphbogen. Er stellt das letzte große Monument der heidnischen Antike dar und kennzeichnet ideell den Beginn der christlichen Ära, insofern als Konstantin nach dieser Schlacht durch das Mailänder Edikt 313 das Recht der freien Ausübung des christlichen Glaubens für alle Bürger des Imperiums und die Autorität das Bischofs von Rom anerkannte.

Der gewaltige, rund 20 Meter hohe *dreitorige Bogen* ist mit Statuen und Reliefs geschmückt, die zum Teil anläßlich seiner Entstehung geschaffen und zum Teil früheren Gebäuden und ähnlichen Monumenten entnommen wurden.
Die *Attika-Reliefs* beispielsweise schmückten vormals den Bogen des Marc Aurel und stellen den Triumph dieses Kaisers im Jahre 174 dar; an der Innenseite des mittleren Durchganges befinden sich zwei Reliefs aus der Basilica Ulpia, die im Trajan-Forum stand; aus dem gleichen Forum entnahm man auch die Statuen der gefangenen Daker, die über den Säulen an der Attika erscheinen; bei letzteren handelt es sich um Spolien vom Bogen des Domitian. Die Tondi mit Darstellungen verschiedener Art - unter anderem Jagdszenen - stammen vom Bogen des Hadrian, während die *seitlichen Reliefbänder*, die den Sieg des Kaisers über Maxentius darstellen, eigens für den Konstantinsbogen geschaffen wurden.

Details des Konstantinsbogens, des größten Triumphbogens im antiken Rom.
Die Reliefdekoration und die Skulpturen stammen zum Teil aus frührenen Monumenten. Der trajanischen Zeit gehören beispielsweise die acht Statuen auf der Attika der Breitseiten an, die aus violettem Marmor aus Kleinasien gearbeitet sind und Gefangene Daker darstellen; aus der Zeit Hadrians stammen die acht Tondi auf Porphyrtafeln mit Jagd- und Opferszenen über den seitlichen Durchgängen; auf Marc Aurel gehen die acht Attika-Reliefs mit der Rückkehr des Kaisers aus den Feldzügen gegen die Markomannen und Quaden zurück.
Aus der Entstehungszeit des Bogens stammen die Dekorationen an den Säulensockeln und an den Schlusssteinen der Gewölbe und Bögen, vor allem aber der umlaufende Fries, der Episoden aus den Kriegsunternehmungen Kaiser Konstantins schildert, insbesondere seinen Triumph über Maxentius (312 n. Chr.).

DIE KIRCHEN AUF DEM FORUMSGELÄNDE

*In den Jahrhunderten, die unmittelbar auf den Niedergang des antiken Rom folgten, wurde das Forum wieder zu dem, was es vormals gewesen war: ein versumpftes Weideland, auf dem außer Schilf nur vereinzelte Bäume und Sträucher wuchsen und hier und dort die Überreste einer ruhmreichen Vergangenheit und großen Kultur aufragten. Aus diesem Ruinenfeld sollte das neue Rom entstehen, beziehungsweise aus dem Material, das sich hervorragend für den Bau von Palästen und Kirchen eignete und bald überall wieder Verwendung fand. So benutzte man die antiken Säulen der heidnischen Tempel zur Teilung der Kirchenschiffe christlicher Gotteshäuser, während andere Gebäude in ihrer Gesamtheit verwendet wurden, indem auf vorhandenen Strukturen neue Bauten entstanden, die anderen künstlerischen und religiösen Vorstellungen entsprachen. Um 530 machten Theoderich und Amalasuntha die Reste des Tempels des Divus Romulus und der Bibliothek neben dem Friedensforum Papst Felix IV. zum Geschenk, damit er dort eine Kirche errichtete; der Papst widmete das neue Gotteshaus (**Santi Cosma e Damiano**), als Gegenüberstellung zu dem nahegelegenen Dioskurentempel, den Heiligen Kosmas und Damian, zwei Brüdern und Ärzten, die den Martertod gestorben waren und dann heiliggesprochen wurden. Nicht lange danach, gegen Ende des 6. Jahrhunderts, wurde ein dem Forum vorgelagerter Raum, der den Zugang zu den Kaiserpalästen auf dem Palatin-Hügel bildete und irrigerweise als Augustus-Tempel identifiziert wurde, zu der Kirche **Santa Maria Antiqua** umgebaut. Aber schon drei Jahrhunderte nach der Gründung wurde das erdbebengeschädigte und durch Erdrutsche zerstörte Gebäude aufgegeben und die Diakonie, die jetzt **Santa Maria Nuova** hieß, unter dem Namen **Santa Francesca Romana** jedoch besser bekannt war, in ein Oratorium verlegt, das unter Paul I. in der Nähe des antiken Tempels der Venus und Roma entstanden war. Eines der bedeutendsten römischen Gebäude auf dem Forum, die zu Kirchen umgewandelt wurden, war die Curia, die sich aufgrund ihrer Form hervorragend als Gotteshaus eignete und die Papst Honorius I. im 7. Jahrhundert mit dem Namen Sant'Adriano weihte. Unter Nutzung eines der Räume des Cäsarforums gründete ebenfalls Honorius I. die kleine Kirche Santa Martina, die Jahrhunderte später auch nach dem Schutzheiligen der Maler benannt wurde und dann **Santi Luca e Martina** hieß. Im darauffolgenden Jahrhundert wurde der Tempel des Antoninus und der Faustina zu einer christlichen Kirche umgewandelt, die den Namen **San Lorenzo in Miranda** trug. Im Laufe der Zeit hat man die mittelalterlichen Kirchen wiederhergestellt oder auch vollkommen neu aufgebaut, wobei die Originalstrukturen je nach den in den verschiedenen Jahrhunderten üblichen Baustilen verändert wurden. Doch behielten sie ihre Bestimmung als christliche Kirche stets bei, auch wenn im 18. Jahrhundert das wachsende Interesse für Archäologie und römische Antiquitäten - wenn auch nur in geringem Maße - überall dort zur Veränderung von Baustrukturen geführt hat, wo man versucht hat, Gebäudeteile der ehemaligen heidnischen Monumente freizulegen.*

Das Innere des Mamertinischen Kerkers unter der Kirche San Giuseppe dei Falegnami; links die Säule, an die der Apostel Petrus gekettet gewesen sein soll.

SAN GIUSEPPE DEI FALEGNAMI UND DER MAMERTINISCHE KERKER

Die unter dem Patronat der Bruderschaft der Tischler stehende Kirche wurde ab 1597 unter dem Pontifikat Pauls III. in einem Stil erbaut, der den Übergang von der strengen Linienführung der gegenreformatorischen Architektur zu dem dekorativeren Barockstil kennzeichnet. Vom Kircheninneren hat man Zugang zu dem angrenzenden Oratorium, dessen schöne Dekorationen den reinsten Manierismus widerspiegeln. Unter der Kirche befinden sich zwei Räume des ehemaligen **Mamertinischen Kerkers**, in dem einer mittelalterlichen Überlieferung zufolge der heilige Petrus gefangengehalten war. Hier taufte der Apostel vor seiner Flucht mit dem wunderbarerweise aus dem Boden quellenden Wasser die beiden Hauptwachen Processus und Martinianus. Die Säule, an die der erste Papst der christlichen Kirche mit den in San Pietro in Vincoli aufbewahrten Ketten gefesselt war, wurde ab dem 15. Jahrhundert als Reliquie verehrt. In Wirklichkeit scheint diese Tradition vom historischen Standpunkt aus nicht untermauert zu sein, doch stellt dieser Ort einen der Höhepunkte aller Rom-Pilger dar. Die *untere Kerkerzelle*, vermutlich früher eine Zisterne, ist der ältere Teil und geht auf das erste tullianische Gefängnis zurück; die trapezförmige, *obere Zelle* wurde 40 v. Chr. von den Konsuln Gaius Vibius Rufinus und Marcus Cocceius Nerva gebaut, denen auch die **Travertinfassade** zu verdanken ist. In diesem Kerker fanden einige der berühmtesten Feinde Roms, wie Jugurtha und Vercingetorix, den Tod.

SANTA MARIA ANTIQUA

Die Kirche ist mit dem **Oratorium der Vierzig Märtyrer** in ein Gebäude aus der Kaiserzeit einbezogen, das herkömmlich als **Augustus-Tempel** bezeichnet wird und in der Ecke zwischen dem Forum und dem Palatin stand. Auf den Ruinen dieses Tempels errichtete man im 13. Jahrhundert die Kirche Santa Maria Liberatrice, die im 17. Jahrhundert neuerbaut und im 20. Jahrhundert abgerissen wurde, um die heutigen Reste der Kirche Santa Maria Antiqua freizulegen. Es handelt sich um eine frühchristliche dreischiffige Basilika, die nach byzantinischem Schema erbaut und mit Atrium und Narthex ausgestattet ist.

Nebenstehend, Santa Maria Antiqua, Freskendetail.

Der Tempel des Divus Romulus, Atrium der Kirche Santi Cosma e Damiano. An dem gekrümmten Außenbau ist das von zwei Porphyrsäulen eingerahmte, originale Bronzeportal zu erkennen.

Der Tempel des Antoninus und der Faustina mit der Kirche San Lorenzo in Miranda.

Das Innere birgt noch wertvolle Fresken aus mehreren Epochen, in denen die Kirche umgestaltet und verschönert worden war. Von Bedeutung ist in der Kapelle links der Apsis ein Fresko mit einer *Kreuzigung* aus dem 8. Jahrhundert, in der bereits das typische ikonographische Schema dieser Episode des Evangeliums festgelegt ist, mit dem hl. Johannes und Maria zu Füßen des Kreuzes, dem Soldaten Longinus, der die Seite Christi mit der Lanze durchstößt, und einem anderen Soldaten, der Jesus den essiggetränkten Schwamm reicht, ein Bildtypus, der später häufig abgewandelt wird und im Laufe der Jahrhunderte unzählige Versionen erlebt.

SANTI COSMA E DAMIANO

Die Kirche wurde auf den Überresten von zwei Gebäuden aus der Kaiserzeit errichtet: dem **Tempel des Divus Romulus**, der die Vorhalle bildete, und der *Biblioteca Pacis*, deren Reste noch heute sichtbar sind. Das **Innere**, das man an der Via dei Fori Imperiali betritt, wurde im 17. Jahrhundert grundlegend restauriert durch Arrigucci, einen Schüler Berninis, der auch den angrenzenden **Kreuzgang** schuf. Trotz der neuen barocken Ausgestaltung mit der wunderschön vergoldeten und bemalten Holzdecke, an der Montagna die *Heiligen Kosmas und Damian in der Glorie* darstellte, ist das ursprüngliche Aussehen der Kirche noch an den herrlichen **Mosaiken** aus dem 6. und 7. Jahrhundert erkennbar, mit denen die Apsispartie des Gebäudes geschmückt ist und die für spätere Mosaikwerke in Rom als Vorbild dienten. In der Apsiswölbung erscheinen *Christus zwischen den Heiligen Petrus und Paulus, Kosmas und Damian* sowie *Theodor und Felix IV.* mit dem Modell der Kirche, das dieser Papst um 530 anfertigen ließ; auf dem Triumphbogen finden sich Darstellungen aus der *Apokalypse mit dem Mystischen Lamm, Engeln, Heiligen, den Symbolen der Evangelisten Lukas und Johannes,* und unten die *Ältesten der Apokalypse.*

SAN LORENZO IN MIRANDA

Die Stätte des antiken **Tempels für Antoninus und Faustina**, von dem noch eindrucksvolle Überreste erhalten sind, wurde von einer zwischen dem 7. und 8. Jahrhundert erbauten Kirche eingenommen, die anlässlich des Besuches von Karl V. in Rom im Jahre 1528 vollkommen restauriert wurde. Im Zuge dieser Arbeiten hat man die Tempelvorhalle von den mittelalterlichen Überbauten befreit und das Gebäude verkleinert, das Anfang 16. Jahrhundert von Torriani noch einmal verändert wurde. Die Kirche, zu der man an der Via dei Fori Imperiali Zugang hat, steht unter der Schirmherrschaft des Kollegiums für Chemie und Pharmazie, das aus einem von Papst Martin V. im Jahre 1430 geförderten Apothekerkollegium hervorgegangen ist. Im Kircheninneren befindet sich über dem Hochaltar das *Martyrium des hl. Laurentius*, ein Werk von Pietro da Cortona.

SANTI LUCA E MARTINA

Überaus elegante und harmonische Formen kennzeichnen diese Kirche mit der schlanken Kuppel und einer wunderschönen Fassade, einem Meisterwerk von Pietro da Cortona, der hier mit seinen Familienangehörigen bestattet ist. Das Gebäude sehr alter Gründung wurde 1588 von Papst Sixtus V. der Zeichenakademie, auch Accademia di San Luca genannt, überlassen, so dass Lukas, neben Martina, zum Titelheiligen der Kirche ernannt wurde. Die Akademie, die hinter der Kirche stand, wurde im Laufe der Arbeiten für die Eröffnung der Via dei Fori Imperiali abgetragen und in den derzeitigen Sitz im Palazzo Carpegna im Trevi-Viertel verlegt. Die *Unterkirche* bewahrt beachtliche Werke von Pietro da Cortona und Algardi, während die *Oberkirche* eine ausgewogene Raumaufteilung über griechischem Kreuz und eine reiche Innenausstattung aufweist.

SANTA FRANCESCA ROMANA

Die im 9. Jahrhundert neben dem **Tempel der Venus und Roma** entstandene Kirche erhielt im Unterschied zu der anderen Marienkirche am Forum, Santa Maria *Antiqua*, zwar die Bezeichnung Santa Maria *Nova*, ist aber besser bekannt unter dem Namen Santa Francesca Romana, einer vom römischen Volk vielverehrten Heiligen, die in der **Krypta** begraben ist. Die **Fassade** ist ein Werk von Carlo Lambardi aus dem Jahr 1615 und weist deutlich vom Renaissancestil geprägte Züge auf. Dem 12. Jahrhundert gehört der schlanke, fünfgeschossige **Kampanile** an.

Das **Innere** birgt neben wertvollen Kunstwerken eine bedeutende Rarität. Es handelt sich um Reliquiensteine, die sog *Silices Apostolici*, die an die Episode des Zauberers Simon geknüpft sind; Simon hatte Petrus Geld angeboten, damit dieser ihm die Macht gäbe, durch Auflegen der Hände den Heiligen Geist zu spenden (daher der Ausdruck Simonie für die Veräußerung sakraler Gegenstände). Auf diesen Steinen sollen sich die Fußabdrücke des Heiligen befinden. Besondere Erwähnung verdienen die **Mosaiken** der Apsis im byzantinischen Stil aus dem 12. Jahrhundert, *Maria mit dem Kind und Heilige*; die kostbare Ikone der *Madonna Glycophilusa*, die früher in der Kirche Santa Maria Antiqua bewahrt wurde, und zwei *Grabmonumente*, eines für Papst Gregor XI., der nach der Rückkehr aus Avignon 1378 verstorben war, und ein weiteres für Antonio da Rio, der in der ersten Hälfte des 15. Jahrhunderts Burgverwalter der Engelsburg war und hier zu Pferd dargestellt ist, das einzige Beispiel dieser Porträtart in römischen Kirchen.

Die schöne Fassade (17. Jh.) der Kirche Santi Luca e Martina und die Renaissancefassade der Kirche Santa Francesca Romana.

DIE KAISERFOREN UND DAS STADTVIERTEL MONTI

Das Gebiet zwischen den Kaiserforen und den ersten Hängen des Stadtviertels (Rione) Monti bewahrt neben hochinteressanten Überresten des antiken Rom auch eindrucksvolle Kirchen und einige der wenigen noch existierenden Turmhäuser, mit denen die Stadt im Mittelalter übersät war.
*Die Kaiserforen entstanden in einem Zeitraum von etwa zwei Jahrhunderten, nach dem Vorbild des Cäsar-Forums, außerhalb des Geländes, das vom Forum Romanum eingenommen wurde und für die Hauptstadt eines Territoriums, das beinahe die gesamte damals bekannte Welt umfaßte, zu klein geworden war. Zur Verherrlichung der Gens Julia, der Augustus angehörte, begann der Kaiser nach der Schlacht bei Philippi mit dem Bau eines neuen Forums (**Augustus-Forum**). Der von Kolonnaden eingefaßte, große Platz erstreckte sich vor dem **Tempel des Mars Ultor**, von dem noch beachtliche Reste erhalten sind. Rechts und links vom Tempel lagen zwei mit Exedren ausgestattete Aulen. Die zahlreichen Nischen in den Exedren enthielten Statuen von Vorfahren des Augustus, vom Stammvater Äneas bis zu Cäsar, sowie Porträts der bedeutendsten Männer aus der Geschichte Roms. 69 n. Chr. leitete Vespasian die Arbeiten für den Bau des **Friedensforums** (oder Forum des Vespasian) ein, von dem heute nur noch geringfügige Reste erhalten sind. Der große Raum zwischen dem Augustus- und Vespasian-Forum wurde ab 81 n. Chr. vom **Forum Transitorium** eingenommen, das unter Domitian begonnen und unter Nerva fertiggestellt wurde. Dieses Forum umfaßte einen Minerva geweihten Tempel, der von Papst Paul V. abgetragen wurde, um die Brunnenwand der Fontana dell'Acqua Paola zu bauen. Zuletzt erfolgte die Errichtung des mächtigen **Trajansforums**, dessen Arbeiten von Kaiser Trajan 98 n. Chr. begonnen und von Hadrian mit dem Bau des Tempels für den inzwischen vergöttlichten Vorgänger abgeschlossen wurde. Mittelpunkt des Forums war ein von breiten Portiken gesäumter Platz, der an der Nordseite von den großen Halbrund der **Trajansmärkte** überragt wurde; man betrat das Forum durch einen mächtigen Triumphbogen, der die Verbindung zu dem angrenzenden Augustusforum bildete. Auf der gegenüberliegenden Seite lag die **Basilica Ulpia**, die zusammen mit dem Tempel des göttlichen Trajan und zwei Bibliotheken, der griechischen und lateinischen, einen rechteckigen Hof einschloß, in dessen Mitte sich die **Trajan-Säule** erhob.*
Rund um die Kaiserforen erstreckte sich ein dichtbesiedeltes Wohngebiet, das sich jedoch im Mittelalter aufgrund der zunehmenden Versumpfung dieses Geländes (sog. Pantani) allmählich entvölkerte. Eine neuerliche Verstädterung dieses dem Rione Monti (nach den drei Hügeln Esquilin, Viminal und Caelius) zugehörigen Gebietes erfolgte erst ab dem 16. Jahrhundert. Damals wurden die römischen Reste großenteils durch Neubauten überdeckt, bis man zu Beginn des 19. Jahrhunderts, mit dem wachsenden Interesse für Altertümer, systematische archäologische Ausgrabungen einleitete, die das ganze Jahrhundert fortgesetzt wurden und während des Faschismus mit der Eröffnung der Via dei Fori Imperiali ihren krönenden Abschluß fanden. Auf diese Weise wurden - wenn auch mit umstrittenen Eingriffen - die ruhmreichen architektonischen Zeugnisse des römischen Imperiums wieder ans Licht gebracht.

Basilica Ulpia - Das Gebäude stellte den wichtigsten Teil des **Trajansforums** dar und war mit den durch graue Granit- und Cipollinsäulen geteilten fünf Schiffen die größte unter den antiken römischen Basiliken. Die Reliefs, die den Attikafries bildeten, wurden später für die Dekoration des Konstantinsbogens verwendet.

TRAJAN-SÄULE
(S. 94)

Piazza Venez.

TRAJANSMÄRKTE
(S. 94)

Torre delle Milizie - Dieser vermutlich von den Byzantinern errichtete Milizturm wurde im 13. Jh. von Papst Gregor IX., vormals Graf von Segni, restauriert und ging später an Bonifatius VIII. über, der ihn bewehrte. In den folgenden Jahrhunderten wurde der Turm mehrfach geschliffen, so daß er heute nur noch 50 Meter hoch und seine Achse leicht geneigt ist.

Torre del Grillo - Der auf 1223 datierbare Turm, der anfangs im Besitz der Familie Carboni war, ging im 17. Jahrhundert an die Marchesen del Grillo über (die auch Eigentümer des angrenzenden Gebäudes aus dem 18. Jahrhundert waren). Dieser Familie gehörte Camillo an, eine äußerst populäre Figur, die im Rom der Päpste wegen ihrer vergnüglichen Streiche stadtbekannt war.

Forum Transitorium - Das von Nerva 97 n. Chr. vollendete Forum wurde so genannt, weil es einmal das Friedensforum und das Augustusforum in nordsüdlicher Richtung verband und zum anderen von Osten nach Westen den Durchgang zwischen der Suburra und dem Forum Romanum bildete. Das Forum säumte ein Portikus mit vorstehenden Säulen, der mit einem reichgestalteten Gebälkfries und einer Attika geschmückt war, von der noch Reste sichtbar sind.

Tempel des Mars Ultor - Der Tempel wurde 42 v. Chr. von Augustus errichtet, zur Feier des Sieges bei Philippi über die Cäsar-Mörder, weshalb er auch dem Rachegott Mars Ultor geweiht war. Der Tempel war von einer hohen Mauer umgeben, an der sich die übrigen Gebäude des **Augustusforums** aneinanderreihten.

SANTA MARIA DI LORETO UND SANTISSIMO NOME DI MARIA
(S. 95)

Villa Aldobrandini - Die 1575 erbaute Villa mit ihren schönen Gärten, die 1876 wegen der Eröffnung der Via Nazionale verkleinert wurden, ist nach dem Familiennamen Klemens' VIII. benannt, der die Villa im 17. Jahrhundert seinem Neffen schenkte.

Banca d'Italia - Das Gebäude wurde Ende 19./Anfang 20. Jahrhundert nach einem Entwurf von Gaetano Koch verwirklicht.

Sant'Agata dei Goti - Die Kirche aus dem 5. Jahrhundert, in der die arianische Lehre verkündet wurde und die von Gregor d. Großen im 6. Jahrhundert zur Rechtsgläubigkeit zurückgeführt und neu geweiht wurde, bewahrt trotz der Umbauten des 17. Jahrhunderts den dreischiffigen basilikalen Innenraum mit antiken Säulen und einem *Ziborium* der Cosmaten aus dem 12. Jahrhundert.

Santa Caterina da Siena a Magnanapoli - Diese Kirche wurde in der ersten Hälfte des 17. Jahrhunderts von Giovan Battista Soria auf der Vorläuferkirche der Dominikanerinnen erbaut. Der einschiffige Innenraum ist mit *Marmordekorationen und Skulpturen* prächtig ausgestattet.

SANTI DOMENICO E SISTO
(S. 95)

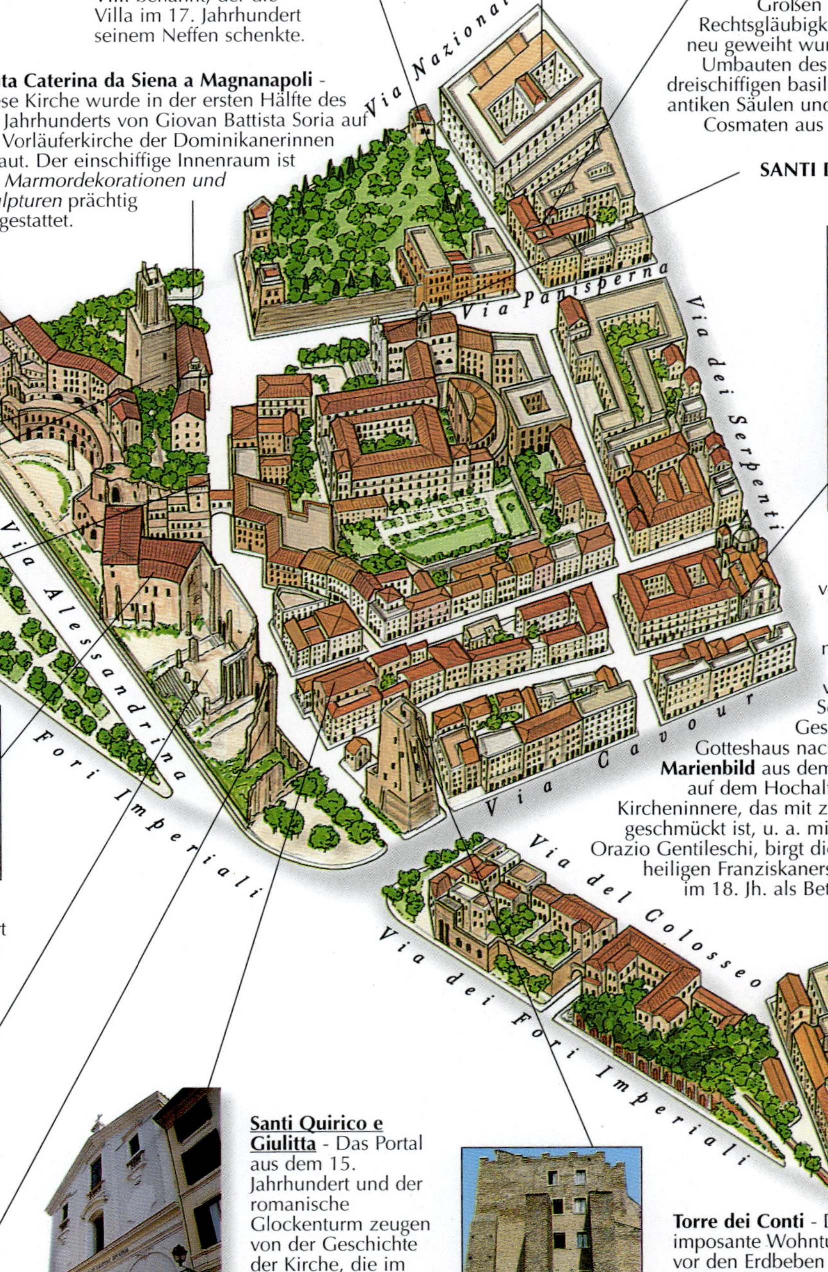

Madonna dei Monti - Die Kirche, die ihre von Della Porta im 16. Jh. entworfene Originalstruktur nahezu intakt erhalten hat, greift in verkleinerter Form das Schema der Chiesa del Gesù auf. Benannt ist das Gotteshaus nach dem **wundertätigen Marienbild** aus dem 14. Jahrhundert, das auf dem Hochaltar bewahrt wird. Das Kircheninnere, das mit zahlreichen Gemälden geschmückt ist, u. a. mit schönen *Engeln* von Orazio Gentileschi, birgt die sterbliche Hülle des heiligen Franziskaners Giuseppe Labre, der im 18. Jh. als Bettelmönch im Stadtteil Monti lebte.

Haus der Rhodosritter - Das Gebäude, das im 12. Jahrhundert als Kloster für Basilianermönche entstanden war, ging im folgenden Jahrhundert an den Johanniter-Ritterorden über, die später Rhodosritter und zuletzt Malteserritter genannt wurden. Im Zuge einer Restaurierung zwischen 1467 und 1470 wurde die herrliche Loggia aufgesetzt.

Santi Quirico e Giulitta - Das Portal aus dem 15. Jahrhundert und der romanische Glockenturm zeugen von der Geschichte der Kirche, die im 18. Jahrhundert von Raguzzini und Valvassori im Rokokostil wiederaufgebaut wurde. Hier ist das **Krippenmuseum** untergebracht.

Torre dei Conti - Der imposante Wohnturm (der vor den Erdbeben von 1349 und 1630 noch höher war) ruft das mittelalteriche Rom wach, als die Adelsfamilien die einzelnen Stadtbezirke kontrollierten. Der Turm wurde 1203 von Riccardo dei Conti di Segni, einem Bruder von Papst Innozenz III., auf einer Exedra des Friedensforums errichtet.

TRAJAN-SÄULE

Fünf Jahre nach dem letzten der beiden Feldzüge, die Kaiser Trajan von 101 bis 108 n. Chr. gegen die Daker führte, ein Donauvolk, das in dem heutigen Rumänien ansässig war, beschlossen der Senat und das römische Volk, die Kriegstaten des Kaisers zu verherrlichen und eine Ehrensäule zu errichten, die wahrscheinlich nach einem Entwurf von Appolodoros von Damaskus, dem Architekten, der auch die übrigen Gebäude auf dem Forum gebaut hatte, ausgeführt und in der Mitte des rechteckigen Hofes aufgestellt wurde, der an den Schmalseiten jeweils von der lateinischen und griechischen Bibliothek und an den Langseiten vom Tempel des göttlichen Trajan und der Basilica Ulpia eingefasst war.
Die Säule erhebt sich auf einem reliefgeschmückten Sockel mit Darstellungen dakischer Waffentrophäen. Der Schaft der Säule, die wegen ihrer Höhe von 100 Fuß (fast 40 Meter) auch "Hundertsäule" genannt wird, ist mit einem spiralförmigen Reliefband bedeckt, das 200 Meter lang ist und über 2500 Figuren enthält. Auf dem Fries werden die Kriegsunternehmungen des Kaisers dargestellt: von der Überquerung der Donau auf einer Schiffsbrücke (die später durch eine Steinbrücke von Appolodoros von Damaskus ersetzt wurde) bis zu den zahlreichen Schlachten gegen das Heer der Daker; von der Einschiffung der römischen Truppen im Hafen von Ancona beim zweiten Feldzug bis zur Eroberung von Sarmizegetusa, der Hauptstadt der Daker, und zum endgültigen Sieg des Kaisers. In einer goldenen Urne im Sockel der Säule wurde die Asche des Kaisers aufbewahrt. Die Spitze der Säule krönte ein bronzenes Standbild Trajans, das im Mittelalter verlorenging. Heute krönt die Säule der *Apostel Petrus*, den Papst Sixtus V. im Jahr 1587 aufstellen ließ.
Die Höhe der Trajan-Säule gibt, wie eine Sockelinschrift besagt, die Höhe des Quirinalhügels an, der für den Bau des riesigen Trajansforums teilweise abgetragen werden musste.

TRAJANSMÄRKTE

Wahrscheinlich war Appolodoros von Damaskus auch der Schöpfer einer Reihe von Gebäuden am Hang des zu den Kaiserforen abfallenden Quirinal-Hügels, die möglicherweise der Erdrutschgefahr vorbeugen sollten und unmittelbar hinter dem rechten Portikus des Trajansforums terrassenförmig anstiegen. Auf der unteren Ebene wird der im Halbkreis angeordnete Gebäudetrakt durch eine doppelte Reihe übereinander gestellter Öffnungen - unten rechteckige, darüber bogenförmige - gekennzeichnet, die im Erdgeschoss elf *Tabernae* oder Läden und, im Obergeschoss, einem zu weiteren *Tabernae* führenden Gewölbegang Licht spendeten. Darüber lag eine Terrasse, die zwischen den einzelnen Gebäuden eine Verbindung herstellte und den Unterbau der zweiten Stufe bildete, an der sich verschiedene mehrgeschossige Gebäude aneinanderreihten; dazwischen verlief eine Straße, die *Via Biberatica*, deren Name möglicherweise auf die zahlreichen Brunnen und Gasthäuser zurückgeht, wo die Marktbesucher mit Getränken versorgt werden konnten, oder der einer anderen Etymologie zufolge von *piper* (=Pfeffer) abgeleitet ist und damit auf die Gewürze verweist, die hier verkauft wurden. In den *Tabernae* der Trajanischen Märkte gab es außerdem Obst, Wein, Öl, Fisch und viele andere Waren, die aus den entlegensten Orten des antiken Orients kamen.

SANTA MARIA DI LORETO

In dieser charakteristischen Kirche mit Zentralgrundriss verschmelzen zwei unterschiedliche Richtungen der römischen Baukunst des 16. Jahrhunderts miteinander, von denen eine dem Klassizismus Bramantes angehört und noch Stilmodulen der Renaissance verhaftet ist, und die andere sich an Michelangelo inspiriert, das heißt stark manieristisch geprägt ist und bereits der großen Barockepoche zustrebt.
Das Gebäude, das an der Stelle des ehemaligen Tempels des vergöttlichten Trajan steht, wurde 1507 von Antonio da Sangallo il Giovane begonnen, der, vermutlich nach einem Entwurf Bramantes, den würfelartigen Backsteinunterbau mit Wandpfeilern aus Travertin verwirklichte.
Knapp achtzig Jahre später vollendete Jacopo del Duca, ein etwas sonderlicher Schüler Michelangelos, den Bau, indem er die großartige oktogonale **Tambourkuppel** mit der phantasiereichen *Laterne* und den *Kampanile* hinzufügte und die Dekoration des achteckigen Innenraumes mit Nischenkapellen in Angriff nahm; später wurde das Innere mit Stuckarbeiten, Fresken und Skulpturen weiter ausgeschmückt, unter anderem mit zwei schönen *Engeln* von Maderno und einer eindringlichen *Heiligen Susanna*, einem Werk von Duquesnoy aus dem 17. Jahrhundert.

SANTISSIMO NOME DI MARIA

Das Gebäude ist in gewisser Hinsicht eine spätbarocke Version der benachbarten Kirche Santa Maria di Loreto, deren Struktur mit Zentralgrundriss und Kuppel sie aufgreift.
Die 1736 unter der Leitung von Antoine Dérizet begonnenen Arbeiten wurden später von Mauro Fontana übernommen, der auch den schönen Hochaltar aus mehrfarbigem Marmor schuf. Über dem Altar befindet sich ein antikes *Marienbild* (13. Jahrhundert), das aus dem Oratorium im Lateran stammt. Die Kirche verdankt ihren Namen der Bruderschaft des Allerheiligsten Namens Maria, die den Bau in Auftrag gab, um des Sieges von Sobiesky über das türkische Heer im Jahre 1683 zu gedenken.

SANTI DOMENICO E SISTO

Die von Dominikanermönchen errichtete Kirche, die auch San Sisto Nuovo genannt wird, entstand im 16. Jahrhundert über der antiken Kirche Santa Maria a Magnanapoli, deren von *Banneum Neapolim* (Militärlager der neuen Stadt) abgeleiteter Name an eine befestigte Zitadelle in diesem Gebiet erinnert, in der im 15. Jahrhundert die byzantinischen Truppen untergebracht waren, die den Römern im Kampf gegen die Langobarden zu Hilfe geeilt waren.
Die neue einschiffige Kirche, mit deren Bau Giacomo della Porta am Chor begann, wurde unter Urban VIII. restauriert und mit der Gestaltung der kulissenhaften Barockfassade vollendet. Die **Fassade** wie auch der **Treppenaufgang** stammen von Vincenzo della Greca, der in den beiden unteren Nischen der Fassade zwei Statuen von Maderno unterbrachte, die den *Hl. Thomas von Aquin* und den *Hl. Petrus Martyr* darstellen (die Statuen der Titelheiligen der Kirche in den oberen Nischen sind hingegen ein Werk Caninis). Das **Innere**, das sich durch die Schwerelosigkeit des perspektivischen Freskos mit der Darstellung der *Apotheose des hl. Dominikus*, einem Werk von Domenico Maria Canuti und Enrico Haffner aus dem 17. Jahrhundert, optisch weitet, birgt außerdem eine wertvolle Skulpturengruppe *Noli me tangere* von Antonio Raggi und einen kunstvollen Hochaltar, der nach einem Entwurf von Gian Lorenzo Bernini ausgeführt wurde.

Gegenüberstehende Seite: die Trajan-Säule mit der Statue des Apostels Petrus auf der Spitze; unten ein Detail des Frieses am Säulenschaft, der die siegreichen Feldzüge des Kaisers Trajan gegen die Daker schildert. Unten rechts eine Nachtaufnahme der im Halbrund angelegten Trajansmärkte.

Die Kirche Santissimo Nome di Maria (Mitte) greift das Schema des Zentralgrundrisses mit Kuppel der benachbarten Kirche Santa Maria di Loreto (oben) auf. Nebenstehend die Fassade der Kirche Santi Domenico e Sisto mit kulissenartigem Treppenaufgang.

Palazzo Borgia - Dieser Palast mit Torbogen über dem *Vicus Sceleratus*, wo Tullia mit ihrem zweirädrigen Wagen ihren Vater, König Servius Tullius, überrollte und wo die Vestalinnen bestraft wurden, die sich etwas zuschulden kommen ließen, gehörte in Wirklichkeit nicht den Borgia, sondern anfänglich den Cesarini und später der mächtigen Familie Margani.

SAN PIETRO IN VINCOLI
(S. 98)

Santi Gioacchino e Anna ai Monti - Diese anmutige Kirche mit Grundriss auf griechischem Kreuz entstand im ausgehenden Cinquecento und wurde von Giovanni Francesco Fiori in der zweiten Hälfte des 18. Jahrhunderts fertiggestellt.

Santa Lucia in Selci - Fast versteckt zwischen hochmittelalterlichem Gemäuer liegt diese Kirche, die im 8. Jahrhundert auf den Resten des Portikus der Livia entstand, 1604 jedoch völlig neuerbaut wurde durch Maderno, der auch das elegante *Ziborium* aus mehrfarbigem Marmor und Alabaster schuf. Das Innere bewahrt neben Gemälden von Cavalier d'Arpino das erste selbständige Werk Borrominis, die *Cappella Landi*, die der Baumeister um 1636 entwarf.

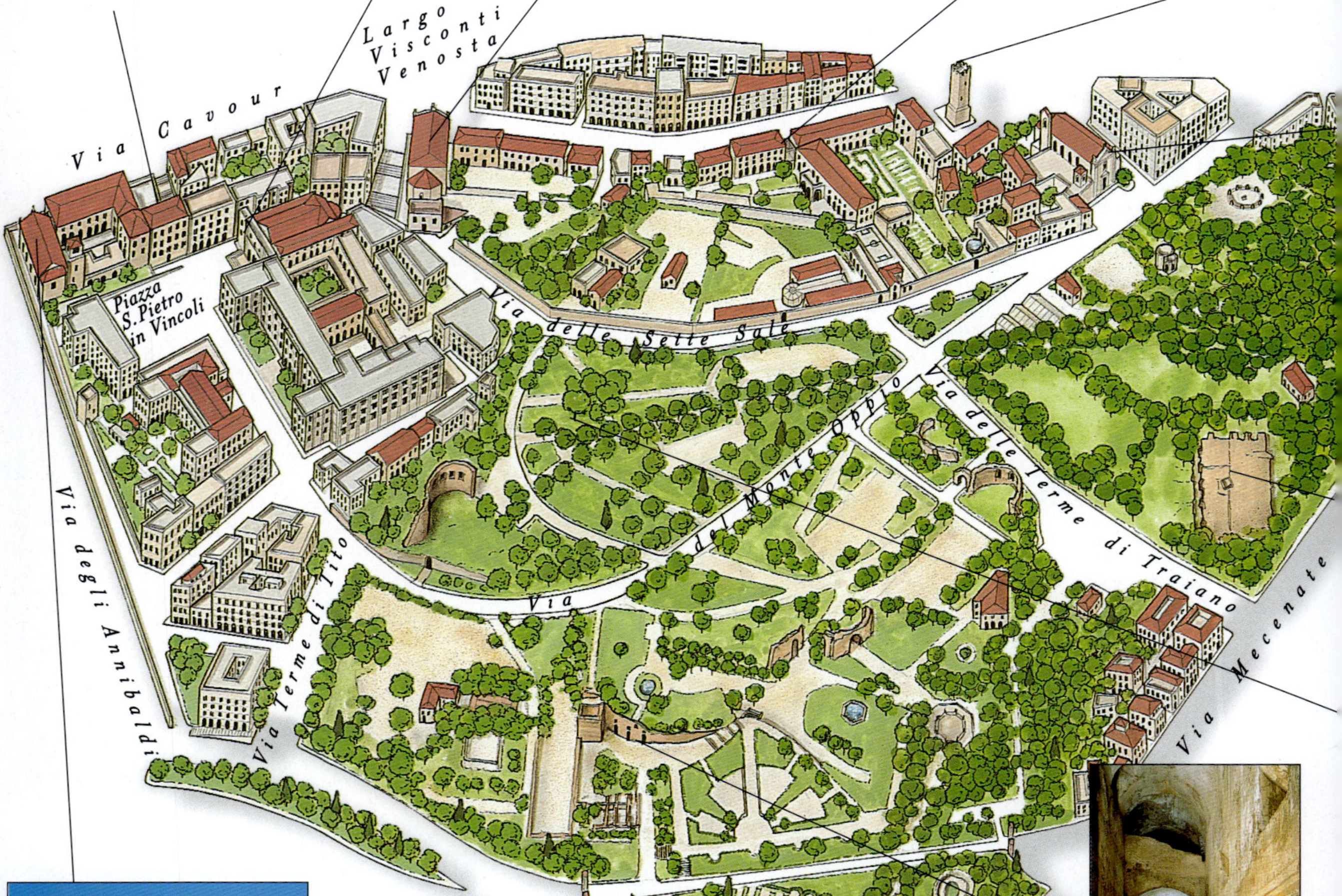

DOMUS AUREA
(S. 97)

San Francesco di Paola - Diese Kirche, die von einer hohen Terrasse die Suburra überragt (wunderschön der **Panoramablick** auf die Kirche Madonna dei Monti) wurde im 17. Jahrhundert von Torriani erbaut und hundert Jahre später im Stil Berninis ausgestaltet. Ein Meisterwerk der Innendekoration ist der *Hochaltar* von Giovanni Antonio de Rossi. Sehenswert auch der **Kampanile**, dessen Rückseite vom Platz vor der Kirche San Pietro in Vincoli sichtbar ist und der aus einem Turm der Margani entstanden ist.

Ludus Magnus - Die größte Gladiatorenschule Roms, ein Backsteinbau aus trajanischer Zeit, befand sich in der Nähe des Kolosseums, mit dem sie durch einen unterirdischen Gang verbunden war. Ein Innenhof der Kaserne war mit einer kleinen Arena für Übungszwecke ausgestattet.

Torre dei Capocci - Zusammen mit der benachbarten **Torre dei Graziani** zeugt dieser 36 Meter hohe Turm von der mittelalterlichen Vergangenheit des Rione, um den sich die mächtigsten römischen Familien stritten.

Palazzo Brancaccio - Dieses letzte monumentale Patriziergebäude in Rom, das sich stark an die Baukunst der Renaissance anlehnt, ist ein Werk von Luca Carimini. Heute ist der Palast Sitz des **Nationalmuseums für Orientalische Kunst**.

San Martino ai Monti - Der ursprüngliche *Titulus Equitii* entstand auf Wunsch des Priesters Equitius, der diese Kirche im 4. Jahrhundert unter dem Pontifikat von Papst Sylvester gründete. Später baute Past Symmachus eine Kirche zu Ehren der Heiligen Sylvester und Martin, die in der Folge mehrmals erneuert wurde. Im 16. Jahrhundert wurde sie im Auftrag von Karl Borromäus und im 17. Jahrhundert unter der Leitung von Pietro da Cortona restauriert. Trotz der Umbauten bewahrte sie ihre basilikale dreischiffige Anlage mit Säulen aus den nahegelegenen Trajan-Thermen. Sehenswert die **Krypta** und die **Fresken** im linken Schiff, ein Werk von Dughet, der mit den *Innenansichten der Peterskirche* und von *San Giovanni in Laterano* ein wertvolles kunsthistorisches Dokument über das Aussehen der beiden Basiliken vor den Eingriffen im 16. und 17. Jahrhundert hinterließ.

Sette Sale - Es handelt sich um die Zisternen, aus denen die Thermen des Trajan gespeist wurden und die von den Nonnen des nahegelegenen Klosters Santa Lucia in Selci als Friedhof benutzt wurden.

Thermen des Trajan - Der Erbauer war wahrscheinlich Appollodoros von Damaskus, der Architekt, der auch das Trajan-Forum entworfen hatte. Er schuf hier ein Vorbild für die anderen imposanten Thermalbauten des Diokletian und Caracalla. Charakteristisch für die Anlage ist das Hauptgebäude, das von einer mit Exedren ausgestatteten Einfriedung umgeben ist. Von dem Komplex sind nur wenige Reste erhalten.

SAN CLEMENTE
(S. 99)

Merulana

DER OPPIO-HÜGEL

Der Oppio-Hügel, der zu dem dichtbevölkerten Stadtbezirk Monti gehört, ist an den Namen einer für seine Grausamkeit berühmten historischen Figur des antiken Rom geknüpft: Nero. Der 37 n. Chr. in Antium geborene Kaiser, der sich im Jahre 68 in Rom das Leben nahm, wird von einigen Historikern als der Brandstifter des Großfeuers bezeichnet, das im Jahre 64 die Urbs verwüstete und bei dem nicht nur die bevölkerungsreichen Armenviertel, sondern auch der Kaiserpalast auf dem Palatin, die sogenannte Domus Transitoria, *zerstört wurde, die durch einen langen Kryptoportikus den Hügel mit seinen Besitzungen auf dem Oppius verband.*
An der gleichen Stelle ließ Nero von den Architekten Celeres und Severus eine noch prächtigere Residenz errichten, die wegen ihrer immens reichen Ausstattung **Domus Aurea**, *Goldenes Haus, genannt wurde. Der Palast, der auf einer hundert Hektar großen Fläche - das Doppelte der Vatikanstadt - den ganzen Oppius-Hügel und die Talsenke, in der heute das Kolosseum steht, einnahm, war mit Kunstwerken von unschätzbarem Wert ausgeschmückt, unter anderem mit Wandgemälden des Malers Fabullus, von denen sehr wenige, aber eindrucksvolle Reste erhalten sind. Ringsum erstreckten sich blühende Gärten mit Fontänen, Tempelchen, Nymphäen und einem künstlichen See, an dessen Stelle später das Flavische Amphitheater und die* **Ludus Magnus** *genannte Gladiatorenschule entstanden sind. Die Malereien des Fabullus übten auf die Künstler der Renaissance großen Einfluss aus, die durch grottenähnliche Schächte in die Säle der verschütteten Residenz vordrangen und die Gemälde kopierten (daher die italienische Bezeichnung "grottesche", deutsch "Groteske"). Am Palasteingang stand die Kolossalstatue Neros aus vergoldeter Bronze, die über dreißig Meter hoch war und den Kaiser als Sonnengott darstellte. In der ersten Hälfte des 2. Jahrhunderts n. Chr. ließ Hadrian die Statue mit Hilfe von nicht weniger als dreißig Elefanten in die Nähe des Flavischen Amphitheaters versetzen, das so den Namen Kolosseum annahm. Bei den Ausgrabungen konnten fast hundertachtzig Räume der* Domus Aurea *freigelegt werden, die mit ihren riesigen Ausmaßen orientalische Palastanlagen wachruft. Am Palast der Sassaniden in Persien inspiriert sich zum Beispiel die sogenannte* Cenatio rotunda, *ein großes rundes Triclinium, das sich je nach dem Stand der Sterne um sich selbst drehte. Andere Räume besaßen Decken aus durchbrochenen und beweglichen Elfenbeinplatten, aus denen Duftessenzen und Blütenblätter auf die Gäste herabrieselten. Das Vestibül, dessen Portikus an der Via Sacra einen Kilometer lang war, wurde unter Domitian in einen Gewürzmarkt verwandelt. Den übrigen Palast ließ Vespasian einebnen, um die Erinnerung an den niederträchtigen Tyrannen auszulöschen. Auf den noch herausragenden Überresten wurden dann die* **Thermen des Trajan** *und die Thermen des Titus erbaut. Die Domus Aurea war auch reich geschmückt mit Skulpturen, unter anderem der berühmten* Laokoon-Gruppe, *die 1506 in einem Weinberg in der Nähe der Kirche* **San Pietro in Vincoli** *gefunden wurde und heute in den Vatikanischen Museen aufbewahrt wird. Der Oppius war nach dem Untergang Roms und das gesamte Mittelalter hindurch unbewohnt. Die Hänge bedeckten Obst- und Weingärten, die den beiden ältesten* Tituli *(Titelkirchen) dieses Stadtgebietes gehörten: San Pietro in Vincoli - mit dem berühmten* **Moses** *von Michelangelo - und* **San Martino ai Monti.**
Im 4. Jahrhundert entstand hier eine weitere bedeutende Kirche, **San Clemente**, *die ein herrliches Beispiel für einen Sakralbau mit zwei übereinander lagernden Basiliken darstellt, Ausdruck verschiedener historischer Epochen in einem Komplex, in dem sich Kunst und Religion auf eindrucksvolle Weise durchdringen. Im Laufe der Jahrhunderte blieb der Hügel fast unangetastet. Von den wenigen städtebaulichen Veränderungen im Mittelalter zeugen noch der sogenannte* **Palazzo Borgia**, *die* **Torre dei Capocci** *und der alte Turm, der heute den Kampanile der Kirche* **San Francesco di Paola** *bildet. Zwischen 1928 und 1932 verwandelte man den Oppio-Hügel in einen* **Stadtpark**, *der auch einen Teil der Gärten des* **Palazzo Brancaccio**, *heute Sitz des* **Museo Nazionale d'Arte Orientale**, *einnimmt.*

SAN PIETRO IN VINCOLI

Dieses Gotteshaus, das dem ersten Papst in der Kirchengeschichte geweiht ist, gehört zu den wohl meistbesuchten der kleineren Pilgerkirchen in Rom. Sie wird auch Basilica Eudossiana genannt, nach Eudoxia, der Gemahlin des Kaisers Valentinian III., die von ihrer Mutter die Ketten erhalten hatte, mit denen der heilige Petrus nach seiner Gefangennahme in Jerusalem gefesselt war und die sie später Papst Leo dem Großen zum Geschenk machte. Die beiden **Ketten**, mit denen die Hand- und Fußgelenke des Apostels während seiner Gefangenschaft im Mamertinischen Kerker gefesselt waren, fügten sich vor den Augen des Papstes wie durch ein Wunder zu einer einzigen Kette zusammen, die heute hier aufbewahrt wird und auf die sich die lateinische Bezeichnung der Kirche *"in vinculis"* bezieht.

Die an der Stelle eines älteren Gotteshauses errichtete Basilika wurde um 439 von Papst Sixtus III. geweiht. Trotz der Umbauten in Mittelalter und Renaissance läßt sie noch die ursprüngliche frühchristliche Anlage erkennen, insbesondere in den aus weißen ionischen Marmorsäulen bestehenden **Kolonnaden** zur Trennung der Kirchenschiffe und in dem betont langen Mittelschiff als typischem Ausdruck der sakralen Baukunst jener Zeit. Durch eine **Vorhalle**, deren Arkaden auf oktagonalen Pfeilern ruhen, betritt man das **Innere**, das Ergebnis einer Neugestaltung im 18. Jahrhundert durch Francesco Fontana, der auch die mit dem *Kettenwunder* von Parodi geschmückte Holzdecke schuf.
Im rechten Querschiff befindet sich das bedeutendste Kunstwerk der Kirche, das unvollendete **Mausoleum Papst Julius' II.** von Michelangelo. Für das grandiose Grabmonument des Papstes der Familie Della Rovere, das unter der Kuppel der Peterskirche aufgestellt werden sollte, hatte der toskanische Meister nicht weniger als vierzig Statuen und unzählige Reliefs vorgesehen. Die 1513 begonnenen Arbeiten wurden schon nach drei Jahren unterbrochen und nie wieder aufgenommen. Die bereits ausgeführten Teile hat man später in der heute sichtbaren Form zusammengesetzt. In der Mitte erscheint Michelangelos machtvolle Figur des **Moses**, eingerahmt von den Figuren der *Lea* und *Rachel* als Symbole des tätigen und kontemplativen Lebens, die vom Meister begonnen und von seinem Schüler Raffaello da Montelupo fertiggestellt wurden. Ebenfalls von Schülern stammen die *Liegefigur des Papstes*, *Maria mit dem Kind*, der *Prophet* und die *Sibylle*. Weitere sehenswerte Werke in der Kirche: der sog. *Sarkophag der Makkabäer* in der **Krypta**, ein schönes byzantinisches Mosaik des 7. Jahrhunderts mit der Darstellung des *Hl. Sebastian*, das *Grabmal des Nikolaus von Kues* und das *Grab für Antonio und Piero del Pollaiolo*.

San Pietro in Vincoli, die Fassade mit dem Portikus des 15. Jahrhunderts; die Moses-Statue von Michelangelo und die Ketten, mit denen der Apostel Petrus gefesselt war.

SAN CLEMENTE

Es handelt sich um eine der ältesten Kirchen Roms, die eine außergewöhnliche Struktur besitzt. Die Anlage besteht aus zwei übereinander gelagerten Gotteshäusern mit ausgedehnten unterirdischen Räumen, die noch Reste **römischer Gebäude** aus der Kaiserzeit und ein **Mithräum** aus dem 3. Jahrhundert bewahren.
Eines dieser Gebäude war vermutlich das Wohnhaus von Klemens, eines freigelassenen Sklaven, der unter Domitian den Martertod fand. Seine Reliquien wurden in der ihm zu Ehren im 4. Jahrhundert errichteten heutigen **Unterkirche** aufbewahrt, die durch das gesamte Mittelalter von Bedeutung war und in der zahlreiche Kirchenkonzile stattfanden. Der dreischiffige Kirchenraum mit vorgelagertem Atrium oder Narthex ist mit **Fresken** geschmückt. Der **Narthex** weist Wandgemälde des 11. Jahrhunderts auf, die das *Wunder des hl. Klemens* mit einer naiven Zeichnung von Seelebewesen, den *Heimgang des hl. Cyrillus* und den *Hl. Cyrillus in der Glorie* darstellen. Auf die gleiche Zeit gehen die Fresken im Kircheninneren zurück. Im Mittelschiff wird die *Legende des hl. Alexius* erzählt, der seine Familie verließ, um als Eremit zu leben. Als Bettler kehrte er zurück und schlief viele Jahre unter der Treppe seines Elternhauses, in dem er niedere Diente verrichtete. Erst kurz vor seinem Tod gab er sich zu erkennen. Ein weiteres bedeutendes Fresko behandelt die *Legende des hl. Klemens*, der bei der Meßfeier in den Katakomben dargestellt ist. Die Soldaten, die ihn und die Gläubigen überraschen, werden geblendet und nehmen anstelle des Heiligen eine Säule fest.
Die **Oberkirche**, die nach der Verschüttung der von den Normannen 1084 zerstörten Vorläuferkirche unter Paschalis II. erbaut wurde, erstrahlt im Gegensatz zur Unterkirche in der Pracht der barocken Ausstattung, die ihr Carlo Stefano im 18. Jahrhundert verlieh. Von der ursprünglichen Anlage blieben jedoch zahlreiche Elemente erhalten. Die *Schola Cantorum*, zum Beispiel, weist noch die schönen Marmortafeln auf, die zum Teil auf das 12. Jahrhundert zurückgehen und aus der Unterkirche geborgen wurden. Während die untere Basilika durch den Freskenschmuck beeindruckt, herrschen in der Oberkirche die **Mosaiken der Cosmaten** vor, etwa in dem schönen Fußboden, in dem gewundenen Osterleuchter, in den Ambonen, im Ziborium und im Tabernakel des Hochaltars aus dem Jahre 1299. Ganz besonders kommt die Cosmatenkunst in der Apsis zum Ausdruck, die praktisch seit dem 12. Jahrhundert unverändert blieb und wo im unteren Abschnitt die langen Marmorsitze durch den mit Mosaiken intarsierten Bischofsstuhl unterbrochen wird. Über einem freskierten Streifen erscheint im Apsisgewölbe ein Mosaik mit der Darstellung des *Osterlammes mit den zwölf apokalyptischen Lämmern* und dem *Triumph des Kreuzes*. Ein herrliches Zeugnis der Renaissancekunst ist die **Cappella di Santa Caterina** mit wunderschönen Fresken aus den siebziger Jahren des 15. Jahrhunderts, die einstimmig Masolino da Panicale, dem Lehrer Masaccios, zugeschrieben werden, an denen aber vermutlich der berühmte Schüler selbst auch mitgewirkt hat. Zu den bedeutendsten Szenen gehören die *Kreuzigung* und die *Geschichten aus dem Leben der hl. Katharina*.

San Clemente, das Innere der Oberkirche. Im Vordergrund der elegante Cosmatenfußboden und die Einfassung der Schola Cantorum, im Hintergrund das Ziborium und das Apsisgewölbe mit dem herrlichen Mosaik Triumph des Kreuzes *(12. Jh.)*

Oberkirche, Cappella di Santa Caterina, Fresko mit Kreuzigung *(15. Jh.)*

Das Mithrasheiligtum (Mithräum) in der ehemaligen Unterkirche.

DER PALATIN

An diesen Hügel ist der Ursprung der Stadt geknüpft. Hier entstand das sogenannte Roma Quadrata, die erste Siedlung der Urbs, die der legendäre Romulus am 21. April 753 v. Chr. an der Stelle gründete, wo er den Vogelflug der am Himmel kreisenden Geier erblickt hatte, den er als gutes Omen auslegte. Tatsächlich fand man hier die ältesten Spuren von menschlichen Siedlungen auf dem Stadtareal: die Fundamente mehrerer archaischer Hütten aus dem 9. - 8. Jahrhundert v. Chr., die Reste des sogenannten **Hauses des Romulus** (auf dem später der **Tempel der Kybele** oder der Magna Mater errichtet wurde), ein Grab und drei uralte Zisternen, aus denen die ersten Hügelbewohner vermutlich ihr Wasser schöpften, sowie einige Blöcke der Mauer, mit der diese frühe Niederlassung wahrscheinlich umgeben war.
Der Ursprung des Namens Palatin ist ungewiß. Sehr wahrscheinlich wurzelt er in dem indogermanischen Wort pala (Anhöhe), auch wenn die Vermutung glaubhaft erscheint, daß er auf Pales, eine Hirtengottheit, zurückzuführen ist, die traditionsgemäß mit der Gründung Roms in Zusammenhang gebracht wird. Sicher ist, daß der erste König von Rom hier seine Residenz baute und daß an diesem Ort später die Paläste der Kaiser entstanden sind. Den ersten Palast baute Augustus, dessen Geburtshaus hier steht. Alle Dynastien, die das römische Imperium in der Folgezeit regierten, wählten als Residenz diesen Hügel, wo sie immer prächtigere Gebäude errichteten. So entstanden die **Domus Tiberiana**, die von Tiberius begonnen und unter Caligola vergrößert wurde, die **Domus Transitoria** aus der Zeit Neros, die bei dem Brand 64 n. Chr. zerstört und beim Wiederaufbau in die Domus Aurea einbezogen wurde; ein **Kryptoportikus** verband diesen prunkvollen Palast mit den übrigen Gebäuden auf dem Oppius-Hügel. Später beauftragte Domitian den Architekten Rabirius mit dem Umbau der Palastanlage auf dem Palatin. So entstanden die **Domus Flavia**, die für Repräsentationszwecke bestimmt war, und die **Domus Augustana**, der eigentliche Wohnpalast, dessen imposante Überreste neben den Ruinen des **Paedagogium**, einer Art diplomatischer Akademie für die Ausbildung der kaiserlichen Würdenträger, noch heute den tiefer liegenden **Circus Maximus** überragen. Später ließ Septimius Severus die bei dem Großbrand 191 n. Chr. verwüsteten Gebäude wiederaufbauen und schuf so eine neue großartige Palastanlage, die **Domus Severiana**. Neben der kaiserlichen Residenz entstanden auf dem Hügel mit der Zeit zahlreiche Tempel, wie der von Augustus 28 v. Chr. zur Erinnerung an den Sieg von Aktium erbaute Apollotempel, sowie viele andere Gebäude für die verschiedensten Zwecke (Stadion, Thermen, Nymphäen, Bibliotheken). Auch in byzantinischer und ottonischer Zeit blieb der Palatin Sitz der höchsten kaiserlichen Beamten, bis der Palasthügel Anfang des 11. Jahrhunderts mit mächtigen Festungsanlagen ausgestattet wurde und an die Familie Frangipane überging. In der Folgezeit schwand die Bedeutung des Kaiserhügels. Viele der monumentalen Gebäude wurden ihres kostbaren Marmorschmucks beraubt (Sixtus V. verwendete den Marmor aus dem severianischen Septizodium für den Bau der Peterskirche und der Cappella Sixtina in der Kirche Santa Maria Maggiore), und an den Hängen legte man Weinberge und Obstgärten an. Nachdem im 19. Jahrhundert systematische Grabungskampagnen durchgeführt worden waren, wurde der Hügel Bestandteil des Archäologischen Parks des Forum Romanum und des Palatins.

San Sebastiano al Palatino - Die antike Kirche Santa Maria in Pallara ist heute dem Heiligen gewidmet, der traditionsgemäß hier auf dem Palatin zur Zeit des Kaisers Diokletian den Martertod starb. Von dem Gebäude des 10. Jahrhunderts, das auf Resten des Tempels des Heliogabal entstand, bewahrt die heutige Kirche nur die Apsis und einige Fresken, während die übrigen Teile auf das 17. Jahrhundert zurückgehen.

Tempel der Kybele - Der Tempel, der im Jahre 204 v. Chr. zu Ehren von Kybele, der Magna Mater, errichtet wurde, bewahrte einen schwarzen Stein, der das Symbol der Göttin darstellte. Im Laufe der Zeit erfuhr der Tempel verschiedene Veränderungen. Bei den Ausgrabungen fand man eine herrliche, kopflose Statue, das Kultbild der Göttin, das später in die *Domus Tiberiana* überstellt wurde.

Haus der Livia - Die Überreste des Hauses, das die Gemahlin des Kaisers Augustus bewohnte, gehören zu den wertvollsten architektonischen Zeugnissen der Stadt Rom im Ersten Imperium. Wunderschön die *zentrale Aula*, die mit der Darstellung *Merkur befreit Io* im sogenannten pompejanischen Stil dekoriert ist.

DOMUS FLAVIA
(S. 102)

Sant'Anastasia - Die im 4. Jahrhundert an der Stelle des *Luperkal* (der Ort, an dem der Überlieferung nach Romulus und Remus aufgefunden und von einer Wölfin gesäugt wurden) erbaute Kirche war anfangs den kaiserlichen Würdenträgern vorbehalten. Nachdem sie zunächst unter Theoderich und später unter Sixtus IV. restauriert worden war, verdankt sie ihr heutiges Aussehen Luigi Arrigucci, einem Schüler Berninis, der sie 1636 in barocken Formen fast völlig neu erbaute.

CIRCUS MAXIMUS
(S. 103)

Das im Museo della Civiltà Romana bewahrte Modell zeigt das Zentrum des antiken Rom zum Zeitpunkt der größten Stadtausdehnung.

San Teodoro - Eingebettet in die Hänge des Palatins liegt die kleine Kirche mit Zentralgrundriss, die auf den Resten der *Horrea Agrippiana*, des antiken Lebensmittellagers, im 6. Jahrhundert erbaut wurde. Aus dieser Epoche stammt auch das schöne Apsismosaik. Die Kirche wurde Mitte 15. Jahrhundert, möglicherweise von Rosselino, erneuert und erhielt eine Kuppel mit Gewölbekappen nach dem Vorbild des Kuppelbaus der florentinischen Renaissance.

Orti Farnesiani - Die Farnesischen Gärten, die Mitte des 16. Jahrhunderts für Kardinal Alessandro Farnese auf den Ruinen der **Domus Tiberiana** verwirklicht wurden, sind das kühne Werk mehrerer Architekten, unter anderem Vignola und Rainaldi. Ein monumentaler Eingang am Forum führte in das Gelände, das mit einem komplizierten System von Wasserspielen (Regen-Nymphäum und Brunnentheater) und Volieren ausgestattet war; der terrassenartig angelegte Park gipfelte in einem Belvedere, das 1652 zu einem Botanischen Garten umgestaltet wurde.

San Bonaventura al Palatino - Die 1675 von Papst Klemens X. auf den Ruinen einer Zisterne aus der Zeit Neros erbaute Kirche hieß auch San Bonaventura alla Polveriera, da sie in der Nähe eines Waffenlagers stand. Die Fassade ist ein Werk aus dem 19. Jahrhundert und wurde von Kardinal Tosi veranlasst.

Haus des Romulus - Es handelt sich um sehr alte Zeugnisse aus vorgeschichtlicher Zeit und aus der frühen Eisenzeit, die ältesten Spuren der Baugeschichte Roms, in denen die Überlieferung das Haus des Gründers von Rom erkennen will.

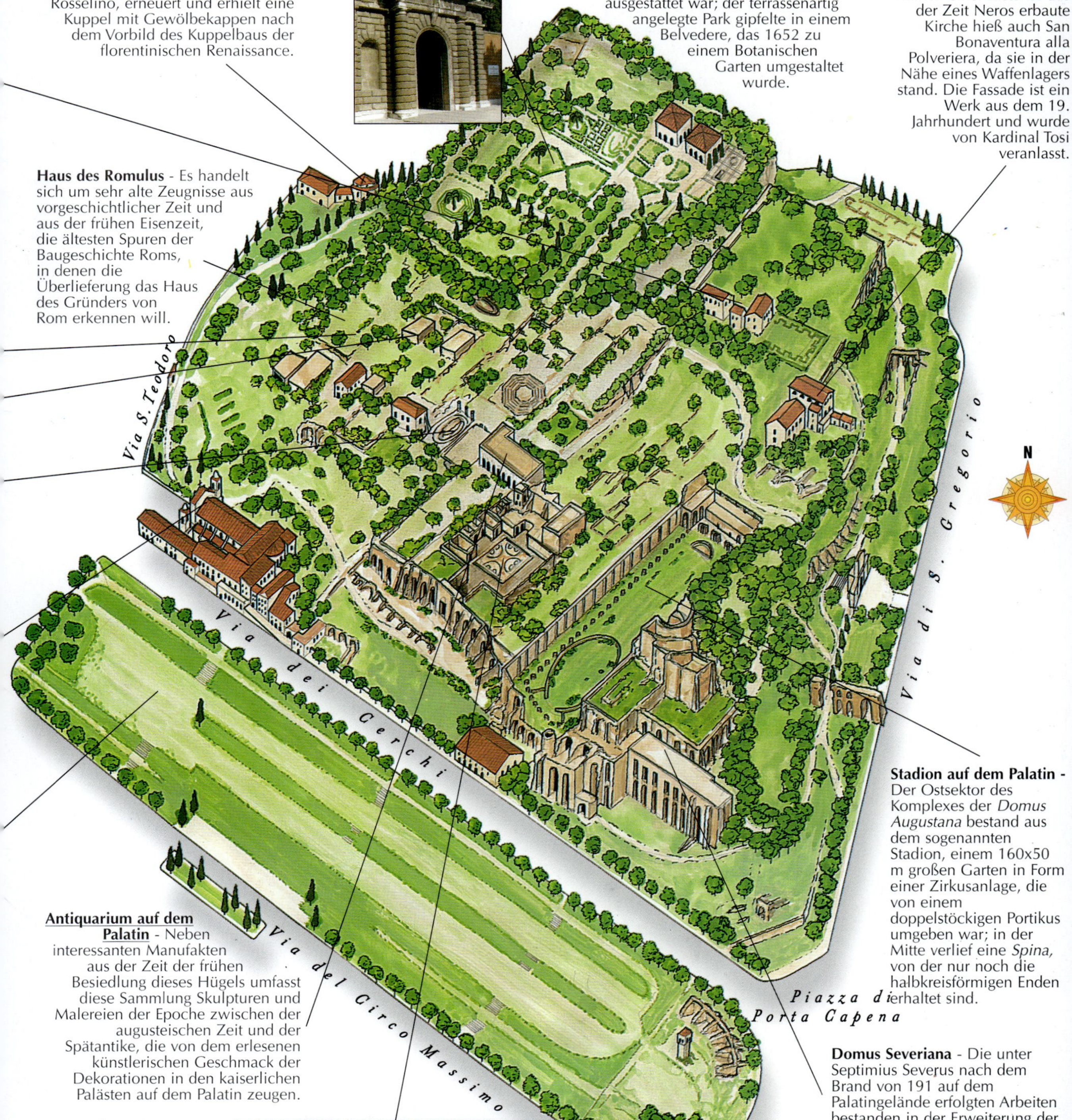

Stadion auf dem Palatin - Der Ostsektor des Komplexes der *Domus Augustana* bestand aus dem sogenannten Stadion, einem 160x50 m großen Garten in Form einer Zirkusanlage, die von einem doppelstöckigen Portikus umgeben war; in der Mitte verlief eine *Spina*, von der nur noch die halbkreisförmigen Enden erhaltet sind.

Antiquarium auf dem Palatin - Neben interessanten Manufakten aus der Zeit der frühen Besiedlung dieses Hügels umfasst diese Sammlung Skulpturen und Malereien der Epoche zwischen der augusteischen Zeit und der Spätantike, die von dem erlesenen künstlerischen Geschmack der Dekorationen in den kaiserlichen Palästen auf dem Palatin zeugen.

Domus Severiana - Die unter Septimius Severus nach dem Brand von 191 auf dem Palatingelände erfolgten Arbeiten bestanden in der Erweiterung der *Domus Augustana* und dem Bau der Thermen sowie eines imposanten Nymphäums; dieses **Septizodium** genannte, herrliche Bauwerk mit sieben übereinander gestellten Nischenordnungen und kostbarem Marmor- und Statuenschmuck wurde im 16. Jahrhundert vollkommen zerstört.

DOMUS AUGUSTANA
(S. 102)

Domus Flavia, Gesamtansicht des Peristyls mit den Ruinen des achteckigen Brunnens und eines der beiden Nymphäen.

DIE KAISERPALÄSTE AUF DEM PALATIN

Die noch heute überragenden gewaltigen Ruinen auf dem Palatin bestehen großenteils aus den Resten des prunkvollen, monumentalen Komplexes, den der Architekt Rabirius im Auftrag des Kaisers Domitian entwarf und der eine ganze Reihe von Gebäuden und Räumen mit unterschiedlichster Bestimmung umfasste. Der eigentliche Wohnpalast dieser kaiserlichen Anlage stellte die **Domus Augustana** dar, ein mehrstöckiger, mit Peristylien ausgestatteter Gebäudetrakt, der mit einem halbkreisförmigen Portikus den Circus Maximus überblickte. Das Innere des Palastes besaß mit Marmordekorationen und Malereien prächtig ausgeschmückte Räume und große Innenhöfe, die mit Fontänen, Statuen und kleinen Tempeln versehen waren. An die Residenz schloss sich das **Stadion** an, wo der Kaiser von einer halbkreisförmigen Tribüne aus den Privatvorstellungen beiwohnte. Das unter Domitian errichtete Stadion wurde von Septimius Severus restauriert und schließlich von Theoderich umgebaut, der hier eine ovale Bahn für Pferderennen einrichtete.
Der westliche Teil des Komplexes war hingegen für Repräsentationszwecke bestimmt. Hier befand sich die sogenannte **Domus Flavia**, die auf Vorläuferbauten aus der republikanischen Epoche und zum Teil auf Gebäuden aus der Zeit Neros errichtet wurde. Der Palast umfasste zahlreiche Säle, die um einen mit **oktogonalem Brunnen** ausgestatteten, zentralen Portikus angeordnet waren; hier lag auch die *Aula Regia*, ein riesiger Thronsaal, wo der Kaiser in Privataudienz Botschafter und wichtige Persönlichkeiten empfing. An die Halle grenzten zwei weitere Räume, das sogenannte *Lararium*, ein privater Tempel für den Kult der

kaiserlichen Hausgötter (Penaten), und die *Basilika* für Gerichtsverfahren, die der Kaiser persönlich führte. Auf der gegenüberliegenden Seite des Peristyls hatte man Zutritt zum *kaiserlichen Triclinium*, dem offiziellen Speisesaal, der seitlich mit zwei ovalen **Nymphäen** ausgestattet war, von denen eines noch sichtbar ist.

CIRCUS MAXIMUS

Dieser erste römische Zirkus war ursprünglich ein Holzbau, der in der Folgezeit zunehmend durch gemauerte Teile erneuert wurde, wobei zunächst die *Carceres*, die Startboxen für die Pferde, entstanden sind. Der Zirkus bestand aus einer langen Rennbahn, umgeben von einer mehrrangigen *Cavea* (Zuschauerraum), die an der zum Palatin gelegenen Seite durch das *Pulvinar* unterbrochen wurde, einen mit Tribüne ausgestatteten tempelartigen Bau, auf dem die Statuen der Schutzgottheiten der jeweiligen Veranstaltung aufgestellt wurden und von dem aus der Kaiser den Wettrennen beiwohnte. Der unter Cäsar, Augustus, Claudius und Trajan mehrmals veränderte Bau erreichte mit der Zeit kolossale Ausmaße und fasste unter Konstantin schließlich mehr als 300.000 Zuschauer. Im Jahre 10 v. Chr. stellte Augustus auf der *Spina*, dem mit Statuen und Tempelchen geschmückten Mittelstreifen, den die Pferde umliefen, einen Obelisken auf, der aus Heliopolis in Ägypten stammte und dem Sonnengott gewidmet war. Diesem Obelisken, der sich heute auf der Piazza del Popolo befindet, fügte man einen weiteren hinzu, der aus dem Amun-Tempel in Karnak kam, im Jahre 357 von Konstanz II. der Mondgöttin gewidmet und später auf der Piazza San Giovanni in Laterano aufgestellt wurde. Das letzte Rennen fand 549 unter Totila statt. Danach verfiel der Zirkus, der während des gesamten Mittelalters und in neuerer Zeit verschiedensten Zwecken diente, bis man ihn in den dreißiger Jahren des 20. Jahrhunderts von den im Laufe der Zeit hinzugefügten Überbauten (mit Ausnahme der Torre della Moletta) befreite und die Anlage in ihrer ursprünglichen Ausdehnung freilegte.

Flachrelief mit einer Darstellung der Wettspiele und Pferderennen, die im Circus Maximus zu Ehren des Gottes Consus abgehalten wurden; rund um den Altar dieses Gottes, im Tal zwischen dem Palatin und Aventin, entstand die Zirkusanlage, deren Gründung auf den legendären König Tarquinius Priscus (7. Jh. v. Chr.) zurückgeht.

Die Überreste der Domus Augustana (nebenstehend); unten ein Blick vom Circus Maximus auf die Ruinen der Domus Severiana.

DIE CARACALLA-THERMEN

Das Gelände, auf dem sich majestätisch die Überreste des größten Thermalgebäudes des antiken Rom erheben, erstreckt sich dicht an den Hängen des sogenannten "Kleinen Aventin", wo ganz in der Nähe der heutigen Kirche Santa Balbina einst das Heiligtum der Bona Dea Subsaxana lag, ein Kultort, der nur Frauen vorbehalten war. Die heilige Stätte befand sich am Fuß des Saxum Sacrum *(daher der Name Subsaxana); so hieß der Felsen, von dem aus Remus die sechs Geier gesichtet hatte und wo er später begraben wurde, zu Ehren der Göttin Bona, die oft mit Fauna gleichgesetzt wird, der Gemahlin oder Tochter des Faunus, einer Gottheit der Fruchtbarkeit, die man für Prophezeiungen und gute Omina anrief.*
Der flachere Teil, der außerhalb der servianischen Mauer lag, später aber in die **aurelianische Mauer** *einbezogen wurde, war in Wirklichkeit ein kurzes kleines Tal, das an der Nordseite von den Anhöhen des Caelius begrenzt war und in dessen Mitte sich die* Piscina Publica *befand, ein künstliches Becken, das als öffentliches Bad genutzt wurde. An der Stelle dieses kleinen Beckens begann man ab 212 n. Chr. mit dem Bau der* ***Caracalla-Thermen****, die mit dem Wasser einer eigens hierfür gebauten Abzweigung der* Aqua Marcia *gespeist wurden. Dieses* Aqua Antoniniana *genannte Wasser, das aus dem Hauptaquädukt abgeleitet wurde, überquerte die nahegelegene Via Appia und den Drusus-Bogen. Die von Kaiser Caracalla begonnenen und von Heliogabal fertiggestellten, monumentalen Thermalbauten wurden unter Diokletian und Theoderich mehrfach restauriert und blieben bis 537 in Betrieb, als die Goten das Aquädukt mit dem antoninianischen Wasser zerstörten, das die riesigen* ***Zisternen*** *(sie fassten nicht weniger als 80.000 Liter Wasser) speiste. Der Hauptkörper des Gebäudes, der den eigentlichen Thermalbetrieb beherbergte, war von einem großen Garten umgeben. Ringsum verliefen Portiken mit Exedren, in denen die Nebenräume untergebracht waren: Palästren, Lagerräume für Salben und Duftstoffe, Konferenzräume, zwei Bibliotheken seitlich der Zisternen, eine griechische und eine lateinische, und das größte* ***Mithras-Heiligtum*** *des antiken Rom, von dessen reichem Gebäudeschmuck und Mosaikfußboden nur wenige Reste erhalten sind, wo man aber im 16. Jahrhundert zwei der berühmtesten Bildwerke des klassischen Altertums aufgefunden hat, den Farnesischen Stier und den Farnesischen Herkules, die beide früher im Palazzo Farnese aufbewahrt wurden und heute im Archäologischen Nationalmuseum von Neapel zu sehen sind. Das eigentliche Thermalgebäude bestand aus einem Mittelkörper mit den drei Haupträumen (*Frigidarium, Tepidarium *und* Calidarium*), und einer Reihe von Nebenräumen (Palästren, Umkleideräume, Sudatorien), die symmetrisch auf beiden Seiten angeordnet waren. Gleich hinter dem Eingang betrat man das* ***Frigidarium****, eine Art Vestibül mit Raumtemperatur; von den riesigen Granitsäulen steht heute eine auf der Piazza Santa Trinita in Florenz. Es folgte das* ***Tepidarium*** *mit basilikalem Grundriss; auf beiden Seiten Granitbecken, von denen zwei heute die Brunnen auf der Piazza Farnese bilden. Zum Schluss das* ***Calidarium,*** *ein runder Raum für heiße Bäder, über dem sich eine hohe Kuppel mit 34 Metern Durchmesser wölbte. Nach den Invasionen durch die Barbaren blieb das Gebiet weitgehend unbewohnt und wurde allmählich zu offenem Land, in dem hier und da Kirchen entstanden. Das erste dieser Gotteshäuser, die Titelkirche der* ***hl. Balbina****, wurde 595 wahrscheinlich an der Stelle einer älteren Kapelle zu Ehren der Tochter des Märtyrers Quirinus, der ebenfalls den Martertod gestorben war, auf den Überresten des Hauses des Konsuls Lucius Fabius Cylo errichtet. Zur gleichen Zeit baute man nahe der Stelle, wo der hl. Petrus der Legende nach auf der Flucht zur Via Appia eine Fußbinde verloren haben soll, die Kirche* ***Santi Nereo e Achilleo****. Die zeitlich letzte Kirche war* ***San Cesareo de Appia*** *(8. Jh.). Im übrigen blieb diese Gegend im Laufe der Zeit weitgehend unverändert, nicht zuletzt durch die Anlage des* Parco di Porta Capena *(1887 bis 1914) und des archäologischen Parcours, der ursprünglich die Via Appia mit dem Forengebiet verbinden sollte, wie auch mit der Eröffnung (1940) der Via Imperiale, die zum nahegelegenen EUR-Viertel eine Verbindung herstellte.*

Santa Balbina - Die Kirche, die einigen Quellen zufolge auf das 4. Jahrhundert zurückgeht, wurde 1489 durch Marco Barbi, einen Neffen Papst Pauls II., grundlegend erneuert, und unter Sixtus V. ersetzte man die Säulen der Vorhalle durch Pfeiler. Durch den Hof des angrenzenden Klosters betritt man das Kircheninnere, das im 18. Jahrhundert größere Umbauten erfahren hatte. Sehenswert sind vor allem die abwechselnd viereckigen und halbkreisförmigen großen *Nischen*, die hervorragende Kunstwerke bergen, unter anderem ein Marmorrelief mit einer Mino da Fiesole zugeschriebenen *Kreuzigung*. In der Apsiswölbung Reste von *Fresken* aus der Schule von Pietro Cavallini.

CARACALLA-THERMEN

DIE STADTMAUER VON ROM

Die in ihrem Umfang fast vollständig erhaltene Stadtmauer von Rom mit Türmen, Wällen und Bastionen, wie auch einer beachtlichen Anzahl bewehrter Tore, ist auch heute noch ein beeindruckender Anblick. Aufgrund der historischen Umstände, nach denen Rom bis 1870 die Doppelrolle Stadt/Kirchenstaat im Zentrum eines nunmehr vollkommen unter der Krone des Hauses Savoyen vereinigten Italien zukam, blieb der Wehrcharakter der Mauer ständig gewahrt, was auch den überraschend guten Erhaltungszustand erklärt.
Obgleich die heute sichtbare Mauer großenteils dem von Kaiser Aurelian zwischen 271 und 275 errichteten Mauerring entspricht, existierten zuvor schon mindestens zwei Verteidigungssysteme: die **Ummauerung** der Gründung **Roma Quadrata**, die von Romulus (8. Jh. v. Chr.) errichtet wurde, und die sogenannte **servianische Stadtmauer**, die der Überlieferung nach unter König Servius Tullius (6. Jahrhundert v. Chr.) entstanden war, in Wirklichkeit aber auf republikanische Zeit (4. Jahrhundert v. Chr.) zurückging, als die Stadt durch die Gallier, Hannibal, rebellierende italische Stämme und Sklavenaufstände ständig bedroht war. Der lange Zeitraum zwischen dem Bau dieses letzten Mauerringes und der **aurelianischen Stadtmauer** entspricht der Epoche der absoluten Vorherrschaft Roms in der damals bekannten Welt, bevor man die Stadt vor der konkreten Gefahr der Barbareneinfälle schützen musste. Bei späteren Ausbauten, zunächst zwischen 401 und 402 von Honorius und Arcadius und im 6. Jahrhundert von Belisar, wurde die Mauer zusätzlich befestigt. Weitere Arbeiten, bei denen der Umfang auf eine Gesamtlänge von ca. 19 Kilometern ausgedehnt wurde, erfolgten jeweils unter **Leo IV.** (847-55) und unter **Urban VIII.** (1623-44), als der Vatikan und der Gianicolo mit einbezogen wurden.

Santi Nereo e Achilleo - Die Kirche entstand an der Stelle des "*Titulus fasciolae*", wo man die Binde (*fasciola*) aufbewahrte, mit der sich der hl. Petrus einen Fuß verbunden hatte, als er in Richtung Via Appia flüchtete, kurz bevor ihm Christus begegnete, der ihn zur Umkehr bewog, um sich dem Martyrium zu stellen.
Heute stellt sich die Kirche trotz ihrer uralten Gründung in den Formen dar, die den anlässlich der Jubiläumsjahre 1485 und 1600 durchgeführten Umbauten zu verdanken sind. Der durch Achteckpfeiler gegliederte dreischiffige Innenraum weist an der Einfassung des Chorraumes, am Altar und am Bischofsstuhl elegante *Cosmaten-Mosaiken* auf, wogegen die *Mosaikdekoration* der Apsis eine byzantinische Arbeit aus der Zeit Leos III. ist.

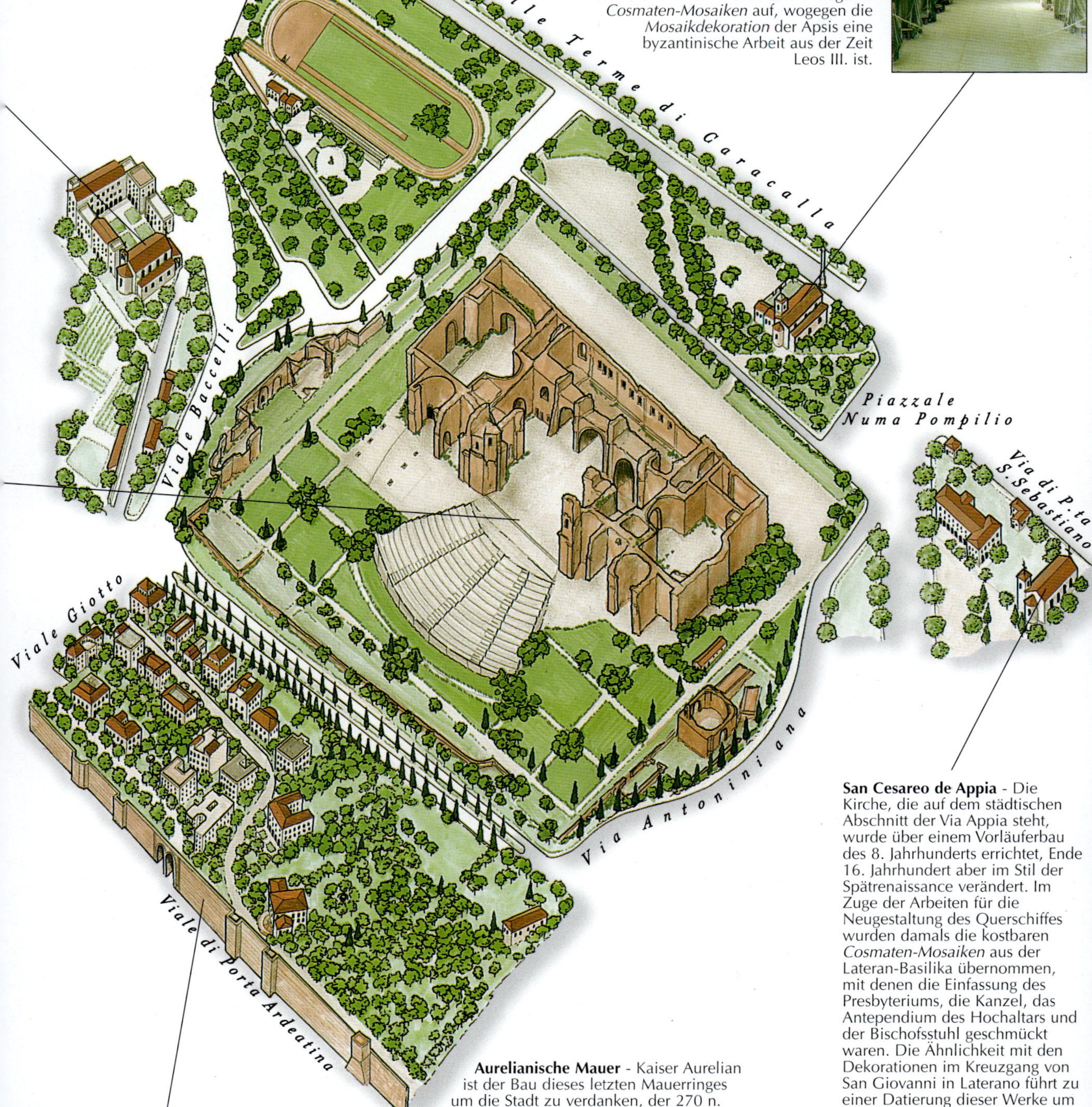

San Cesareo de Appia - Die Kirche, die auf dem städtischen Abschnitt der Via Appia steht, wurde über einem Vorläuferbau des 8. Jahrhunderts errichtet, Ende 16. Jahrhundert aber im Stil der Spätrenaissance verändert. Im Zuge der Arbeiten für die Neugestaltung des Querschiffes wurden damals die kostbaren *Cosmaten-Mosaiken* aus der Lateran-Basilika übernommen, mit denen die Einfassung des Presbyteriums, die Kanzel, das Antependium des Hochaltars und der Bischofsstuhl geschmückt waren. Die Ähnlichkeit mit den Dekorationen im Kreuzgang von San Giovanni in Laterano führt zu einer Datierung dieser Werke um 1220. Die Mosaiken, die an der Mittelschiffdecke und Apsiswölbung erscheinen, sind hingegen ein Werk der Spätrenaissance nach Entwürfen von Cavalier d'Arpino.

Aurelianische Mauer - Kaiser Aurelian ist der Bau dieses letzten Mauerringes um die Stadt zu verdanken, der 270 n. Chr. begonnen und von seinem Nachfolger Probus fertiggestellt wurde. Der neue Gürtel ersetzte die antike servianische Mauer und umschloss zahlreiche Areale, die bis dahin außerhalb der Ummauerung gelegen hatten. Die 19 Kilometer lange und durchschnittlich 8 Meter hohe Stadtmauer war mit 14 Haupttoren und 5 Nebentoren ausgestattet.
Die Tore waren häufig von runden oder halbrunden Türmen eingerahmt, und alle 100 Fuß (ca. 30 Meter) ragte ein quadratischer Verteidigungsturm in die Höhe. Ein teilweise überdachter Wehrgang umlief die gesamte Mauer, die an einigen Stellen mit einem Zinnenkranz bekrönt war.

Santa Maria in Publicolis - Die Kirche existierte bereits im 12. Jahrhundert als Santa Maria de Publico, möglicherweise mit Bezug auf den nahegelegenen Portikus des Minucius, wo im Altertum die öffentliche und kostenlose Verteilung von Getreide stattfand. Die Kirche wurde 1643 von Giovanni Antonio De Rossi in eleganten Barockformen neu errichtet.

Fontana delle Tartarughe - Der von Giacomo della Porta entworfene Schildkrötenbrunnen wurde zwischen 1581 und 1584 ausgeführt. Landini schuf die auf Delphinen sitzenden, bronzenen Ephebengestalten. Die Schildkröten am Rand des oberen Beckens fügte Bernini im 17. Jahrhundert hinzu.

San Stanislao dei Polacchi - Die antike Kirche San Salvatore in Pensilis, die auf den Ruinen des Theaters des Balbus errichtet wurde, war im 16. Jahrhundert Gegenstand einer Schenkung von Papst Gregor XIII. an den polnischen Kardinal Stansilao Osio, der sie wiederaufbaute und zusammen mit dem angeschlossenen Hospiz seinen Landsleuten stiftete. Die Kirche bewahrt in ihrem Inneren wertvolle Gemälde.

SANTA CATERINA DEI FUNARI
(S. 110)

PALAZZO MATTEI DI GIOVE
(S. 111)

Santa Maria del Pianto - An einer Wand des Portikus der Octavia befindet sich das Fresko einer Madonna, die im Jahre 1546 zu weinen begann, kurz nachdem unter dem Bild ein Verbrechen verübt worden war. Zur Erinnerung an dieses wunderbare Ereignis ließ Nicola Sebregondi an der Stelle der ehemaligen Kirche San Salvatore in Caccabariis eine Kirche bauen, mit deren Arbeiten 1612 begonnen wurde. Im Inneren wird das vielverehrte Marienbild aufbewahrt.

San Tommaso ai Cenci - Diese Kapelle, die wegen der zahlreichen Mühlen am Tiberufer früher *"in Capite Molarum"* hieß und dem Palazzo Cenci angeschlossen ist, wurde im 16. Jahrhundert im Auftrag von Cristoforo Cenci restauriert und von dessen Sohn Francesco fertiggestellt. Das Kirchlein steht auf den Resten des Dioskurentempels, dessen Statuen später die Rampe der von Michelangelo auf dem Kapitol geschaffenen Treppe zierten.

SANTA MARIA IN CAMPITELLI
(S. 110)

MARCELLUSTHEATER
(S. 108)

Palazzo Cenci - Auf dem sogenannten Monte dei Cenci, der sich durch Aufschichtung zahlreicher Ruinen antiker Gebäude auf dem Marsfeld gebildet hat, ließ die römische Adelsfamilie im Mittelalter eine Reihe von Gebäuden errichten, von denen neben dem Palazzetto noch der **Arco dei Cenci** zeugt, den Martino Longhi il Vecchio in der zweiten Hälfte des 16. Jahrhunderts entwarf.

SYNAGOGE
(S. 111)

Sant'Ambrogio della Massima - Diese sehr alte Kirche, die über dem Wohnhaus des Stadtheiligen von Mailand steht, wurde im 17. Jahrhundert vollkommen wiederhergestellt und im 19. Jahrhundert noch einmal restauriert, als sie, zusammen mit dem angegliederten Kloster, an die Klarissen überging. Das Innere birgt sehenswerte Gemälde des 16. und 17. Jahrhunderts.

SAN NICOLA IN CARCERE
(S. 110)

San Gregorio della Divina Pietà - Diese kleine Kirche, die an der Stelle erbaut wurde, wo der Überlieferung nach der hl. Gregor d. Große geboren sein soll, wurde im 18. Jahrhundert neu errichtet, als sie an die Confraternità della Divina Pietà überging, deren barmherzige Brüder in der Armenhilfe tätig waren. Nach der Einrichtung des Ghettos und mindestens zwei Jahrhunderte lang wurden hier Predigten gehalten, deren Absicht, römische Juden zu "konvertieren", auch aus der *Fassadeninschrift* hervorgeht.

PORTIKUS DER OCTAVIA UND SANT'ANGELO IN PESCHERIA
(S. 109)

Palazzo Odeschalchi Maccari - Mitten in einer der urtümlichsten Gegenden von Rom, einen Steinwurf von einem mittelalterlichen Turm, **Torre dei Margani**, entfernt, steht dieser Palast mit herrlichem Innenhof, wo man rund um ein Brunnenhaus altrömische Funde zusammengetragen hat.

Palazzo Massimo di Rignano und Palazzo Pecci-Blunt - Diese beiden schönen Gebäude an der **Piazza d'Aracoeli** sind jeweils ein Werk von Carlo Fontana, der Ende des 17. Jahrhunderts einen Wiederaufbau vornahm, und von Giacomo della Porta, der den Palast rund ein Jahrhundert vorher fertiggestellt hatte.

Palazzo Spinola und Palazzo Capizucchi - Beide Bauwerke stammen von Della Porta aus der Zeit zwischen dem ausgehenden 16. und beginnenden 17. Jahrhundert und bilden die malerische Kulisse der **Piazza Campitelli**, vor der sich die Kirche Santa Maria erhebt.

Monastero di Tor de' Specchi - Das Kloster wurde 1433 von der hl. Francesca Romana auf den Häusern der antiken Familie Crivelli und auf dem mittelalterlichen Turm, nach dem es benannt ist, gegründet und im ausgehenden 16. Jahrhundert mit einer Kirche versehen, die den Namen Santissima Annunziata trägt. Hier wird eine von Allori ausgeführte Kopie des berühmten Verkündigungsbildes bewahrt, das sich in der gleichnamigen Marienkirche in Florenz befindet. Im **Innerern** des Klosters kann man das Sterbezimmer der Heiligen besichtigen, wo auch das Salbgefäß aufbewahrt wird, das sie für die Heilung der Kranken benutzte.

APOLLOTEMPEL DES SOSIUS UND FORUM HOLITORIUM
(S. 108)

Santa Rita di Cascia - Bis in die dreißiger Jahre des 20. Jahrhunderts befand sich diese heute entweihte und für Ausstellungszwecke benutzte Kirche links von der Treppe der Kirche Santa Maria in Aracoeli, wo man sie abtrug und an der heutigen Stelle wiederaufbaute. Der Originalstil der Kirche, ein Werk von Carlo Fontana, blieb dabei erhalten.

N

DAS JUDENVIERTEL UND DER STADTBEZIRK SANT'ANGELO

Der heute kleinste Stadtbezirk von Rom wurde einst vom äußersten südlichen Teil des Marsfeldes eingenommen. Hier befand sich das Forum Holitorium, ein weites Areal, das vorwiegend einem Gemüsemarkt vorbehalten war, auf dem aber auch zahlreiche Portiken und bedeutende Heiligtümer lagen, wie der ***Apollotempel des Sosius*** *und der* ***Tempel der Bellona****, der* ***Tempel der Juno Sospita****, der* ***Tempel der Spes*** *und der* ***Tempel des Janus****, von denen die Kirche* ***San Nicola in Carcere*** *noch Reste bewahrt. Die Lebensmittel gelangten aus den Lägern am Tiberufer sowohl auf dem Flussweg als auch über zwei wichtige Verkehrswege zum Markt: einmal über die heutige Via delle Botteghe Oscure, die einen Großteil des Marsfeldes durchquerte, und zum anderen über eine Straße, die parallel zum Fluss und an der Nordseite des Circus Flaminius verlief. Dieser Zirkus, den Flaminius Nepos 221 v. Chr. neben dem Tempel der Bellona errichtet hatte, wurde in augusteischer Zeit abgetragen, um Raum für das* ***Theater des Balbus*** *und das* ***Marcellustheater*** *zu schaffen, als man im Rahmen größerer städtebaulicher Maßnahmen auch den Portikus des Metellus aus dem Jahre 147 v. Chr. abriss, an dessen Stelle dann der* ***Portikus der Octavia*** *gebaut wurde. Trotz des Verfalls der antiken Monumente verlor das Gebiet zu keiner Zeit an Bedeutung, auch nicht zu Beginn des Mittelalters, als dieser Bezirk strategisch noch wichtiger wurde, da über den Ponte Fabricio eine Verbindung vom antiken Marsfeld nach Trastevere geschaffen wurde. Zum Schutz des Viertels entstanden zahlreiche Festungsbauten, die von den mächtigsten Familien der Stadt errichtet wurden, nicht selten unter Verwendung von Resten antiker Gebäude, die auf dem Gelände vertreut lagen. Beispiele hierfür sind der* ***Palazzo Orsini*** *- zunächst eine Festung der Pierleoni, später der Savelli - der auf den Ruinen des Marcellustheaters erbaut wurde, oder die sogenannte* ***"Isola Mattei"****, ein Gebäudekomplex, der im Verlauf von zwei Jahrhunderten an der Stelle des Theaters des Balbus entstanden war.*

Ein radikaler Wandel im Leben und im Stadtbild dieses Rione fand 1555 statt, als Papst Paul IV. hier aus den anderen Stadtvierteln, hauptsächlich aus Trastevere, die in Rom lebende jüdische Gemeinde ansiedelte, deren Zahl nicht unbeträchtlich war. Nach dem Vorbild der einige Jahre zuvor in Venedig getroffenen Beschränkungsmaßnahmen, nach denen die Juden in einem sogenannten Ghetto - der Name rührt von einer im Dialekt "gheto" genannten Gießerei her - zusammengefasst worden waren, ließ er einen Großteil des Stadtbezirks Sant'Angelo, wo das auf den Ruinen des Portikus der Octavia erbaute Kirchlein ***Sant'Angelo in Pescheria*** *stand, mit einer hohen Mauer umgeben. Hinter diesen Mauern, deren Tore von Sonnenuntergang bis zum Morgengrauen von außen verschlossen wurden, wuchsen die Häuser im Laufe der Jahrhunderte immer mehr in die Höhe, da der Raum im Ghetto knapp war und die Bevölkerung ständig anstieg. Obwohl die Juden in den Synagogen und in den fünf Talmud-Schulen - Tempel, Sizialianische, Katalanische, Kastilische (mit Ritus der Sephardim) und Neue Schule -, an die heute nur noch Straßennamen erinnern, eine gewisse Religionsfreiheit genossen, wurden sie dennoch gezwungen, regelmäßig die Predigten in dem Kirchlein* ***San Gregorio della Divina Pietà*** *anzuhören. Von dieser Maßnahme zeugt eine Inschrift an der Kirchenfassade mit einem zweisprachig verfassten, lateinischen und hebräischen Bibelzitat, in dem das Festhalten am Irrtum seitens der jüdischen Religion verurteilt wird. Auch nach der Anlage des Platzes vor der Kirche* ***Santa Maria in Campitelli*** *im 17. Jahrhundert blieb das Stadtbild dieses Bezirks unverändert bis ins 19. Jahrhundert, als es 1848 unter Pius IX. zur endgültigen Auflösung und Sanierung des Ghettos kam und manche Gebäude zum Teil radikal demoliert wurden. Trotz der Deportation und Vernichtung von Juden der römischen Gemeinde während des Zweiten Weltkrieges lebt der jüdische Geist in diesem Rione fort, wo sich neben einer monumentalen* ***Synagoge*** *auch ein Museum für jüdisch-römische Kultur und zahlreiche ausgezeichnete Restaurants befinden.*

Forum Holitorium, nebenstehend und unten: die drei Säulen der Ruinen des Apollotempels des Sosius und ein Detail des Architravs; oben ein Gebäudedetail des Marcellustheaters.

Gegenüberstehende Seite: die Ruinen im Vicus Jugarius und ein Trakt des Marcellustheaters, der in den Palazzo Orsini einbezogen wurde.

DAS AREAL DES FORUM HOLITORIUM UND DAS MARCELLUSTHEATER

Das Forum Holitorium, dessen äußerste südliche Grenze an den heiligen Bezirk stieß, der heute von der Kirche San Nicola in Carcere eingenommen wird, setzte sich in nördlicher Richtung fort und führte mit seinen Portiken und *Tabernae* für den Gemüseverkauf am antiken Circus Flaminius vorbei.

Hier entstanden dicht nebeneinander der **Apollotempel des Sosius** und der Tempel der Bellona. Der erste Tempel wurde 433 v. Chr. zur Abwehr einer Pestilenz erbaut und Apollo Alexicos ("der das Böse abwendet") geweiht. Als dann das Marcellustheater gebaut wurde, versetzte man den Tempel um wenige Meter und ließ ihn durch den Konsul Gaius Sosius restaurieren, dessen Namen er dann erhielt. Von diesem Gebäude sind außer dem Podium und den Treppenaufgängen einige schöne Marmorsäulen und ein Abschnitt des mit Bukranien und Olivengirlanden reich geschmückten Architravs erhalten.

Der **Tempel der Bellona**, von dem heute nur geringfügige Überreste zu sehen sind, war hingegen im 3. Jahrhundert v. Chr. von Appius Claudius Caecus errichtet worden, der damit ein Gelübde einlöste, das er während der Schlacht bei Sentinum, in der die Römer über die mit Etruskern und Kelten verbündeten Samniten siegten, geleistet hatte. Der einer Kriegsgöttin geweihte Tempel besaß eine Einfriedung, in der die Kriegssäule stand, gegen die einst die Fetialen, das heißt Priester mit der Vollmacht, Bündnisse einzugehen und Verträge mit fremden Völkern einzuhalten, im Verlauf der feierlichen Eröffnung des Kriegszustands ihre Lanzen schleuderten.

Eine wesentliche Veränderung in der Struktur des Forum Holitorium erfolgte durch den Bau des **Marcellustheaters**. Um Platz für das Theater zu schaffen, mussten der antike Circus Flaminius abgerissen und mehrere Gebäude versetzt werden. Cäesar begann den Bau über einem schlichten Gebäude neben dem Apollotempel des Sosius, das für öffentliche Dar-

bietungen benutzt worden war. Das Theater wurde von Augustus fertiggestellt, der es 13 v. Chr. seinem Neffen Marcellus, dem 23 v. Chr. in jugendlichem Alter verstorbenen Gemahl seiner Tochter Julia, widmete. Das Theater mit zum Tiber gerichteter Bühne fasste 15.000 Zuschauer und besaß eine halbkreisförmige, zweistöckige **Fassade** mit 41 Arkaden je Geschoss und einer von korinthischen Wandsäulen gegliederten Attika. Im Marcellustheater fanden Musikveranstaltungen und Dichterwettbewerbe statt, aber schon bald bevorzugte das römische Volk Zirkusspiele und Gladiatorenkämpfe, so dass der stetige Abzug von Zuschauern schließlich zur Aufgabe des Theaters führte, und mit Beginn des 4. Jahrhunderts wurde das monumentale Gebäude zur Fundgrube von Baumaterial für andere Gebäude.

Im Mittelalter wurde die ehemalige Cavea von einer Festung der Pierleoni eingenommen, die dann an die Savelli überging und im 16. Jahrhundert von Baldassarre Peruzzi restauriert wurde. Er baute sie zu einem einzigartigen Palast um, indem er die 12 erhaltenen Arkaden des Theaters mit einbezog. Im 18. Jahrhundert erwarb die Familie Orsini den Wohnpalast, der seitdem **Palazzo Orsini** heißt.

DER PORTIKUS DER OCTAVIA UND SANT'ANGELO IN PESCHERIA

In augusteischer Zeit beschränkte sich die Bautätigkeit am Forum Holitorium nicht nur auf das Marcellustheater und das Theater des Balbus. In diesem Bezirk, wo der von Quintus Caecilius Metellus 147 v. Chr. erbaute gleichnamige Portikus lag, errichtete Octavian zwischen 27 und 23 v. Chr. einen neuen Portikus, den er seiner Schwester Octavia widmete. Er umschloß einen bereits existierenden und zu diesem Anlass restaurierten Tempel für Juno Regina und einen ganz aus Marmor erbauten Jupiter-Tempel, den der griechische Architekt Hermodoros geschaffen hatte. Unter dem Portikus, der bis zur Bibliothek der Octavia reichte, wurden zahlreiche Kunstwerke der größten griechischen Bildhauer aufbewahrt: Phidias, Praxiteles, Skopas und Lysipp. Von dem einst über hundert Meter langen Portikus sind heute die südlichen Propyläen mit korinthischen Säulen und Fronton erhalten, dank einer Restaurierung durch Septimius Severus 203 n. Chr., an die eine Inschrift auf dem Architrav unter dem Tympanon erinnert. Vom Mittelalter bis zur Auflösung des Ghettos diente der Portikus als Fischmarkt, nach dem im 12. Jahrhundert die um 755 gegründete Diakonie Sant'Angelo benannt wurde.

Die Kirche **Sant'Angelo in Pescheria** ist als Pronaos in den Portikus der Octavia einbezogen und wurde im 15. Jahrhundert im Stil der Frührenaissance verändert, der an den Pfeilern des dreigeteilten Kirchenschiffes und an der Holzbalkendecke erkennbar ist. Das Innere bewahrt in der zweiten Kapelle links ein Fresko, *Madonna mit Kind und Engeln*, das Benozzo Gozzoli zugeschrieben wird.

Die Propyläen des Portikus der Octavia.

SANTA MARIA IN CAMPITELLI

Es handelt sich um eine der interessantesten Schöpfungen des Architekten Carlo Rainaldi. Der 1662 begonnene und fünf Jahre später vollendete Bau ersetzte eine Vorläuferkirche, die wenig entfernt in der Nähe des Palazzo Lovatelli stand. Die neue Kirche sollte das vielverehrte Bild der Muttergottes aufnehmen, die eine 1656 ausgebrochene Epidemie von der Stadt abgewandt hatte.
Rainaldi gelang hier ein geniales Spiel mit der Perspektive, sowohl an der **Fassade**, die durch eine elegante Säulenkomposition belebt wird, als auch im **Inneren**, wo der wirkungsvolle Wechsel von Säulen und vorkragenden Gesimsen an den Schnittpunkten des Lang- und Querhauses und der verlängerten Apsispartie, über der sich eine harmonische **Kuppel** wölbt, wieder aufgegriffen wird. Die Gesamtwirkung des Innenraumes wird durch den prunkvollen **Hochaltar** hervorgehoben, den Rainaldi selbst entwarf und De Rossi in Zusammenarbeit mit Ercole Ferrata und Schor im Jahre 1667 ausführten. In der Mitte prangt das wundertätige Marienbild *Santa Maria in Portico,* ein Werk aus dem 11. Jahrhundert aus emaillierter Folie. Kostbares Kirchengerät enthält die sogenannte Reliquienkapelle, in der u.a. der *Altar des hl. Gregor von Nazianz* bewahrt wird, eine byzantinische Arbeit des 12. Jahrhunderts, die mit kunstvollen Mosaiken geschmückt ist. Die erlesene Ausstattung der Kirche beruht darüber hinaus auf außerordentlich wertvollen Kunstwerken, wie einer *Madonna mit den Heiligen Joachim und Anna* von Luca Giordano und der *Geburt des Täufers* von Baciccia.

SANTA CATERINA DEI FUNARI

Die Epoche, in der diese Kirche an der Stelle der Vorläuferkirche Santa Maria Dominae Rosae wiederaufgebaut wurde, das heißt in den Jahren von 1560 bis 1564, reiht dieses Gebäude in die Zeit der Gegenreformation ein, obgleich es sich in seinem Baustil unmittelbar an den klassischen Formen der Renaissance inspiriert, wie die ausgewogene **Travertinfassade** zeigt, die der aus Como stammende Guidetto Guidetti schuf. Auf die gleiche Epoche geht der bizarre **Kampanile** zurück, der mit einer reizenden achteckigen Kuppel ausgestattet ist. Der einschiffige **Innenraum** verrät den typischen Stil der Spätrenaissance, mit einer Vorliebe für strenge Formen und Ornamente. Einen interessanten Gegensatz bilden die alle kurz nach der Erbauung der Kirche entstandenen Gemälde, die von den bekanntesten Meistern jener Zeit geschaffen wurden: Annibale Carracci, Federico Zuccari, Raffaellino da Reggio, Girolamo Muziano.

SAN NICOLA IN CARCERE

Die Kirche uralter Gründung, mit Sicherheit vor dem Jahr Tausend und einigen Kunsthistorikern zufolge sogar aus dem 7. Jahrhundert, ist für die Geschichte dieses Rione und in gewisser Hinsicht auch für ganz Rom bezeichnend, wo jedes Bauwerk mehr oder weniger das Ergebnis einer Überlagerung unterschiedlicher Epochen und Stile darstellt. In diesem Fall geht das Gebäude, in dessen mittelalterliche Mauern die Reste von drei Tempeln des Forum Holitorium einbezogen wurden, auf die republikanische Zeit zurück und wurde im 1. Jahrhundert n. Chr. neu errichtet.
Im Norden befand sich der **Tempel der Spes**, der nach dem ersten Punischen Krieg erbaut wurde; acht Säulen dieses Tempels zieren heute, unterbrochen durch ein schönes gotisches Portal, die rechte Kirchenflanke. In der Mitte stand **der Tempel der Juno Sospita**, von dem zwei Säulen für die 1599 von Giacomo della Porta geschaffenen Fassade verwendet wurden. Im Süden lag der vermutlich **Janus** geweihte dritte **Tempel** aus dem Jahr 260 v. Chr., von dem noch sechs in die linke Gebäudeseite einbezogene Traver-

Die Fassade der Kirche Santa Maria in Campitelli weist mehrere Giebel von unterschiedlicher Form auf.

San Nicola in Carcere, die Fassade der Kirche und die Säulen aus römischer Zeit an der rechten Flanke.

tinsäulen zeugen. Für den spätromanischen **Kampanile** verwendete man einen früheren Wehrturm.Das **Innere** mit basilikalem Grundriß besitzt ebenfalls Säulen und Kapitelle aus früheren Epochen und zeigt an den Seitenwänden Spuren der am Außenbau sichtbaren Tempel. Unter den zahlreichen hier bewahrten Gemälden verdienen die Fresken von Giovanni Baglione Erwähnung, mit denen die Cappella Aldobrandini geschmückt ist, wie auch die fragmentarische *Madonna mit Kind* von Antoniazzo Romano etwa aus dem Jahr 1470.

PALAZZO MATTEI DI GIOVE

Anfang des 15. Jahrhunderts wurde das Areal, auf dem in der Antike das **Theater des Balbus** (13 v. Chr.) stand, zum Teil von den Häusern der Mattei eingenommen. Im Laufe der Jahrzehnte war die römische Adelsfamilie mit all ihren Nebenlinien Eigentümer der umliegenden Besitzungen geworden, bis diese verschiedenen Patrizierhäuser Mitte des folgenden Jahrhunderts schließlich einen ganzen Häuserblock, die sog. "Isola Mattei", einnahmen.
Neben dem **Palazzo di Giacomo Mattei** und dem **Palazzo dei Mattei di Paganica**, beides Nanni di Baccio Bigio zugeschriebene Werke aus der ersten Hälfte des Cinquecento, stellt der **Palazzo Mattei di Giove** zweifellos das bezeichnendste Beispiel des Bauprogramms dieser Patrizierfamilie dar. Das letztgenannte Gebäude wurde 1589 von Carlo Maderno als Wohnpalast für Asdrubale Mattei entworfen und von 1613 bis 1618 durch streng anmutende, geradlinige Fassaden an der Via Caetani erweitert. Zugeständnisse an einen dekorativeren Stil und an eine Belebung der Baumassen finden sich hingegen im *Innenhof* und an der *Ehrentreppe*. Der Hof ist phantasiereich gestaltet mit klassichen Figurenreliefs, die in aufwendige Rahmungen gefasst sind und im Wechsel mit Statuen und auf Konsolen stehenden Büsten erscheinen. An einer Hofseite verläuft eine harmonische *Loggia*, die mit Stuckarbeiten im Stil der Antike und mit Büsten von Kaisern (16. Jh.) geschmückt ist. Im **Inneren**, das gegenwärtig zahlreiche kulturelle Einrichtungen beherbergt, reihen sich viele große Säle aneinander, die von den bedeutendsten römischen Meistern des Spätmanierismus und Barock ausgemalt wurden: Domenichino, Pomarance, Pietro da Cortona, Giovanni Lanfranco.

Der Innenhof des Palazzo Mattei di Giove mit reich dekorierter Loggia.

DIE SYNAGOGE

Nachdem das Ghetto im Jahre 1888 aufgelöst und die baufälligen Häuser fast alle abgerissen worden waren, beschloss man, für die bevölkerungsreiche jüdische Gemeinde in der Hauptstadt einen Tempel zu bauen, mit dem die antike Geschichte und jahrhundertealte Kultur dieses Volkes gewürdigt werden sollte. So entstand Anfang des 20. Jahrhunderts nach Plänen der Architekten Osvaldo Armanni und Vincenzo Costa die römische Synagoge.
Der Grundriss über griechischem Kreuz und die **Kuppel** spiegeln den typischen Stil aus der Zeit Umbertos I. wider, während die Dekoration sich vage an der assyrisch-babylonischen Baukunst inspiriert, in welche die Symbole des Judentums, der Davidsstern, der siebenarmige Leuchter und die Gesetzestafeln, einfließen.
Das **Innere** weist erhöhte Matroneen auf, die an drei der vier Kreuzarmen verlaufen; der vierte Kreuzarm, der als"Apsis" dient, enthält eine Ädikula mit der Bundeslade. Das Gebäude beherbergt auch das kleine sehenswerte **Museum der jüdischen Gemeinde in Rom** mit Kirchengerät, Drucken, Urkunden und sonstigem Material über die Geschichte der Juden in der Urbs durch die Jahrhunderte.

Die Synagoge ist ein Bau des frühen 20. Jahrhunderts.

Ospedale Fatebenefratelli oder Ospedale di San Giovanni di Dio - Das 1582 gegründete und in den dreißiger Jahren restaurierte Hospital verdankt seine Bezeichnung den Barmherzigen Brüdern des Hospitalordens des hl. Johannes von Gott, dessen Name auf die Bitte der Bettelmönche beim Almosensammeln Bezug nimmt.

Torre Caetani - Der Turm war Bestandteil der Festungsanlage des mittelalterlichen Rom, zu der auch die Häuser der Anguillara am Tiberufer und die Häuser der Ponziani gehörten, die den anderen Brückenaufgang des Ponte Fabricio kontrollierten.

Ponte Fabricio - Unter der Leitung des Inspektors für Straßenbau (*Curator viarum*) Lucius Fabricius wurde eine frühere Holzbrücke durch eine Steinbrücke aus Tuff- und Peperinquadern ersetzt, die trotz zahlreicher Ausbesserungen im Mittelalter nahezu intakt bis zu uns gelangt ist. Als unter Papst Paul IV. die jüdische Gemeinde 1555 hinter den Mauern des Ghettos eingeschlossen wurde, erhielt die Brücke den Namen Ponte dei Giudei. Aufgrund der beiden vierseitigen römischen **Hermen** wird sie auch Ponte Quattro Capi genannt.

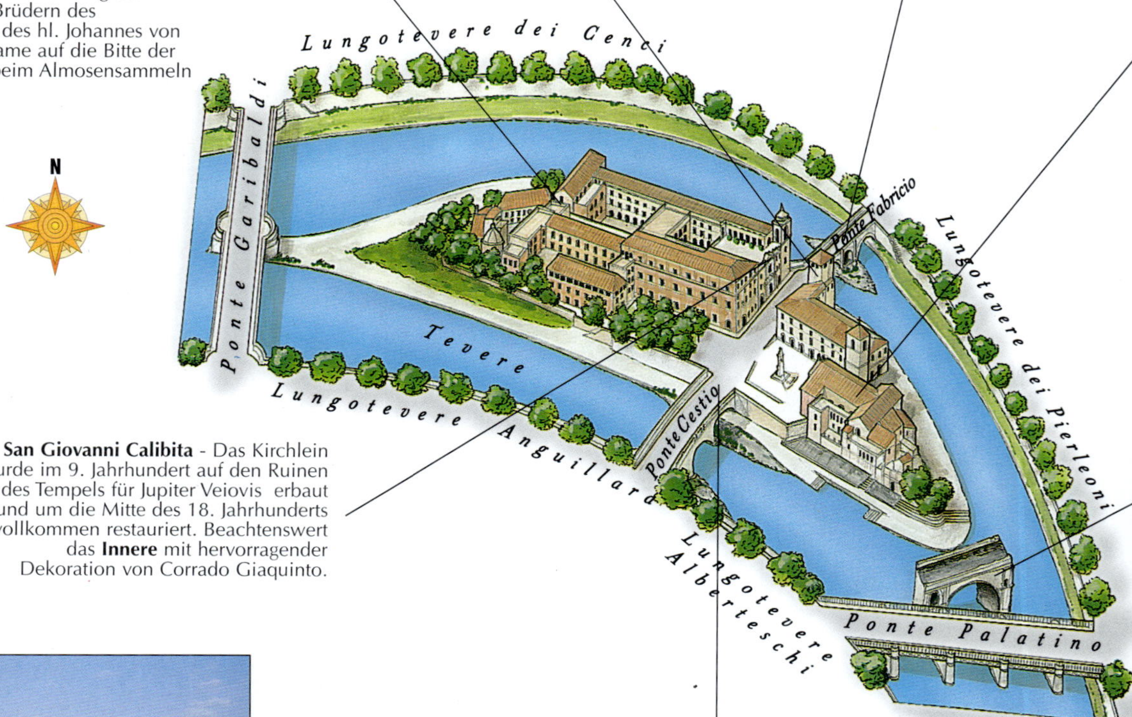

San Giovanni Calibita - Das Kirchlein wurde im 9. Jahrhundert auf den Ruinen des Tempels für Jupiter Veiovis erbaut und um die Mitte des 18. Jahrhunderts vollkommen restauriert. Beachtenswert das **Innere** mit hervorragender Dekoration von Corrado Giaquinto.

Ponte Cestio - Die von Lucius Cestius gebaute Brücke war bereits mehrmals wiederhergestellt worden, bevor sie unter Kaiser Gratian durch den Präfekten Symmachus mit Baumaterial aus dem Marcellustheater vollkommen neuerbaut wurde. Weitere Reparaturen erfolgten im Mittelalter und in moderner Zeit, bis die Brücke im Zuge der Arbeiten für den Bau der Tiber-Dämme ihr heutiges Aussehen annahm.

DIE TIBERINSEL

Eine alte Legende über Rom berichtet, dass nach der Vertreibung des letzten Königs, Tarquinius Superbus, der Senat dessen gesamten Besitz beschlagnahmen und zerstören ließ, unter anderem riesige Getreidevorräte, die in den Tiber geworfen wurden. Das immense Erntegut soll sich mit dem Schlamm des Flusses vermischt haben, so dass eine regelrechte Insel entstanden ist. Fest steht jedenfalls, dass diese Tuffsteininsel seit der Gründung der Stadt eine handelsstrategisch wichtige Rolle gespielt hat, sowohl als Stützpunkt zur Überquerung des Tibers wie auch als Flusshafen und Umschlagplatz für die auf dem Wasserweg transportierten Waren. Schon in frühester Zeit hatte man hier ein Heiligtum errichtet, das dem Flussgott Tiberinus geweiht war. Die Bedeutung der Insel als heilige Stätte nahm im Laufe der Zeit zu, als sie einer anderen Legende nach dem Kult des Heilgottes Äskulap gewidmet wurde, der 293 v. Chr. eine Pest abwenden konnte. Um das Ende der schweren Epidemie zu erflehen, schickte man eine Gesandtschaft nach Epidauros, in Griechenland, wo dieser Gott beheimatet war. Mit dem ihm heiligen Symbol, einer Schlange, kehrte die Delegation nach Rom zurück. Als der Dreiruderer in die Nähe der Tiberinsel kam, glitt die Schlange vom Schiff und verbarg sich auf der Insel. Im gleichen Augenblick hatte die Pest ein Ende. An der Stelle, an der das mythische Tier verschwunden war, errichtete man einen Äskulap-Tempel, um den später Portiken für die Unterbringung und Pflege der Kranken gebaut wurden. Zur Erinnerung an die Trireme, mit der die Gesandtschaft nach Rom zurückgefahren war, gab man der Insel die Form eines Schiffes, mit Bug und Heck aus Tuffstein- und Travertinblöcken, die mit den Symbolen des Heilgottes verziert waren. Weitere Tempel entstanden in der Folgezeit auf der Insel, einer für Jupiter Veiovis und einer für Faunus im Jahre 194 v. Chr. Rund zehn Jahre später errichteten die Zensoren Aemilius Lepidus und Marcus Fulvius Nobilioris den Pons Aemilius (auch Pons Senatorius oder Pons Palatinus, und nach dem Einsturz 1598 ***Ponte Rotto*** *genannt), die erste Steinbrücke der Stadt. Mit dem Bau von zwei weiteren Brücken, dem Pons Fabricius (****Ponte Fabricio****) im Jahre 62 v. Chr. und dem Pons Cestius (****Ponte Cestio****) im Jahre 46 v. Chr., wurden zusätzliche Verbindungen von der Insel zu den beiden Tiberufern geschaffen. Hochwasser und menschliche Nachlässigkeit fügten der Insel teilweise Schäden zu, doch blieb sie zu allen Zeiten ein wichtiger Kurort. Im Hochmittelalter errichtete man auf den Ruinen des Äskulap-Tempels, neben einem Brunnen, dessen Wasser eine besondere Heilkraft nachgesagt wurde, ein Krankenhaus. Hier ließ Otto III. später die Kirche* ***San Bartolomeo*** *bauen, die anfangs dem hl. Adalbert, Bischof von Prag, geweiht war und später nach dem in Armenien gemarterten Apostel benannt wurde. Der Kaiser ließ die Reliquien, die er ursprünglich aus Benevent nach Deutschland mitnehmen wollte, auf der Insel, wo ihn im Jahre 1002 hier der Tod ereilte. Die Tradition der Krankenpflege brach auf der Insel nie ab. Im 16. Jahrhundert entstand gegenüber der Kirche das von den Fatebenefratelli geleitete* ***Ospedale di San Giovanni di Dio****, das während der Pest 1656 als Lazarett diente und noch heute in Betrieb ist.*

San Bartolomeo all'Isola - Trotz der erlesenen Barockfassade verrät der romanische Glockenturm das Alter der Kirche, die im 10. Jahrhundert gegründet wurde. Der **Kampanile**, den Papst Paschalis II. veranlasste, geht auf das Jahr 1113 zurück. Die bei einer Überschwemmung 1557 teilweise zerstörte Kirche wurde Ende des Jahrhunderts durch Martino Longhi il Vecchio und 1624 von dessen Neffen, Martino il Giovani, renoviert. So konnten im **Inneren** der skulptierte antike Brunnen (12. Jh.) mit Heilwasser und die vermutlich aus dem Äskulap-Tempel stammenden Säulen bewahrt werden.

Ponte Rotto - Die Brücke bestand ursprünglich aus einem auf Steinpfeilern ruhenden Holzsteg und wurde 142 v. Chr. von den Zensoren P. Scipio Aemilianus und Lucius Mummius fertiggestellt. 1230 riß eine Überschwemmung die Brücke nieder, die unter Gregor IX. mit dem Namen Ponte Santa Maria wiederaufgebaut wurde. Weitere Schäden wurden immer wieder repariert, bis Paul III. Michelangelo mit einer Restaurierung beauftragte, die, allerdings nicht von ihm, 1575 zum Abschluß gebracht wurde. 23 Jahre später wurde sie erneut stark zerstört und nie wieder aufgebaut.

Die Tiberinsel in einer Rekonstruktion des antiken Rom, die im Museo della Civiltà Romana zu sehen ist.

Santa Susanna - Die Kirche, die Quellen zufolge im 3. Jahrhundert auf den Resten des Wohnhauses der hl. Susanna gegründet wurde, ist gegenwärtig das Gotteshaus der in Rom lebenden amerikanischen Katholiken. Der Neubau entstand unter Sixtus IV. und wurde 1595 von Maderno umgestaltet; er schuf einige Jahre später auch die schöne **Fassade**, die schon auf den Barock überleitet.

Moses-Brunnen - Nach dem Vorbild von Triumphbögen und Nymphäen entwarf Domenico Fontana 1587 diese Brunnenwand für die Acqua Felice genannte Wasserleitung, die Sixtus V. auf den Resten der antiken *Aqua Alexandrina* bauen ließ. Die Mittelnische birgt eine kolossale *Moses-Statue* von Sormani und Bresciano (1588), während die seitlichen Skulpturen jeweils *Josua führt die Israeliten durch den Jordan* und *Aaron gibt dem Volk Israels zu trinken* darstellen.

Sala della Minerva - Der in den Überresten der Thermen des Diokletian gelegene Saal wurde 1928 als Planetarium eingerichtet. Gegenwärtig beherbergt er eine kleine Abteilung des **Museo Nazionale Romano**, in der *Skulpturen* aus den Thermen untergebracht sind, unter anderem ein *Satyrkopf* aus den nahegelegenen Caracalla-Thermen, wie auch die berühmte *Aphrodite von Kyrene*, eine Kopie nach griechischem Original, das Praxiteles zugeschrieben wird.

Porta Pia - Berühmtheit erlangte dieses Tor durch die "Bresche", die savoyische Truppen am 20. September 1870 in die Mauer schlugen, um in die Stadt einzudringen. Das Stadttor befindet sich an der Stelle der antiken Porta Nomentana, die Pius IV. als kulissenartigen Abschluß der Strada Felice errichten ließ. Das Tor, das 1561 bis 1564 nach einem Entwurf Michelangelos ausgeführt wurde, besteht aus einem dekorativen Innenportal aus Travertin, das bereits auf den Barock überleitet, und einer Außenfassade von Vespignani im Stil des 19. Jahrhunderts.

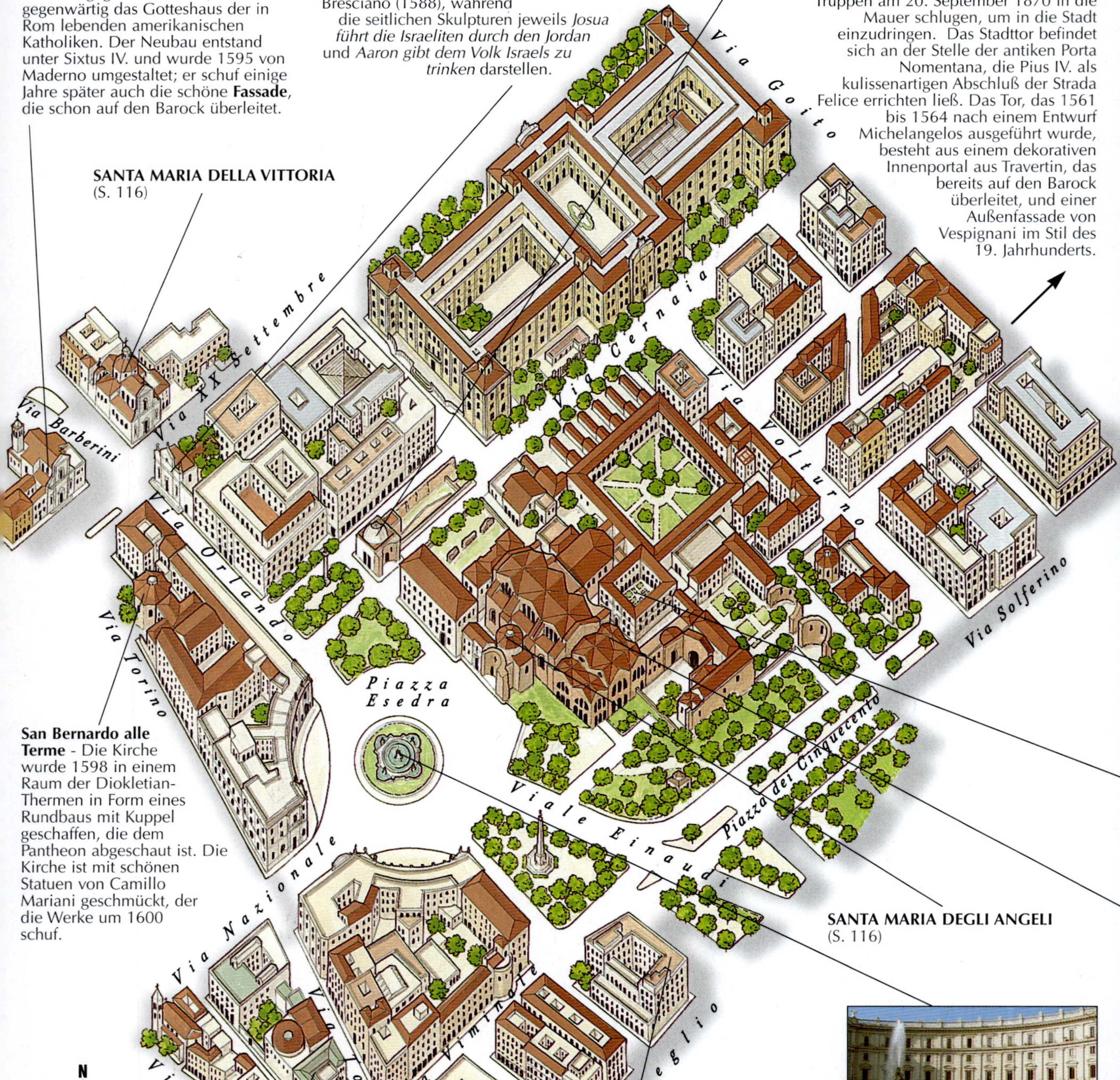

SANTA MARIA DELLA VITTORIA
(S. 116)

San Bernardo alle Terme - Die Kirche wurde 1598 in einem Raum der Diokletian-Thermen in Form eines Rundbaus mit Kuppel geschaffen, die dem Pantheon abgeschaut ist. Die Kirche ist mit schönen Statuen von Camillo Mariani geschmückt, der die Werke um 1600 schuf.

SANTA MARIA DEGLI ANGELI
(S. 116)

Fontana dell'Esedra - Dieser Brunnen, meist **Najadenbrunnen** genannt, ist ein Werk von Mario Rutelli aus dem frühen 20. Jahrhundert. Er steht auf der **Piazza dell'Esedra**, wo Gaetano Koch ihn im ausgehenden Ottocento auf den Resten der großen Exedra der Diokletian-Thermen aufstellte, um an der Via Nazionale einen Monumentaleingang zur Stadt zu schaffen.

Teatro dell'Opera - Das um 1880 gebaute Theater wurde Ende der zwanziger Jahre von Marcello Piacentini restauriert, dem die heutige Fassade zu verdanken ist.

MUSEO NAZIONALE ROMANO (Ehemaliges Collegio Massimo) (S. 117)

PIAZZA ESEDRA UND WOHNVIERTEL UMBERTOS I.

*In der Antike wurde dieser Teil der Stadt innerhalb des servianischen Mauergürtels zwischen Porta Collina und **Porta Viminale** - dieses Tor in der Nähe des Bahnhofs ist nur teilweise erhalten - vom Agger eingenommen, einem Erdwall, den man im 4. Jahrhundert v. Chr. zur Verstärkung der Mauer aufgeschüttet hat, um die feindlichen Angriffen mehr ausgesetzten nördlichen Stadtteile besser schützen zu können. Bereits in der Kaiserzeit wurde die Mauer teilweise abgetragen und in verschiedene Gebäude einbezogen, unter anderem in die riesigen **Thermen des Diokletian**, die unter den Kaisern Diokletian und Maximinian auf einem 11 Hektar großen Areal gebaut wurden. Von der Anlage gelangte nur der zentrale Baukörper zu uns, den Michelangelo zur Basilika **Santa Maria degli Angeli** umgestaltete. Die übrigen Teile des Agger bestanden noch im 19. Jahrhundert, bis sie im Zuge der von König Umberto I. von Savoyen veranlassten Stadtausdehnung eingeebnet wurden.*

*Im 3. Jahrhundert wurde die servianische Mauer durch die **aurelianische Mauer** ersetzt, von der trotz des Abrisses erheblicher Teile noch lange Abschnitte sichtbar sind. In der Nähe der Porta Nomentana, der in die Stadtmauer einbezogenen heutigen **Porta Pia**, standen die **Castra Praetoria**, eine Kaserne, die von Tiberius 23 n. Chr. für die Prätorianer, die persönliche Leibwache des Kaisers, gegründet und unter Aurelian vergrößert wurde. Wenig entfernt lagen einige der ältesten christlichen Kirchen und Begräbnisstätten der Stadt. An der Via Nomentana ließ Konstanze, die Tochter Kaiser Konstantins, im Jahr 342 am Marterort der Heiligen Agnes die Basilika **Sant'Agnese fuori le Mura** errichten. Hier existierten bereits die gleichnamigen **Katakomben**, in deren Nähe die Prinzessin zusammen mit ihrer Schwester in einem Rundbau begraben wurde. Dieses ursprüngliche **Mausoleum** wurde später zunächst in ein Baptisterium und später in die Kirche **Santa Costanza** verwandelt. Das ganze Mittelalter hindurch blieb dieses Gebiet offenes Land, das in mehr oder weniger ausgedehnte Besitztümer reicher Adelsfamilien unterteilt war. Aus den vereinzelten Landhäusern wurden im Laufe der Zeit Sommersitze und ab dem Cinquecento prächtige Villen mit üppigen Gärten. Aber auch Kirchen und Fontänen baute man vor allem an den Kreuzungen wichter Verkehrswege, wie **Santa Maria della Vittoria**, **Santa Susanna** und den **Moses-Brunnen**.*

*Die bedeutendste Villa - über dem ehemaligen **Collegio Massimo** (heute wird es von einer Abteilung des **Museo Nazionale Romano** eingenommen), das an die Stelle des 1588/89 von Fontana erbauten Palazzo Sistino oder Palazzo di Termini trat - war die Villa Peretti Montalto, die in der zweiten Hälfte des 16. Jahrhunderts im Auftrag des Kardinals Felice Peretti und späteren Papstes Sixtus V. erbaut wurde. Das herrliche Gebäude, das in der Barockzeit für viele römische Villen beispielhaft war, musste leider dem Projekt der **Stazione Termini** weichen. Die Arbeiten für den Hauptbahnhof wurden 1860 von Papst Pius IX. begonnen und konnten erst nach dem Bau der Hauptfassade, die zum Jubiläumsjahr 1950 eingeweiht wurde, abgeschlossen werden. Pius IX. verabschiedete in der gleichen Zeit auch einen Plan für eine neue städtebauliche Anlage des Gebietes zwischen Bahnhof und historischem Zentrum, mit dem er seinen persönlichen Minister, Monsignor Francesco Saverio de Merode, beauftragte. In den Verlauf der im Projekt vorgesehenen und in den letzten Amtsjahren des Papstes nur teilweise verwirklichten Hauptstraßen wurden die Pläne des ausgehenden 19. Jahrhunderts für Rom als Hauptstadt Italiens miteinbezogen. Zusammen mit den von Umberto I. veranlassten Arbeiten ergab sich ein Stadtgefüge, das von einer eklektischen Architektur gekennzeichnet war, die sich häufig am Klassizismus und am römischen Barock inspirierte. Bei einigen Lösungen nutzte man vorhandene Strukturen und auch Überreste einer noch älteren Vergangenheit, etwa bei der Piazza della Repubblica, die unter dem Namen **Piazza Esedra** besser bekannt ist, da ihre Anlage von den riesigen Exedren der Diokletian-Thermen ausgeht. Gleichzeitig wurde der gesamte Nordstreifen der Stadt bebaut, wo die sogenannten Quartieri Umbertini, die von Umberto geschaffenen Wohnviertel , entstanden. Dabei gingen zahlreiche Villen, Gärten und Parks verloren, die nahezu intakt bis in jene Zeit gelangt waren und an die nur noch die eindrucksvolle **Villa Torlonia** (19. Jh.) erinnert.*

Villa Torlonia - Dieser klassizistische Komplex, der von Valadier Anfang des 19. Jahrhunderts entworfen und von Caretti (er schuf den **Adelspalast**) fortgeführt wurde, umfasst einen **Park** mit Ruinen und exotischer Vegetation, zu dem man durch Propyläen Zugang hat. In den eindrucksvollen Bauten, wie der **mittelalterlichen Villa**, dem **Theater**, der **Casa delle Civette** (Eulenhaus) und dem **arabischen Treibhaus,** kommt die für das 19. Jahrhundert typische Vorliebe für alles Exotische und Malerische zum Ausdruck. In der Nähe des Parks befinden sich interessante **jüdische Katakomben**.

Sant'Agnese fuori le Mura - Das Gebäude aus konstantinischer Zeit wurde im 7. Jahrhundert neu errichtet. Der byzantinisch anmutende Stil ist an den *Matroneen* und im *Apsismosaik* erkennbar, das auf Goldgrund die *Hl. Agnes zwischen den Päpsten Symmachus und Honorius* - letzterer mit dem Modell der Basilika in der Hand - zeigt. Die Heilige ist mit den Symbolen ihres Martyriums, Schwert und Scheiterhaufen, und mit Phönix auf ihrem Gewand als Zeichen der Unsterblichkeit, dargestellt. Im Kircheninnneren hat man Zugang zu den unterirdischen **Katakomben der hl. Agnes**, in denen der Leichnam der bei den Christenverfolgungen unter Diokletian gemarterten Heiligen aufgefunden wurde.

Santa Costanza - Die Kirche, unbestritten ein Juwel der frühchristlichen Baukunst, wurde im 4. Jahrhundert als Mausoleum für die Töchter Konstantins, Konstanze und Helena, errichtet und ist neben der Kirche Santo Stefano Rotondo und dem Baptisterium von San Giovanni in Laterano der älteste christliche Rundbau der Stadt. Die Kirche, die in ihrer originalen Struktur nahezu intakt zu uns gelangte, ist um einen zentralen kreisförmigen Raum angelegt, der durch marmorne Zwillingssäulen gegliedert und durch ein ringförmiges Kirchenschiff abgeteilt wird; die Tonnengewölbe dieses **Umgangs** sind ganz mit *Mosaiken* des 4. Jahrhunderts bedeckt, bei denen Pflanzenmotive, geometrische Elemente und Figurendarstellungen im Wechsel mit Tieren und noch an heidnischen Vorbildern inspirierten Amoretten erscheinen. Christliche Motive finden sich hingegen in den Mosaikdekorationen der beiden kleinen seitlichen **Apsiden** mit den Darstellungen *Christus übergibt Petrus die Schlüsselgewalt* und *Christus überreicht das Evangelium*.

MUSEO NAZIONALE ROMANO
(Museo Nazionale Romano delle Terme)
(S. 117)

Thermen des Diokletian - Der im Jahr 298 begonnene und 306 fertiggestellte Bau, der das Schema der Trajan-Thermen aufgreift, war die größte Thermenanlage in Rom. Um sich eine Vorstellung von den riesigen Ausmaßen des Komplexes zu machen, sei daran erinnert, dass das *Tepidarium* später zur Basilika Santa Maria degli Angeli umgestaltet wurde, die *Exedra* den davor liegenden Platz bildet und einer der *Rundbauten* an den Ecken der äußeren Ummauerung in die Kirche San Bernardo verwandelt wurde. Die Thermen faßten 3000 Personen und nahmen mit allen Nebengebäuden, einschließlich Nymphäen, Palästren, Bibliotheken und riesigen Gartananlagen, eine fast 11 Hektar große Fläche ein.

Santa Maria della Vittoria, die Fassade des 17. Jahrhunderts und (Mitte) die Heilige Theresia, eine Skulptur von Bernini.

Nebenstehend, die stadtwärts gerichtete Seite der von Michelangelo entworfenen Porta Pia.

Das Innere der Kirche Santa Maria degli Angeli, die einige Räume der gewaltigen Thermenanlage des Diokletian einnimmt.

SANTA MARIA DELLA VITTORIA

Die von Maderno 1608 begonnene Kirche, die auf einer früheren Kapelle des Karmeliterklosters entstand, sollte ursprünglich auf Wunsch des Kardinals Scipione Borghese, der den Bau finanziert hatte, dem hl. Paulus gewidmet werden. Aber dann trat ein Ereignis ein, das der Kirche den Namen Santa Maria della Vittoria eintrug. Als die von Ferdinand II. von Habsburg angeführten katholischen Truppen 1620 die protestantische Miliz schlagen konnten, schrieb man diesen Sieg einem Marienbild zu, das man in der Nähe des Schlosses von Pilsen gefunden und in die noch im Bau befindliche Kirche gebracht hatte. Sechs Jahre später wurde das Gebäude mit der Errichtung der Fassade nach einem Entwurf von Giovanni Battista Soria fertiggestellt, der sich an der benachbarten Kirche Santa Susanna inspirierte.
Der einschiffige **Innenraum**, mit Kuppel jedoch ohne Tambour, wurde in dem damals vorherrschenden Barockstil mit schönen Friesen sowie mit Marmor-, Stuck- und Golddekorationen ausgestattet. Zur weiteren Ausschmückung trugen auch die Gemälde von Domenichino in der zweiten Kapelle rechts bei, die letzten, die der Künstler in Rom ausführte. Sie haben den *Hl. Franz von Assisi* zum Thema, der in einigen Episoden dargestellt ist, wie auch den *in den dritten Himmel entrückten hl. Paulus*, ein Werk von Gherardo delle Notti aus dem Jahr 1620. Das größte Meisterwerk in dieser Kirche, das in der Cappella Cornaro bewahrt, wird, ist die **Heilige Theresia** von Bernini. Dieses ebenso eindringliche wie erlesene Werk stellt die Heilige, vom Pfeil eines Engels getroffen, in mystischer Verzückung dar, während einige Mitglieder der Familie Cornaro in kostbaren reichen Gewändern des 17. Jahrhunderts von logenartigen Nischen aus der Szene beiwohnen.

SANTA MARIA DEGLI ANGELI

Die Idee, die gewaltigen Ruinen der Diokletian-Thermen in eine christliche Kirche zur Verehrung der Engel und Heiligen zu verwandeln, die der Legende nach den Bau verwirklicht haben, stammt von einem einfachen Priester, Antonio del Duca. Ihm war es gelungen, Papst Pius IV. für das Unternehmen zu gewinnen, der 1561 Michelangelo den Auftrag erteilte. Begeistert von dem Projekt, willigte der große toskanische Künstler ein. Leider konnte er sein Werk nicht mehr vollendet sehen, das sich fast ausschließlich auf die Neubelebung des altrömischen Komplexes beschränkte und auf dem Gebiet der Architektur jenes "Nonfinito" darstellt, das viele Skulpturen des Meisters kennzeichnet. Die Arbeiten betrafen das antike Tepidarium, das - zusammen mit vier Räumen jeweils auf den vier Seiten - in eine Kirche verwandelt wurde. Das Gebäude mit Grundriss auf griechischem Kreuz war mit drei Eingängen ausgestattet. Nach dem Tod Michelangelos übernahm Jacopo del Duca die Bauleitung, während gleichzeitig die Kartäusermönche, denen Pius IV. den Komplex anvertraut hatte, den Bau des **Klosters** (heute Epigraphische Abteilung des **Museo Nazionale Romano**) überwachten, dessen **großer Kreuzgang** ebenfalls nach einem Entwurf des toskanischen Meisters erbaut wurde. Im 18. Jahrhundert wurden mit der Errichtung der Kapelle des hl. Bruno und der Kapelle des Seligen Albergati zwei der drei Eingänge verschlossen. Das **Innere** wurde anlässlich des Jubiläumsjahres 1750 von Luigi Vanvitelli neu gestaltet. Zu den bereits vorhandenen 14 Meter hohen roten Granitsäulen des **Querschiffes** stellte man im Nebenarm an dem verbliebenen Eingang weitere Säulen auf. Zahlreiche *Altarbilder* stammen aus der Peterskirche. Weitere Gemälde schmücken den Kirchenraum, unter anderem das *Martyrium des hl. Sebastian* von Domenichino und die *Taufe Jesu* von Maratta (sein Grab befindet sich in der Vorhalle) im Presbyterium, sowie die *Messe des hl. Basilius* von Subleyras im linken Querschiff.

MUSEO NAZIONALE ROMANO

Das **Museo Nazionale Romano**, ein Ende des 19. Jahrhunderts gegründetes, bedeutendes archäologisches Museum, enthält eine umfangreiche und vielseitige Sammlung mit kostbaren Fundstücken und Zeugnissen der Geschichte und Zivilisation aus dem antiken Rom. Durch eine Neuordnung des Museums im Jahr 1997 sind drei große Abteilungen (jeweils mit der Möglichkeit für Dauer- und Wechselausstellungen) entstanden, die in drei verschiedenen Gebäuden der Stadt untergebracht sind. Zu dem bisherigen Hauptsitz in den **Thermen des Diokletian** (dem sogenannten **Museo Nazionale Romano delle Terme**, heute ausschließlich der Epigraphischen Sammlungen vorbehalten), sind zwei neue Ausstellungssitze hinzugekommen, die durch die Auflösung des vorgenannten Museums entstanden sind und jeweils in den Räumen des **Palazzo Altemps** an der Piazza Navona und des ehemaligen **Collegio Massimo** Aufnahme gefunden haben.
Letzteres folgt einer thematischen Anordnung, bei der in verschiedenen Abteilungen die einzelnen Phasen der kunsthistorischen und kulturgeschichtlichen Entwicklung der römischen Zivilisation von der republikanischen Zeit bis zur Kaiserzeit aufgezeigt werden. Der Rundgang beginnt mit einer umfangreichen Auswahl von Werken, vor allem *Büsten* und *Porträts*, an denen die sozialen Zusammenhänge im republikanischen Rom bis zum Beginn der Kaiserzeit ablesbar sind. Zentralfigur der Kaiserpolitik war *Augustus*, der immer wieder als Gründer, Beschützer und Verteidiger des Vaterlandes auftritt, im Rahmen eines immensen ikonographischen Repertoires, das im Persönlichkeitskult (*Porträt eines hellenistischen Fürsten, Porträt Philipps von Makedonien*) verwurzelt ist, wie ihn die griechisch-hellenistische Kunst kennt; wie sehr er dieser Kunst gegenüber aufgeschlossen war, beweisen die zahlreichen Werke, die er sammelte und von denen er Kopien anfertigen ließ (*Faustkämpfer, Athena vom Caelius, Muse* usw.). Die Evolution der Themen und der Ikonographie zur Zeit der Flavier und in der späten Kaiserzeit findet ihren höchsten Ausdruck in den Dekorationen der großen Kaiservillen und Prunkresidenzen der Aristokraten. Die hier gefundenen Statuen mit Kultcharakter umfassen offizielle Porträts des Kaisers, seiner Familie und von Mitgliedern seines Hofes (*Porträts von Hadrian und seiner Frau Sabina, Porträt des Antinous, Statue des Antoninus Pius*), aber auch an der griechischen Kunst inspirierte Werke, die vom Geschmack und von der Macht der herrschenden Gesellschaftsschicht zeugen (das *Mädchen von Anzio*, der *Ephebe von Subiaco*, die *Schiffe vom Nemi-See, Apollo Chigi*). Der in der damaligen Zeit weitverbreitete Kult des Körpers und der Schönheit kommt in den zahlreichen Statuen zum Ausdruck, mit denen die Sportanlagen, wie Thermen und Gymnastikhallen, geschmückt waren (*Diskuswerfer Lancelotti, Diskuswerfer von Castel Porziano*), während die militärische Macht in der Wiedergabe der Heldentaten der kämpfenden Heere verherrlicht wird (*Sarkophag von Portonaccio*).
Im Rahmen der Reorganisation des Museo Nazionale Romano brachte man im historischen Sitz der Thermen des Diokletian die **Epigraphische Abteilung** unter, die eine reichhaltige Sammlung mit fast zehntausend Inschriften verschiedenster Art enthält, deren Entzifferung und kulturhistorische Standortbestimmung durch ausführliche Untertitel und ensprechendes Bildmaterial ermöglicht wird.

Museo Nazionale Romane delle Terme, Fresko eines auf dem Esquilin aufgefundenen Grabes mit der Darstellung spielender Kinder (1. Jh.)

Museo Nazionale Romano, ehem. Collegio Massimo, Wagenlenker, Fußbodenmosaik (1. Jh.) aus der Villa di Baccano, und Detail eines Marmorsarkophags mit der Heilung eines Blindgeborenen (4. Jh.).

PIAZZA DEL POPOLO UND STADTBEZIRK CAMPO MARZIO

*Von dem antiken Marsfeld (*Campus Martius*) - das in der Senke zwischen Tiber und den umliegenden Hügeln einen Großteil des heutigen Stadtzentrums einnimmt - bewahrt der heutige Stadtbezirk den topographischen Namen und in gewisser Hinsicht auch jenen lieblichen Landschaftsaspekt, der dieses von ausgedehnten Grünzonen gekennzeichnete Gelände seit altersher charakterisiert. Unter anderem befindet sich hier der* ***Pincio****, der damals* Collis Hortulorum*, das heißt "Hügel der Gärten", genannt wurde und heute öffentliche Parkanlage ist.*
Das Marsfeld diente im Altertum vorwiegend öffentlichen Zwecken; insbesondere wurde dieser Stadtteil von Kasernen und dem großen Exerzierplatz für die Ausbildung des römischen Heeres eingenommen. Zu Beginn der Kaiserzeit errichtete man an dieser Stelle das monumentale ***Mausoleum des Augustus*** *oder Augusteum nach dem Vorbild des Mausoleums von Halikarnassos und der antiken etruskischen Hügelgräber. Im Verlauf der im 20. Jahrhundert erfolgten Neuanlage der Piazza Augusto Imperatore stellte man neben dem Mausoleum die nahe der Kirche San Lorenzo in Lucina aufgefundene* ***Ara Pacis*** *auf. Das gesamte Mittelalter hindurch blieb das Gebiet praktisch unbewohnt, mit Ausnahme vereinzelter Häuser, die im 13. und 14. Jahrhundert an dem städtischen Abschnitt der Via Flaminia entstanden waren, sowie eines der Kirche* ***Santa Maria del Popolo*** *angeschlossenen Klosters und des Hospitalkomplexes* ***San Giacomo in Augusta****, auch Ospedale degli Incurabili genannt, der 1339 neben der gleichnamigen Kirche gegründet worden war.*
Ein Jahrhundert später, unter dem Pontifikat von Nikolaus V., bevölkerte sich der Stadtteil zunehmend, vor allem in der Nähe des Flusshafens des Augusteums, wo zahlreiche Fremde, unter anderem Dalmatier und Illyrer, Aufnahme fanden, die sich rund um deren Landeskirche ***San Girolamo degli Illirici*** *oder degli Schiavoni niederließen. Heute gehört diese Kirche der kroatischen Gemeinde an.*
Nach Sixtus V., der mit dem Bau der ***Porta del Popolo*** *an der aurelianischen Mauer eine erste Urbanisation des Gebietes einleitete, erfolgte eine umwälzende Neugestaltung des Stadtgefüges erst ab 1509, als nach der Parzellierung des weitläufigen Besitzes des Ospedale di San Giacomo die Arbeiten für den Bau des sogenannten* ***Tridente*** *in Angriff genommen wurden, einen Komplex mit drei Straßen, die, von der damals trapezförmigen und der Porta del Popolo zustrebenden Piazza del Popolo ausgehend, sich fächerartig zum Stadtzentrum hin öffneten. So entstand neben dem städtischen Abschnitt der antiken Via Flaminia, heute Via del Corso, zwischen 1517 und 1519 in Richtung Tiber die Via Leonina, heute Via di Ripetta, während auf der anderen Seite, dicht am Pincio, die Via Clementina, heute Via del Babuino, angelegt wurde. Im gleichen Jahr wurde auch die Via Trinitatis geschaffen, die sich mit den Straßen des Tridente kreuzte und eine Verbindungsachse zwischen dem Tiber und dem Pincio bildete, an der gegen Ende des Jahrhunderts der* ***Palazzo Borghese*** *erbaut wurde. Parallel dazu wurden weitere Straßen angelegt, so dass sich in diesem Rione zunehmend ein netzförmiges Stadtgefüge bildete, aus dem schwerpunktartig monumentale Privathäuser, wie der* ***Palazzo Rondini****, oder kirchliche Gebäude, wie* ***Sant'Atanasio*** *und das angegliederte Collegio Greco, herausragten. In den folgenden Jahrhunderten wurde die kulissenhafte Straßenflucht des Tridente dank der von Gregor XIII. geförderten Arbeiten verschönert. Der Papst ließ unter anderem auf der Piazza del Popolo einen Brunnen aufstellen, den Sixtus V. 1589 durch den sog.* ***Obelisco Flaminio*** *ersetzte. Im Zuge der Neuanlage der Piazza del Popolo, die Alexander VII. für den Einzug der Königin Christina von Schweden 1655 veranlasste, erlebte auch das Bauwesen einen starken Aufschwung. Damals entstanden einige Meisterwerke der Barockbaukunst, wie die Zwillingskirchen* ***Santa Maria di Montesanto*** *und* ***Santa Maria dei Miracoli*** *und die* ***Kirche Gesù e Maria*** *neben dem Augustinerkloster, alle drei nach Entwürfen von Carlo Rainaldi. Um die Mitte des Jahrhunderts betrafen die städtebaulichen Eingriffe in diesem Rione hauptsächlich die Wiederherstellung des Flusshafens, Porto di Ripetta, der im Verlauf der Bauarbeiten zur Konsolidierung der Tiberufer im 20. Jahrhundert dann demoliert wurde. Der vorherrschende klassizistische Stil des 19. Jahrhunderts inspirierte hingegen Valadier zu einer neuen kulissenartigen Gestaltung der* ***Piazza del Popolo*** *und der Anlage der* ***Passeggiata del Pincio****, einer Panoramastraße, von der man eine bezaubernde Aussicht auf die Stadt genießt.*

SANTA MARIA DEL POPOLO
(S. 121)

Piazza del Popolo - Die heutige Platzanlage ist ein Werk von Giuseppe Valadier aus dem 19. Jahrhundert, der versucht hat, Architektur und Landschaft miteinander zu verflechten, indem er den gewachsenen Hang des Pincio nutzte und die vormals trapezförmige Fläche zu einer elliptischen Form umgestaltete. In der Mitte des Platzes erhob sich der sogenannte **Obelisco Flaminio**, ein ägyptischer monolithischer Granitobelisk aus der Zeit Ramses' II., der aus dem Circus Maximus stammte, wo ihn Augustus einst hatte aufstellen lassen. Die beiden Halbkreise des Platzes hat man mit Fontänen und allegorischen Statuen geschmückt: *Neptun und zwei Tritonen* auf dem zum Tiber gerichteten Halbrund, die *Göttin Roma zwischen Tiber und Aniene* auf der Seite des Pincio.

Palazzo Rondinini - Der Palazzo Rondinini oder Rondanini aus dem 18. Jahrhundert, eine Erweiterung des Stadtpalais, das Flaminio Ponzio für Cavalier d'Arpino baute, beherbergte eine reichhaltige Kunstsammlung, zu der die berühmte *Pietà Rondanini* von Michelangelo gehörte, die heute in Mailand bewahrt wird.

MAUSOLEUM DES AUGUSTUS
(S. 120)

ARA PACIS AUGUSTAE
(S. 120)

San Rocco - Die Kirche, die einst den Hafen von Ripetta überragte, wurde 1499 von der Bruderschaft der Fährleute an der Stelle erbaut, an der früher die Kapelle San Martino aus dem 11. Jahrhundert stand, die in der zweiten Hälfte des 17. Jahrhunderts von Giovanni Antonio de Rossi vollkommen barockisiert wurde. Die heutige Fassade inspiriert sich an Palladio und ist ein Werk Valadiers aus dem 19. Jahrhundert. Das Innere birgt einige beachtenswerte Werke, unter anderem eine interessante *Madonna mit den Heiligen Rochus und Antonius d. Gr., die Pestkranke heilen*, von Baciccia.

San Girolamo degli Illirici - Das Gebäude, das unter Papst Sixtus IV. Mitte des 15. Jahrhunderts an der Stelle der Kapelle Santa Martina (13. Jh.) als Landeskirche für die aus Illyrien kommenden Flüchtlinge entstanden war, wurde 1588 von Martino Longhi il Vecchio in einem Stil wiederaufgebaut, der bereits auf die großen Bauwerke der Gegenreformation überleitet.

Santi Ambrogio e Carlo al Corso - 1471 machte Papst Sixtus IV. der lombardischen Gemeinde die Kirche San Nicola de Tofo zum Geschenk, die anfangs dem hl. Ambrosius geweiht war. Anlässlich der Heiligsprechung von Karl Borromäus im Jahre 1612 begann man zwei Jahre danach mit dem Neubau der Kirche nach Plänen von Onorio Longhi, der später von Martino Longhi il Giovane abgelöst wurde. 1668 vollendete Pietro da Cortona mit der Errichtung der Kuppel den Bau, der zwanzig Jahre später mit der von Kardinal Omodei entworfenen monumentalen Fassade seine endgültige Form erhielt. Das Innere weist als einzige Kirche Roms ein *Deambulatorium* auf, das sich am Chorumgang des Mailänder Doms inspiriert. Die schöne Altartafel am Hochaltar stellt die *Glorie der Heiligen Ambrosius und Karl* dar, ein Werk Marattas, und birgt auf der Rückseite ein kostbares Reliquiar, in dem das Herz des hl. Karl Borromäus aufbewahrt wird.

PORTA DEL POPOLO
(S. 118)

VILLA GIULIA UND ETRUSKISCHES MUSEUM
(S. 122)

MODERNE KUNSTGALERIE
(S. 123)

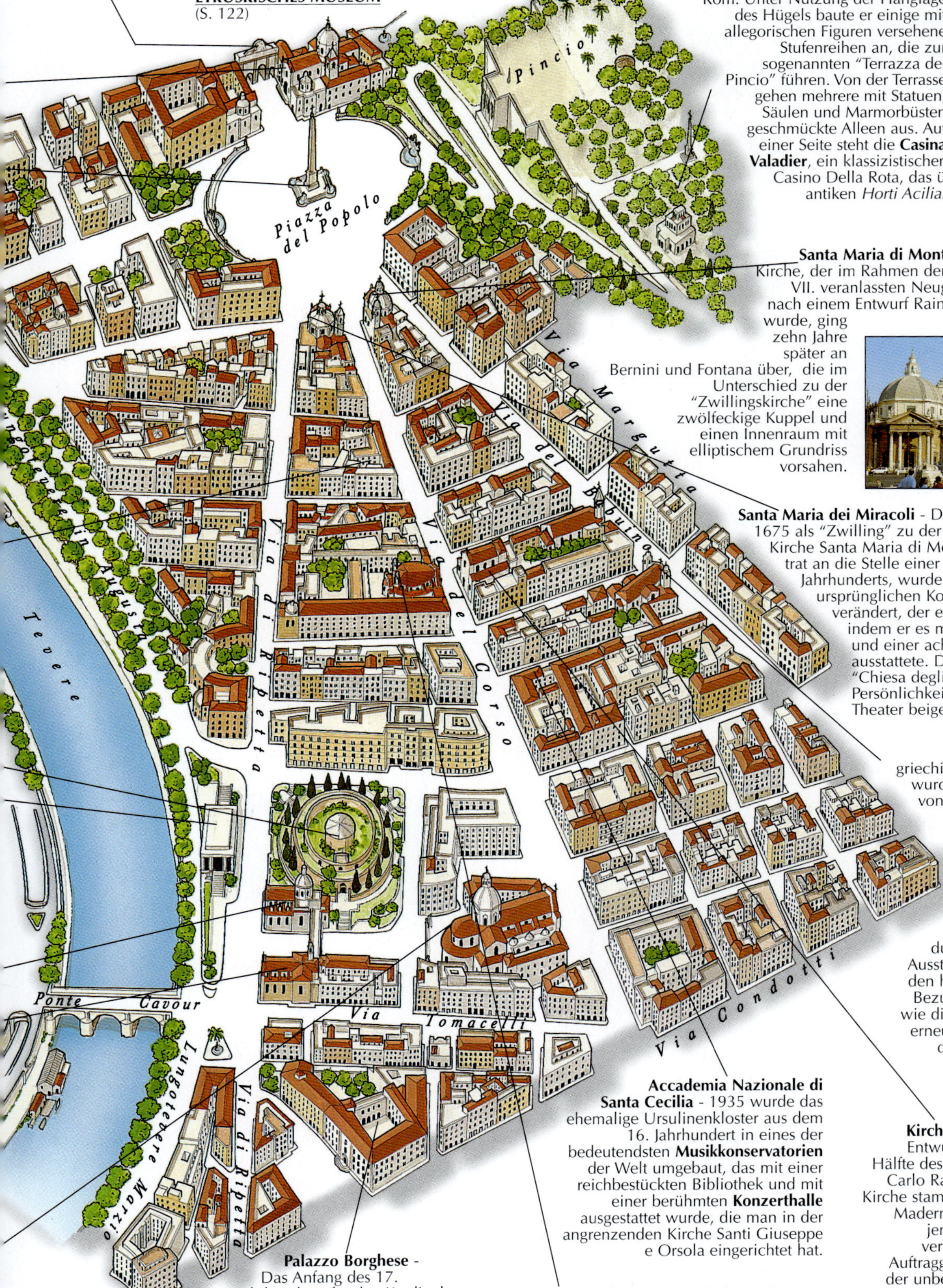

Passeggiata del Pincio - Nachdem der Platz unterhalb des Pincio fertiggestellt war, schuf Valadier 1834 die erste öffentliche Parkanlage in Rom. Unter Nutzung der Hanglage des Hügels baute er einige mit allegorischen Figuren versehene Stufenreihen an, die zur sogenannten "Terrazza del Pincio" führen. Von der Terrasse gehen mehrere mit Statuen, Säulen und Marmorbüsten geschmückte Alleen aus. Auf einer Seite steht die **Casina Valadier**, ein klassizistischer Neubau des früheren Casino Della Rota, das über einer Zisterne der antiken *Horti Aciliani* erbaut worden war.

Santa Maria di Montesanto - Der Bau der Kirche, der im Rahmen der von Papst Alexander VII. veranlassten Neugestaltung des Platzes nach einem Entwurf Rainaldis 1662 begonnen wurde, ging zehn Jahre später an Bernini und Fontana über, die im Unterschied zu der "Zwillingskirche" eine zwölfeckige Kuppel und einen Innenraum mit elliptischem Grundriss vorsahen.

Santa Maria dei Miracoli - Das Bauwerk, das 1675 als "Zwilling" zu der daneben liegenden Kirche Santa Maria di Montesanto entstand, trat an die Stelle einer Kapelle des 16. Jahrhunderts, wurde aber in seinem ursprünglichen Konzept durch Fontana verändert, der es 1681 vollendete, indem er es mit Zentralgrundriss und einer achteckigen Kuppel ausstattete. Die Kirche heißt auch "Chiesa degli Artisti", weil hier Persönlichkeiten aus Film und Theater beigesetzt werden.

Sant'Atanasio - Die griechisch-orthodoxe Kirche wurde von 1580 bis 1583 von Giacomo della Porta erbaut. Der harmonischen, von Zwillingstürmen eingerahmten Fassade entspricht ein ebenso ausgewogener Innenraum, der sich durch die künstlerische Ausstattung und einige auf den hier zelebrierten Ritus Bezug nehmende Details, wie die (im 19. Jahrhundert erneuerte) Ikonostasis und die Dreikonchenapsis, auszeichnet.

Accademia Nazionale di Santa Cecilia - 1935 wurde das ehemalige Ursulinenkloster aus dem 16. Jahrhundert in eines der bedeutendsten **Musikkonservatorien** der Welt umgebaut, das mit einer reichbestückten Bibliothek und mit einer berühmten **Konzerthalle** ausgestattet wurde, die man in der angrenzenden Kirche Santi Giuseppe e Orsola eingerichtet hat.

Kirche Gesù e Maria - Der Entwurf der in der zweiten Hälfte des 17. Jahrhunderts von Carlo Rainaldi fertiggestellten Kirche stammte ursprünglich von Maderno, der dem Gebäude jenes schlichte Gepräge verleihen wollte, das die Auftraggeber, der Bettelorden der unbeschuhten Augustiner, gewünscht hatten. Rainaldi bewahrte diesen strengen Charakter am Außenbau, ließ aber seiner Phantasie in dem barocken Innenraum freien Lauf, der im Auftrag von Giorgio Bolognetti zu einer Art kolossalen Familienkapelle ausgestaltet wurde.

Palazzo Borghese - Das Anfang des 17. Jahrhunderts für den Kardinal Camillo Borghese vermutlich nach Plänen Vignolas errichtete, großartige Gebäude erinnert in der Form an ein Cembalo, wie es im Volksmund auch genannt wird. Der zum Tiber gerichtete Erweiterungsbau, den Flaminio Ponzio zwischen 1612 und 1614 schuf, erhielt demzufolge den Beinamen "Tastatur". Wunderschön der Innenhof mit statuengeschmücktem barockem Nymphäum, dem sog. *Bagno di Venere*.

San Giacomo in Augusta - Carlo Maderno vollendete den Bau dieser Kirche, die Francesco da Volterra im Auftrag des Kardinals Salviati anlässlich des Jubiläumsjahres 1600 begonnen hatte. Der auf elliptischem Grundriss stehende Innenraum, über dem sich eine ebenfalls ellipsenförmige Kuppel wölbt, stellt - als erstes Beispiel in Rom - eine manieristische Interpretation des Pantheons dar.

Ara Pacis Augustae, Gesamtansicht und (unten) ein Friesdetail mit der Prozession.

Luftaufnahme mit Ara Pacis und Mausoleum des Augustus.

ARA PACIS AUGUSTAE UND DAS MAUSOLEUM DES AUGUSTUS

Der Altar wurde zur Feier des wiedererlangten Friedens nach den Feldzügen in Gallien und Spanien im Jahre 9 v. Chr. geweiht. Kaiser Augustus ließ ihn ursprünglich an der Via Flaminia (heute Via del Corso) in der Nähe der heutigen Kirche San Lorenzo in Lucina im Marsfeld, unweit des berühmten *Horologium Augusti*, aufstellen. Der Altar, der während einer Grabungskampagne gegen Ende der dreißiger Jahre wiederentdeckt wurde, fand seinen gegenwärtigen Standort unter einem schützenden Pavillon. Das Monument besteht aus einer rechteckigen Marmoreinfassung, deren vier Seiten im unteren Fries mit wunderschönen Akanthusranken und im oberen Teil mit Reliefs geschmückt sind. Seitlich des Eingangs zeigen sie das *Lupercal*, die Grotte, in der die Wölfin Romulus und Remus säugte, und *Äneas opfert den Penaten*, während auf der gegenüberliegenden Stirnseite eine Allegorie des *Friedens* und die *Göttin Roma* dargestellt sind. Die Reliefs der Schmalseiten zeigen die *Prozession anlässlich der Weihe des Altars*, in der die Figur des Kaisers Augustus und Mitglieder seiner Familie zu erkennen sind. Im Inneren der Einfassung, die inwendig mit Bukranien (Stierschädeln) und Girlanden dekoriert ist, steht der eigentliche Altar, der ursprünglich mit Frauengestalten und Opferszenen verziert war.

Gegenüber dem Friedensaltar steht das **Mausoleum des Augustus**, das der Kaiser im Jahre 27 v. Chr., als der römische Senat ihn nach dem siegreichen Feldzug in Ägypten zum *Augustus* ausrief, als Grabstätte für die julisch-claudische Dynastie errichten ließ. Ursprünglich bestand das Mausoleum aus einem Baukörper mit konzentrisch angeordneten Steinringen, die mit Zypressen bewachsen waren. In der Mitte erhob sich eine riesige Säule, deren Spitze von der vergoldeten Bronzestatue des Kaisers überragt wurde. Im Inneren der Säule befand sich eine Cella mit der Aschenurne des Augustus, wogegen der umliegende Ring die Grabstätten der Familienmitglieder enthielt. Den Eingang des Mausoleums flankierten zwei **Obelisken**, die heute auf dem Esquilin und dem Quirinal stehen.

Piazza del Popolo.

Santa Maria del Popolo, von oben nach unten:
Cappella Chigi, Jonas und der Wal *von Lorenzetto;*
Cappella Della Rovere, Fresko mit Krippendarstellung von Pinturicchio;
Blick auf den Glockenturm mit spitzem Helm und die achteckige Kuppel, Beispiele des lombardischen Renaissancestils in Rom.

SANTA MARIA DEL POPOLO

Die Kirche Santa Maria del Popolo, höchster Ausdruck der Kirchenbaukunst der römischen Renaissance, wurde von 1472 bis 1477 von Papst Sixtus IV. auf einem mittelalterlichen Vorläuferbau aus dem 11. Jahrhundert vollkommen neu erbaut. Papst Pasqualis II. hatte die Kirche, zum Dank an die Jungfrau Maria für ihre Fürbitte bei der Befreiung des Heiligen Grabes, im Jahre 1096 gegründet. Der Name der Kirche soll daher rühren, daß die Kosten für diesen ersten Bau von der Bevölkerung Roms aufgebracht worden war, doch gibt es noch eine attraktivere Geschichte, nach der bei einer der Pappeln (lateinisch *populus*), die hier zahlreich wuchsen, das Gespenst Neros umging und man deshalb den Grundstein zu dieser Kirche legte. Ein Körnchen Wahrheit steckt auch in der zweiten Version, insofern als an der Stelle der heutigen Kirche sich das Mausoleum der Domizi befand, in dem auch der berühmte Kaiser beigesetzt worden war. Das mittelalterliche Gebäude, das mit dem angrenzenden Kloster zunächst an die Augustiner (13. Jh.) und dann an die Lombardische Bruderschaft übergegangen war, wurde von Andrea Bregno und seiner Werkstatt im zeitgenössischen Stil der Kirchenbaukunst der Poebene wiederaufgebaut, wie der **Backstein-Kampanile** mit der typisch lombardischen Form und die achteckige **Kuppel**, die erste dieser Art in Rom, zeigen. Anfang des Cinquecento brachte Bramante unter Julius II. einige Veränderungen in die Struktur des 15. Jahrhunderts ein, die vor allem die Neugestaltung des Chors und den nach einem Entwurf Raffaels verwirklichten Bau der Cappella Chigi betrafen. Rund ein Jahrhundert später veränderte Bernini noch einmal das Renaissancegebäude, indem er die **Fassade** dekorierte und den Innenraum radikal barockisierte, wo er zahlreiche Kapellen, unter anderem die von Carlo Fontana entworfene Cappella

Cybo, hinzufügte. Das **Innere** der Kirche gleicht einem Museum mit Kunstwerken des 13. bis 17. Jahrhunderts. Gleichzeitig mit dem Bau der Kirche entstand der Hochaltar, ebenfalls ein Werk Bregnos (der auch mehrere sehenswerte *Grabmonumente* in den Kapellen schuf), das sich heute in der Sakristei befindet und durch einen Altar aus dem 17. Jahrhundert ersetzt wurde; hier wird das älteste Kunstwerk der Kirche bewahrt, die *Madonna del Popolo*, ein Tafelgemälde des 13. Jahrhunderts, das ursprünglich für ein eigenhändiges Werk des hl. Lukas gehalten wurde. Wunderschöne *Fresken* von Pinturicchio zieren das Gewölbe des Chors, wo sich zwei *Grabdenkmäler* von Sansovino befinden, die zurecht für die größten Meisterwerke dieses Künstlers gehalten werden. Raffael, der zuvor bereits die **Cappella Chigi** geplant hatte, lieferte auch den Entwurf für die Kuppelmosaiken. Die Kapelle enthält weitere herausragende Kunstwerke wie die eindringliche *Geburt der Heiligen Jungfrau Maria* von Sebastiano del Piombo, *Jonas und der Wal* von Lorenzetto und *Habakuk und der Engel* von Bernini. Die gesamte Dekoration der Kirche ist von diesem Künstler geprägt, nach dessen Entwürfen Antonio Raggi zahlreiche Heiligenfiguren - unter anderem die liebreizende *Hl. Barbara* - ausführte. Die **Cappella Cerasi** im linken Querschiff bewahrt zwei Meisterwerke Caravaggios: die *Bekehrung des hl. Paulus* und die *Kreuzigung des hl. Petrus*, wunderschöne Tafelgemälde, die der Meister 1601/02 schuf.

VILLA GIULIA UND DAS MUSEO ETRUSCO

Der Manierismus fand auf architektonischem Gebiet in dem außergewöhnlichen Komplex der Villa Giulia besonderen Ausdruck, an deren Verwirklichung Vasari, Ammannati und Vignola beteiligt waren, drei herausragende Namen in der Kunstszene um die Mitte des Cinquecento, als das Gebäude im Auftrag von Papst Julius II. in der an die Stadtmauer grenzenden Gegend der sogenannten Vigna Vecchia entstand. Es handelt sich um ein wunderbares Spiel mit Räumen und Volumina, das auf vollendete Weise mit dem herrlichen Rahmen der von den Monti Parioli zum Tiber abfallenden, grünen Hänge verschmilzt. Die einzelnen Baukörper sind um einen **zentralen Hof** und um zwei kleinere Höfe angelegt, wobei ein **Garten** als verbindendes Element der gesamten Anlage

Santa Maria del Popolo, Innenraum:
Sakristei, Marmoraltar von Andrea Bregno;
Kuppelhimmel der Cappella Chigi mit Mosaikschmuck nach einem Entwurf von Raffael.

Villa Giulia, das Nymphäum mit der Fontana dell'Acqua Vergine.

Villa Giulia, Etruskisches Museum, Bronzespiegel (3. Jh. v. Chr.)

dient. Die eigentliche Villa, die Vignola zugeschrieben wird, zeichnet sich durch eine schlichte zweistöckige Fassade mit zwei Vorbauten aus, die von Lisenen, dorischen Säulen und seitlichen Nischen gegliedert wird, und weist auf der Rückseite auf einen ebenfalls von Vignola geschaffenen, ersten Hof, dem die **Loggia** des Ammannati zugewandt ist und von dem man Zugang zum Garten und zum zentralen Hof hat. Von hier aus erreicht man über zwei Treppen das **Nymphäum**, das den ideellen Angelpunkt des gesamten Komplexes darstellt. Es handelt sich um eine Struktur auf drei Ebenen mit zwei übereinandergestellten Loggien. Darunter befindet sich die **Fontana dell'Acqua Vergine**, ein eindrucksvolles Werk von Vasari und Ammannati, das mit Flussgottheiten und Karyatiden geschmückt ist. Ein dritter Hof, der nach dem Tod des Papstes unvollendet blieb und im 18. Jahrhundert verändert wurde, beschließt die kulissenhafte Anordnung der Räume dieser sehenswerten Vorstadtvilla, die als eine der wenigen von der unter Umberto und in moderner Zeit erfolgten Stadtausdehnung verschont geblieben ist. Seit 1889 beherbergt das Gebäude die reichhaltige Sammlung mit etruskischen Antiquitäten und Zeugnisse der italischen Kulturen, die von der Eisenzeit bis zum Beginn des römischen Imperiums blühten. Die Exponate, die gegenwärtig im **Etruskischen Museum** zusammengefasst sind, folgen in der Anordnung einem topographischen Kriterium der jeweiligen Fundorte: von Vulci nach Veji, von Cerveteri bis in die Gegend von *Falerii Novi*, von Palestrina bis nach Umbrien. Besonderes Augenmerk wurde auf die reichen Grabausstattungen gelegt, die von dem hohen künstlerischen Niveau der etruskischen Kultur zeugen. Der **Sarkophag mit Ehepaar** aus dem 6. Jahrhundert v. Chr. stellt zweifellos eines der eindrucksvollsten Zeugnisse des Totenkultes in diesem Volk dar und ist neben der *Ficoronischen Ciste* und den feinen Gebrauchsgegenständen, die im *Grab des Kriegers*, in der *Tomba Barberini* und in der *Tomba Bernardini* gefunden wurden, eine der Hauptattraktionen des Museums.

GALLERIA NAZIONALE D'ARTE MODERNA

Die Moderne Kunstgalerie, die eine große Anzahl mit Werken der bedeutendsten Kunstrichtungen des 19. und 20. Jahrhunderts enthält, wurde 1914 in die Räumlichkeiten des **Palazzo delle Belle Arti** verlegt, der anläßlich der Weltausstellung von 1911 gebaut worden war. Die Anordnung der Werke folgt chronologisch der Entwicklung der italienischen Kunst, ausgehend vom *Klassizismus* (Appiani, Canova, Bartolini) und von der *Romantik* (Hayez, Induno), wobei den Vedutenmalern ein besonderer Raum gewidmet ist, vor allem den Vertretern der sogenannten *Schule von Sorrent*, die es verstanden haben, die warmen und leuchtenden Farbtöne der süditalienischen Landschaft wiederzugeben. Die *Neapolitanische Schule*, die ebenfalls um die Mitte des 19. Jahrhunderts blühte, ist hingegen vertreten durch stark realistisch geprägte Werke, durch Gemälde mit historischem Charakter und Genrebilder (Cammarano, Toma) sowie durch Plastiken, die Persönlichkeiten aus der damaligen italienischen Geschichte und Kultur (Gemito) darstellen. Auch die norditalienischen Schulen der zweiten Hälfte des 19. Jahrhunderts sind ausreichend dokumentiert durch Werke, die dem *Naturalismus* (Selleani, Ciardi) und vor allem den unmittelbar von den zeitgenössischen französischen Kunstbewegungen beeinflussten Strömungen, wie dem *Impressionismus* und dem *Pointillismus* (Corcos, De Nittis, Segantini, Morbelli) angehören. Eine gesonderte Abteilung ist dagegen dem typisch italienischen - insbesondere toskanischen - Phänomen der *Macchiaioli* gewidmet mit Werken der bedeutendsten Vertreter dieser Malrichtung, wie Fattori, Signorini, Cecioni und Lega. Beachtlich ist auch die Anzahl der Werke *ausländischer Meister* (Rodin, van Gogh, Monet, Degas usw.), die hier als vergleichender Bezugspunkt zum besseren Verständnis der vielschichtigen künstlerischen Einflüsse in den einzelnen europäischen Ländern dienen. Viel Raum ist auch der sogenannten historischen Avantgarde vorbehalten, vom *Symbolismus* bis zum *Futurismus* (Balla, Boccioni, Severini), vom *Kubismus* bis zur *metaphysischen Malerei* (Morandi, Carrà, De Chirico), und zu den wichtigsten künstlerischen Strömungen der Nachkriegszeit, vom *Surrealismus* zur *abstrakten* und *informellen Kunst* (Burri, Fontana) und zur *kinetischen Kunst*, die durch zahlreiche Experimente beleuchtet wird (Mari, Alviani, Munari). Den Abschluss bilden die modernsten Kunsttrends, die an einem breiten Spektrum italienischer und ausländischer Künstler (Calder, Tinguely, Pollock) aufgezeigt werden.

Villa Giulia, Etruskisches Museum, attische Amphora mit einer Zeichnung, die sich an einer Episode des Trojanischen Krieges inspiriert, Achilles und Ajax beim Würfelspiel während einer Pause in der Schlacht.

Galleria Nazionale d'Arte Moderna, Jackson Pollock, Gewundene Pfade *(1947)*

DAS MONUMENTALE ROM

**DIE ENGELSBURG UND DER STADTBEZIRK PONTE,
PIAZZA NAVONA UND DER STADTBEZIRK PARIONE,
CAMPO DE' FIORI UND DER STADTBEZIRK REGOLA,
DER GIANICOLO, DAS PANTHEON UND
DER STADTTEIL PIGNA, MONTECITORIO UND
DER STADTBEZIRK COLONNA, DER QUIRINAL UND
DAS STADTVIERTEL TREVI,
PIAZZA BARBERINI UND DER STADTTEIL LUDOVISI,
PIAZZA DI SPAGNA, TRASTEVERE, DER CELIO,
DIE VIA APPIA ANTICA**

CASTEL SANT'ANGELO UND DER STADTBEZIRK PONTE

Das bevölkerungsreiche Stadtviertel, das im Altertum den westlichen Teil des Marsfeldes einnahm, verdankt seinen Namen der später **Ponte Sant'Angelo** *genannten Brücke, die Kaiser Hadrian bauen ließ, um einen Zugang zu seinem Mausoleum - dem heutigen* **Castel Sant'Angelo** *- zu schaffen, auch wenn die Engelsburg, ebenso wie die umliegenden Gebäude, paradoxerweise gegenwärtig im Rione Borgo liegen. Das bereits im 2. Jahrhundert v. Chr. stark besiedelte Gebiet war von einem dichten Straßennetz durchzogen, zu dem die Via Recta gehörte, die auf der heutigen Via dei Coronari verlief und in den städtischen Abschnitt der Via Flaminia (heute Corso) einmündete, während eine dritte Achse den Aelius mit dem Pincio verband. In dem Teil vor der Tiberschleife war das Viertel durch einen Trakt der aurelianischen Mauer geschützt, in der mehrere kleinere Stadttore lagen, und zwar jeweils auf der Höhe einiger Umschlaghäfen am Fluss, wo die Waren aus den zahlreichen Werkstätten dieses Gebiets, vor allem Gerbereien, verschifft wurden.*
Aufgrund seiner wirtschaftlichen Bedeutung kam es zu keiner Zeit, auch nicht im Mittelalter, zu einer Entvölkerung dieses Gebiets, das im Gegenteil als einziger Bezirk Roms von der Gründung der Stadt bis in unsere Tage ununterbrochen bewohnt war. Im 15. Jahrhundert nahm das Prestige noch zu, als nach der Übersiedlung des Heiligen Stuhls vom Lateranpalast in den Vatikan Sixtus IV. ein umfangreiches städtebauliches Projekt einleitete, das dann von seinen Nachfolgern fortgeführt wurde. Vorgesehen war die Eröffnung der Via Papalis, wo heute die Via dei Banchi Nuovi und die Via del Governo Vecchio verlaufen, sowie die Verbesserung der Via Peregrinorum, heute Via dei Banchi Vecchi, die vor allem während der Jubiläumsjahre von den Pilgern benutzt wurde, die sich in die Peterskirche begaben.
Die Arbeiten brachten eine starke Belebung des Bauwesens mit sich, insbesondere in der unmittelbaren Umgebung der Engelsbrücke, wo sich im Laufe der Jahrhunderte eine beachtliche florentinische Kolonie gebildet hat. Die Zahl der Florentiner nahm im 16. Jahrhundert noch zu, als ein Mitglied der Medici-Dynastie zum Papst (Leo X.) gewählt wurde. Die Gemeinde aus der Lilienstadt, zu der vornehmlich Bankiers und Geldwechsler gehöhrten, die in diesem Bankenviertel ihre Geschäfte betrieben, war juristisch unabhängig und besaß ein 1515 eingerichtetes, eigenes Gericht sowie eine eigene Landeskirche, **San Giovanni dei Fiorentini**.
Die wachsende Bedeutung dieses Stadtteils veranlasste Papst Julius II. zur Förderung eines weiteren städtebaulichen Projektes, das den Anschluss des Bezirks zur Peterskirche und zum Hafengebiet von Trastevere vorsah, die jeweils den wirtschaftlichen, kirchlichen und kommerziellen Pol der Stadt darstellten. Der Papst ließ die zum Vatikan führende Via Giulia bauen und zahlreiche Gebäude errichten, die für die Verwaltung dieses Bezirks erforderlich waren. So entstanden die Münzprägestelle, auch **Palazzo del Banco di Santo Spirito** *genannt, die Cancelleria Vecchia - heute* **Palazzo Sforza Cesarini**, *Sitz der Päpstlichen Kanzlei - und das monumentale Gerichtsgebäude an der Via Giulia, das von Bramante 1508 begonnen und nie zu Ende geführt wurde.*
In diesem reinen Geschäfts- und Bankenviertel, wo viele Geldwechslerstuben den ausländischen Pilgern ihre Dienste anboten, entwickelte sich jedoch auch ein blühendes Handwerk, das noch in Straßennamen wie **Via dei Coronari** *nachklingt, wo die ehemaligen Verkäufer von Münzen, Medaillen und Devotionalien in jüngerer Zeit von Antiquitätenhändlern abgelöst wurden.*
Die Eröffnung des **Corso Vittorio Emanuele II** *und der Bau des Tiberdammes gegen Ende des 19. Jahrhunderts trugen nicht unbeträchtlich zu einer Veränderung dieses Rione bei, der jedoch viel von seinem Reiz und wunderschöne Monumente bewahrt hat.*

Ponte Sant'Angelo - Die 113 von Kaiser Hadrian erbaute Brücke erhielt im Mittelalter den Namen Engelsburg, nachdem Papst Gregor dem Großen hier im Jahre 590 der Erzengel Michael erschienen war. Die Brücke war ursprünglich mit einem Verteidigungsturm ausgestattet. Um die Mitte des 15. Jahrhunderts ließ Papst Nikolaus V. die Brücke nach einem Entwurf Albertis überdachen, um für die Pilger einen geschützten Weg zur Peterskirche zu schaffen. 1536 stellte man anlässlich der Ankunft Karls V. acht Statuen - die Evangelisten und Patriarchen - auf. Bernini ließ sich dadurch zu den die Leidenswerkzeuge tragenden **Engelsfiguren** inspirieren, die seit 1668 die Brüstung zieren.

Banco di Santo Spirito - Das Gebäude entstand als Sitz der Münzprägestelle, vermutlich nach Plänen Bramantes, wurde jedoch von Antonio da Sangallo il Giovane zwischen 1521 und 1524 neu erbaut.

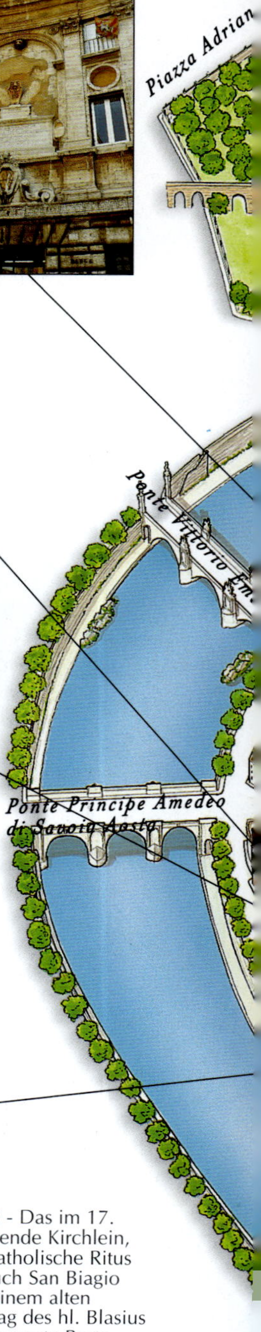

SAN GIOVANNI DEI FIORENTINI
(S. 130)

Palazzo Sacchetti - Der Antonio da Sangallo il Giovane zugeschriebene Palast ist vermutlich jedoch ein Bau von Antonio Lippi aus dem Jahr 1552, der über einem dem Florentiner Architekten gehörenden Haus für den Kardinal Ricci entstanden ist. Das Gebäude, das sich am benachbarten Palazzo Farnese inspiriert, erhielt später einen schönen Garten mit einem von der Tiber-Promenade aus sichtbaren Brunnenhaus.

San Biagio degli Armeni - Das im 17. Jahrhundert erbaute reizende Kirchlein, in dem der armenisch-katholische Ritus vollzogen wird, heißt auch San Biagio della Pagnotta, da hier einem alten Brauch zufolge am Festtag des hl. Blasius am 3. Februar kleine gesegnete Brote verteilt werden.

CASTEL SANT'ANGELO (ENGELSBURG)
(S. 128)

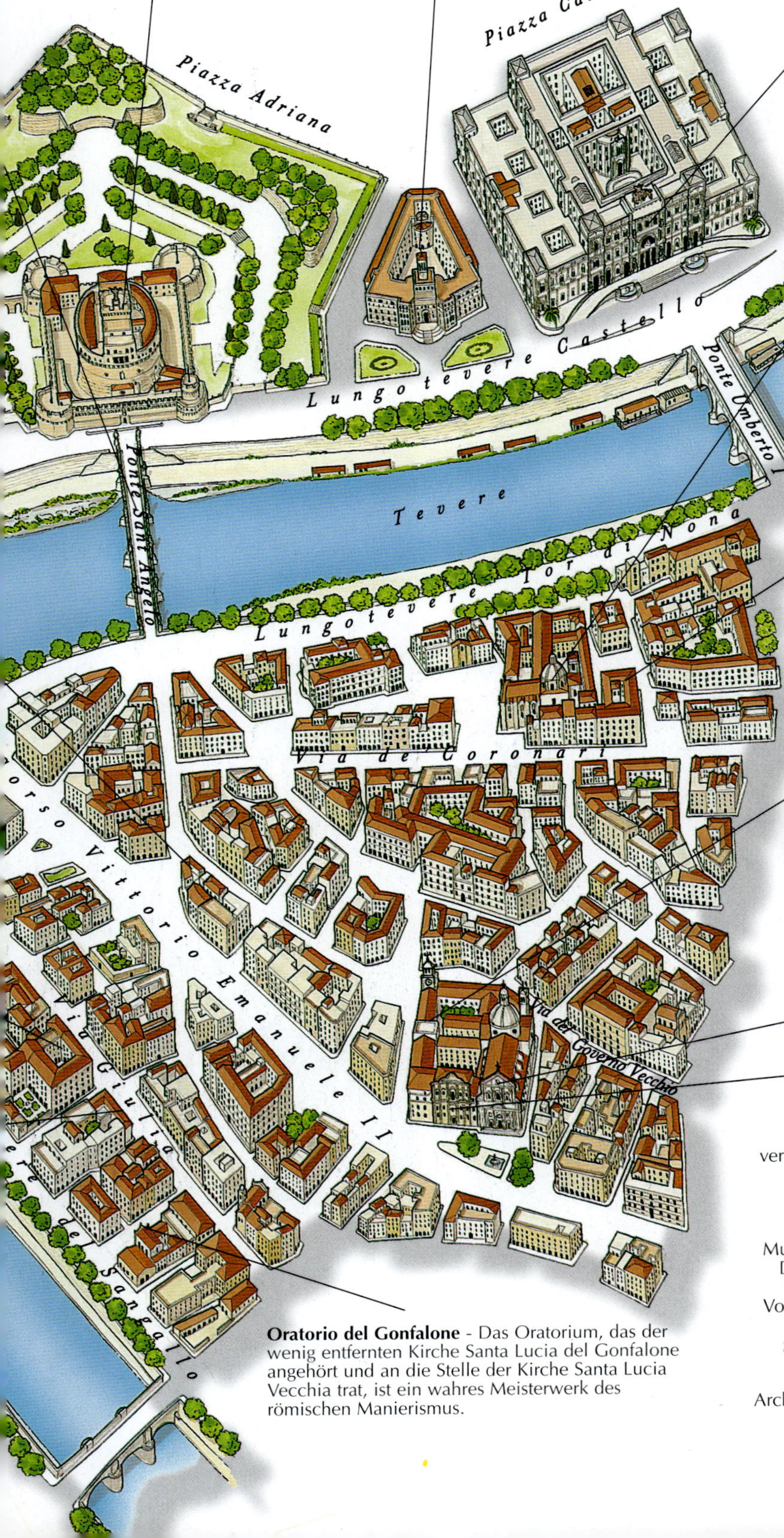

Casa dei Mutilati - Das Gebäude entstand zur Zeit des Faschismus und spiegelt demzufolge den monumentalen Baustil jener Epoche wider, bei dem sich rationalistische Prinzipien mit der Überbetonung klassischer Komponente des antiken Rom verbinden.

Justizpalast - In diesem allgemein **Palazzaccio** genannten riesigen Gebäude, das von Calderini Ende 19./Anfang 20. Jahrhundert in eklektischem Stil errichtete wurde, ist der Oberste Gerichtshof untergebracht.

San Salvatore in Lauro - Die Kirche bestand bereits im 15. Jahrhundert, in einer Epoche, auf die der anschließende Kreuzgang und die Nebengebäude zurückgehen. Trotz des Neubaus im Jahre 1591 durch Mascherino konnte die Kirche ihre Renaissanceformen bewahren. Der einschiffige Innenraum, der sich an Palladio inspiriert, wird von Wandsäulen aus Travertin gegliedert. Die Fassade ist ein Werk des 19. Jahrhunderts.

Palazzo Lancellotti - Das Gebäude wurde von Francesco da Volterra für den Kardinal Scipione Ende des 16. Jahrhunderts neuerbaut und von Maderno fertiggestellt, in dessen Fassade Domenichino das monumentale Portal einfügte. Das Innere bewahrt allegorische Fresken von Guercino.

Uhrturm auf dem Palazzo dei Filippini - Den zum Monte Giordano weisenden Gebäudeteil schmückte Borromini 1647 bis 1649 mit einem luftigen Aufbau, dessen Spiel mit konkaven und konvexen Flächen in einer schmiedeeisernen Bekrönung gipfelt. Der Turm wurde mit einem Mosaik nach einem Entwurf von Pietro da Cortona dekoriert, das die Madonna della Vallicella darstellt.

CHIESA NUOVA (SANTA MARIA IN VALLICELLA)
(S. 131)

Oratorio dei Filippini - In diesem Gebetshaus veranstaltete Filippo Neri die ersten *geistlichen Aufführungen*, bei denen sich sakrale Vorträge mit mehrstimmigen Musikstücken abwechselten. Das Gebäude wurde 1637 von Borromini neuerbaut. Von Borromini stammen auch die Räume des anschließenden **Philippiner-Klosters**, die um drei Höfe angelegt sind. Diese gegenwärtig nur zum Teil von Mönchen bewohnten Räume beherbergen namhafte kulturelle Einrichtungen, wie die Römische Zeitschriftensammlung und das Kapitolonische Archiv, sowie die bedeutende **Biblioteca Vallicelliana**, die erste öffentliche Bibliothek in Rom.

Oratorio del Gonfalone - Das Oratorium, das der wenig entfernten Kirche Santa Lucia del Gonfalone angehört und an die Stelle der Kirche Santa Lucia Vecchia trat, ist ein wahres Meisterwerk des römischen Manierismus.

Engelsburg, Luftaufnahme der Festung und Blick auf die Außenmauer.

Das Mausoleum des Kaisers Hadrian und einige Gebälkfragmente im Detail.

Unten rechts die Bronzestatue des Erzengels Michael, die man im 18. Jahrhundert auf der Spitze der Engelsburg aufstellte.

CASTEL SANT'ANGELO

Die mächtige Festungsanlage, die sich im Wasser des Tibers spiegelt und als Engelsburg bekannt ist, war ursprünglich das **Mausoleum des Kaisers Hadrian**, das der Kaiser selbst 130 n. Chr. als Grabstätte für sich und die antoninische Dynastie geplant hatte. Es bestand aus einem quadratischen Unterbau mit Eingang in Form eines Triumphbogens. Durch einen langen Gang und ein großes Vestibül, die noch erhalten sind, hatte man Zutritt zum oberen Teil des Gebäudes, dessen höchste Stelle eine vergoldete Bronzegruppe mit der Figur des Kaisers auf einer Quadriga krönte. Die Anlage glich einem riesigen Erdhügelgrab nach etruskischem Vorbild und war dem Mausoleum des Augustus nachgebaut. Die in der Mitte des Mausoleums gelegene Grabkammer, in der die Aschenurnen des Kaisers und seiner Familie, und später auch die seiner Nachfolger bis Caracalla Aufnahme fanden, war über eine **spiralförmige Rampe** zugänglich, deren einstige Struktur trotz späterer Veränderungen noch deutlich erkennbar ist.
Bereits unter Aurelian wurde das wenn auch weiterhin als Grabstätte benutzte Mausoleum Hadrians in die Festungsanlage des Pons Aelius (heute **Ponte Sant'Angelo** oder Engelsbrücke) einbezogen, der den Zugang zum Mausoleum bildete. In der Zwischenzeit wurden Gebäudeteile entfernt und für andere Bauten verwendet, wie die Quadern des Außenbaus aus parischem Marmor, die riesigen bronzenen Pfaue, die heute im Belvedere-Hof im Vatikan stehen, und die Marmorsäulen im Heiligtum des Kaisers, die für die Ausschmückung der Basilika San Paolo benutzt wurden. Um 520 verwandelte Theoderich, der die Hauptstadt seines Reiches vorübergehend nach Rom verlegt hatte, das Gebäude in ein Staatsgefängnis, das bis 1901 Bestand hatte (hier waren unter anderem Cellini und Cagliostro inhaftiert), und baute es zur Zeit des blutigen Gotenkrieges zugleich als Festung aus. Einige Jahrzehnte nach dem Konflikt wurde die Stadt 590 von der Pest heimgesucht. Als Papst Gregor d. Große zu jener Zeit eines Tages über die Brücke schritt, sah er auf der Spitze der Burg den Erzengel Michael, der sein flammendes Schwert in die Scheide

Engelsburg, ein Mauerabschnitt und zwei Innenansichten des Kastells.

Unten, Blick von der Brücke zur Engelsburg; die Entwürfe zu den Engelsfiguren mit den Symbolen der Passion Christi stammen von Bernini.

steckte - ein Zeichen, dass die Pestepidemie ein Ende nehmen sollte. Seitdem heißt die Festung Engelsburg, aber erst im Jahre 1544 stellte man zur Erinnerung an diese Episode eine Statue des *Erzengels Michael* auf, ein Bronzewerk von Raffaello da Montelupo, das 1752 durch die heutige Bronzestatue von Verschaffelt ersetzt wurde.
Im Mittelalter diente die Festung vornehmlich als Bollwerk des Vatikans, insbesondere ab dem 11. Jahrhundert, als Papst Leo IV. die Burg in den Mauergürtel einbezog, der sie mit dem nahegelegenen Apostolischen Palast verband und das Gelände der sogenannten Leoninischen Stadt begrenzte. Im 13. Jahrhundert, unter dem Pontifikat von Nikolaus III., wurde auf diesem Mauerabschnitt ein überdachter Gang gebaut, der sogenannte **Passetto** oder **Corridore di Borgo**, ein schneller Verbindungsweg zur Engelsburg, der im Laufe der Jahrhunderte mehrmals restauriert und verschönert wurde. Der erste Papst im Mittelalter, Alexander VI., ließ die Burg durch Giuliano da Sangallo mit einem **Mauerviereck** umgeben, das mit vier nach den Evangelisten benannten, oktogonalen **Ecktürmen**, mehreren Bastionen und einem breiten Graben ausgestattet war. Einige Jahre später wurde unter Julius II. die dem Tiber zugewand-

San Giovanni dei Fiorentini, eine der Statuen, mit denen die Fassade geschmückt ist, und die Kirche in einer Vedute des 18. Jahrhunderts.

San Giovanni dei Fiorentini, Teilansicht der mit Statuen bekrönten Travertinfassade.

te marmorne **Loggia** angefügt. Paul III., der eine türkische Invasion an den Küsten Latiums befürchtete, beauftragte dann Antonio da Sangallo il Giovane mit einer umfassenden Restaurierung der Festungsanlagen und dem Ausbau der Päpstlichen Wohnungen, deren Ausschmückung Mitte des 16. Jahrhunderts von Perin del Vaga und seiner Werkstatt vorgenommen wurde. Die hier verwirklichten Freskenzyklen inspirieren sich an der *Kirchengeschichte* (**Sala Paolina**) und an Gestalten der klassischen Mythologie (**Camera del Perseo, Camera di Amore e Psiche**).
Die Engelsburg hat im wesentlichen ihren Wehrcharakter bewahrt, mit befestigten Erdwällen und Kanonen, mit der **Waffenkammer** Klemens' X. - der Bau von Bernini wurde später als Kapelle für die zum Tode verurteilten Häftlinge benutzt, die im **Cortile dell'Angelo** (Engelshof) hingerichtet wurden -, mit den sog. **Oliare** (Ölkeller), wo man im Falle einer Belagerung Lebensmittel speicherte, und den Wehrgängen, von denen man auch heute noch den gesamten Vatikan und einen Großteil der Stadt überblicken kann.

SAN GIOVANNI DEI FIORENTINI

Anfang des 16. Jahrhunderts reifte in der florentinischen Gemeinde, deren einflußreichste Vertreter in diesem Viertel Roms zahlreiche Banken und Luxusgeschäfte betrieben, der Wunsch heran, eine Kirche zu besitzen, die den Wohlstand seiner Mitglieder zum Ausdruck brächte. So beschloß man, am Anfang der kurz zuvor von Papst Julius II. im Rahmen der Neugestaltung dieses Stadtgebietes eröffneten Via Giulia ein prunkvolles Gotteshaus zu bauen, das Johannes d. Täufer, dem Stadtpatron von Florenz, geweiht war. Den entscheidenden Anstoß zum Bau der Kirche gab die Wahl eines Mitglieds der Medici-Familie zum Papst. So schrieb Leo X. 1519 einen Wettbewerb aus, aus dem Sansovino als Sieger hervorging. Er begann mit dem Bau, wurde aber bald von Antonio da Sangallo il Giovane abgelöst. Die Arbeiten wurden dann 1527 durch die Plünderung Roms, als auch

dieser Rione von Tod und Verwüstung heimgesucht wurde, unterbrochen. 1559 legte Michelangelo Pläne für eine Kirche mit Zentralgrundriss vor, doch bevorzugte man auch weiterhin den Entwurf Sansovinos, der 1583 von Della Porta wiederaufgegriffen wurde. Nach ihm übernahm Maderno die Arbeiten, der 1620 die **Kuppel** fertigstellte.
Nun fehlte nur noch die **Fassade**, für die noch einmal ein Wettbewerb ausgeschrieben wurde, diesmal von Klemens XII., einem Mitglied der Florentiner Familie Corsini, auf die das Wappen am Giebelfeld über dem Mittelportal anspielt. Den Wettbewerb gewann Alessandro Galilei, der auch die Fassade von San Giovanni in Laterano schuf; er führte die strenglinige, feierliche Kirchenfront, die mit Statuen und Reliefs, unter anderem von Della Valle, geschmückt ist, zum Abschluss. Im **Inneren** beeindurckt vor allem der Chorraum, an dem die berühmtesten Künstler des römischen Barock mitwirkten. Die von Pietro da Cortona begonnene vergoldete Kassettendecke wurde durch Borromini, der im übrigen hier bestattet ist, fertiggestellt. Er ist auch der Schöpfer der *Grabmonumente für die Familie Falconieri* und des *Ziboriums auf dem Hochaltar*, das die *Taufe Jesu*, ein Hauptwerk von Antonio Raggi, enthält.

Santa Maria in Vallicella, sog. Chiesa Nuova. Die Fassade inspiriert sich am Vorbild der benachbarten Chiesa del Gesù.

CHIESA NUOVA

Der Name 'Neue Kirche' spielt auf den Wiederaufbau des ursprünglichen Gebäudes im 16. Jahrhundert an, das vermutlich aus der Zeit Gregors d. Großen stammte und von dem die heutige Kirche noch die alte Bezeichnung **Santa Maria in Vallicella** bewahrt, die wiederum auf das später eingeebnete Gelände Bezug nimmt. Die "neue" Kirche ist, wie auch das angrenzende Oratorium von Borromini, an den hl. Philipp Neri, den Gründer bedeutender humanitärer Einrichtungen (Bruderschaft der Allerheiligsten Dreifaltikeit der Pilger und Genesenden) und eifrigen Apostels des Katholizismus geknüpft. Als Anerkennung für seine Arbeit überließ Gregor XIII. ihm 1575 die Chiesa della Vallicella, die der spätere Heilige unverzüglich wiederaufbauen ließ, indem er die Arbeiten zunächst Matteo di Città di Castello und dann Martino Longhi il Vecchio übertrug. Die 1599 geweihte Kirche wurde Anfang des folgenden Jahrhunderts mit der Errichtung der am Vorbild der benachbarten Kirche Il Gesù inspirierten **Fassade** und mit der schönen Dekoration im **Inneren** vollendet, deren Durchführung sich noch bis ins 18. Jahrhundert hinzog. Bestechend wirken die in Stuckrahmungen von Fancelli und Ferrata gefassten Fresken am Gewölbe, an der Kuppel und in der Apsis, die alle von Pietro da Cortona 1647 bis 1665 ausgeführt wurden, unter anderem *Die Hl. Jungfrau Maria erscheint dem hl. Philipp Neri*, der *Triumph der Dreifaltigkeit* und *Mariä Himmelfahrt*. Am Hochaltar drei Meisterwerke von Rubens, die *Jungfrau Maria mit dem Kind* und zwei Gruppen mit *Heiligen*.
Auch die **Kapellen** sind mit hervorragenden Kunstwerken reich ausgestattet. Die Cappella di San Carlo Borromeo, die Rainaldi für die Familie Spada baute, enthält beispielsweise eine herrliche Altartafel von Maratta aus dem 17. Jahrhundert, und die gegenüberliegende Kapelle des hl. Philipp Neri, in der die Reliquien des Heiligen bewahrt werden, erstrahlt ganz in kostbarem Marmor mit Intarsien aus Halbedelsteinen und Perlmutt, vergoldeter Bronze und Stuckarbeiten, ein Barockwerk von Onorio Longhi. Von der Sakristei aus hat man Zutritt zu den auf zwei Ebenen liegenden **Stanze di San Filippo Neri**, die im 17. Jahrhundert wunderschön ausgeschmückt wurden und zahlreiche Erinnerungen an den Heiligen bergen. Unter anderem befindet sich hier eine Kapelle, in der ein beachtenswertes Werk von Guercino mit der Darstellung des *Heiligen mit einem Engel* zu sehen ist.

Santa Maria in Vallicella, Detail des Mittelportals, das von Doppelsäulen und einem Bogengiebel eingerahmt wird.

PIAZZA NAVONA UND STADTBEZIRK PARIONE

Der Rione Parione, ein an antiken Monumenten reicher Stadtbezirk (hier befanden sich das Stadion und das Odeon des Domitian wie auch das Theater des Pompeius), verdankt seinen - von dem lateinischen Wort paries, *Wand, abgeleiteten - Namen den Mauerresten einer dieser Baudenkmäler, auf denen in späteren Jahrhunderten neue wichtige Gebäude des modernen Rom entstanden sind.*
Im Unterschied zu anderen Stadtgebieten war dieser Bezirk zu allen Zeiten bevölkert und galt im Gegenteil im 14. Jahrhundert als der dichtbesiedelste Stadtteil von ganz Rom. Die eigentliche Glanzzeit setzte jedoch erst ein Jahrhundert später ein, als hier einige der schönsten Renaissancebauten der Stadt geschaffen wurden. Unter Sixtus IV. wurde eine Reihe städtebaulicher Maßnahmen eingeleitet, die eine rege Bautätigkeit auslösten. Zunächst legte man zwei neue Verkehrsachsen an, die Via Papalis *und die* Via Florida, *die einen geordneteren Ablauf der Kirchenprozessionen und des päpstlichen Zeremoniells wie auch einen rascheren Abzug des Pilgerstroms nach dem Besuch der Peterskirche ermöglichten. Vor allem bei der feierlichen Einsetzung des Papstes erleichterte die neue Straße den Weg des Pontifex vom Vatikan zur Basilika San Giovanni in Laterano, die er in seiner Eigenschaft als Bischof von Rom symbolisch in Besitz nahm.*
In den beiden folgenden Jahrhunderten zog das in seinem städtebaulichen Gefüge neu angelegte Stadtviertel immer mehr Patrizierfamilien an, die jetzt damit begannen, hier prächtige Wohnpalais zu bauen. Parallel dazu führte die Verlegung des Marktes vom Kapitol auf die Piazza Navona dazu, dass eine große Anzahl Handwerker in den an den Platz grenzenden Straßen ihre Werkstätten eröffneten. Von dieser handwerklichen Ära zeugen noch heute die vielen Ateliers in diesem Stadtbezirk und indirekt auch die Straßennamen, die an längst vergessene Berufe erinnern: Wamsmacher, Schlosser, Koffermacher und so weiter.
Hinter der Piazza Navona, wo der Rione Parione in die Randbezirke der Rioni Ponte und Sant'Eustachio übergeht, hatten einige der zahlreichen ausländischen Kolonien, die in Rom angesiedelt waren, in der Zwischenzeit damit begonnen, Kirchen und Hospize für ihre Landsleute zu bauen: ***Santa Maria dell'Anima****, die Kirche der deutschen Nation (einschließlich Flamen und Holländer), San Giacomo degli Spagnoli (heute* ***Nostra Signora del Sacro Cuore****),* ***San Luigi dei Francesi, Sant'Antonio dei Portoghesi, San Nicola dei Lorenesi****. Die "internationale" Bedeutung, die diesem Stadtbezirk zukam, ließ hier zahlreiche Herbergen und Gasthäuser entstehen, in denen sowohl die Pilger als auch die mit der römischen Kurie in Verbindung stehenden politischen Persönlichkeiten Unterkunft fanden, zumal auch die* ***Cancelleria*** *(Kanzlei) der Kurie hier ihren Sitz hatte.*
Mit der Anlage der Piazza Navona im 17. Jahrhundert nahm das Stadtviertel endgültige Gestalt an, die nur durch die städtebaulichen Maßnahmen des 19. und 20. Jahrhunderts, vor allem mit der Eröffnung des Corso Vittorio und des Corso Rinascimento, teilweise verändert wurde.

Piccola Farnesina - Der vermutlich von Antonio da Sangallo il Giovane entworfene und 1523 für den bretonischen Abt Thomas Le Roy erbaute Palast verdankt seinen Namen dem Dekorationsmotiv, das eine Verbindung der französischen Lilie mit dem Familienwappen der Farnese darstellt. Das Gebäude ist Sitz des **Museo Barracco**, in dem hervorragende antike Skulpturen bewahrt werden, und wurde im 19. Jahrhundert von Enrico Guy umgebaut, der jedoch den Originalstil beibehielt.

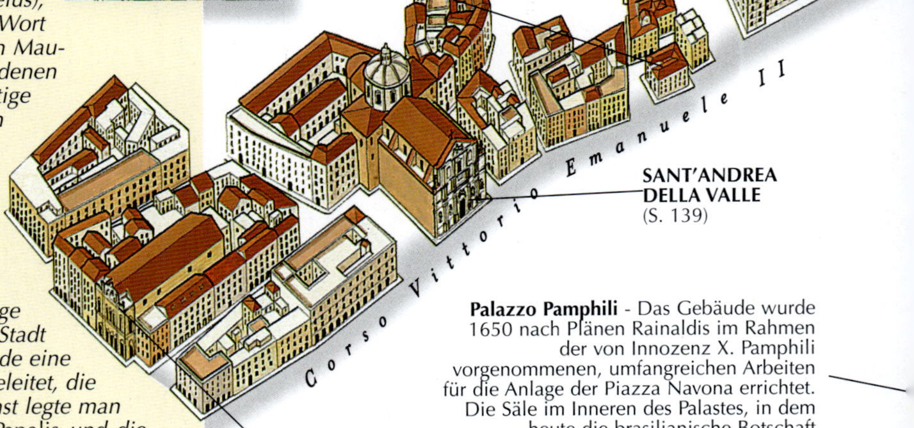

SANT'ANDREA DELLA VALLE
(S. 139)

Palazzo Pamphili - Das Gebäude wurde 1650 nach Plänen Rainaldis im Rahmen der von Innozenz X. Pamphili vorgenommenen, umfangreichen Arbeiten für die Anlage der Piazza Navona errichtet. Die Säle im Inneren des Palastes, in dem heute die brasilianische Botschaft untergebracht ist, sind mit schönen Fresken des 18. Jahrhunderts geschmückt.

Teatro Argentina - Das 1723 eröffnete Theater gehörte zu den bedeutendsten Bühnen im Rom der Päpste. Hier wurde der *Barbier von Sevilla* uraufgeführt. Mehrfache Veränderungen erfuhr das Gebäude im Laufe des 19. Jahrhunderts.

SANT'IVO ALLA SAPIENZA
(S. 138)

Palazzo della Sapienza - Der im 16. Jahrhundert erbaute Palazzo della Sapienza war bis 1935 Sitz des *Studium Urbis*, der römischen Universität, die Papst Bonifatius VIII. im Jahre 1303 gegründet hatte. Das Gebäude wurde nach Plänen von Guidetti und Pirro Ligorio 1562 begonnen und Anfang des 17. Jahrhunderts fertiggestellt. Heute ist hier das **Staatsarchiv von Rom** untergebracht.

Nostra Signora del Sacro Cuore - Die Kirche, die vermutlich von Rossellino im Jubiläumsjahr 1450 als Gotteshaus für die spanische Nation errichtet wurde, war anfangs dem hl. Jakobus geweiht und hieß San Giacomo. Später nahm Antonio da Sangallo il Giovane eine gründliche Restaurierung vor. Radikale Veränderungen der Anlage erfolgten nach der Eröffnung des Corso Rinascimento, bei der die Kirche das Querhaus einbüßte, jedoch ihren Renaissancecharakter zum Teil bewahren konnte.

SANT'AGNESE IN AGONE
(S. 135)

PALAZZO MADAMA
(S. 136)

PALAZZO DELLA CANCELLERIA UND SAN LORENZO IN DAMASO
(S. 137)

San Pantaleo - Die nüchterne neoklassische Fassade Valadiers leitet in das genial konzipierte **Innere** von De Rossi (17. Jh.) über, das aus einem einzigen Kirchenschiff mit freskiertem Tonnengewölbe, zwei Seitenkapellen und einer tiefen Apsis besteht.

Palazzo Braschi - Der Palast, Sitz des **Museo di Roma** mit reichhaltigem Material über das Leben der Stadt vom Mittelalter bis zur Modernen, gehörte im 18. Jahrhundert Papst Pius VI., der ihn über einem Vorläuferbau des 15. Jahrhunderts neu errichten ließ.

Palazzo Massimo alle Colonne - Die innovative Fassade aus flachem Rustikamauerwerk und tuskanischer Kolonnade greift die Kurvenlinie des Odeons von Domitian auf, das dem Gebäude zugrunde liegt. Baldassarre Peruzzi schuf die Fassade 1536, als er das bei der Plünderung Roms im Jahre 1527 stark beschädigte Gebäude wiederaufbaute. Das fein dekorierte Innere birgt bedeutende Werke von Daniele da Volterra mit Darstellungen über das *Leben von Quinto Fabio Massimo*, dem legendären Vorfahren der Familie, die jahrhundertelang mit der Oberaufsicht des päpstlichen Postdienstes betraut war.

Pasquino - Es handelt sich um eine der berühmten **"sprechenden Statuen"**, an denen das Volk traditionsgemäß kurze Satyren - sogenannte *Pasquinate* - gegen die Mächtigen anbrachte. Die Statue gehört zu einer Skulpturengruppe aus römischer Zeit, die *Menelaos mit der Leiche des Patroklos* darstellt. Die 1501 aufgefundene Plastik wurde auf Wunsch des Kardinals Oliviero Carafa hier aufgestellt.

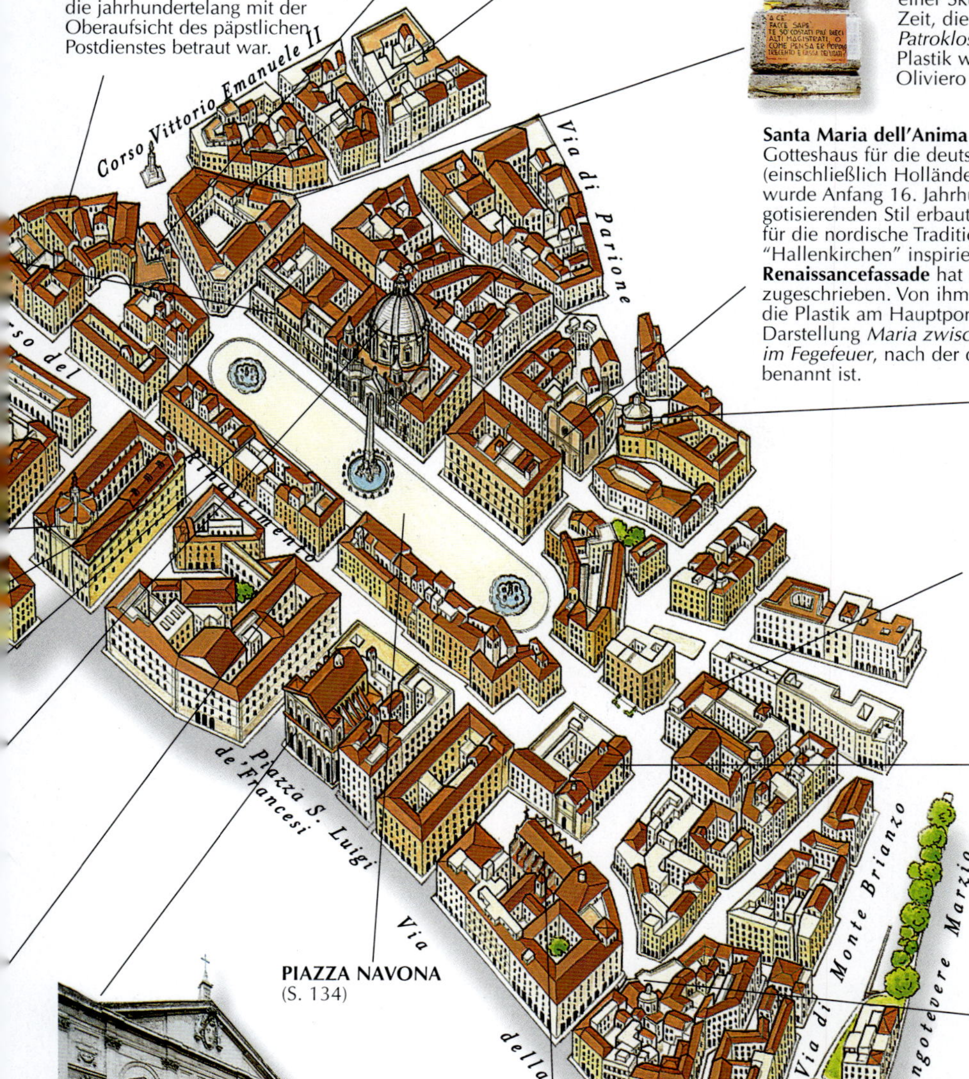

Santa Maria dell'Anima - Das Gotteshaus für die deutsche Nation (einschließlich Holländer und Flamen) wurde Anfang 16. Jahrhundert in einem gotisierenden Stil erbaut, der sich an den für die nordische Tradition typischen "Hallenkirchen" inspirierte. Die **Renaissancefassade** hat man Sansovino zugeschrieben. Von ihm stammt auch die Plastik am Hauptportal mit der Darstellung *Maria zwischen zwei Seelen im Fegefeuer*, nach der die Kirche benannt ist.

SANTA MARIA DELLA PACE (S. 136)

PALAZZO ALTEMPS
(S. 136)

Sant'Apollinare - Die im 7. Jahrhundert an der Stelle der Agoni Apollinari gegründete und Mitte des 18. Jahrhunderts nach Plänen Fugas neuerbaute Kirche beeindruckt vor allem durch ihre Größe. Dennoch besitzt sie ein sehr harmonisches Innere, das Werke von beachtlichem künstlerischem Wert birgt.

Sant'Antonio dei Portoghesi - Die Kirche der portugiesischen Nation wurde in reinem Barockstil erbaut, der besonders an der Fassade deutlich wird, wo spanische Einflüsse anklingen. Das Gebäude ist jedoch ein Werk italienischer Architekten, unter anderem Martino Longhi il Giovane und Carlo Rainaldi, der die schöne abgeflachte Kuppel schuf.

PIAZZA NAVONA
(S. 134)

SAN LUIGI DEI FRANCESI
(S. 138)

Sant'Agostino - Diese Kirche wurde von 1479 bis 1483 im Auftrag der Augustinermönche von Jacopo da Pietrasanta und von Sebastiano Fiorentino erbaut. Vorbild war die Formensprache der Frührenaissance, die sich hauptsächlich an den Theorien Albertis inspirierte, jedoch noch gotischen Stilelementen verhaftet blieb, die in den Strebebögen der linken Flanke und in den hohen Kreuzgewölben des Hauptschiffes noch erkennbar sind. Das **Innere** bewahrt außergewöhnliche Kunstschätze: *Madonna dei Pellegrini* von Caravaggio, *Jesaia* von Raffael, *Madonna del Parto*, eine vielverehrte Marienstatue von Sansovino, und den schönen *Hochaltar* von Bernini.

Piazza Navona, die Fassaden der Kirche Sant'Agnese in Agone und des anschließenden Palazzo Pamphili; im Vordergrund der Mohrenbrunnen.

Überreste des Stadions des Domitian und das Stadion im Modell des antiken Rom, das im Museo della Civiltà Romana bewahrt wird.

PIAZZA NAVONA

Die Piazza Navona ist mit Recht einer der berühmtesten Plätze der Welt. Die prächtigen Bauten, die ihn säumen, und die herrlichen Brunnen, die ihn zieren, vermitteln in ihrer Gesamtheit den Eindruck einer Theaterkulisse. Tatsächlich war der Platz seit altersher Veranstaltungsort für Spiele und Aufführungen, sogar noch bevor Domitian hier das **Stadion** errichten ließ, das anläßlich der Kapitolinischen Wettkämpfe im Jahre 86 n. Chr. eröffnet wurde. Es handelte sich um eine riesige Struktur aus Travertin und Ziegelstein mit einer von steilen Stufenreihen eingefaßten Arena. Die Cavea ruhte auf doppelstöckigen Arkaden von 276 Metern Länge und 56 Metern Breite. Fast vier Jahrhunderte lang war das Stadion Schauplatz zahlloser Sportspiele. Auch als die Anlage im 5. Jahrhundert allmählich verfiel, fanden auf der als *Campus Agonis* (Spielfeld) bekannten Arena noch Spiele, Turniere, Feste und Veranstaltungen aller Art statt. Ab 1477 wurde auf dem Platz auch der Markt abgehalten, der zuvor auf dem Kapitol seinen Standort hatte. Auf die frühe Bestimmung des Platzes als Austragungsort für Wettspiele geht auch der seit dem Mittelalter verwendete Name "Navona" zurück, der eine Verballhornung des lateinischen Ausdrucks *"in agone"* darstellt.

Die Platzgestalt deckte sich genau mit der Form und den Ausmaßen des antiken Stadions des Domitian, von dem noch heute Reste zu erkennen sind. Im 13. Jahrhundert säumte den Platz eine lange Zeile mit Turmhäusern, die den einflußreichsten römischen Familien gehörten, von denen aber bereits drei Jahrhunderte später nur noch wenige erhalten waren. An ihre Stelle traten im Laufe des 15. Jahr-

Piazza Navona, der Vierströmebrunnen von Bernini und zwei Details.

hunderts prächtige Patrizierhäuser, wie der **Palazzo Orsini** und der **Palazzo De Cupis**, sowie die Kirche San Giacomo degli Spagnoli, die heute **Nostra Signora del Sacro Cuore** heißt. Der unter dem Pontifikat von Innozenz VIII. gepflasterte Platz wurde im 16. Jahrhundert auf Veranlassung Papst Gregors XIII. mit dem **Mohrenbrunnen** und dem **Neptunsbrunnen**, Werke von Giacomo della Porta, ausgestattet. Die Namen der Fontänen beziehen sich auf die Brunnenfiguren: *ein mit einem Delphin kämpfender Afrikaner* von Antonio Mari (17. Jh.) und *Neptun im Kampf mit einem Seepolypen* (18. Jh.). In der ersten Hälfte des 17. Jahrhunderts entstanden weitere prestigereiche Bauwerke, wie der **Palazzo Millini** und der **Palazzo Pamphili**. Einem Mitglied der letzteren Familie, Giovanni Battista, der 1644 unter dem Namen Innozenz X. zum Papst gewählt wurde, ist die heutige Platzkulisse zu verdanken, für die er sich der damals berühmtesten Architekten wie Bernini, Borromini, Pietro da Cortona sowie Girolamo und Carlo Rainaldi bediente. Letztere beauftragte er mit dem Bau der Kirche **Sant'Agnese in Agone**, der später von Borromini fortgeführt wurde. Auf päpstlichen Wunsch sollte Borromini zur Zierde der Platzmitte anfänglich auch den **Vierströmebrunnen** entwerfen, doch gab man dem ausgefalleneren und kulissenartigen Entwurf Berninis den Vorzug, der in der Mitte des Beckens ein von einem Obelisken überragtes Felsenriff mit exotischen Pflanzen und Tieren sowie die Personifizierungen der größten Flüsse der vier Kontinente (Asien, Europa, Amerika, Afrika) vorsah: den *Ganges*, ein Werk von Purissimi; die *Donau* von Raggi, den *Rio della Plata* von Baratta und den *Nil*, den Fancelli mit bedecktem Gesicht darstellte, da damals seine Quellflüsse noch unbekannt waren.

Über die Rivalität der großen Barockbaumeister gibt es pikante Geschichten. Dass der *Nil* mit verbundenen Augen dargestellt ist, soll bedeutet haben, dass er die Fassade von Sant'Agnese nicht sehen will, auf deren drohenden Einsturz der ausgestreckte Arm des *Rio della Plata* hinweist. In Wirklichkeit sind diese Legenden historisch unbegründet, da Bernini seinen Brunnen 1651 fertigstellte, ein Jahr bevor die Bauarbeiten der Kirche einsetzten.

SANT'AGNESE IN AGONE

Im Jahre 1652 beschloss Papst Innozenz X., im Rahmen der Arbeiten für die Neugestaltung der Piazza Navona die ehemalige Kirche Sant'Agnese wiederaufzubauen, die Papst Damasus gegründet hatte. Hauptanliegen des Papstes war, dem Platz ein neues Gesicht zu verleihen, wozu er die ursprüngliche Orientierung der Kirche, mit deren Bau er Carlo und Girolamo Rainaldi beauftragte, umkehren ließ. Etwa ein Jahr nach Beginn der Arbeiten übernahm Borromini den Bau, der Rainaldis Anlage über griechischem Kreuz beibehielt, den Fassadenentwurf jedoch abänderte. Der Tessiner Architekt stellte sich eine konkave **Fassade** vor, die der schlanken, hoch aufragenden **Kuppel**, die innen mit Fresken von Baciccia und Ciro Ferri geschmückt ist, mehr Geltung verschaffte. 1655 kam das Unternehmen

Sant'Agnese in Agone, die Fassade mit den Zwillingstürmen und der schlanken Kuppel; im Vordergrund der Obelisk des Vierströmebrunnens.

Santa Maria della Pace, der obere Fassadenabschnitt und der im Renaissancestil erbaute Kreuzgang von Bramante.

erneut in die Hände von Carlo Rainaldi, der später von Baratta und Del Grande abgelöst wurde. Letztere schufen, nach Plänen Borrominis, die beiden **Zwillingstürme**.
Das **Innere**, das mit vergoldeten Stuckdekorationen und kostbarem Marmor ausgestattet ist, bewahrt zahlreiche wertvolle Kunstwerke. Die ältere Geschichte der Kirche lässt sich in den unterirdischen Räumen ablesen. Hier sind neben einigen Ruinen des Stadions des Domitian noch Bauteile der ersten Kirche mit Freskenresten aus dem 13. Jahrhundert zu erkennen. Daneben befindet sich das letzte Werk Algardis, ein Marmorrelief mit der Darstellung *Die hl. Agnes wird zum Marterort geführt.*

SANTA MARIA DELLA PACE

Bereits im 15. Jahrhundert stand an der Stelle der heutigen Kirche ein kleines Oratorium aus dem Mittelalter, Sant'Andrea de Aquazariis, das 1480 in den Chroniken erschien aufgrund eines Marienbildes, das wunderbarerweise zu bluten begann, nachdem es von einem Steinwurf getroffen worden war. Papst Sixtus IV. beschloss den Wiederaufbau und gab der neuen Kirche den Namen Santa Maria della Virtù. Er verstarb jedoch vor der Fertigstellung, so dass die Arbeiten von Innozenz VIII. fortgeführt wurden, der die Kirche umtaufte und ihr den heutigen Namen gab. 1656 veranlaßte Papst Alexander VII. Chigi eine Restaurierung der Kirche, die Pietro da Cortona mit einer zweigeschossigen **Fassade** ausstattete, die sich wunderbar in das Spiel der konkaven und konvexen Linien des Komplexes einfügte, indem er eine einzigartige halbkreisförmige **Vorhalle** schuf, auf deren Architrav eine lateinische Inschrift auf das Wappen (Berg mit sechs Gipfeln) des Auftraggebers verweist.
Im **Inneren** beeindruckt die harmonische Raumaufteilung der **Cappella Chigi**, die nach Plänen Raffaels gebaut und von ihm mit Darstellungen von vier *Sibyllen* freskiert wurde. Aber auch die anderen Kapellen sind nicht von geringerem Interesse, etwa die Kapelle der Familie Cesi nach einem Entwurf von Antonio da Sangallo il Giovane, der auch die 1524 von Jacopo Ungarino ausgeführte **Kuppel** der Kirche schuf, und die Cappella Pozzetti, die Baldassarre Peruzzi mit Fresken schmückte. Neben dem Gebäude liegt ein eleganter doppelstöckiger **Kreuzgang**, das erste römische Bauwerk, das Bramante von 1500 bis 1504 im Auftrag des Kardinals Oliviero Carafa verwirklichte.

PALAZZO ALTEMPS

Graf Girolamo Riario, ein Neffe von Papst Sixtus IV. und Gemahl von Caterina Sforza, übertrug in der zweiten Hälfte des 15. Jahrhunderts dem Architekten Baldassare Peruzzi den Bau eines massiven Palastes, der eine schlichte **Renaissancefassade** und einen mit antiken Statuen geschmückten dorischen **Innenhof** besaß. Die Arbeiten waren noch nicht abgeschlossen, als das Gebäude 1568 in den Besitz des Kardinals Marco Sittico Altemps überging, der Martino Longhi il Vecchio mit der Fertigstellung beauftragte. Kardinal Altemps erwies sich als großer Sammler antiker Kunstwerke, nicht zuletzt dank seiner Freundschaft mit Papst Klemens VII., den er wiederum bei seinem Aufstieg zum Pontifikat unterstützt hatte. Als Zeichen seiner Dankbarkeit schenkte Klemens VII. der Familie Altemps eine kostbare Reliquie: die sterbliche Hülle des heiligen Anicetus, eines syrischen Papstes, der als einziger Pontifex ein privates Begräbnis erhalten hatte und in die **Palastkapelle** überführt wurde. Die wertvolle **Sammlung Altemps** mit den antiken Statuen hingegen wurde zwischen dem 18. und 19. Jahrhundert versprengt, als der Palazzo Bestandteil der Besitzungen des Pontificio Collegio Spagnolo wurde. Die noch verbliebenen 16 Statuen befinden sich heute in diesem Gebäude, einem Nebensitz des **Römischen Nationalmuseums**, das zusammen mit zwei anderen ähnlichen Beständen, der **Sammlung Boncompagni Ludovisi** und der vom Thermenmuseum überstellten **Sammlung Mattei**, im Dezember 1997 eröffnet wurde. Die erstere, umfangreichere und berühmtere Sammlung wurde von Kardinal Ludovico Ludovisi, einem Neffen Papst Gregors XV., angelegt, der zahlreiche antike Statuen zur Ausschmückung seiner eigenen Villa zusammentrug, die er um 1621 zwischen dem Pincio und dem Quirinal an der Stelle der antiken *Horti Sallustiani* (Gärten des Sallust) errichten ließ. Weitere Skulpturen, die während der Bauarbeiten der Villa ans Licht traten, wurden der Sammlung zugeführt, wie der sogenannte *Akrolith* und die *Galliergruppe* später kamen noch der *Ares*, die *Athena* und der *Große Ludovisische Sarkophag* hinzu. Mit der Restaurierung und Ergänzung dieser Marmorwerke von unschätzbarem Wert befassten sich Bildhauer wie Bernini und Algardi, die es meisterlich verstanden, Statuen wie dem *Hermes Logios*, dem *Fackelträger* und der *Badenden Aphrodite* ihren ursprünglichen Glanz zurückzugeben.

Palazzo Altemps, die Büsten des Marc Aurel und der Demeter; nebenstehend die Büste des Mars Ultor mit behelmtem Kopf.

Unten die Fassade des Palazzo Madama (18. Jh.), Sitz des Senats, und der Palast auf einer zeitgenössischen Radierung.

PALAZZO MADAMA

Der Ort, an dem der Palazzo Madama, heute Senatssitz, steht, wurde in der Kaiserzeit von den Thermen des Nero eingenommen. Im 12. Jahrhundert geriet der Ort unter den Einflussbereich der Familie Crescenzi, die hier einen heute in das Senatsgebäude einbezogenen Turm errichtete. 1478 kaufte Sinulfo, Bischof von Chiusi und Schatzmeister von Papst Sixtus IV., ein großes Grundstück, das an die Ländereien der Crescenzi grenzte und auf dem er einen Palast errichten ließ, der später an die Medici überging. Margarethe von Österreich, die 1533 den Herzog Alessandro heiratete, wohnte während ihrer Aufenthalte in Rom gern in diesem Palast, so dass der Volksmund dem Gebäude den Beinamen "Madama" gab. Unter dem Pontifikat Sixtus' V. beauftragte Cosimo II. de' Medici Cingoli mit einer neuerlichen Umgestaltung des Palastes, doch kamen diese Pläne erst 1649 durch Cardi und Marucelli zur Ausführung, denen die herrliche **Fassade** im Florentiner Barockstil zu verdanken ist; die Fassade gliedert sich in drei Ebenen, denen jeweils verschiedene Schmuckmotive an den Fenstern entsprechen.

PALAZZO DELLA CANCELLERIA UND SAN LORENZO IN DAMASO

Der Palast ist Kardinal Raffaele Riario zu verdanken, der 1485 eine Gruppe von Architekten, unter anderem den jungen Bramante, mit dem Bau beauftragte. 1517 hinterließ er das Gebäude testamentarisch dem Kirchenstaat, der hier zunächst die Päpstliche Kanzlei unterbrachte. Der Palast änderte im Laufe der Jahrhunderte mehrmals seine Bestimmung. Dem strengen monumentalen Außenbau mit geradliniger **Travertinfassade** und Rustikamauerwerk im Erdgeschoss, in dem neben Bogenfenstern zwei elegante Portale liegen, entsprechen prunkvolle **Innenräume.** Durch das kleinere der beiden Fassadenportale, das Vignola im 16. Jahrhundert baute, betritt man die Kirche **San Lorenzo in Damaso**, die von Papst Damasus im Jahre 380 gegründet und später in den Palast des Kardinals Riario einbezogen wurde. Im Zuge dieser Arbeiten wurde die Kirche vollkommen neu errichtet.

San Luigi dei Francesi, Cappella Contarelli: Die Berufung des Evangelisten Matthäus, *Leinwandgemälde von Caravaggio.*

SAN LUIGI DEI FRANCESI

Der Bau der Nationalkirche der französischen Gemeinde wurde 1518 begonnen und 1589 fertiggestellt, insbesondere dank der Freigebigkeit von Caterina de' Medici, die ihre zahlreichen Besitzungen in diesem Gebiet zur Verfügung stellte. Die von Domenico Fontana ausgeführte **Fassade** aus Travertin leitet über in den dreischiffigen **Innenraum**, der vollständig mit Stuckarbeiten und kostbaren Marmordekorationen ausgestattet ist, ein Werk von Antoine Derizet aus dem 18. Jahrhundert. An dem von Natoire freskierten Gewölbe erstrahlt die *Apotheose des hl. Ludwig*, des heiliggesprochenen Königs, dem diese Kirche gewidmet ist.
Die wichtigsten Kunstschätze dieser Kirche werden jedoch hauptsächlich in den Seitenkapellen bewahrt, die mit Fresken und Malereien der namhaftesten Künstler des römischen Seicento geschmückt sind. Während Domenichino 1614 an der Dekoration der Kapelle der hl. Cäcilia arbeitete, wo er einige seiner hervorragendsten Freskomalereien schuf, trug vor allem Michelangelo Merisi, Caravaggio genannt, mit den in der **Cappella Contarelli** enthaltenen Werken zum Ruhm dieser Kirche bei. Die von Cavalier d'Arpino 1591 begonnene Ausgestaltung dieser Kapelle wurde im Jahre 1600 von Caravaggio vollendet, der hier Meisterwerke hinterließ wie die *Berufung* und das *Martyrium des Evangelisten Matthäus* und *Der Evangelist Matthäus mit dem Engel*. Letzteres Gemälde, dessen erste Version für unschicklich galt, wurde 1602 von dem Meister neu geschaffen und im gleichen Jahr in der Kapelle untergebracht. Die erste Ausführung, die den königlich-preußischen Sammlungen in Berlin zugekommen war, ging bei der Bombardierung im zweiten Weltkrieg verloren.

SANT'IVO ALLA SAPIENZA

Im Jahre 1642 erhielt der Palazzo della Sapienza, Sitz der römischen Universität, einen krönenden Abschluß in Form eines einzigartigen und für den Genius Barrominis typischen Aufbaus. Der Hof des *Studium Urbis*, der in einer

Sant'Ivo alla Sapienza, die von Borromini entworfene Laterne, deren Spitze in einer stuckverzierten Spirale endet.

Sant'Andrea della Valle, die Kuppel (16. Jh.) mit achteckigem Tambour, in dem sich große Fenster öffnen.

Sant'Andrea della Valle. Oben das Grabmonument für Papst Pius II. Piccolomini, und unten ein Blick in das Innere, das von großen Fenstern beleuchtet wird.

konkaven Fassade auslief, wurde durch eine Attika vollendet, auf die der Tessiner Architekt den Vierungsturm der **Kuppel** aufsetzte; den Schnittpunkt schmückte er mit Tambouren, die das Wappen der Familie Chigi tragen; dieser Familie gehörte Papst Alexander VII. an, unter dessen Pontifikat die Kirche um 1660 fertiggestellt wurde. Über dem Vierungsturm erhebt sich die abgestufte Kalotte der Kuppel, die von einer Laterne bekrönt wird; durch fackelartige Elemente aus Travertin windet sich die stuckierte "Schnecke" in die Höhe, die in einer Flamboyantform endet, aus der eine Tiara, ein Globus und ein schmiedeeisernes Kreuz erwachsen.

SANT'ANDREA DELLA VALLE

Neben den Kirchen Il Gesù und Sant'Ignazio verkörpert Sant'Andrea della Valle auf eindringliche Weise den gegenreformatorischen Geist jener Zeit, insofern als diese bedeutende Kirche den Theatinern gehörte, einem kirchlichen Orden, der sich stärker als andere für die Strenggläubigkeit nach dem Trienter Konzil einsetzte. Ein Mitglied dieses Ordens, Pater Grimaldi, übernahm den 1591 von Olivieri begonnenen Bau und führte die Arbeiten bis Anfang des 17. Jahrhunderts fort. Zu diesem Zeitpunkt wurde er von Maderno abgelöst, der den Bau fertigstellte und 1622 die riesige **Kuppel** (nach der Peterskirche die zweitgrößte in Rom) errichtete. Die Vollendung der **Fassade** erfolgte später durch Rainaldi, in Zusammenarbeit mit Carlo Fontana und nach einem Entwurf von Maderno, der sich wiederum an der Fassadengestaltung der Kirche Il Gesù inspirierte, wenn auch mit Betonung der barocken Elemente. Auch der riesige einschiffige **Innenraum** mit kurzem Querschiff und sechs durchgehenden Seitenkapellen erinnert an die Kirche Il Gesù. In den Vorhallen fallen zwei *Grabmonumente* auf, die 1614 von Alt-St.-Peter hierher überstellt wurden; sie gehören zwei Piccolomini-Päpsten, Pius II. und Pius III., und sind jeweils Werke von Andrea Bregno und Sebastiano di Francesco Ferrucci. Die Bedeutung dieser Kirche beruht hauptsächlich auf den hervorragenden Kunstwerken, mit denen das Innere ausgeschmückt ist.

Spirito Santo dei Napoletani - Die Kirche der Neapolitaner wurde Anfang des 17. Jahrhunderts von Domenico Fontana und Ottaviano Mascherino vollkommen erneuert und im folgenden Jahrhundert durch Carlo Fontana fertiggestellt. Das Innere birgt außer dem *Martyrium des hl. Januarius* von Luca Giordano die Gräber der letzten Bourbonen von Neapel, Franz II. und Marie Sophie, die im nahegelegenen Palazzo Farnese im Exil lebten. Antonio Cipolla restaurierte sowohl den Palast als auch die Kirchenfassade.

Palazzo Ricci - Das gegen Ende des 15. Jahrhunderts erbaute Gebäude wechselte viele Male seinen Besitzer, bis es 1577 Giulio Ricci erwarb. Berühmt ist der Palast wegen seiner Fresken, die Episoden aus der *Geschichte Roms* darstellen, ein Werk von Maturino da Firenze und Polidoro da Caravaggio. Von den Gemälden sind beachtliche Fragmente erhalten.

San Girolamo della Carità - Die Kirche wurde über dem Haus der Matrona Paola errichtet, die den heiligen Hieronymus im Jahre 382 gastlich aufgenommen hatte. Martin V. fügte ein Spital und ein Kloster an, in dem der hl. Philipp Neri sein Institut gründete. Mitte 17. Jahrhundert wurde das Gebäude im Barockstil wiederaufgebaut und von Carlo Rainaldi mit einer neuen Fassade ausgestattet. Das Innere mit dem erlesenen Spiel mehrfarbiger Marmorarten und der harmonischen Gestaltung der **Cappella Spada** verrät die Hand des genialen Baumeisters Borromini.

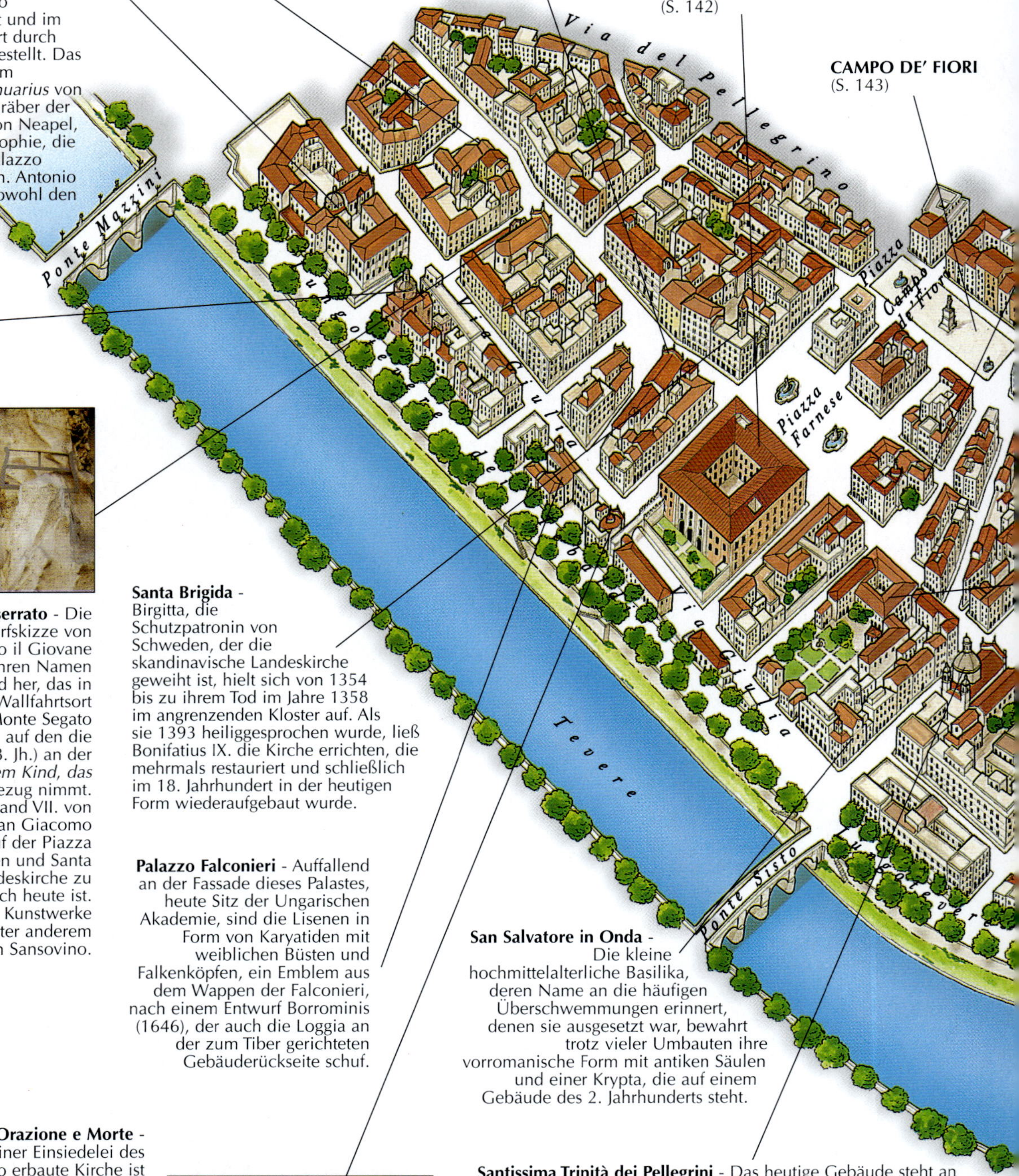

PALAZZO FARNESE
(S. 142)

CAMPO DE' FIORI
(S. 143)

SANT'ELIGIO DEGLI OREFICI
(S. 145)

Santa Maria in Monserrato - Die nach einer Entwurfskizze von Antonio da Sangallo il Giovane erbaute Kirche leitet ihren Namen von einem Marienbild her, das in dem katalanischen Wallfahrtsort Montserrat oder Monte Segato verehrt wird, auf den die Skulpturengruppe (18. Jh.) an der Fassade, *Maria mit dem Kind, das den Fels durchsägt*, Bezug nimmt. 1817 beschloß Ferdinand VII. von Spanien, die Kirche San Giacomo degli Spagnoli auf der Piazza Navona zu schließen und Santa Maria zur Landeskirche zu erheben, was sie noch heute ist. Damals ließ er einige Kunstwerke hierher überführen, unter anderem den *Hl. Jakobus* von Sansovino.

Santa Brigida - Birgitta, die Schutzpatronin von Schweden, der die skandinavische Landeskirche geweiht ist, hielt sich von 1354 bis zu ihrem Tod im Jahre 1358 im angrenzenden Kloster auf. Als sie 1393 heiliggesprochen wurde, ließ Bonifatius IX. die Kirche errichten, die mehrmals restauriert und schließlich im 18. Jahrhundert in der heutigen Form wiederaufgebaut wurde.

Palazzo Falconieri - Auffallend an der Fassade dieses Palastes, heute Sitz der Ungarischen Akademie, sind die Lisenen in Form von Karyatiden mit weiblichen Büsten und Falkenköpfen, ein Emblem aus dem Wappen der Falconieri, nach einem Entwurf Borrominis (1646), der auch die Loggia an der zum Tiber gerichteten Gebäuderückseite schuf.

San Salvatore in Onda - Die kleine hochmittelalterliche Basilika, deren Name an die häufigen Überschwemmungen erinnert, denen sie ausgesetzt war, bewahrt trotz vieler Umbauten ihre vorromanische Form mit antiken Säulen und einer Krypta, die auf einem Gebäude des 2. Jahrhunderts steht.

Santa Maria dell'Orazione e Morte - Die an der Stelle einer Einsiedelei des Kardinals Odoardo erbaute Kirche ist ein Meisterwerk von Ferdinando Fuga, der dieses Gotteshaus mit einer *elliptischen* Form und einer Kuppel versah. Die Totenschädel, die als Konsolen am Mittelportal dienen, und der makaber wirkende Marmorstein über der Almosen-Öffnung in der Fassade weisen auf die Aufgabe der Bruderschaft hin, für die diese Kirche errichtet wurde.

Santissima Trinità dei Pellegrini - Das heutige Gebäude steht an der Stelle der früheren Kirche San Benedetto in Arenula, die Papst Paul IV. im Jahre 1558 dem hl. Philipp Neri, dem Gründer der Bruderschaft der Pilger und Genesenden, zum Geschenk machte; diese Institution betreute das angrenzende Spital, das ab 1603 vergrößert wurde. Im gleichen Jahr begann Paolo Maggi mit dem Wiederaufbau der Kirche, die 1723 mit der Errichtung der Fassade, einem Werk von Francesco de Sanctis (der auch die Spanische Treppe schuf) fertiggestellt war. Das Innere birgt hervorragende Werke, unter anderem die *Allerheiligste Dreifaltigkeit* von Guido Reni, von dem auch die Fresken in der Kuppellanterne stammen.

Santa Maria della Quercia - Dieses Kirchlein aus dem 4. Jahrhundert verdankt seinen Namen den Viehhändlern von Viterbo, deren Schutzpatronin Maria von der Eiche (Madonna della Quercia) war und die 1523 von der Bruderschaft der Fleischer übernommen wurden. Diese Confraternità dei Macellai beauftragte 1727 Raguzzini mit dem Neubau der heutigen Rokoko-Kirche.

Santa Barbara dei Librai - Die im Mittelalter als Santa Barbara in Satro bekannte kleine Kirche ist ein Geschenk von Klemens V. an die Bruderschaft der Buchhändler. 1608 beauftragte ein Mitglied der Bruderschaft, der Florentiner Drucker Zanoni Massotti, Passeri mit dem Entwurf für den Neubau der Kirche.

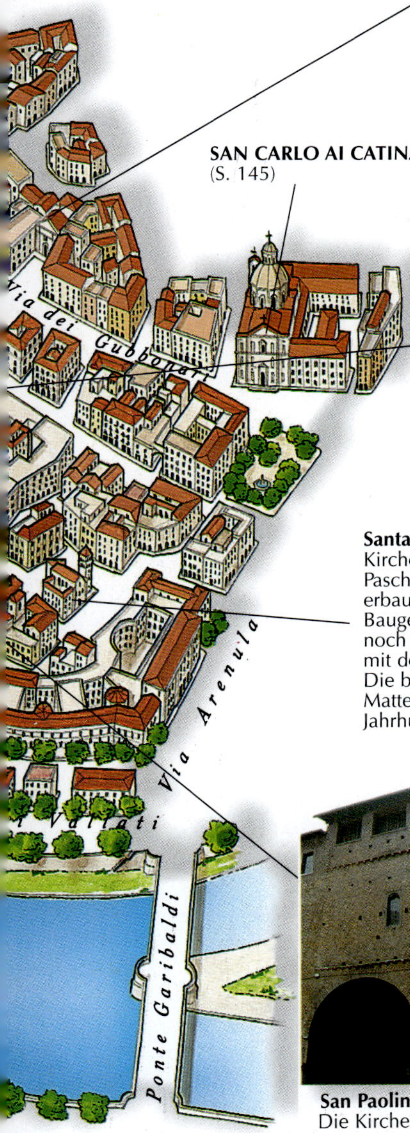

SAN CARLO AI CATINARI
(S. 145)

PALAZZO UND GALLERIA SPADA
(S. 144)

Santa Maria in Monticelli - Die Kirche uralten Ursprungs wurde unter Paschalis II. im Jahre 1101 neu erbaut. Von der romanischen Baugeschichte der Kirche zeugen noch der *Kampanile* und die *Apsis* mit dem Rest eines alten Mosaiks. Die barocke Fassade ist ein Werk von Matteo Sassi aus dem 18. Jahrhundert.

San Paolino alla Regola - Die Kirche, die über dem vom heiligen Paulus während seines Apostolats in Rom bewohnten Hauses entanden ist, wurde 1684 durch Bergonzoni modernisiert und von Sardi und Del Cioli mit einer bewegten, harmonischen Fassade ausgestattet. Neben der Kirche stehen die sogenannten **Case di San Paolo** (Foto), die den mittelalterlichen Aspekt des Stadtviertels widerspiegeln.

CAMPO DE' FIORI UND DER STADTBEZIRK REGOLA

Der Name des Stadtviertels Regola ist von Renula *oder* Arenula *abgeleitet, einem Ausdruck, mit dem man in der Antike die Sandufer des linken Tiberufers in diesem Teil der Stadt bezeichnete. Schon in frühesten Zeiten hatte eine enge Beziehung bestanden zwischen dem Fluss und dem wirtschaftlichen und sozialen Leben dieses römischen Stadtbezirks südlich des Marsfeldes, das sich hinter dem Forum Boarium und Forum Holitorium und dem Tiberhafen erstreckte. Hier lagen die* Navalia *genannten Schiffswerften, aber auch wichtige Kultstätten, wie der Neptunstempel, sowie Portiken und Handwerkstätten.*
Die Abhängigkeit vom Tiber bestand auch im Mittelalter, als an den Flussufern allmählich Wassermühlen gebaut wurden, zu denen Riesenmengen Korn aus den nahegelegenen Getreidespeichern transportiert wurden. Nach und nach bevölkerte sich diese Gegend, und um die bisher isoliert stehenden Kirchen und Klöster entstanden Wohnhäuser für die Handwerker, die hier ihre Werkstätten einrichteten (einige Straßennamen erinnern noch an diese Berufe). Mit der Zeit ragten aus den bescheidenen Häusern des Volkes auch die mächtigen Wohnpaläste römischer Adelsfamilien auf, etwa der Cenci, Savelli und Salomoni, die sich um die Vorhersschaft in diesem wichtigen Stadtgebiet stritten. Um die Mitte des 15. Jahrhunderts verdrängten Renaissancebauten zunehmend die mittelaterlichen Gebäude, so dass sich allmählich ein neues Stadtbild abzeichnete, bis im folgenden Jahrhundert mit der Eröffnung der ***Via Giulia*** *und dem Bau des* ***Palazzo Farnese*** *dann eine radikale Veränderung des Bauwesens einsetzte, die sich in der Errichtung prächtiger Patrizierhäuser ausdrückte, etwa der* ***Falconieri****, Ricci und Capodiferro, die zum Teil mit üppigen Gärten am Tiber ausgestattet waren.*
Die Nähe zur Peterskirche, die über die Via Giulia jetzt gut erreichbar war, führte dazu, dass neben den jeweiligen Landeskirchen Hospize und Unterkünfte für die vor allem in den Jubiläumsjahren zahlreichen Pilger gebaut oder erweitert wurden. So entstand neben der Kirche ***Santa Brigida*** *an der Piazza Farnese das Schwedische Hospiz, während die Spanier und Engländer in der Nähe der Kirchen* ***Santa Maria in Monserrato*** *und* ***San Tommaso*** *Unterkunft fanden. Wichtige Impulse für den Bau und die Restaurierung von Kirchen und Oratorien lieferten auch die Bruderschaften, von denen einige aus Mitgliedern von Handwerkszünften bestanden, wie die Bruderschaft der Fleischer, deren Sitz* ***Santa Maria della Quercia*** *war (und ist), oder der Goldschmiede mit Sitz in der Kirche* ***Sant'Egidio degli Orefici****. Daneben gab es Bruderschaften mit humanitärer und karitativer Zielsetzung, wie die an die gleichnamige Kirche geknüpfte* ***Confraternità dell'Orazione e Morte****, die sich um die Bestattung der Ärmsten der Armen kümmerte, oder die vom hl. Philipp Neri gegründete Erzbruderschaft der Pilger und Genesenden, der das Hospiz neben der Kirche* ***Santissima Trinità dei Pellegrini*** *gehörte. Die Nähe des Flusses stand jedoch nicht immer unter friedlichem Vorzeichen. Zahlreiche Überschwemmungen fügten zivilen und kirchlichen Gebäuden immer wieder Schäden zu, so daß sie häufig restauriert werden mussten. Aus diesem Grund baute man im 19. Jahrhundert Dämme an den Tiberufern, und als Rom Hauptstadt Italiens wurde, folgten weitere Eingriffe, die das Stadtbild in diesem Gebiet stark veränderten. Dennoch finden sich hier noch intakte malerische Winkel, in denen die Zeit stehengeblieben zu sein scheint.*

Piazza Farnese, eine der beiden Brunnen mit der Lilie aus dem Wappen der Farnese, und eine Fassadenansicht des Palazzo Farnese mit dem Kranzgesims von Michelangelo.

PALAZZO FARNESE

Das elegante und kompakte Bauwerk, das wegen seiner geschlossenen Form im Volksmund auch "Dado" (Würfel) Farnese heißt, erhebt sich mit der von Michelangelo entworfenen harmonischen Fassade mitten im Stadtteil Regola und überragt die tiefer liegende **Piazza Farnese** mit den beiden dekorativen **Brunnen** von Girolamo Rainaldi. Die Marmorlilien, aus denen das Wasser sprudelt und in die marmornen und granitenen Becken läuft, erinnern an die Lilien im Wappen der Farnese, ein Emblem, das auch an den Geschoßmarkierungen des Gebäudes wiederkehrt und die stilistische Einheit des gesamten Komplexes unterstreicht. Die komplizierte Baugeschichte des Palastes beginnt im 15. Jahrhundert, als Kardinal Alexander Farnese von den Augustinerpatern ein Gebäude kaufte, das mit anderen umliegenden und später hinzuerworbenen Häusern den Kern seiner künftigen Residenz bildete. Der Kardinal wollte in der Nähe der damals im Bau befindlichen Via Giulia wohnen, die eine bequeme Verbindung zum Vatikan herstellte. 1523 begann Antonio da Sangallo il Giovane mit dem Bau des Palastes nach einem Entwurf, zu dem der Kardinal, der inzwischen als Paul III. zum Papst gewählt worden war, seine Zustimmung gab.
Nach dem Tod des toskanisdchen Architekten 1546 übernahm Michelangelo den Bau, der die ursprünglichen Pläne verwarf und Sangallos Gebäude in einem dem Rang des Auftraggebers eher entsprechenden, prunkvolleren Stil vollendete. Er stattete den Palast mit einem reichverzierten Gesims aus und baute die **Galerie** an, die den ersten Stock des **Innenhofes** umläuft und bei der sich Buonarroti am nahegelegenen Marcellustheater inspirierte. Später übernahm Vignola die Arbeiten, der den rückwärtigen Flügel mit den beiden **Loggien** verwirklichte. Eine dritte Loggia fügte später Della Porta hinzu, der den Palast 1589 fertigstellte. In der Zwischenzeit wurde das Innere von zahlreichen Künstlern ausgeschmückt, unter anderem von Zuccari, Carracci und Domenichino, die hier einige ihrer besten Arbeiten hinterließen. Anfang des 17. Jahrhunderts baute man im Rahmen eines ehrgeizigen Projektes, das die Verbindung des Palazzo Farnese mit der Villa Farnesina alla Lungara über eine Tiberbrücke vorsah, einen **Fußgängerüberweg** über die Via Giulia, die das herrliche Gebäude mit der Einsiedelei des Kardinals Odoardo (und späteren Kirche Santa Maria dell'Orazione) verband. Als im 18. Jahrhundert das Haus Farnese erlosch, ging der Besitz erbrechtlich an die Bourbonen über, die einen Großteil der Einrichtung und antiken Statuen aus dem Palast in ihre Residenzen in Neapel und Caserta verbrachten. So gelangte der berühmte *Farnesische Herkules*, zusammen mit anderen Meisterwerken aus dem Palasthof, nach Neapel, wo er sich bis heute im Archäologischen Museum befindet. Der Palast war die Residenz des letzten Königs von Neapel, Franz II. und seiner Gemahlin Marie-Sophie, die nach der Annektierung des Königreiches beider Sizilien an das Königreich Italien in Rom im Exil lebten. 1870 wurde er an Frankreich vermietet und beherbergt seitdem die Französische Botschaft.

Kirche Santa Maria dell'Orazione e Morte, Marmorstein mit einer Öffnung für Almosen, die dazu bestimmt waren, unbekannten Toten ein würdiges Begräbnis zu geben.

Campo de' Fiori, Denkmal für Giordano Bruno.

Campo de' Fiori, oben und nebenstehend Bilder, die einen Eindruck von der Atmosphäre dieses Platzes vermitteln: ein Marienbild, Gebäude am Platz mit charakteristischen Restaurants, Läden und Weinstuben; der Blumenmarkt.

CAMPO DE' FIORI

Die Atmosphäre des Campo de' Fiori, der ein Stückchen urtümliches Rom darstellt, ändert sich je nach Tageszeit im Spiel der Farben und Geräusche, die diesen einmaligen, von malerischen Häusern und charakteristischen Läden gesäumten Platz kennzeichnen. Morgens füllt ein bunter **Markt** den Campo de' Fiori mit dem Stimmengewirr der Verkäufer, die ihre Waren anpreisen: Obst und Gemüse, Wurst und Käse, Kleider und Haushaltsartikel. Aber schon gegen Ende des Vormittags, sobald die Händler ihre Stände abräumen, herrscht plötzlich Stille an diesem eher beschaulichen Ort, den jetzt Römer und Touristen fast geräuschlos überqueren. Am Abend hingegen, bei Sonnenuntergang, belebt sich der Campo, vor allem im Sommer, wieder mit Menschen, angelockt von den typischen **Lokalen**, **Osterien**, **Restaurants** und **Weinstuben**, die den Platz und die umliegenden Sträßchen säumen, während die Klänge der Straßenmusikanten die Luft erfüllen.
In früheren Zeiten spielten sich hier jedoch ganz andere Veranstaltungen ab. Der Campo de' Fiori war Schauplatz festlicher Ereignisse, wie Pferderennen, Reiterspiele und Turniere, aber auch spektakulärer Hinrichtungsort, wo beispielsweise der Philosoph **Giordano Bruno** im Febraur des Jahres 1600 als Häretiker auf dem Scheiterhaufen verbrannt wurde. Ihm ist das Denkmal von Ettore Ferrari (19. Jh.) in der Mitte des Platzes gewidmet. Und alles dies trotz des poetischen Namens, der an die Blumen erinnert, die hier einst wuchsen, als der Platz nichts anderes war als eine zum Tiber abfallende Wiese, bevor ihn Papst Eugen IV. Mitte des 15. Jahrhunderts pflastern ließ. Eine andere Überlieferung erklärt den Namen Campo de' Fiori mit Flora, der Geliebten des Pompeius, der in diesem Stadtteil sein grandioses Theater errichtete; neben dem Theater stand der Tempel der Venus Victrix, an dessen Stelle heute der Platz liegt. Im Laufe der Jahrhunderte entstanden rund um den Platz Häuser und Paläste, aber auch Hotels, Gaststätten und Osterien, unter anderem die Hostaria della Vacca und Fontana, die beide von Vannozza Cattanei, der Geliebten von Papst Borgia Alessandro VI., geführt wurden. Auf diese berühmten Lokale weisen noch Schilder hin, und auch heute befinden sich hier malerische Treffs, in denen sich Römer wie Touristen stets wohlfühlen.

Der Markt auf dem Campo de' Fiori auf einer Radierung des 18. Jahrhunderts. Ganz rechts eine Gebäudeseite des Palazzo Pio Righetti; in der Mitte der Brunnen, an dem man die auf dem Markt verkauften Tiere tränkte.

PALAZZO UND GALLERIA SPADA

Schon die Fassade dieses Palastes, heute Sitz des italienischen Staatsrats und einer der bedeutendsten Kunstgalerien der Stadt, besticht durch ihre geniale Architektur und phantasievolle ornamentale Gestaltung. An der Verwirklichung dieses einzigartigen Gebäudes, das Mitte 16. Jahrhundert von Kardinal Girolamo Capodiferro in Auftrag gegeben wurde, beteiligten sich einige der weitsichtigsten Architekten der damaligen Zeit, in erster Linie Bartolomeo Baronio; die Arbeiten übernahm später Giulio Mazzoni, dem die interessante Dekoration des Innenhofes und der Fassade zu verdanken ist. Letztere besteht aus vier übereinander gestellten Ordnungen, die, vom Erdgeschoss ausgehend, ein schlichtes, flaches Rustikamauerwerk im Wechsel mit drei Reihen unterschiedlich großer Fenster, sowie eine komplexe Dekoration aufweisen. Im Hauptgeschoss liegen acht Nischen mit Statuen berühmter Männer aus der altrömischen Geschichte: Trajan, Pompeius, Quintus Fabius Maximus, Romulus, Numa Pompilius, Marcellus, Cäsar und Augustus; im darüber liegenden Zwischengeschoss erscheinen Girlanden mit Putten und Karyatiden in Verbindung mit Medaillons, in denen ein Hund neben einer brennenden Säule und eine Girlande mit lateinischer Inschrift dargestellt sind, und bei denen es sich um das Emblem des Kardinals Capodiferro handelt. Als Bekrönung des Gebäudes wechseln im letzten Geschoss Fenster mit acht Inschriftenfeldern ab, die von den Unternehmungen der acht historischen Persönlichkeiten, deren **Statuen** den Piano Nobile zieren, berichten. Die gleiche außergewöhnliche Phantasie wandte Mazzoni auch bei der Dekoration des Innenhofes an, der mit eleganten Reliefs - eine *Kentauromachie* sowie *Jagdszenen* und Statuen von *Gottheiten des Olymp* - geschmückt ist. Nach dem Tod des Kardinals Capodiferro ging der Palast 1559 an die Mutter und den Neffen Pietro Paolo Mignanelli über; 1632 übernahm ihn Kardinal Francesco Spada, der die Wiederherstellung Borromini übertrug; dieser Baumeister brachte, in Zusammenarbeit mit Maruscelli und Della Greca, einige verblüffende Veränderungen an der ursprünglichen Struktur ein.

Als sensationell galt die Schaffung der sogenannten **Galleria Prospettica**, eines 9 Meter langen Korridors, der aufgrund spezieller architektonischer Effekte jedoch so aussah, als sei er 38 Meter lang. Nach einer Idee des Augustinermönches Giovanni Maria di Bitonto schuf Borromini hier in der Tat ein einzigartiges Spiel mit der Perspektive, indem er einen leicht geneigten Fußboden baute und Bögen und Säulen so aneinander reihte, dass ihre progressive Verkleinerung die Illusion einer größeren Raumlänge hervorrief. Aus dieser Sicht erscheint die **Merkur-Statue**, die am Ende der Galerie den Fluchtpunkt der Perspektive bildet, viel größer als sie in Wirklichkeit ist. Einen ganz anderen Charakter besitzt dagegen die **Galleria Spada**, in der die Kunstsammlungen des Kardinals Bernardino Spada untergebracht sind und die nach den herkömmlichen Vorstellungen einer privaten Gemäldegalerie des 17. Jahrhunderts Werke der berühmtesten Maler des Seicento umfasst: Tizian, Mattia Preti, Baciccia, Guercino, Guido Reni, Annibale Carracci, Rubens, Solimena, Orazio und Artemisia Genileschi, um nur einige der hier vertretenen Künstler zu nennen.

Palazzo Spada mit charakterisitschen Stuckdekorationen an der Außenfassade und an den Wänden des Innenhofes; der Arkadenhof.

SAN CARLO AI CATINARI

Die im Auftrag der Barnabitenpater zu Ehren des von Karl Borromäus kurz nach seiner Heiligsprechung errichtete Kirche verdankt ihren Namen den zahlreichen Spenglerwerkstätten, die Anfang des 17. Jahrhunderts in dieser Gegend angesiedelt waren. Sie stellten hauptsächlich Becken und Schüsseln (catini) her und wurden daher "catinari" genannt.
Die Kirche, die noch stark von architektonischen Vorstellungen der Spätrenaissance beeinflusst war, ist ein Werk von Rosati - von ihm stammt auch die hohe **Kuppel**, die dritthöchste in Rom - und kam 1638 mit der Errichtung der **Fassade** von Gian Battista Soria zur Vollendung. Zahlreiche Kunstwerke von nahmhaften Künstlern des 17. Jahrhunderts schmücken den Innenraum, wo Episoden aus dem Leben des Titularheiligen in herrlichen Kompositionen verewigt sind.
An der Innenfassade schufen Gregorio und Mattia Preti zwei Fresken, **Die Mission des hl. Karl gegen die Häresie** und die **Nächstenliebe des Heiligen**. Am Ende des Langhauses malte Lanfranco am Apsisgewölbe die **Glorie des hl. Karl**, und den Chor schmückt ein schönes Werk von Guido Reni, der den **Heiligen im Gebet** darstellte. Am Hochaltar, den Martino Longhi il Giovane ausführte, befindet sich eine beachtenswerte Altartafel von Pietro da Cortona, die eine Episode mit Bezug auf die Pest in Mailand wiedergibt und den **Heiligen** darstellt, **der einen Kreuzesnagel in der Prozession** trägt. Mit den Vier Kardinaltugenden versah Domenichino um 1630 die Kuppelzwickel, und gegen Ende des Jahrhunderts befasste sich Antonio Gherardi mit der kulissenartigen Ausgestaltung der Kapelle der hl. Cäcilia, wo es dem Künstler, der schon an der Dekoration in Santa Maria in Trivio gearbeitet hatte, gelang, ein phantasiereiches Spiel mit Farben und Perspektiven zu schaffen.

Palazzo Spada, die sog. Galleria Prospettica mit Kolonnaden von Borromini.

SANT'ELIGIO DEGLI OREFICI

Dieses kleine Juwel der römischen Renaissancebaukunst ist Sitz der Bruderschaft der Goldschmiede und eines der ganz wenigen erhaltenen Werke, bei denen Raffael als Architekt auftrat. Stark von Bramante beeinflusst, lieferte der Künstler aus Urbino den Entwurf für diese Kirche, mit deren Bau 1516 unter seiner Leitung begonnen wurde.
Nach Raffaels Tod im Jahre 1520 übernahm Baldassarre Peruzzi die Arbeiten und vollendete das Gebäude. Die anmutige Note des kleinen Gotteshauses mit Grundriss über griechischem Kreuz beruht auf der luftigen hemisphärischen **Kuppel**. Anfang des folgenden Jahrhunderts trug die **Fassade** schwere Schäden davon und wurde durch Flaminio Ponzio wiederaufgebaut. Dem genialen Architekten der Spätrenaissance gelang unter Wahrung des Originalentwurfs von Raffael eine schlichte und harmonische Fassadengestaltung.
Rigorose, maßvolle Formen kennzeichnen auch das **Innere**, das Raffael Sanzio vermutlich selbst ausschmücken wollte. Der Kirchenraum besticht durch schlichte Eleganz, zu der die Werke von Romanelli und Taddeo Zuccari an den Wänden einen schönen Kontrast bilden.

Das Kirchlein Sant'Eligio degli Orefici, ein von Raffael entworfenes Bauwerk der Hochrenaissance.

Kirche San Carlo ai Catinari, die große Fassade im Stil der Spätrenaissance.

DER GIANICOLO

Die grüne Anhöhe des Gianicolo leitet ihren Namen von dem altrömischen Gott Janus ab, von dem hier in der Antike eine bedeutende Kultstätte existierte. Der Hügel wurde wegen seines vorwiegend ockerfarbenen Mergelbodens auch Mons Aureus *(Goldener Berg) genannt. Von daher die Ortsbezeichnung Montorio, die sich im Namen der Kirche San Pietro in Montorio erhalten hat (sie steht an der Stelle, wo der allerdings nicht begründeten Überlieferung nach der erste Papst der Christenheit den Martertod gestorben sein soll). Mit Ausnahme einiger Villen, deren ausgedehnte Gärten zum Teil bis zum Tiber reichten - darunter die Villa des Dichters Martial und die Villa Cäsars, deren wunderschöne* Horti *(Gärten) er testamentarisch dem römischen Volk hinterließ - war der Hügel auch zur Römerzeit dünn besiedelt und wurde erst mit dem Bau der* ***aurelianischen Mauer*** *in das Stadtareal einbezogen. Auf der Höhe der heutigen* ***Porta San Pancrazio*** *führte die* ***Via Aurelia****, eine der verkehrsreichsten römischen Konsularstraßen, in die Stadt. Am Fuß des Hügels verlief entlang dem Fluss eine weitere wichtige Verkehrsstraße, die aus der Porta Portuense (heute Porta Portese) herausführte und die Häfen des Claudius und Trajan erreichten. Ein Abschnitt dieser auch* Via sub Janiculo *genannten Straße diente als Trasse für den Bau der Via Santa, der von Sixtus IV. für das Jubiläum von 1475 begonnen wurde. Diese Achse verband den Vatikan mit dem sogenannten Ripa Romea oder Ripa Grande, dem Flusshafen am Tiber, wo die Pilger ausstiegen, die sich zum Petrusgrab begaben. Die Straße führte auch zum Ponte Santa Maria oder Ponte Senatorio, heute Ponte Rotto, womit eine rasche geradlinige Verbindung zum Forum Boarium und von dort zu den Jubiläumsbasiliken San Giovanni in Laterano und Santa Maria Maggiore geschaffen wurde. Anfang des 16. Jahrhunderts ließ Julius II., unter teilweiser Nutzung der von Sixtus gebauten Straße, durch Bramante einen Rundweg ausarbeiten, der parallel auf den beiden Tiber-Uferstraßen verlief, der Via Giulia linksseits des Flusses und der* ***Via della Lungara*** *auf dem rechten Ufer, verbunden durch die beiden Brücken Ponte Sisto und Ponte Giulio, von denen letztere jedoch nie zur Ausführung kam. Von der Via Lungara, die durch Begradigung der einstigen Via Santa bis zur* ***Porta Settimiana*** *Trastevere mit dem Rione Borgo verband, zweigten später seitlich des Hügels rechtwinklig einige Sträßchen ab, an denen hier und dort Häuser gebaut wurden.*

Im übrigen behielt das Gebiet seinen Vorstadtcharakter bei, mit ausgedehnten Grünzonen, in denen im 15. und 16. Jahrhundert prachtvolle Gebäude entstanden, wie die ***Villa Farnesina****, der* ***Palazzo Corsini alla Lungara*** *und der* ***Palazzo Salviati****. In der gleichen Epoche, baute man oben auf dem Hügel in Panoramalage die* ***Villa Lante*** *und die* ***Villa Aurelia****, sowie die Kirchen* ***San Pietro in Montorio*** *mit dem berühmten* ***Tempietto von Bramante*** *und* ***Sant'Onofrio****. Im 17. Jahrhundert befestigte Urban VIII. den West- und Südhang des Gianicolo, die sich bei der Verteidigung der Stadt während der Plünderung Roms 1527 als Schwachstelle erwiesen hatten, und verstärkte somit die Verteidigungslinie zwischen dem aus der Leoninischen Stadt und der Engelsburg gebildeten, vatikanischen Brückenkopf und der aurelianischen Mauer, die den Stadtteil Trastevere begrenzte.*

Im folgenden Jahrhundert legte man auf dem Hügel, der bis dahin seinen Charakter intakt erhalten hatte, den ***Botanischen Garten*** *von Rom an. Erst im 19. Jahrhundert erfuhr er zunächst unter Pius IX. beachtliche Veränderungen mit der Eröffnung der heutigen Via Garibaldi, die eine direkte Verbindung nach Trastevere herstellte, und dann, als Rom Hauptstadt Italiens wurde, mit dem Bau der* ***Passeggiata*** *und der* ***Terrasse auf dem Gianicolo****, von der man ein überwältigendes* ***Panorama*** *der Stadt genießt. 1849 war der Hügel Schauplatz der Kämpfe zwischen den französischen Truppen, die dem Papst zu Hilfe eilten, und den Truppen der Römischen Republik unter dem Kommando von Garibaldi, dem das* ***Denkmal*** *auf der Terrasse gewidmet ist.*

Leuchtturm auf dem Gianicolo - Vom Platz des Leuchtturms aus, den in Argentinien lebende Italiener 1911 der Stadt Rom geschenkt haben, genießt man einen herrlichen **Rundblick** über die ganze Stadt.

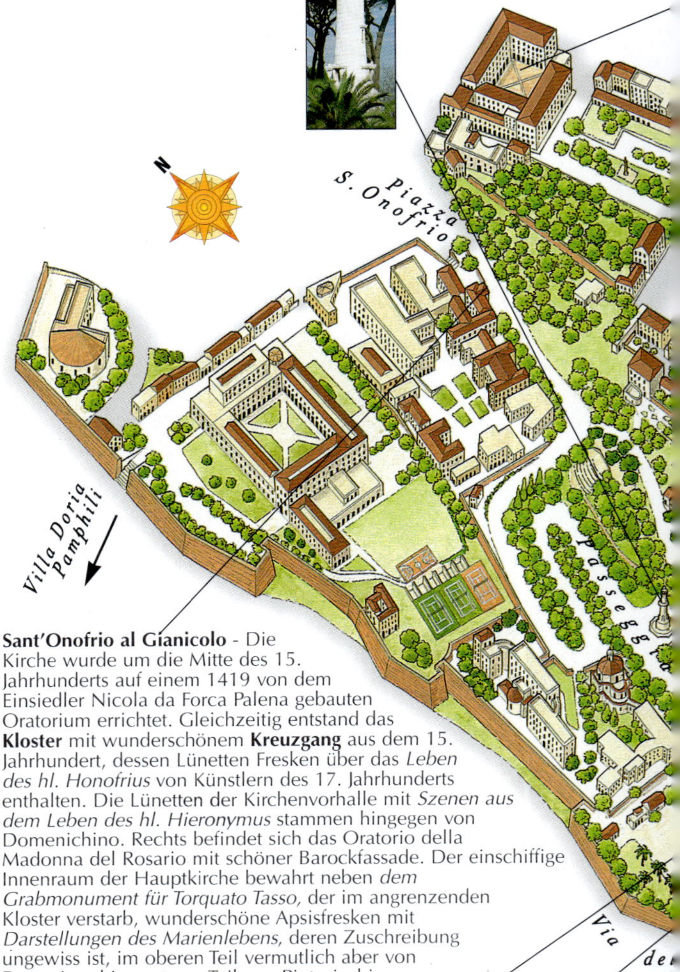

Sant'Onofrio al Gianicolo - Die Kirche wurde um die Mitte des 15. Jahrhunderts auf einem 1419 von dem Einsiedler Nicola da Forca Palena gebauten Oratorium errichtet. Gleichzeitig entstand das **Kloster** mit wunderschönem **Kreuzgang** aus dem 15. Jahrhundert, dessen Lünetten Fresken über das *Leben des hl. Honofrius* von Künstlern des 17. Jahrhunderts enthalten. Die Lünetten der Kirchenvorhalle mit *Szenen aus dem Leben des hl. Hieronymus* stammen hingegen von Domenichino. Rechts befindet sich das Oratorio della Madonna del Rosario mit schöner Barockfassade. Der einschiffige Innenraum der Hauptkirche bewahrt neben *dem Grabmonument für Torquato Tasso,* der im angrenzenden Kloster verstarb, wunderschöne Apsisfresken mit *Darstellungen des Marienlebens*, deren Zuschreibung ungewiss ist, im oberen Teil vermutlich aber von Peruzzi und im unteren Teil von Pinturicchio stammen.

Villa Lante - Die Villa wurde von Giulio Romano für Baldassarre Turini zwischen 1517 und 1527 auf den Überresten der Villa des Martial erbaut. Nachdem sie einige Jahrzehnte später an die Familie Lante übergegangen war, wechselte sie häufig ihren Besitzer. Im 19. Jahrhundert, als sie ein Novizeninternat beherbergte, löste man die *Fresken* von Polidoro da Caravaggio und Giulio Romano ab, die heute im Palazzo Zuccari bewahrt werden. Gegenwärtig ist das Gebäude Sitz der Finnischen Botschaft.

Denkmal für Anita Garibaldi - Das Monument ist ein 1932 geschaffenes Ehrenmal für Anna Maria Ribeiro da Silva, die erste Frau des berühmten Freiheitskämpfers des Risorgimento, dem sie drei Söhne schenkte; nachdem sie 1849 bei der Porta San Pancrazio an seiner Seite bis zur Erschöpfung gegen die französischen Truppen gekämpft hatte, starb sie kurz danach im Alter von knapp dreißig Jahren. Anita wurde unter der Statue beigesetzt.

Garibaldi-Denkmal - Das Reiterdenkmal für den italienischen Freiheitshelden, ein Werk von Gallori (1895), beherrscht die **Terrasse auf dem Gianicolo** und erinnert an den mutigen Kampf zur Verteidigung der Römischen Republik gegen die französischen Truppen. Von hier genießt man eines der schönsten Panoramen der Stadt, die sich in ihrer ganzen monumentalen Schönheit ausbreitet.

Palazzo Salviati - Der Palast, der für Filippo Adimari, Geheimrat Leos X., gebaut wurde, ist ein Werk von Giulio Romano aus den zwanziger Jahren des 16. Jahrhunderts und ist an der Gartenfassade mit einer luftigen Loggia und mit einer harmonischen Kapelle im Stil Bramantes ausgestattet. Das Gebäude ging um die Jahrhundertmitte an den Kardinal Salviati über und wurde von Nanni di Baccio Bigio in den heutigen Formen erweitert. Gegenwärtig beherbergt es Militäreinrichtungen.

Villa Farnesina - Mit dem Bau der Villa in den typischen Formen der römischen Klassik des beginnenden Cinquecento beauftragte der Bankier Agostino Chigi den Architekten Baldassarre Peruzzi. 1590 erwarben die Farnese die Villa, die sie über eine Brücke mit ihrem Palast auf der anderen Seite des Tiberufers verbanden. Im 19. Jahrhundert gingen beim Bau der Anlage der Tiberdämme ein Teil der Gärten und die Raffael zugeschriebene Loggia am Fluss verloren; sichere Werke Raffaels sind hingegen die Fresken in der *Loggia di Psiche* und das wunderschöne Wandgemälde mit der Darstellung der *Galatea* auf einem von Delphinen gezogenen Wagen im gleichnamigen Saal. Die übrigen Fresken in der Villa sind Werke hervorragender Meister des 16. Jahrhunderts, unter anderem Peruzzi, Sebastiano del Piombo, Giulio Romano und Sodoma.

PALAZZO CORSINI ALLA LUNGARA
(S. 148)

Porta Settimiana - Das Tor wurde anstelle eines *Nebentores* der aurelianischen Stadtmauer 1498 von Papst Alexander VI. wiederaufgebaut. Das mit Kragsteinen und ghibellinischen Zinnen bekrönte Tor wurde drei Jahrhunderte später von Pius VI. noch einmal restauriert.

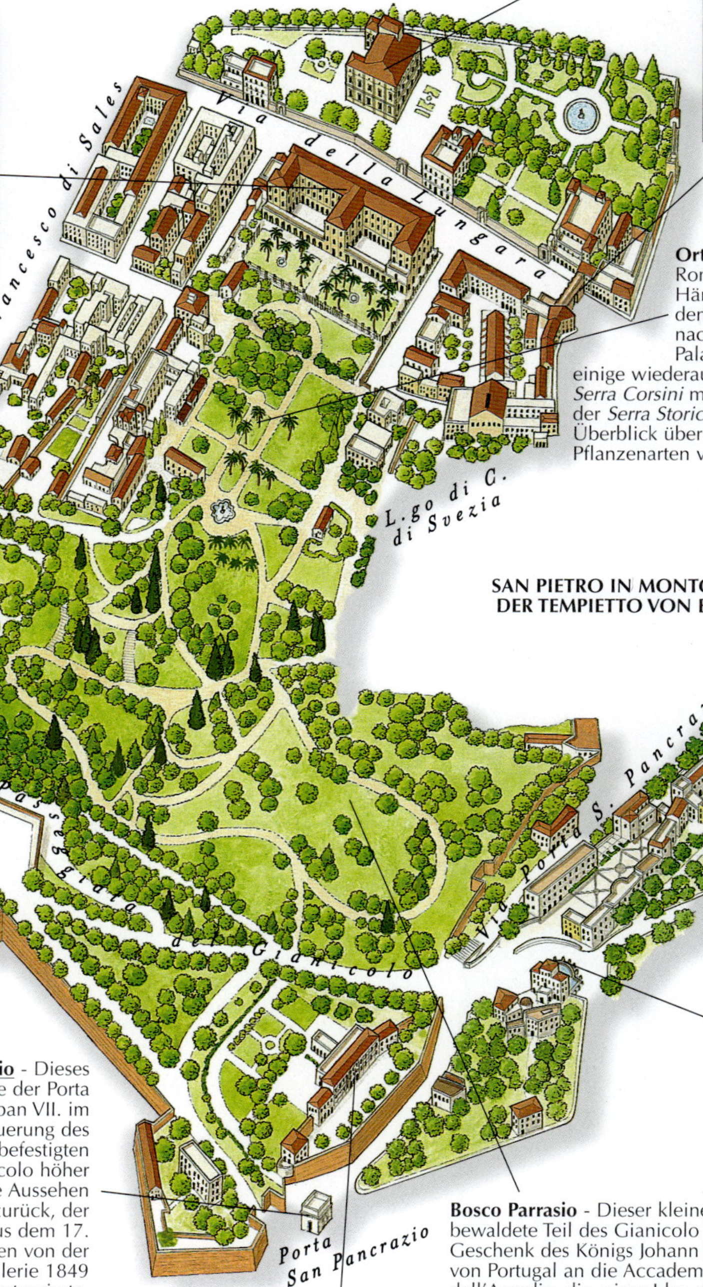

Orto Botanico - Der Botanische Garten von Rom, der sich seit dem 17. Jahrhundert an den Hängen des Gianicolo erstreckte, wurde 1883 in den Gärten des Palazzo Corsini angelegt, nachdem er vorübergehend den Park des Palazzo Salviati eingenommen hatte. Sehenswert einige wiederaufgebaute Gewächshäuser, die neben der *Serra Corsini* mit Orchideen und Wolfsmilchgewächsen und der *Serra Storica* mit tropischen Pflanzen einen umfassenden Überblick über die meisten europäischen und exotischen Pflanzenarten vermittelt.

SAN PIETRO IN MONTORIO UND DER TEMPIETTO VON BRAMANTE
(S. 149)

Porta San Pancrazio - Dieses Stadttor trat an die Stelle der Porta Aureliana, als Urban VII. im Verlauf der Erneuerung des Mauergürtels den befestigten Abschnitt am Gianicolo höher bauen ließ. Das heutige Aussehen geht auf Vespignani zurück, der den früheren Bau aus dem 17. Jahrhundert nach den von der französischen Artillerie 1849 verursachten Schäden restaurierte. Das Gebäude beherbergt das **Museo Garibaldino**.

Villa Aurelia - Die für Kardinal Girolamo Farnese 1650 auf der Anlage einer der Türme des aurelianischen Mauerrings entstandene Villa wurde nach den Schäden von 1849, als die französische Artillerie dem Papst, der gegen die Truppen der von Mazzini ausgerufenen Römischen Republik kämpfte, zu Hilfe geeilt war, Mitte 19. Jahrhundert wiederaufgebaut.

Bosco Parrasio - Dieser kleine bewaldete Teil des Gianicolo ist ein Geschenk des Königs Johann V. von Portugal an die Accademia dell'Arcadia, die, einer Idee der Königin Christina von Schweden und der Literaten, die den Salotto des Palazzo Corsini frequentierten, folgend, 1690 von Giovanni Maria Crescimbeni gegründet wurde. Die Akademie spielte das gesamte 18. Jahrhundert hindurch eine bedeutende Rolle, nicht zuletzt wegen ihrer illustren Mitglieder, zu denen auch Metastasio gehörte.

Fontana dell'Acqua Paola - Als krönenden Abschluß der von Paul V. veranlassten Restaurierung der Wasserleitung des Trajan errichtete Flaminio Ponzio unter Mithilfe von Giovanni Fontana Anfang des 17. Jahrhunderts diese kulissenhafte barocke Brunnenwand, die sich an antiken Triumphbögen des Forums inspiriert und wegen ihrer beträchtlichen Ausmaße **"Fontanone"** (großer Brunnen) genannt wurde.

PALAZZO CORSINI ALLA LUNGARA

Der Palast war als Vorstadtvilla im Auftrag Kardinals Raffaele Riario, eines Neffen von Papst Sixtus IV., an der Via della Lungara, damals Via Santa, entstanden, die das Gebäude über den Ponte Sisto mit dem Gebiet des Forum Boarium und der Kirche San Giorgio al Velabro verband, deren Titular Kardinal Riario war. Die Ende des 15. Jahrhunderts begonnenen Arbeiten wurden unter dem Pontifikat Papst Julius' II. fortgeführt, der das ursprüngliche Gebäude erweitern ließ. Im 17. Jahrhundert bestand die Villa aus einem Baukörper mit nur neun Fenstern, die sich auf zwei Geschosse verteilten, und einer zum heutigen **Botanischen Garten** weisenden Nebenfassade. Diese Gärten erstreckten sich hügelaufwärts bis zum Casino dei Quattro Venti, das Riario vermutlich durch Mattia de Rossi bauen ließ und 1849 zerstört wurde. Dieser Palast erlangte vor allem im 17. Jahrhundert Bedeutung, als er ab 1659 die Königin Christina von Schweden beherbergte, die einen beachtlichen Kreis von Literaten und Künstlern um sich versammelte und die erste römische Akademie gründete, die nach ihrem Tod den Namen Arcadia annahm und ihren Versammlungsort in den nahegelegenen **Bosco Parrasio**, an den Hängen des Gianicolo, verlegte.

1736 trat eine Wende in der Geschichte des Gebäudes ein, das nach der Ernennung von Lorenzo Corsini zum Papst Klemens XII. von dieser Florentiner Adelsfamilie erworben und als Wohnpalast benutzt wurde, in dem die reichbestückte Bibliothek und die wertvolle Kunstsammlung Aufnahme fanden. Mit der Erweiterung und Restaurierung des Gebäudes wurde Ferdinando Fuga beauftragt, der dem Baukörper drei Geschosse mit 21 Fenstern verlieh. Er entwarf auch die **Fassade**, die mit den mächtigen Steinlisenen und der krönenden Balustrade schon auf das Wesentliche der Neoklassik überleitete, sowie ein befahrbares Vestibül mit einer monumentalen **Ehrentreppe**. Die Corsini legten außerdem besonderen Wert auf die Gestaltung der **Gärten**, die sie teilweise neu bepflanzten und mit Statuen und Wasserspielen ausstatteten. Vor allem aber erwiesen sie sich als große Kunst- und Büchersammler, angefangen von Kardinal Neri, einem Neffen Papst Klemens' XII., der die beiden von Fuga neuerbauten Flügel zum Sitz der **Bibliothek** und der **Galleria Corsini** bestimmte. Letztere konnte ihren Charakter einer privaten Gemäldegalerie voll bewahren und umfasst vorwiegend Werke, die den Übergang vom Barock zum Klassizismus kennzeichnen. In einem künstlerisch hervorragend konzipierten Rundgang werden *Johannes der Täufer* von Caravaggio und die Werke seiner bekanntesten Schüler (Orazio Gentileschi, Gérard Seghers usw.) neben Künstlern des 18. Jahrhunderts vorgestellt, die schon zum Klassizismus und Neoklassizismus (Maratta, Pannini, Batoni) überleiten. Mit zahlreichen Werken sind auch die neapolitanischen Künstler und Maler der italienischen Gotik (Andrea di Cione, Beato Angelico) vertreten, die im 19. Jahrhundert in die Sammlung eingeflossen sind. Der Palast ist heute Sitz der renommierten **Accademia dei Lincei**.

Palazzo Corsini alla Lungara, die klassizistische Fassade und ein Blick in das Innere des Gebäudes.

Der Botanische Garten.

Malerischer Winkel in den Gärten am Gianicolo.

SAN PIETRO IN MONTORIO UND DER TEMPIETTO VON BRAMANTE

Unter dem Pontifikat von Sixtus IV. kam es am Fuß des Hügels und in dem angrenzenden Stadtbezirk Trastevere zur Verwirklichung einer ganzen Reihe städtebaulicher und öffentlicher Arbeiten, die 1481 bis 1500 durch den von Ferdinand II. von Aragon veranlaßten Bau einer Kirche ihren Abschluss fanden. So entstanden, dank der großzügigen Spenden der Gläubigen, an der Stelle, an der eine - wenn auch unbegründete - Legende den Marterort des ersten Papstes der Christenheit vermutete (in Wirklichkeit wurde er im Stadion des Nero in der Nähe der heutigen Peterskirche gekreuzigt), die **Kirche** und das **Kloster** San Pietro in Montorio.

Der Baukomplex, der über einer antiken Kirche des 9. Jahrhunderts liegt, wurde von Baccio Pontelli im reinsten Renaissancestil verwirklicht. Einflüsse der gotischen Kunst sind jedoch noch spürbar in der Fensterrose an der schlichten **Kirchenfassade**, die der Schule Andrea Bregnos zugeschrieben wird. Die Freitreppe ist ein Anbau aus dem 17. Jahrhundert. Das einschiffige **Innere** mit Kuppel- und Kreuzgewölben, die ebenfalls noch der Gotik angehören, ist mit zahlreichen Seitenkapellen (ursprünglich Nischen) ausgestattet, in denen Kunstwerke von unschätzbarem Wert bewahrt werden. Die erste Kapelle rechts vom Eingang birgt eine eindringliche *Geißelung Christi*, die Sebastiano del Piombo 1518 wahrscheinlich nach einer Zeichnung Michelangelos ausführte; die vierte Kapelle auf der gleichen Seite enthält die *Bekehrung des Paulus* von Vasari, der sich in der schwarzgekleideten Gestalt links selbst darstellte. Bis 1809 schmückte die Apsis eine wunderschöne *Verklärung Christi* von Raffael, die sich heute in der Vatikanischen Pinakothek befindet und durch eine Kopie der *Kreuzigung des hl. Petrus* von Guido Reni ersetzt wurde (das Original ist ebenfalls in der Vatikanischen Pinakothek zu sehen). Höchster Ausdruck der Barockisierung des Kirchenraumes ist die **Cappella Raymondi**, ein Werk von Gian Lorenzo Bernini.

Die Renaissancefassade der Kirche San Pietro in Montorio mit vorgebauter doppelrampiger Treppe.

Außerordentlich interessant im Komplex von San Pietro in Montorio ist der **Tempietto von Bramante**, den der Architekt aus den Marken zwischen 1508 und 1512 im ersten Kreuzgang des Klosters an der Stelle errichtete, wo das Kreuz des Apostels Petrus gestanden haben soll. Die hagiographische Überlieferung und die Besinnung auf das klassische Altertum veranlassten Bramante, für dieses harmonische Bauwerk, Inbegriff der Renaissancearchitektur und der Idealisierung des Raumes, einen Kreis als Grundriss zu wählen, auf dem sich ein von tuskanischen Säulen gegliederter Baukörper mit halbkugelförmiger Kuppel erhebt. Ein ursprünglich im Entwurf vorgesehener Hof rund um das Tempelchen kam nie zur Ausführung. Das Innere besteht aus zwei übereinander liegenden Räumen, von denen der obere barockisiert wurde und eine *Statue des hl. Petrus* aus der lombardischen Schule des 16. Jahrhunderts enthält; darunter liegt die *Krypta* - mit Zugang über eine doppelrampige Treppe von Bernini - wo die Stelle im Boden zu sehen ist, an der das Kreuz Petri gestanden haben soll.

Der Tempietto von Bramante, ein klassisches Bauwerk der Renaissancekunst.

DAS PANTHEON UND DER STADTTEIL PIGNA

*Das weite, flache Gebiet, das heute von diesem Stadtteil eingenommen wird, war im Altertum als **Campus Martius** (Marsfeld) bekannt und umfasste das gesamte Gelände, das sich zwischen der Hauptschleife des Tiber und den Hängen des Kapitols, des Quirinals und des Pincio erstreckt und ursprünglich den Tarquiniern gehörte. Nach der Vertreibung des letzten Königs Tarquinius Superbus ging es in Staatsbesitz über und war in republikanischer Zeit Gegenstand einer umfangreichen städtebaulichen Neuplanung, im Rahmen derer mit Beginn des 2. Jahrhunderts v. Chr. neben Tempeln aus der Frühantike, die den wichtigsten römischen Gottheiten gewidmet waren - unter anderem Mars, nach dem das Gelände (Campus Martis) benannt ist - großartige Kultstätten, zivile Gebäude, Portiken und Theater entstanden.*
*Ende des 1. Jahrhunderts v. Chr. trieb vor allem Pompeius diese Bauten voran, von denen rund um den Largo Argentina noch Zeugnisse (Reste der **Curia**, des **Portikus** und des **Theaters**) vorhanden sind. Eine weitere großangelegte städtebauliche Neuordnung erfolgte unter Augustus und seinem Schwager Marcus Vipsanius Agrippa. Letzterem ist der Bau der ältesten öffentlichen Thermen in Rom zu verdanken, die als Thermen des Agrippa bekannt sind und zwischen 25 und 19 v. Chr. nördlich des heiligen Bezirks Argentina gebaut wurden. Den Komplex rundeten das **Pantheon**, die **Neptunsbasilika** und die erweiterten* Saepta Julia *ab, ein großer, von Portiken umgebener Platz, der schon unter Cäsar angelegt worden war und für Volksversammlungen und militärische Zusammenkünfte benutzt wurde. Hier unter den Überresten der Thermen des Agrippa fand man den riesigen bronzenen Pinienzapfen, den Rest einer Fontäne, der heute im Vatikan im sogenannten Cortile della Pigna aufbewahrt wird und nach dem heute dieser Stadtteil benannt ist.*
Die Bauarbeiten setzten sich unter Domitian fort, dem der in der Nähe der Saepta Julia *erbaute, sogenannte Iseo Campense oder Tempel für Isis und Serapis zu verdanken ist, mit dem die Einführung ägyptischer Kulte in Rom bezeugt war. Nachdem der Tempel im 16. Jahrhundert zerstört worden war, lieferte er Baumaterial für spätere Monumente, unter anderem für den **Obelisken** auf dem Platz vor dem Pantheon. Kaiser Hadrian befasste sich mit der Restaurierung vieler Baudenkmäler in diesem Gebiet (Pantheon, Neptunsbasilika) und mit der Errichtung von Neubauten in der Nähe des Trajansbogens, den sein Vorgänger auf dem Platz vor dem Pantheon errichten ließ und im Mittelalter die Bezeichnung Friedensbogen erhielt.*
*Tatsächlich war dieser Bezirk im Mittelalter noch reich an antiken Überresten und im übrigen dicht besiedelt, da er sich, im Unterschied zu anderen Stadtteilen von Rom, zu keiner Zeit ganz entvölkert hatte, sondern im Gegenteil hier eine präzise topographische Überlagerung der städtebaulichen Anlage zu beobachten ist. So entstanden an der Stelle antiker Gebäude Kirchen und Paläste, während im Laufe der Zeit eine Reihe von bescheideneren Wohnhäusern die verbliebenen und nicht wiederverwendeten Strukturen verdeckten. Tiefgreifende Veränderungen des städtebaulichen Gefüges in diesem Bezirk erfolgten Anfang des 16. Jahrhunderts, als er zu einem wichtigen Zentrum der Gesellschaft Jesu wurde; damals wurden einige Straßen und Plätze erweitert, die nicht selten Gebäude aus dem klassischen Altertum verdrängten, beispielsweise die heutige **Via di Torre Argentina**, **Piazza del Gesù** und **Piazza del Collegio Romano**, in deren Umfeld gegen Ende des Jahrhunderts nach und nach die prachtvollen Gebäude entstanden, die noch heute den Rione Pigna mitprägen.*
Diese Veränderungen zogen sich auch durch die zwei nachfolgenden Jahrhunderte, ließen aber den spezifischen Charakter dieses Gebiets unangetastet, den nicht einmal die im 19. Jahrhundert vorgenommenen Demolierungen auslöschen konnten, mit Ausnahme einiger Eingriffe, die darauf gerichtet waren, die durch spätere Überbauten verdeckten Monumente der Antike ans Licht zu bringen.

Palazzetto Venezia - Das Gebäude steht im *Viridarium*, einem von einem Portikus umgebenen Garten. Papst Paul II. veranlasste um die Mitte des 15. Jahrhunderts den Bau, für den Alberti den Entwurf lieferte und der durch spätere Umbauten seine heutige Form erhielt. Um 1500 stellte man in Eingangsnähe die Büste der sogenannten *Madama Lucrezia* auf, eine der "sprechenden" Statuen Roms (auf denen die Römer des Nachts Schilder mit gesalzenen Kommentaren gegen die Regierung anbrachten), bei der es sich in Wirklichkeit um das Fragment einer Statue aus dem Iseo Campense handelt.

DIE KIRCHE IL GESÙ
(S. 154)

Santa Marta - Die Kirche neben dem Kloster, das für die Erweiterung des Platzes teilweise abgetragen wurde, entstand auf den Resten des Tempels der Chalkidischen Minerva und wurde gegen Ende des 17. Jahrhunderts von De Rossi und Fontana renoviert.

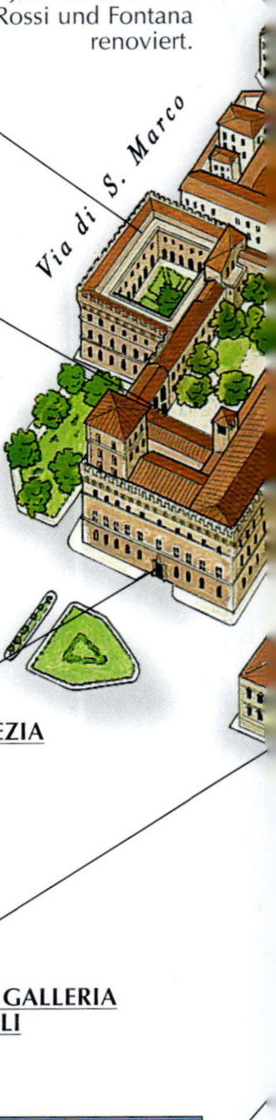

Basilika San Marco - Die Kirche, die der hl. Papst Markus im Jahre 336 zu Ehren des Evangelisten Markus erbauen ließ, wurde auf Wunsch von Kardinal Pietro Barbo, dem späteren Papst Paul IV., um die Mitte des 15. Jahrhunderts grundlegend erneuert. Die typische **Renaissancefassade**, die sich am Baustil Leon Battista Albertis inspiriert, wurde mit Baumaterial aus dem Kolosseum und dem Marcellus-Theater verwirklicht.

PALAZZO VENEZIA
(S. 155)

PALAZZO UND GALLERIA DORIA PAMPHILI
(S. 156)

Collegio Romano - Papst Gregor XIII. kam mit der Errichtung dieses monumentalen Gebäudes ab 1582 dem Wunsch des hl. Ignatius von Loyola nach, der hier eine Ausbildungsstätte für die künftigen Mitglieder der Gesellschaft Jesu schaffen wollte. Außer der Bibliothek beherbergte der Palast das sog. Museo Kircheriano - nach Atanasius Kircher, dem bedeutendsten Kurator des Museums - und eine Sternwarte.

Sante Stimmate di San Francesco - An der Stelle einer Vorläuferkirche des 13. Jahrhunderts, die den Vierzig Märtyrern von Calcarario geweiht war, entstand Anfang des 18. Jahrhunderts dieser Neubau in spätbarocken Formen, die sich, was die Fassade betrifft, an der Kirche Santa Maria in Via Lata inspirieren.

Archäologische Zone Argentina - Dieser antike heilige Bezirk aus der republikanischen Zeit, der mitten im Marsfeld gelegen war, umfasst neben den Resten des **Hecatostylon**, eines Portikus mit hundert Säulen, vier Tempel, unter anderem den einzigartigen **Tempel der Fortuna des heutigen Tages**; das Gebäude mit Zentralgrundriss barg eine kolossale Marmorstatue der Göttin, deren Reste in den Kapitolinischen Museen bewahrt werden.

Palazzo Altieri - Der Palast wurde im Auftrag Kardinals Altieri Mitte des 17. Jahrhunderts von Mattia und Giovanni Antonio de Rossi erbaut und später erweitert, nachdem ein anderes Mitglied der Familie Altieri zum Papst gewählt worden war. Bemerkenswert der *Ehrenhof* und die *Innenräume* mit erlesenen Barockdekorationen.

Neptunsbasilika - Hinter dem Pantheon befindet sich dieses Gebäude, das von Agrippa 25 v. Chr. erbaut und von Hadrian restauriert wurde. Es handelte sich um einen Tempel, der zur Erinnerung an die gewonnenen Seeschlachten dem Meeresgott gewidmet war. Reste von Säulen und des mit Delphinen und Dreizack, den Attributen Neptuns, geschmückten Marmorfrieses sind noch gut sichtbar.

PANTHEON
(S. 152)

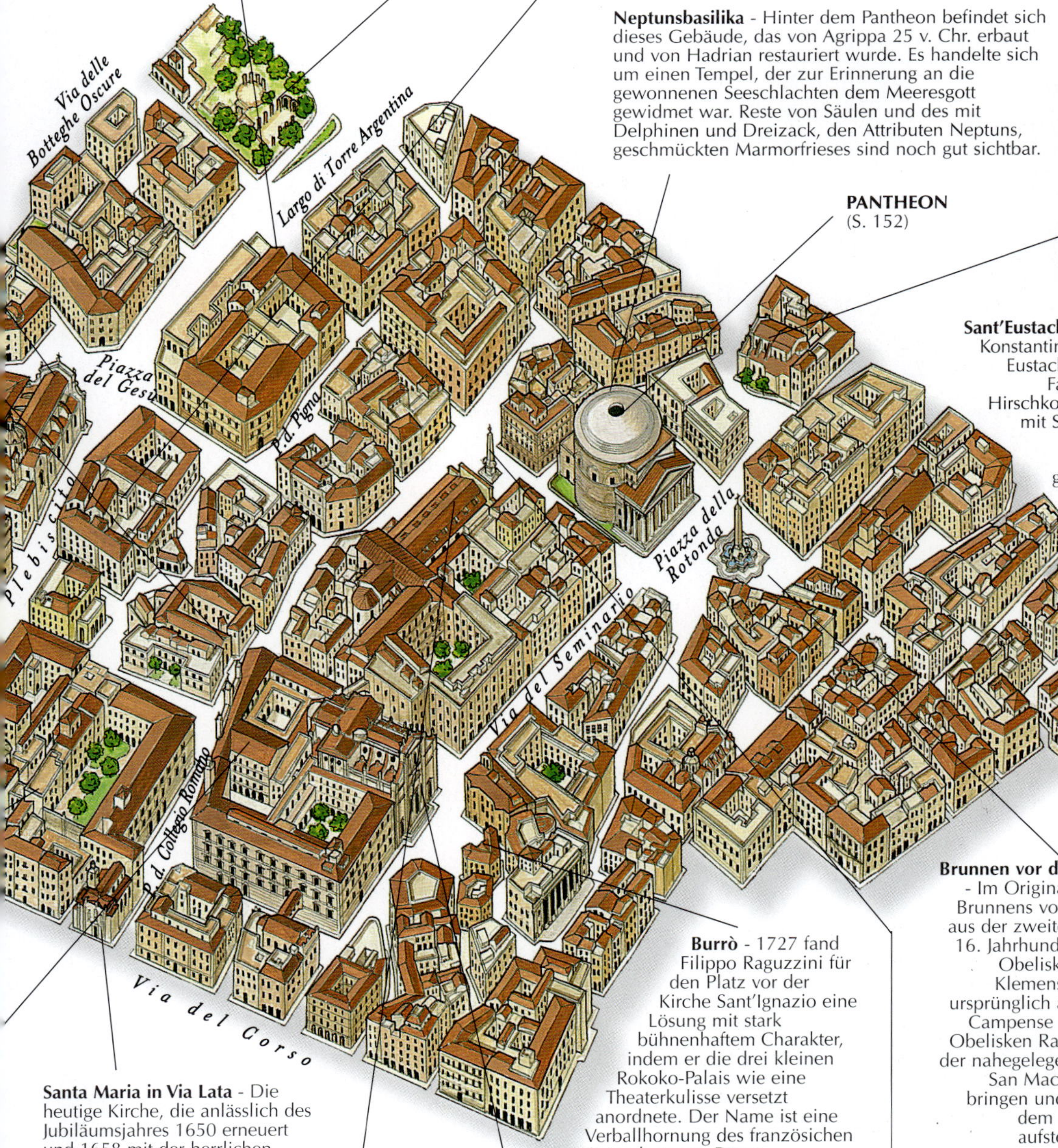

Sant'Eustachio - Die Kirche wurde von Konstantin am Marterort des heiligen Eustachius gegründet, auf den die Fassadenbekrönung mit dem Hirschkopf und Kreuz hinweist. Die mit Säulenvorhalle ausgestattete Fassade wurde 1196 restauriert; dieser Epoche gehört auch der romanische **Glockenturm** an. Das Gebäude wurde im 18. Jahrhundert radikal verändert.

Brunnen vor dem Pantheon - Im Originalentwurf des Brunnens von Della Porta aus der zweiten Hälfte des 16. Jahrhunderts war kein Obelisk vorgesehen; Klemens XI. ließ den ursprünglich aus dem Iseo Campense stammenden Obelisken Ramses' II. von der nahegelegenen Piazza San Macuto hierher bringen und 1711 auf dem Brunnen aufstellen.

Burrò - 1727 fand Filippo Raguzzini für den Platz vor der Kirche Sant'Ignazio eine Lösung mit stark bühnenhaftem Charakter, indem er die drei kleinen Rokoko-Palais wie eine Theaterkulisse versetzt anordnete. Der Name ist eine Verballhornung des französischen Wortes *bureaux*, Büros.

Santa Maria in Via Lata - Die heutige Kirche, die anlässlich des Jubiläumsjahres 1650 erneuert und 1658 mit der herrlichen Barockfassade von Pietro da Cortona ausgestattet wurde, steht an der Stelle einer sehr alten Diakonie, die von Papst Sergius I. im 7. Jahrhundert gegründet worden war und von der hochinteressante Reste in den unterirdischen Räumen erhalten sind. Der Bernini zugeschriebene Hochaltar bewahrt eine kostbare Ikone der *Hl. Jungfrau* aus dem 12. Jahrhundert.

SANT'IGNAZIO DI LOYOLA
(S. 155)

SANTA MARIA SOPRA MINERVA
(S. 153)

"Pulcin della Minerva" - Bernini schuf dieses kuriose Monument mit dem kleinen Elefanten, den Ercole Ferrata 1667 ausführte. Der Name (Pulcino = Küken) rührt daher, dass der aus dem antiken Iseo Campense stammende Obelisk mit seinen fünf Metern Höhe der kleinste Obelisk in Rom ist.

DAS PANTHEON

Das Pantheon ist nicht nur eines der Wahrzeichen von Rom, sondern vor allem auch ein bedeutender Bezugspunkt in der Architekturgeschichte aller Zeiten, unerschöpfliche Inspirationsqelle und Vorbild, das in allen historischen Epochen bis in unsere Tage Nachahmung fand. Der erste Bau, das sogenannte *Augusteum*, ein dem vergöttlichten Kaiser Augustus gewidmeter Kultort und später *Tempel aller Schutzgötter* seines Geschlechts, wurde 27 v. Chr. vom Schwiegersohn des Augustus, Marcus Vipsanius Agrippa, errichtet. Sein Bildnis zierte, neben dem seines mächtigen Verwandten, ursprünglich eine der beiden Nischen seitlich des Eingangsportals. Das bei dem Brand von Rom 80 n. Chr. beschädigte Gebäude wurde von Domitian und Trajan restauriert und in den Jahren 118 bis 125 n. Chr. von Kaiser Hadrian vollkommen neu errichtet.

Der Tempel veränderte so seine Form und Orientierung. Aus einem schlichten Viereckbau wurde eine komplexe Struktur, die sich aus der Verbindung eines zylindrischen Baukörpers und einer halbkreisförmigen Kuppel ergab, deren Durchmesser und Höhe gleich waren. Dem Gebäude war ein viereckiger **Pronaos** vorgelagert. Diese Vorhalle war durch 16 monolithische, graue und rosafarbene Granitsäulen gegliedert, die mit korinthischen Kapitellen ausgestattet waren. Die Bekrönung bestand aus einem Fronton mit **Tympanon**, der anfänglich mit einem Bronzefries verziert war. Mit der bronzenen Deckenverkleidung der Vorhalle, die Papst Urban VIII. Barberini 1625 entfernen ließ, schuf Bernini später den Baldachin in der Peterskirche; ein Teil des Materials wurde eingeschmolzen und für die Kanonen in der Engelsburg verwendet. Wie das Volk darüber dachte, brachte Pasquino in seinem Kommentar zum Ausdruck: *Quod non fecerunt barbari, fecerunt Barberini.* "Was die Barbaren nicht fertigbrachten, schafften die Barberini".

Die durch einen marmorverkleideten, rechteckigen Ziegelbaukörper mit der Vorhalle verbundene **Rotunde** offenbart in ihrer Struktur eine komplexe kosmische Symbolik, die in den *sieben Nischen* im Tambour, je eine für die Gottheiten der Planeten (Venus, Mars, Jupiter, Saturn, Uranus, Neptun und Pluto), und in den fünf *Kassettenordnungen* im Kuppelgewölbe angedeutet wird, an dessen Scheitel sich der *Oculus* öffnet, Symbol der Sonnenscheibe und einzige Lichtquelle des Gebäudes. Die **Kuppel** - die größte, die je in Mauerwerk ausgeführt wurde - besteht aus einem besonders leichten Konglomerat aus Mörtel- und Travertinsplitter, die, je höher die Kuppel ansteigt, durch Lapilli und Bimsstein ersetzt werden. Der byzantinische Kaiser Phokas machte den Tempel im Jahre 608 Papst Bonifatius IV. zum Geschenk, der sie in eine Kirche verwandelte und Sancta Maria ad Martyres weihte. Trotz der im Laufe der Jahrhunderte vorgenommenen Veränderungen gelangte das Gebäude nahezu intakt bis in unsere Tage. Nach 1870, nachdem man die beiden Seitentürmchen, die sogenannten "Eselsohren", abgetragen hatte, die Urban VIII. seinerzeit von Bernini hatte anbauen lassen, wurde das Pantheon zur Gedenkstätte der Könige Italiens, deren Gräber hier Aufnahme fanden. Das Pantheon birgt außerdem das *Grab Raffaels*, das mit der berühmten *Madonna del Sasso* geschmückt ist, einem Werk, das der Künstler aus Urbino 1520 bei Lorenzetto in Auftrag gegeben hatte.

Pantheon, die Ruinen der Neptunsbasilika mit Blick auf die Kuppel, eine Innenansicht und die mächtige Säulenvorhalle.

SANTA MARIA SOPRA MINERVA

Die einzige Kirche in Rom, die ihre ursprüngliche gotische Anlage bewahrt hat, entstand im 13. Jahrhundert auf den damals mutmaßlichen Resten des antiken Tempels der Chalkidischen Minerva, die in Wirklichkeit unter der benachbarten Kirche Santa Marta liegen. Die Stilmerkmale des Gebäudes, dessen nüchterne **Fassade** in der Renaissance durch drei schöne Portale geschmückt wurde, weisen - trotz der verunstaltenden Restaurierungen im 19. Jahrhundert, bei denen die Formen teilweise verändert wurden - auf Architekten hin, die ihre Ausbildung in der Toskana genossen hatten.
Doch ist diese Kirche auch aus anderen Gründen an die Toskana geknüpft, insofern als sie die **Cappella Carafa** birgt, ein wahres Juwel der Renaissancekunst, an dessen Bau zahlreiche toskanische Künstler mitgewirkt haben: Giuliano da Maiano schuf zusammen mit Mino da Fiesolo (von dem auch das *Grabmal des Francesco Tornabuoni* am Eingang stammt) und Verrocchio den herrlichen Eingangsbogen, während Filippino Lippi außer den Wandfresken mit dem *Triumph des hl. Thomas von Aquin* und *Szenen aus dem Leben des Heiligen* auch das herrliche *Verkündigungsbild* über dem Altar malte. Auf die Toskana verweisen ferner die beiden *Grabmonumente* von Antonio da Sangallo il Giovane für die beiden florentinischen Päpste Leo X. und Klemens VII., die 1536 in dem eigens hierfür umgebauten Chor aufgestellt wurden. Unter dem Hochaltar fand der *Sarkophag* mit den Reliquien der hl. Katharina von Siena Aufnahme. Neben der **Sakristei** befindet sich eine kleine Kapelle mit dem Sterbezimmer der Heiligen, das mit Fresken des 15. Jahrhunderts geschmückt ist. An einen weiteren großen Künstler aus der Toskana erinnert der *Grabstein des Beato Angelico*, den Isaia da Pisa 1455 ausführte, und Michelangelo wird der *Auferstandene Christus* (1520) zugeschrieben, der links vom Presbyterium an einem Pfeiler steht.

Pantheon, der Grundriss und ein Querschnitt des Gebäudes.

Santa Maria sopra Minerva, das Kircheninnere.

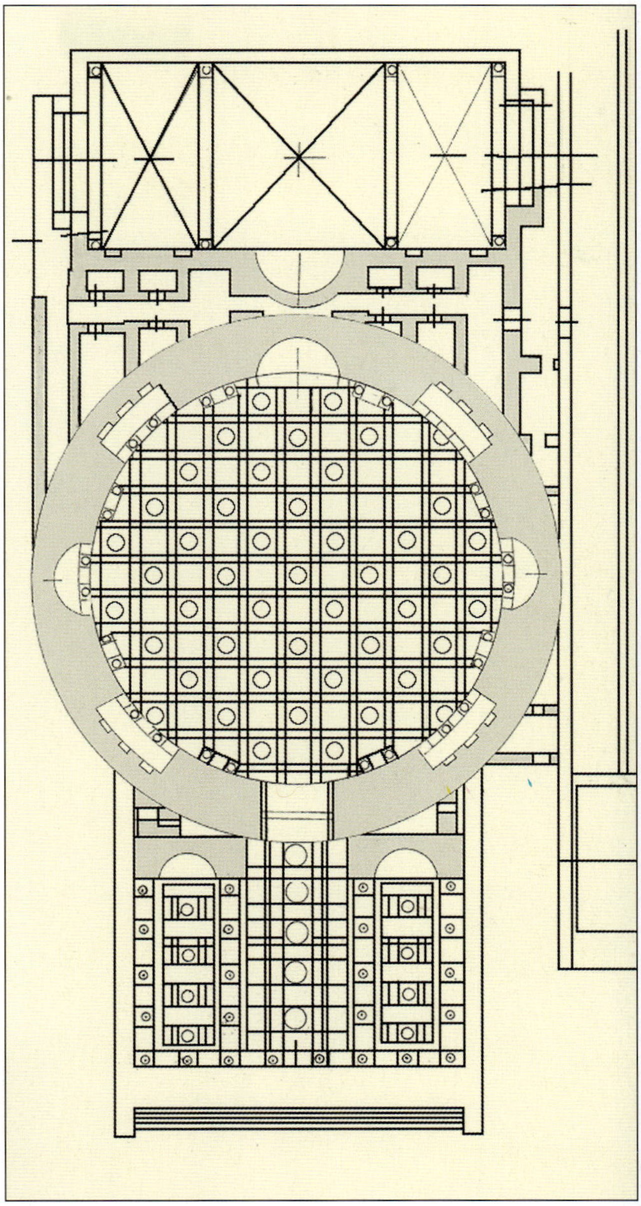

Piazza della Minerva, der Brunnen "Pulcin della Minerva".

Kirche Il Gesù, der Altar des hl. Ignatius, ein Meisterwerk der Barockkunst.

DIE KIRCHE IL GESÙ

Die Kirche Il Gesù ist Ausdruck des Geistes der Gegenreformation. Sie vereint eine rigorose Formensprache, die sich an der im Trienter Konzil bestätigten Orthodoxie inspiriert, mit der für den Barock typischen Vorliebe für Prunk und dramatische Raumgestaltung.
Etwa zwanzig Jahre zuvor hatte der Gründer der Gesellschaft Jesu von Papst Paul III. die kleine Kirche Santa Maria della Strada, auch Santa Maria degli Astalli genannt, zum Geschenk erhalten. Mit einer Finanzierung durch Kardinal Alessandro Farnese wollte er die Kirche vergrößern und beauftragte Vignola mit dem Projekt. Die Ausführung der zwar wuchtigen aber dennoch anmutigen **Travertinfassade** übernahm hingegen Giacomo della Porta. Für das **Innere** plante Vignola, im Einklang mit den vom Trienter Konzil diktierten, neuen liturgischen Anforderungen, einen einschiffigen Raum mit Seitenkapellen und ein Querschiff von gleicher Breite. Die hemisphärische Kuppel wurde später mit Fresken von Baciccia ausgeschmückt, der auch das **Gewölbe** im Langhaus dekorierte, indem er 1679 den spektakulären *Triumph des Namens Jesu* malte, ein wunderschönes Beispiel für den barocken Illusionismus, bei dem die Malerei teilweise aus der von Raggi geschaffenen vergoldeten Stuckrahmung heraustritt und die Gewölbe und sogar die Bauglieder der Kirche überzieht.
Die in ihrem Aufbau sehr schlichten Seitenkapellen enthalten wertvolle Kunstwerke. Von Bedeutung ist vor allem die Grabkapelle des hl. Ignatius von Loyola, ein großartiges Barockwerk des Jesuitenpaters Andrea Pozzo, das gegen Ende des 17. Jahrhunderts vollendet wurde. Feierlich wirkt der

Kirche Il Gesù, die maßvolle Travertinfassade von Della Porta.

Palazzo Venezia, ein vollendetes Beispiel der profanen Renaissancebaukunst.

Altar des hl. Ignatius, der im Glanz vergoldeter Bronzereliefs erstrahlt, auf denen *Szenen aus dem Leben des Heiligen* dargestellt sind. Mit Lapislazuli besetzte Säulen und die Nische mit der versilberten *Statue des Heiligen*, eine Kopie des Originals von Pierre Legros, runden die prunkvolle Komposition ab. Neben der Kirche steht die **Casa Professa**, wo die Gesellschaft Jesu seit 1543 ihren Sitz hatte und der heilige Ignatius von Loyola 1586 verstarb.

SANT'IGNAZIO DI LOYOLA

Die in streng gegenreformatorischem Geist erbaute monumentale Kirche ist dem Gründer der Gesellschaft Jesu geweiht, den Papst Gregor XV. vier Jahre vor Baubeginn des Gotteshauses (1626) heiliggesprochen hatte. Die klaren und zugleich effektvollen Formen greifen den Stil der benachbarten Kirche Il Gesù auf.
Die neue Kirche trat auf Veranlassung des vorgenannten Papstes an die Stelle der früheren Kirche Santissima Annunziata, die für die Anforderungen des immer stärker frequentierten Jesuitenkollegs (Collegio Romano) zu klein geworden war. Ein Jesuitenpater, Orazio Grassi, lieferte denn auch den Entwurf für die dreischiffige Kirche. Den überwiegenden Teil des Innenraumes nimmt das Mittelschiff ein, dessen **Gewölbe** ebenfalls von einem Jesuitenpater, Andrea Pozzo, mit Fresken ausgemalt wurde; er stellte hier die *Glorie des hl. Ignatius* dar, ein wahres Meisterwerk der perspektivischen Illusionsmalerei. Pater Pozzo schuf 1685 auch das einzigartige *Tromp-l'oeil* auf Leinwand, das die damals noch nicht verwirklichte Kuppel vortäuschte, wie auch im Querschiff zwei kulissenartige Altäre mit gewundenen Marmorsäulen, in denen zwei kostbare Urnen mit den Reliquien des hl. Luigi Gonzaga und des hl. Giovanni Berchmans enthalten sind; die beiden Reliefs über den Urnen sind Werke von Pierre Legros und Filippo Valle.
Die zweistöckige **Fassade**, die durch Halbsäulen und Pilaster mit seitlichen Voluten gegliedert wird, wurde Mitte des 17. Jahrhunderts errichtet und ist wahrscheinlich ein Werk von Algardi, der auch den schönen Stuckfries über den Arkaden des Mittelschiffes schuf.

PALAZZO VENEZIA

Um die Mitte des Quattrocento nahm Kardinal Paolo Barbo die Arbeiten für den Bau seiner eigenen Residenz in Angriff. Unter dem Pontifikat Pauls II. erfuhr das Gebäude, dessen architektonisches Gefüge auch die angrenzende Basilika San Marco einbezogen hatte, erhebliche Veränderungen mit dem Bau des Traktes an der Via del Plebiscito, des späteren Palazzo Venezia und, im **Inneren**, der berühmten *Sala del Mappamondo*, die vermutlich mit Dekorationen von Mantegna ausgestattet war und in der zur Zeit des Faschismus das Kabinett Mussolinis untergebracht war. An der Schwelle des 16. Jahrhunderts vergrößerte Kardinal Lorenzo Cybo die paolinische Anlage noch einmal mit der Schaffung des sogenannten *Appartamento Cybo*. Weitere Arbeiten wurden in den beiden folgenden Jahrhunderten vorgenommen, bis das Gebäude 1924, nach einer langjährigen und umstrittenen Restaurierung, Museumssitz und 1929 Sitz des Faschistischen Großrats wurde.

Museo di Palazzo Venezia, Giorgione, Doppelporträt.

Das heutige **Museo di Palazzo Venezia**, das auch die Räume des angrenzenden Palazzetto Venezia einnimmt - er ist durch den sogenannten *Passetto* oder *Corridoio dei Cardinali*, einen im 18. Jahrhundert umgebauten, ehemaligen Wehrgang, mit dem Hauptgebäude verbunden - besitzt reichhaltige Sammlungen mit angewandter Kunst, die zum Teil aus dem früheren Museo Kircheriano stammen. Terrakotten, Porzellan, Bronzen, Silberkunst, Kirchengerät, Holzplastiken, Gemälde, Waffen, Elfenbeinarbeiten, Kristalle, Gobelins und Kunstgegenstände aller Art sowohl aus italienischer als auch ausländischer Produktion füllen die zahlreichen Säle dieses weitläufigen Museums und bieten einen erschöpfenden Überblick über die künstlerische Entwicklung vom Mittelalter bis zum 18. Jahrhundert.

Museo di Palazzo Venezia, Hl. Anna, Maria und das Kind, *farbige Holzgruppe der deutschen Schule des 16. Jahrhunderts.*

PALAZZO UND GALLERIA DORIA PAMPHILI

Das ursprüngliche Gebäude aus dem 15. Jahrhundert - das die Prälaten der angrenzenden Kirche Santa Maria in der Via Lata bewohnten - wurde 1489 von Kardinal Giovanni Fazio Santoro nach einem Bramante zugeschriebenen Entwurf völlig neu errichtet. Der Kardinal mußte seinen Besitz aber schon bald an Francesco Maria della Rovere, einen Neffen Julius' II., abtreten, der sich jedoch nur selten hier aufhielt. Im Jahre 1573 begann einer seiner Nachfolger mit dem Ankauf einer Reihe von umliegenden Besitzungen. Dies führte bis Ende des 16. Jahrhunderts zu einer erheblichen Ausdehnung des Grundstücks, auf dem die Erweiterung des ersten Gebäudes, dessen Geschichte die beiden folgenden Jahrhunderte mitbestimmte, geplant war.
Nachdem der riesige Besitz an den Kardinal Pietro Aldobrandini übergegangen war, wurde 1601 der Bau der beiden Flügel des großen **Innenhofes** eingeleitet; aber 1647 wechselte der noch im Bau befindliche Palast erneut seinen Besitzer und wurde von den Pamphili übernommen.
1659 wurde anlässlich der Anlage des Platzes vor dem Collegio Romano die Palastfassade nach Plänen von Antonio del Grande, einem Schüler Borrominis, vollendet. In den folgenden Jahren schritten auch die Arbeiten an der Via Lata und die Dekoration der prunkvollen Repräsentationsräume im Stil der damals vorherrschenden Barockmode fort. Die Fassade an der Via del Corso konnte erst 1730 durch Valvassori endgültig fertiggestellt werden, der in weniger als drei Jahren die schwungvolle **Rokokofassade** und die monumentale vierflügelige **Galleria** schuf, in der die Werke der von Innozenz X. begründeten Familiensammlung Aufnahme fanden. Velásquez und Bernini porträtierten diesen Papst in zwei Meisterwerken, die in der Galerie aufbewahrt werden.
Mitte des 18. Jahrhunderts, nachdem der Besitz an die Nachfahren der Doria Pamphili übergegangen war, erfolgten weitere Arbeiten, die dann im 19. Jahrhundert fortgeführt wurden. Gleichzeitig beschäftigten sich ab 1732 zahlreiche Künstler und Handwerker mehrere Jahrzehnte lang mit der Ausschmückung der weitläufigen Innenräume. Milani malte zunächst die Gewölbe der Galerie mit Fresken aus, deren Motive sich an der *Gigantomachie* und am *Herkules-Mythos* inspirierten. Danach nahm man die Wohnungen in Angriff, zunächst den Thronsaal, wo Tommaso Agricola das Fresko *Das Opfer der Iphigenie* schuf, den Ballsaal, den Nessi ausmalte, und die Kapelle wie auch den großartigen Salone Aldobrandini, der 1838 der Galerie angefügt wurde.
In diesem Saal sind zahlreiche Kunstwerke bedeutender italienischer und ausländischer Meister untergebracht. Neben dem Kernbestand der Sammlung befinden sich hier unter anderem Werke von Caravaggio, der die berühmte *Ruhe auf der Flucht nach Ägypten* schuf, sowie von Künstlern der emilianischen Schule (Parmigianino, Correggio). Zu dieser anfänglichen Sammlung kamen aufgrund des Nachlasses der Olimpia Aldobrandini zahlreiche Hauptwerke von Malern der venezianischen Schule hinzu, unter anderem von Tizian, Tintoretto, Bellini und Bassano, während Kardinal Benedetto Pamphili eine Reihe von Werken flämischer Meister zu verdanken ist, die mit der Übernahme des Besitzums durch die Doria um Werke von Sebastiano del Piombo, Bronzino, Lorenzo Lotto und Maler der italienischen Gotik bereichert wurde.

Ein Druck aus dem 18. Jahrhundert mit der Kirche Santa Maria in Via Lata und dem Palazzo Doria Pamphili an der Via del Corso. Die Gründung der Kirche geht auf eine alte Diakonie an der mittelalterlichen Via Lata zurück, bevor die Straße im 15. Jahrhundert begradigt und Via del Corso genannt wurde.

Galleria Doria Pamphili, Caravaggio, Ruhe auf der Flucht nach Ägypten.

Santa Maria in Aquiro - Die im Geist der Gegenreformation gestaltete schlichte Kirche wurde 1590 von Francesco da Volterra an der Stelle eines Vorläuferbaus begonnen, den Papst Paul III. 1540 der Waisenbruderschaft überlassen hatte. Das von Maderno übernommene Gebäude kam erst im 18. Jahrhundert zum Abschluss. Auf diese Zeit gehen die beiden seitlichen Glockentürme zurück.

Palazzo Capranica - Der im Auftrag des Kardinals Domenico Capranica 1451 erbaute Palast, ursprünglich einstöckig und mit seitlichem Turm, weist in der Gestaltung der Fenster sowohl gotische Elemente als auch Stilmerkmale der Renaissance auf. Das Gebäude, in das die bereits bestehende Kapelle der hl. Agnes einbezogen wurde, beherbergt einen der ältesten Veranstaltungssäle von Rom, heute Kino.

Santa Maria Maddalena - Der Bau der Kirche über einer Kapelle des 14. Jahrhunderts wurde 1621 von Grimaldi in Angriff genommen. Carlo Fontana übernahm dann die Arbeiten und baute 1673 die **Kuppel**. Giovanni Antonio De Rossi führte Ende des 17. Jahrhunderts weitere Veränderungen durch. Die **Fassade** wurde erst 1735 angefügt. Sie ist ein Werk von Giuseppe Sardi, der hier ein hervorragendes Beispiel römischer Rokoko-Arkitektur schuf. Im Kircheninneren stellt die **Sakristei** ein anmutiges Beispiel des Rocaille-Stils dar, der in den Schnitzarbeiten und Fresken wie auch in dem ausgezeichnet erhaltenen, zeitgenössischen Mobiliar zum Ausdruck kommt.

Börsengebäude - Der Palazzo della Borsa ist in die Reste des **Hadriantempels** einbezogen, den dessen Sohn Antoninus Pius zu Ehren des 145 vergöttlichten Kaisers errichtet hatte. Der altrömische Palast wurde 1695 von Carlo und Francesco Fontana in ein Zollgebäude für den Landverkehr umgewandelt und später noch mehrmals umgestaltet. Im 20. Jahrhundert brachte man die 11 Säulen aus dem ursprünglichen Tempel ans Licht.

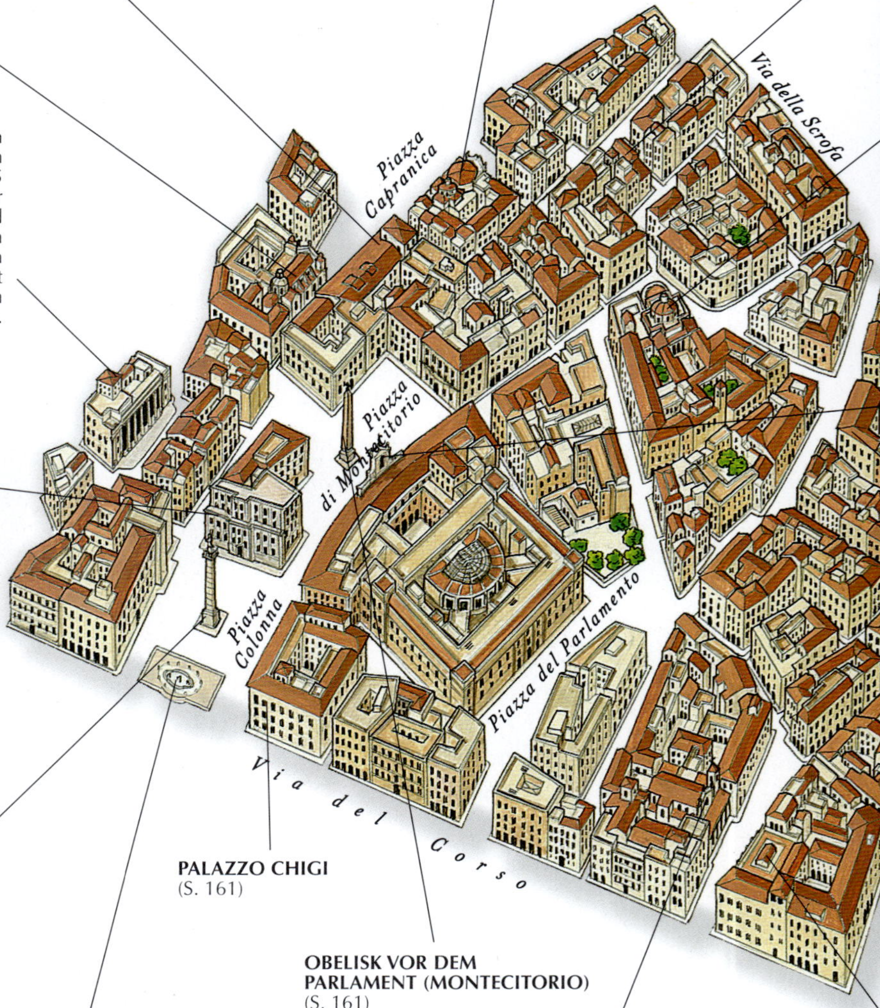

Palazzo Wedekind - Der ehemalige Sitz des päpstlichen Postamtes wurde 1838 von Piero Camporese neuerbaut. Für den Säulengang mit darüber liegender Terrasse verwendete der Architekt 11 ionische Säulen aus den Ausgrabungen in Veji.

PALAZZO CHIGI
(S. 161)

OBELISK VOR DEM PARLAMENT (MONTECITORIO)
(S. 161)

SÄULE DES MARC AUREL
(S. 161)

Brunnen auf der Piazza Colonna - Der Brunnen, den Della Porta 1576 zur Zierde des Platzes schuf, wurde im 19. Jahrhundert teilweise verändert, als man die vier Obelisken, aus denen ursprünglich Wasser strömte, durch Skulpturengruppen ersetzte.

San Lorenzo in Lucina - Auch diese Kirche wurde im 17. und 18. Jahrhundert grundlegend verändert, bewahrt jedoch noch zahlreiche mittelalterliche Elemente, die auf die frühe Gründung (4. Jh.) an der Stelle des Wohnhauses einer römischen Matrona namens Lucina verweisen. Die unter Papst Sixtus III. erweiterte Kirche wurde während des Pontifikats von Paschalis II., zwischen 1099 und 1118, vollkommen neuerbaut. Aus jener Zeit stammen del **Portikus** und der **Glockenturm** in romanischem Stil. Wichtige Änderungen brachte Bernini ein, der die **Cappella Fonseca** entwarf. Carlo Rainaldi werden die Arbeiten für den Bau der Sakramentskapelle und des Hochaltars zugeschrieben, der mit einem berühmten *Kruzifix* von Guido Reni geschmückt ist. Im 18. Jahrhundert stattete Giuseppe Sardi schließlich die Kirche, die im darauffolgenden Jahrhundert großenteils von den barocken Ornamenten befreit wurde, mit einem herrlichen **Baptisterium** aus, das ein ausgesprochen gelungenes Beispiel der Architektur und Dekoration des Rokoko darstellt. Vor kurzem durchgeführte Grabungen in den unterirdischen Räumen der Kirchen förderten die Reste der kolossalen Sonnenuhr des Augustus ans Licht, deren Gnomon aus dem Obelisken des Montecitorio bestand.

MONTECITORIO UND DER STADTBEZIRK COLONNA

Ursprünglich umfaßte der Bezirk (Rione) Colonna einen Teil des ausgedehnten flachen Geländes, das als Marsfeld bekannt war und zur Kaiserzeit Gegenstand einer städtebaulichen Planung war, die vor allem den ersten Abschnitt der antiken Via Flaminia, heute Via del Corso, betraf. Hier in dem Gebiet unmittelbar hinter der Monumentalzone der Thermen des Agrippa, die mit dem Pantheon abschloss, erstreckten sich in augusteischer Zeit die weitläufigen Gärten, die Augustus zum Ruhm des Reiches und des Hauses Julia, dem er angehörte, anlegen ließ. Von dieser Epoche zeugen noch die Ara Pacis, *der Friedensalter des Augustus, der damals neben der Kirche San Lorenzo in Lucina stand (heute neben dem Mausoleum des Augustus), und, ganz in der Nähe, die* Horologium Augusti *genannte riesige Sonnenuhr, die Maecenas im Jahre 10 v. Chr. erfunden hatte. Es handelt sich um eine aus Travertinplatten bestehende Grundfläche von beträchtlichen Ausmaßen, in der ein Quadrant mit bronzenen Strichen und Aufschriften eingeschrieben war; ein Obelisk, den man später vor dem Parlament auf dem Montecitorio aufstellte, diente als Gnomon, der seinen Schatten auf die Sonnenuhr warf.*
In der antoninischen Zeit vermehrten sich in diesem Bezirk die Ehrenmäler für die Kaiser dieser Dynastie. So entstanden, in chronologischer Reihenfolge, der Tempel der Matidia, der ***Tempel des Hadrian****, die Antoninische Säule, die* ***Säule des Marc Aurel****, nach dem später der Bezirk benannt wurde, und rund um die Säule ein Raum, den dieser Kaiser dem Staatsbegräbnis seines Vaters Antoninus Pius vorbehalten hatte. Fern der beiden Pole mittelalterlicher Stadtentwicklung, Tiber und Kapitol, vereinsamte dieses Gebiet, das rein monumentalen und zeremoniellen Charakter aufwies; das allmählich überwucherte Gelände wurde sowohl als Fundort für Baumaterial wie auch als Ablageplatz für Bauschutt aus anderen im Wachstum begriffenen Stadtbezirken benutzt. Auf diese Weise entstand der* Mons Acceptorius, *von dem sich das heutige Wort Montecitorio herleitet, eine kleine Erhebung, die durch die Anhäufung solcher Baureste gewachsen ist. Die Abgeschiedenheit des Ortes erwies sich darüber hinaus als ideal für die Gründung von Einsiedeleien und kleinen Klöstern.*
Bereits im 7. Jahrhundert entstand hier ein Kloster für orientalische Nonnen, die mit den Reliquien des hl. Gregor von Nazianz aus Byzanz geflüchtet waren. Aus dieser ersten Gründung entwickelte sich das spätere Benediktinerinnenkloster ***Santa Maria in Campo Marzio****. Auf die gleiche frühe Epoche geht auch die Gründung von* ***San Lorenzo in Lucina*** *und die der kleinen Kirche San Biagio de Monte zurück, die in der Folgezeit dem Bau des* ***Palazzo di Montecitorio*** *weichen mußte. Auf dem genannten "Berg" standen die Türme der Familie Colonna, die bis zur Festigung der päpstlichen Macht in der Stadt von hier aus das gesamte Gebiet überwachten.*
Im 14. Jahrhundert bevölkerte sich der Stadtteil allmählich, und die ersten Häuser nahmen sich wie Tupfer in der ausgedehnten Grünzone aus. Aber es sollte noch ein weiteres Jahrhundert vergehen, bevor man von einer intensiven städtebaulichen Entwicklung sprechen konnte. Diese setzte 1457 mit der Errichtung eines mächtigen Gebäudes ein, das die Familie ***Capranica*** *an den Hängen der damals "Monte Accettatorio" genannten Anhöhe verwirklichte. Kurz danach und im Verlauf des gesamten 16. Jahrhunderts entstanden Stadtpalais mit bemalten Fassaden und bedeutende Kirchen, wie* ***Santa Maria in Aquiro****. Aber vor allem Gregor XIII. und Sixtus V. veränderten das Gesicht des Stadtteils, indem sie sich für eine Beschleunigung der städtebaulichen Maßnahmen einsetzten. Diese Arbeiten, die im 17. und 18. Jahrhundert fortdauerten, umfassten nacheinander den Bau des* ***Palazzo Chigi*** *und* ***Palazzo Montecitorio****, die Anlage der* ***Piazza Colonna****,* ***Piazza Montecitorio*** *und* ***Piazza della Maddalena****, sowie den Wiederaufbau von Kirchen und Klöstern. Von dem wirren Geflecht der Straßen und Gassen, im Wechsel mit Gebäuden aller Art, zeugt heute noch die Gegend um die* ***Via delle Coppelle.*** *Einen radikalen Wandel erlebte das Gebiet nach 1870 mit der Verdoppelung des Palazzo di Montecitorio, der zum Sitz der Abgeordnetenkammer wurde.*

San Salvatore alle Coppelle - Das in einem malerischen Winkel der römischen Altstadt gelegene Kirchlein, das 1195 erbaut und im Laufe des 18. Jahrhunderts verändert wurde, konnte noch seinen romanischen Kampanile bewahren. Kurios sind einige antike Steininschriften, unter anderem ein Hinweis auf die Pflicht der Gastwirte in diesem Bezirk, die Kunden zu melden, die sich in ihrem Gasthaus eine Krankheit geholt haben.

Santa Maria in Campo Marzio - Die Kirche, die dem von Papst Zacharias im 8. Jahrhundert gegründeten Benediktinerkloster **San Gregorio Nazianzeno** angeschlossen ist, entstand in Zusammenarbeit von Della Porta, Maderno und Peparelli und wurde Ende des 17. Jahrhunderts von Giovanni Antonio De Rossi barockisiert.

PALAZZO DI MONTECITORIO
(S. 160)

Palazzo di Firenze - Der Palast, ein Bau aus dem 16. Jahrhundert, wurde von Papst Julius III. restauriert und ging 1561 an die Florentiner Familie der Medici über (daher der Name), die Ammannati mit der Gestaltung der Innen- und Gartenfassade beauftragte.

Palazzo Ruspoli - Ammannati war der Schöpfer auch dieses Palastes, mit dem um 1560 begonnen wurde und der sich durch eine strenglinige Fassade im Stil der Spätrenaissance auszeichnet. Martino Longhi il Giovane ist hingegen die monumentale Ehrentreppe zu verdanken, die zu der mit manieristischen Fresken und Büsten aus dem Altertum fein dekorierten Galleria führt.

PALAZZO DI MONTECITORIO

Die künstliche Anhöhe Montecitorio beherbergte, nach den Türmen der Familie Colonna und seit 1536, ein Palais, das der Familie Gaddi gehörte und neben dem Kirchlein San Biagio entstanden war. Die Kirche, die zunächst an den Kardinal von Santa Severina (1603) und dann an die Somaschi-Patres übergegangen war, gelangte schließlich 1653 in den Besitz des Fürsten Nicolò Ludovisi, eines Neffen des damals amtierenden Papstes Innozenz X.
Dieser schlug Bernini, der für den Papst bereits bei der Anlage der Piazza Navona mitgearbeitet hatte, den Bau einer Prunkresidenz vor. Der Barockarchitekt paßte sich der besonderen Beschaffenheit des Geländes an, indem er einen weiten runden Platz schuf, auf den das Gebäude blickte. Von den fünf Abschnitten der leicht nach vorn gerundeten, langgestreckten **Fassade**, war der mittlere vorgeschoben, während die übrigen Trakte allmählich zurücktraten. Berninis Pläne, die auch eine Verbindung der Piazza Colonna mit der Piazza Montecitorio vorsahen - auf dem letzteren stellte man die Trajanssäule auf, als Pendant zur Säule des Marc Aurel - kamen aufgrund finanzieller Schwierigkeiten der Ludovisi zu keinem Abschluss, so daß beim Tod von Nicolò im Jahre 1664 der Palast noch nicht fertiggestellt war. In diesem Zustand verblieb er weitere dreißig Jahre, bis Papst Innozenz XII. im Jahre 1694 den Architekten Carlo Fontana mit der Wiederaufnahme der Arbeiten beauftragte. Diesem Projekt fielen die angrenzenden mittelalterlichen Häuser und die Kirche San Biagio zum Opfer, insofern als das Gebäude die staatlichen Gerichte aufnehmen sollte. Der von Fontana auf diese Weise vollendete Palazzo erhielt den Namen Curia Innocenziana, den er bis 1870 beibehielt. Das Gebäude wich im wesentlichen nicht vom Entwurf Berninis ab, auch wenn Fontana im mittleren Fassadenteil ein dreitüriges **Portal** einfügte, das von einem Balkon überragt und an den beiden Seitenflügeln mit zwei die *Justitia* und *Caritas* darstellenden Flachreliefs geschmückt war.
Als Bekrönung des Mittelkörpers schuf Fontana anstelle der von Bernini vorgesehenen Balustrade Statuen und einen Aufbau mit einer Uhr und einem **Glockengiebel**, während er den Entwurf des Innenhofes freier interpretierte. 871 wurde der Palast Sitz der Abgeordnetenkammer. Um das Gebäude der neuen Bestimmung anzupassen, beschloss man, es zu "verdoppeln" und, nach Abriss des gesamten Häuserblocks hinter der ehemaligen Kurie, einen neuen Baukörper anzufügen. Mit dem Projekt war der Architekt Ernesto Basile beauftragt, der das Werk nicht ohne Schwierigkeiten und Polemiken zum Abschluss brachte.

Bernini entwarf die Fassade für den Palazzo di Montecitorio, Sitz der Abgeordnetenkammer; die Platzmitte ziert der Obelisk Psammetichs II.

Säule des Marc Aurel, ein Ausschnitt aus dem spiralförmigen Reliefband, und, nebenstehend, eine Gesamtansicht der Säule mit der Statue des Apostels Paulus auf der Spitze.

DER OBELISK AUF DEM MONTECITORIO UND DIE SÄULE DES MARC AUREL

Die Anlage der Piazza Montecitorio und der Piazza Colonna stellte ein vieldiskutiertes Jahrhundertproblem dar, das trotz zahlreicher Vorschläge immer wieder hinausgeschoben worden war. Insbesondere für die Piazza Montecitorio lagen zahlreiche Lösungen vor. Nachdem das Projekt Klemens' XI. (18. Jh.), in der Mitte des halbkreisförmig vorgesehenen Platzes die bis dahin im Hof des benachbarten Missionsklosters aufbewahrte Antoninische Säule aufzustellen, endgültig gestorben war, beauftragte Pius VI. im Jahre 1792 Giovanni Antinori damit, die Platzmitte mit dem **Obelisken Psammetichs II.** zu schmücken. Den Obelisken, der als Gnomon für die *Horologium Augusti* genannte Sonnenuhr verwendet worden war, ließ der Architekt unter Verwendung des Porphyrs der Antoninischen Säule zu diesem Zweck restaurieren. Mit einbezogen wurde später ein durchbrochener Bronzeglobus, der die Stunden auf dem Pflaster des Platzes anzeigt. Ganz andere Umstände kennzeichneten hingegen die Entstehung der Piazza Colonna, die von Sixtus V. um die bereits existierende **Säule des Marc Aurel** angelegt wurde. Der Kaiser hatte diese Säule nach dem Vorbild der Trajanssäule an der antiken Via Flaminia, heute Via del Corso, aufstellen lassen, um die beiden von 172 bis 175 n. Chr. gegen die Quaden, Markomannen und Sarmaten geführten siegreichen Feldzüge zu feiern, die auf der langen Reliefspirale des Säulenschaftes beschrieben sind. 1589 ließ der Papst die Säule restaurieren und auf der Spitze die Bronzestatue des Apostels Paulus, den Blick zum Vatikan gerichtet, aufstellen.

Piazza Colonna, ein Detail der Säule des Marc Aurel, die sich an der Trajan-Säule inspiriert.

Unten die beiden Gebäudeansichten des Palazzo Chigi - an der Piazza Colonna und an der Via del Corso - auf einem Druck des 18. Jahrhunderts und die Fassade an der Piazza Colonna heute.

PALAZZO CHIGI

Die von Sixtus V. geförderte städtebauliche Anlage der Piazza Colonna betraf auch die Anordnung der umliegenden Gebäude. Der erste, der den Plänen des Papstes folgte, war Giovan Battista del Bufalo, Antiquitätensammler und Eigentümer der mittelalterlichen Häuser am Platz, der bereits 1548 damit begonnen hatte, die alten Gebäude abzureißen und anschließend einen neuen Palast zu bauen, mit dessen Entwurf Matteo da Città di Castello beauftragt war. Ende des 16. Jahrhunderts war das Gebäude noch nicht fertiggestellt, erweckte aber dennoch das Interesse der Familie Aldobrandini, die es mit der Absicht erwarb, es zu erweitern. Den Auftrag dafür erhielten Della Porta und Maderno, die unter Klemens VIII. Aldobrandini damit begannen, von der Ecke des Platzes und dem Corso ausgehend, der neuen Residenz eine definitve Form zu geben. Aus finanziellen Gründen gerieten die Arbeiten ins Stocken, und der noch im Bau befindliche Palast wurde zum Verkauf ausgeschrieben.
1659 kauften die Chigi das Gebäude, denen die verbliebenen mittelalterlichen Häuser am Platz gehörten. Die Arbeiten wurden somit von Felice della Greca übernommen, der den Bau fortführte und den Flügel zum Montecitorio hin vollendete. Er schuf einen herrlichen, mit wertvollen Stuckarbeiten dekorierten **Innenhof**, in dessen Mitte im 18. Jahrhundert ein Brunnen aufgestellt wurde. Della Greca war auch der Schöpfer der mit antiken Statuen geschmückten monumentalen **Ehrentreppe**, die ins Obergeschoß führt. Eine gründliche Restaurierung und Modernisierung des Palastes erfolgten Mitte des 18. Jahrhunderts. In den beiden folgenden Jahrhunderten war im Palazzo Chigi die österreichische Botschaft untergebracht, und später das Kabinett Mussolinis, das Ende der zwanziger Jahre in den Palazzo Venezia übersiedelte. Seit den sechziger Jahren ist der Palast Sitz des italienischen Ministerpräsidenten.

Santa Maria in Trivio e Santa Maria in Via - Diese Kirchen, die beide sehr alten Ursprungs und beide der Jungfrau Maria gewidmet sind, unterscheiden sich grundsätzlich von den Bauwerken jener fruchtbaren römischen Kunstepoche, die zwischen Manierismus und Barock lag.

Oratorio del Santissimo Crocifisso - Dieses kleine Juwel des römischen Manierismus wurde Mitte 16. Jahrhundert von Giacomo della Porta erbaut. Das Innere besticht durch schöne Fresken, die von der *Kreuzeslegende* und den wunderbaren Ereignissen um das Kreuz Christi erzählen.

Santa Croce e San Bonaventura dei Lucchesi - Das auf den Ruinen einer vormals dem hl. Nikolaus geweihten Kirche errichtete, heutige Gebäude, das im 16. Jahrhundert den Kapuzinermönchen gehörte und ein Jahrhundert später an den Stadtstaat Lucca überging, ist ein barockes Werk von Mattia de Rossi, einem fähigen Schüler Berninis. Das Innere ist einschiffig und reich geschmückt.

San Marcello al Corso - Der Überlieferung nach wurde die Kirche San Marcello im Jahre 418 an der Stelle des antiken *Catabulum*, der kaiserlichen Poststation, erbaut, wo der heilige Papst von Maxentius dazu verurteilt wurde, als Stallknecht zu arbeiten. Das bei einem Brand 1519 zerstörte Gebäude wurde nach einem Entwurf von Sansovino neu errichtet; der Architekt änderte die ursprüngliche Orientierung, indem er die Apsis an den früheren Eingang verlegte. Die **Fassade** wurde hingegen 1682 bis 1686 von Carlo Fontana in spätbarockem Stil verwirklicht.

Galleria dell'Accademia di San Luca - Die Galerie ist in dem barocken Palazzo Carpegna untergebracht, an dessen Bau auch Borromini mitwirkte. Sie enthält bedeutende Werke von italienischen und ausländischen Meistern, unter anderem von Raffael und van Dyck.

TREVI-BRUNNEN
(S. 166)

Santi Vincenzo e Anastasio - Das Gebäude - das sich gegenüber dem Trevi-Brunnen erhebt - wurde um 1650 im Auftrag des Kardinals Mazzarino verwirklicht und offenbart die geniale Barockarchitektur von Martino Longhi il Giovane, vor allem in der reich gestalteten **Fassade**, deren Aufbau mit zwei übereinander gestellten und durch Säulenbündel skandierten Ordnungen der Kirche den Beinamen "Canneto" (Schilfwald) eintrug.

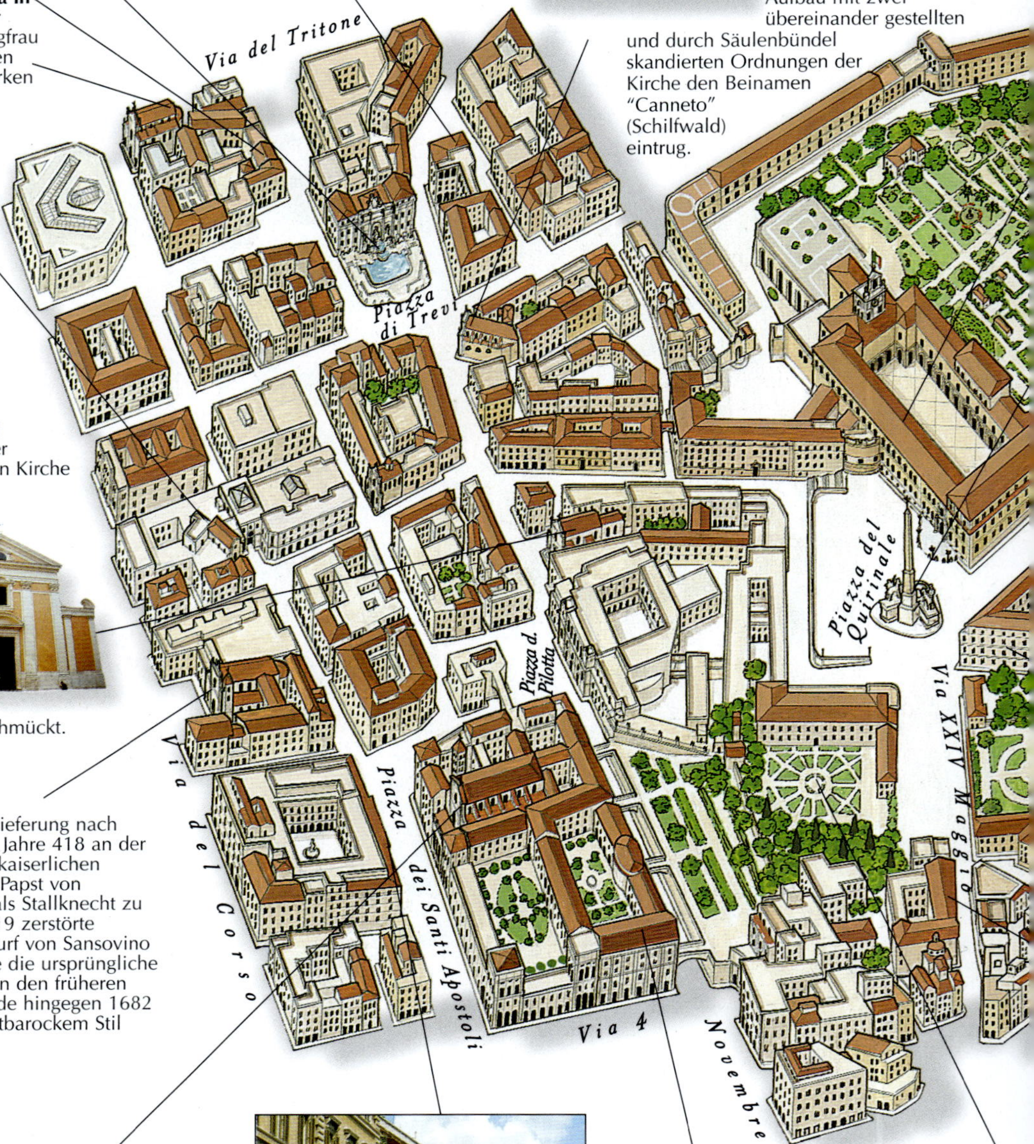

Santi Apostoli - Die Basilika hochmittelalterichen Ursprungs wurde im 6. Jahrhundert von dem Feldherrn Narses am Ende des Gotenkrieges nach dem Vorbild byzantinischer Kirchen gebaut und im Verlauf der folgenden Jahrhunderte mehrmals umgestaltet. Ein radikaler Neubau wurde 1421 von Papst Martin V. anlässlich der Errichtung des angrenzenden Palazzo Colonna eingeleitet. Von diesem Gebäude bestehen noch die **Vorhalle** und die aufgesetzte Loggia, deren ursprüngliche Form jedoch bei späteren Arbeiten verwischt wurde. Zwischen 1701 und 1714 war Francesco, und später dessen Vater, Carlo Fontana, beauftragt, das Gebäude sowohl innen als auch außen zu restaurieren. Die heutige klassizistische **Fassade** stammt von Valadier (1827).

Palazzo Odescalchi - Dieses Gebäude galt lange Zeit als Vorbild für eine Barockresidenz, das auch über die Grenzen Italiens hinaus nachgeahmt wurde; an dem Gebäude arbeiteten drei große Architekten: Maderno, der mit dem Bau begann, Bernini, der ihn 1664 ablöste und die **Fassade** entwarf, und Vanvitelli, der den Aufbau des Palastes ein Jahrhundert später änderte, indem er neue Gebäudeteile anfügte.

Palazzo Colonna - Schon im Mittelalter gehörte dieser Wohnpalast der Adelsfamilie Colonna, Nachfahren der Grafen Tuscolo, deren heftige Auseinandersetzungen mit der päpstlichen Macht zur Zerstörung der ursprünglichen Gebäude durch Bonifatius VIII. geführt hatte. Der im 15. Jahrhundert von Papst Martin V., einem Mitglied dieser Familie, wiederaufgebaute Palast wurde 1730 von Niccolò Michetti noch einmal neu errichtet und von Künstlern jener Zeit auf das Feinste ausgeschmückt. Die Säle des Palastes sind mit wertvollen Gemälden italienischer und ausländischer Meister ausgestattet, die von den einzelnen Familienmitgliedern in der heute dem Publikum zugänglichen **Galleria Colonna** zusammengestellt wurden.

QUIRINALSPALAST
(S. 164)

PIAZZA DEL QUIRINALE
(S. 165)

SANT'ANDREA AL QUIRINALE
(S. 165)

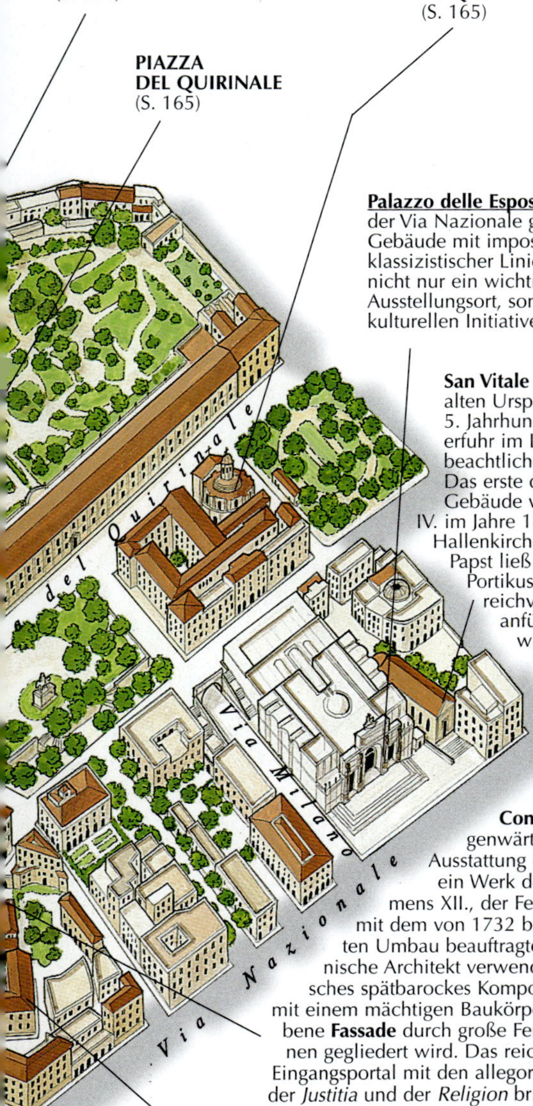

Palazzo delle Esposizioni - Das an der Via Nazionale gelegene Gebäude mit imposanter klassizistischer Linienführung ist nicht nur ein wichtiger Ausstellungsort, sondern dient auch kulturellen Initiativen aller Art.

San Vitale - Die Kirche sehr alten Ursprungs wurde im 5. Jahrhundert geweiht und erfuhr im Laufe der Zeit beachtliche Veränderungen. Das erste dreischiffige Gebäude wurde von Sixtus IV. im Jahre 1475 zu einer Hallenkirche umgebaut. Der Papst ließ auch den Portikus und das reichverzierte Portal anfügen. Später wurde die Kirche von Klemens VIII. vollkommen restauriert.

Palazzo della Consulta - Die gegenwärtige prunkvolle Ausstattung des Palastes ist ein Werk des Papstes Klemens XII., der Ferdinando Fuga mit dem von 1732 bis 1735 erfolgten Umbau beauftragte. Der florentinische Architekt verwendete ein klassisches spätbarockes Kompositionsschema mit einem mächtigen Baukörper, deren erhabene **Fassade** durch große Fenster und Lisenen gegliedert wird. Das reichgeschmückte Eingangsportal mit den allegorischen Statuen der *Justitia* und der *Religion* bringt die deutliche Anspielung auf die Bestimmung des Palastes zum Ausdruck. Eine geradezu geniale Lösung stellt die schwerelos wirkende, doppelrampige **Freitreppe** dar, die Fuga im Innenhof verwirklichte.

Palazzo Pallavicini-Rospigliosi - Der Palast mit angrenzendem Hängegarten zeichnet sich durch reine Spätrenaissanceformen aus und besitzt auch ein **Kasino**, dessen Decke mit der berühmten *Aurora* von Guido Reni geschmückt ist.

San Silvestro al Quirinale - Die Kirche, die bereits im 11. Jahrhundert bestand und wegen der Verbreiterung der davor verlaufenden Straße im 19. Jahrhundert teilweise verkleinert wurde, ist ein Werk des späten 15. Jahrhunderts. Das einschiffige Innere weist eine schöne Kassettendecke und sehenswerte Seitenkapellen auf, die mit wertvollen Kunstwerken reichhaltig ausgeschmückt sind. Von besonderem Interesse ist die *Cappella Bandini*, die Gemälde von Domenichino und Skulpturen von Algardi (18. Jh.) bewahrt.

Villa Colonna - Die Villa, die um 1618 an der Stelle des antiken Serapis-Tempels erbaut wurde, ist von herrlichen Gärten umgeben, zu denen man durch einen *monumentalen Eingang* (19. Jh.) Zugang hat. Die Villa ist mit dem Palazzo Colonna durch eine oberhalb der Via della Pilotta verlaufende Arkadenreihe verbunden.

DER QUIRINAL UND DAS STADTVIERTEL TREVI

*Der Tradition zufolge geht der Name dieses Hügels auf den von den Sabinern verehrten Kriegsgott Quirinus zurück. Die Sabiner waren die ersten Bewohner dieses Hügels, wo sie nach dem Zusammenschluß mit den Latinern, die sich auf dem Palatin niedergelassen hatten, die frühesten Siedlungen außerhalb der Mauern der Urbs Quadrata gründeten. Unter Numa Pompilius war diesem Gott ein Tempel geweiht, der neben ein Heiligtum älteren Datums trat, das an der Stelle der heutigen Kirche **San Silvestro al Quirinale** stand und nach Semus Sancus, einer Gottheit ebenfalls sabinischer Herkunft, benannt war. Später entstanden hier zahlreiche andere sakrale Gebäude: der Tempel der Göttin Salus, die Tempel der Pudicitia Plebeia und der Fortuna Primigenia, der Tempel der Venus Erycina und, in der Kaiserzeit, ein Tempel, den Domitian dem Geschlecht der Flavier widmete, sowie der kolossale Serapis-Tempel, den Caracalla erbauen ließ. Im übrigen wurde der Hügel von repräsentativen Gebäuden wie auch von vornehmen Patrizierhäusern eingenommen. Nachdem einige dieser Bauten abgetragen worden waren, ließ Konstantin 326 n. Chr. hier einen riesigen Thermalkomplex anlegen, dessen Ruinen das ganze Mittelalter hindurch und auch in späterer Zeit den Hügel überragten; erst 1603 hat man das Gelände geräumt, um Platz für den **Palazzo Pallavicini-Rospigliosi** zu schaffen. Zu den eindrucksvollen Ruinen gehörten auch zwei Kolossalstatuen der **Dioskuren** mit ihren Streitrossen, die heute den Quirinalsplatz zieren und dem Hügel den Namen Monte Cavallo gaben. Ringsum lagen nur Vorstadtvillen, umgeben von Feldern und Weinbergen. Eine dieser Villen, die im Besitz des Kardinals Ippolito d'Este war, zog die Aufmerksamkeit des Papstes Gregor XIII. auf sich, der das Gebäude 1574 erweiterte und so den **Palazzo del Quirinale** gründete, den er, als Alternative zu dem in der Ebene gelegenen Vatikan, zu seiner Sommerresidenz machte. Das Gebiet, das sich hinter den Hängen des Hügels erstreckte, war indessen dicht bevölkert. Mit Beginn des Mittelalters waren hier zahlreiche Wohnhäuser entstanden, und zwar hauptsächlich rund um die Kirche **Santi Apostoli** und entlang den drei Straßen, die zur antiken Quelle Aqua Virgo führten, wo im 18. Jahrhundert dann der **Trevi-Brunnen** gebaut wurde. Das Stadtviertel wie auch der berühmte Brunnen nehmen in der Namensgebung Bezug auf diesen* Trivio *(drei Straßen), von dem die städtebauliche Entwicklung dieses Gebietes im Mittelalter ihren Ausgang genommen hatte. In der Neuzeit setzten sich besonders die beiden Päpste Pius IV. und Sixtus V. für eine Reihe von Straßen- und Kanalarbeiten sowie städtebauliche Maßnahmen ein, die jeweils um 1563 mit dem Bau der Strada Pia, der Verbindungsachse zum Vatikan, und 1589 mit der Wasserleitung der antiken Acqua Felice ihren Höhepunkt erreichten, deren Verzweigungen zahlreiche Brunnen auf dem Quirinal und dem nahegelegenen Esquilin speisten. Gleichzeitig entstanden, neben Häusern und Läden, nach und nach Kirchen von großer künstlerischer Bedeutung und die neuen Prunkresidenzen von Adelsfamilien wie den Odescalchi und Colonna; seit altersher wohnten sie in der Umgebung des Quirinals, wo der im 17. und 18. Jahrhundert vergrößerte gleichnamige Palast inzwischen zum Brennpunkt des gesamten Viertels geworden war. Die urbanistischen Eingriffe in Rom als Hauptstadt (1870), brachten eine Reihe beachtlicher Veränderungen in diesem Viertel mit sich. Nahezu intakt blieb jedoch das Gebiet rund um den Trevi-Brunnen, der zurecht eines der Wahrzeichen der Stadt darstellt.*

Palazzo del Quirinale, zwei Teilansichten der Fassade mit der Loggia delle Benedizioni von Bernini und dem Portal von Maderno.

Piazza del Quirinale, die beiden Dioskuren mit ihren Pferden und der Obelisk in der Mitte des Platzes.

PALAZZO DEL QUIRINALE

Papst Gregor XIII., der inzwischen die Villa des Kardinals Ippolito d'Este auf dem Quirinal zu seinem ständigen Erholungssitz erkoren hatte, beauftragte 1583 den Architekten Ottavio Mascherino am gleichen Ort mit dem Bau einer neuen Sommerresidenz. Schon im darauffolgenden Jahr begannen am Rand des Hügels die Bauarbeiten für ein Palais, das mit einer zweistöckigen Loggia zwischen zwei Vorbauten und einer bemerkenswerten **spiralförmigen Treppe** ausgestattet wurde. Den Abschluss bildete der 1723 aufgesetzte **Aussichtsturm** mit Glockengiebel. Die Pläne Mascherinos sahen auch den vollkommenen Umbau des Gebäudes an der Ecke Piazza del Quirinale und Strada Pia, heute Via del Quirinale, vor. Mit der Durchführung dieser Arbeiten befaßte sich der Nachfolger Gregors XIII., Sixtus V., der die Fortführung der Arbeiten Domenico Fontana übertrug, der seit 1586 mit der Neugestaltung des Platzes beschäftigt war.
Im folgenden Jahr nahm er den Bau zweier langer **Galerien** in Angriff, die das Palais Papst Gregors mit dem umgebauten Eckgebäude verbanden und einen großen Innenhof umschlossen, an dem die großen und prächtigen Repräsentationsräume für den Papst und sein Gefolge lagen. Nach dem Tod von Sixtus V., der hier im Palast verstarb, gerieten die Arbeiten ins Stocken. Von den beiden Galerien wurde nur eine fertiggestellt, während der Bruder von Domenico Fontana, Giovanni, sich ausschließlich mit der Anlage der weitläufigen **Gärten** befaßte; er schuf hier ein kompliziertes Bewässerungssystem, das vom Aquädukt der antiken Aqua Felix abgeleitet war, sowie raffinierte Wasserspiele, unter anderem den **Orgelbrunnen**, der unter Klemens VIII. zur Ausführung kam. Anfang des 17. Jahrhunderts gab Papst Paul V. dem großartigen Palast ein definitves Gesicht, indem er Flaminio Ponzio mit der Fertigstellung der zu den Gärten gerichteten, zweiten Galerie beauftragte, deren Mittelteil der Architekt für die Aufnahme der monumentalen **Ehrentreppe** aufstockte. Über die Treppe hatte man Zugang zur *Sala del Concistorio* (die im 19. Jahrhundert zu einer Festhalle umgewandelt wurde) und zur *Sala Regia*, mit deren Bau Maderno befaßt war. Neben der bereits bestehenden *Cappella dell'Annunciata*, einem Werk von Ponzio mit Fresken von Guido Reni, schuf Maderno 1617 auch die *Cappella Paolina*, ebenso das schöne **Eingangsportal** mit statuengeschmücktem Giebelfeld, in dem die *Heiligen Petrus und Paulus* dargestellt sind.
Zur Zeit Urbans VIII. fügte Bernini über dem Portal die **Loggia delle Benedizioni** an. Bernini übernahm im Auftrag von Alexander VII. auch den Bau der sogenannten **Manica Lunga**, eines langgestreckten Gebäudes, das die Gärten an der Strada Pia einfaßte. Diesen Bau, in dem das Dienstpersonal des päpstlichen Hofes untergebracht war, vollendete Ferdinando Fuga um 1730, der auch den Entwurf für das **Coffee House** lieferte, das im Auftrag Benedikts XIV. im Jahre 1743 auf dem Gartengelände erbaut wurde. Nach der Ernennung Roms zur Hauptstadt von Italien diente der Palast als Residenz der königlichen Familie. Heute beherbergt der Quirinalspalast den Amtssitz des Präsidenten der Republik.

PIAZZA DEL QUIRINALE

Mit einer vom städtbaulichen und architektonischen Standpunkt aus einheitlichen Anlage der Hügelkuppe, auf der die beiden **Dioskuren-Statuen**, Kastor und Pollux, aus den nahegelegenen Ruinen der Konstantinsthermen hierher verbracht worden waren, wurde erst unter dem Pontifikat von Sixtus V. begonnen. Dieser Papst beauftragte 1586 Fontana mit der Einebnung des Geländes und stellte die sorgsam restaurierten Statuen in der Mitte des Platzes auf, indem er sie so ausrichtete, dass sie in die Fluchtlinie der Strada Pia, der Verbindungsachse zwischen dem Vatikan und dem Quirinal, einbezogen wurden. Trotz der zahlreichen Entwürfe, die später für eine Platzgestaltung erstellt wurden, konnte erst Ende des 18. Jahrhunderts eine glückliche Lösung gefunden werden.
Unter Pius VI. stellte Antinori zwischen den beiden entsprechend distanzierten Statuen (Kopien aus der Kaiserzeit nach griechischen Originalen, die, wie eine Sockelinschrift besagt, in der Antike Phidias und Praxiteles zugeschrieben wurden) einen **Obelisken** auf, den man 1781 in der Nähe der Kirche San Rocco fand und zur Dekoration des Augustus-Mausoleums gehörte. Während des Pontifikats von Pius VII. verbrachte Stern schließlich 1818 aus dem Römischen Forum, das damals als Campo Vaccino (Kuhfeld) bekannt war, eine einst als Tränke benutzte große Wanne hierher, aus der er einen **Brunnen** schuf, der eine von Sixtus V. hier aufgestellte Fontäne aus dem 16. Jahrhundert ersetzte. Ein übersichtlicheres Bild bot der Platz - der damals Piazza di Monte Cavallo hieß - jedoch erst mit der Abtragung der Ruinen der Konstantins-Thermen und des Serapis-Tempels, dem Abriß einiger Kirchen und dem gleichzeitigen Bau des Palazzo Rospigliosi und des Palazzo della Consulta, der von Fuga im 18. Jahrhundert vollkommen renoviert wurde. In jener Zeit wurden gegenüber der Fassade des Quirinalspalastes die Marställe gebaut, während auf der anderen Seite der sogenannte Palazzo della Panetteria wiederhergestellt wurde, der mit der Papstresidenz durch einen von Bernini entworfenen Rundturm verbunden ist.

Sant'Andrea al Quirinale, der Hochaltar, umgeben von vier korinthischen Säulen mit der Statue des hl. Andreas im Fronton.

Sant'Andrea al Quirinale, die herrliche ellipsenförmige Kuppel mit reich vergoldeter Kassettendecke.

SANT'ANDREA AL QUIRINALE

Die Kirche Sant'Andrea al Quirinale gilt als ein Hauptwerk von Gian Lorenzo Bernini, mit dem der große Meister 1658 von Papst Alexander VII. beauftragt wurde. Fürst Camillo Pamphili übernahm die Schirmherrschaft für diesen Bau an der Stelle einer Vorläuferkirche aus dem 16. Jahrhundert, die dem angrenzenden Novizenkloster der Jesuiten diente. In den ehemaligen Klosterräumen sind heute Büros untergebracht. Der ungewöhnlichen architektonischen Anlage des Gebäudes von Bernini liegen eine Ellipse und ein Halbkreis zugrunde. Der Form einer Ellipse entsprechen der Innenraum, die Kuppel und die aufgesetzte Laterne, während das Baldachinportal, der Treppenaufgang und das große Fenster in der viereckigen Fassade halbkreisförmig sind. Das **Innere** wurde später nach Entwürfen Berninis von Antonio Raggi ausgeschmückt, der die Räume über den großen Bogenfenstern, die vergoldete Kassettendecke der Kuppel und die Laterne mit Putten und Cherubinen bevölkerte, die so angeordnet sind, daß die zentrale Szene wie eine Theaterkulisse wirkt. Beachtenswert das *Martyrium des hl. Andreas*, ein Gemälde von Borgognone über dem Hochalter, zu dem eine Säulenädikula mit der *Glorie des Heiligen* von Raggi hinführt.

TREVI-BRUNNEN

Die Legende erzählt, dass eine Nymphe die erschöpften Truppen des Konsuls Marcus Vipsanius Agrippa an eine Quelle führte, die zu Ehren des göttlichen Mädchens dann den Namen Virgo erhielt. Agrippa leitete später (19 v. Chr.) dieses Wasser in ein Kanalisationsnetz, das im Laufe der Jahrhunderte, nicht zuletzt durch Witterungseinflüsse, verwahrloste. Erst Mitte des 15. Jahrhunderts nahm Papst Nikolaus V. die Wasserleitung wieder in Benutzung und ließ in der Nähe der Dreistraßenkreuzung, nach der das Stadtviertel Trevi benannt ist, einen ersten Brunnen errichten. Rund drei Jahrhunderte später, und zwar im Jahr 1732, beschloss Papst Klemens XII., den Brunnen durch einen größeren und prächtigeren zu ersetzen, mit dessen Bau er den Architekten Nicola Salvi beauftragte. Salvi inspirierte sich an einigen Zeichnungen Berninis und schuf an der Flanke des Palazzo Poli eine Art monumentale Theaterkulisse, bei der Architektur und Bildhauerei auf wunderbare Weise miteinander verschmolzen.

Brennpunkt der Schauwand ist die Figur des von Pietro Bracci ausgeführten Meeresgottes *Oceanus*, der stehend auf einem muschelförmigen Wagen dargestellt ist; das Gefährt wird von Rossen gezogen, denen Tritonen (Werke von Maini) vorangehen. Die imposante Skulpturengruppe ruht auf einem felsigen Unterbau, der durch Pflanzen und vielgestaltige Wesen belebt wird. Die seitlichen Nischen enthalten zwei allegorische Statuen von Filippo Valle, *Heilkraft* und *Überfluss*, überragt von zwei Reliefs mit den Darstellungen *Die jungfräuliche Nymphe (Virgo) zeigt den Soldaten Agrippas die Quelle* und *Agrippa gibt die Anweisung zum Bau des Aquädukts*, jeweils Werke von Bergondi und Grossi.

Die Bekrönung der von korinthischen Säulen gegliederten Brunnenwand bildet eine prunkvolle Attika mit einer Inschrift, den Statuen der Jahreszeiten und, in der Mitte der Balustrade, dem *Wappen des Papstes Klemens XII.* zwischen zwei allegorischen *Ruhmesgestalten*. Dreißig Jahre wurden für den Bau dieses komplexen Brunnens benötigt, der erst unter dem Pontifikat Klemens' XIII. fertiggestellt wurde.

Eine Gesamtansicht des Trevi-Brunnens, dahinter der Triumphbogen mit krönendem Wappen von Papst Klemens XII.

Einige Details des Trevi-Brunnens: links der Meeresgott Oceanus auf einem von zwei Rossen (einem "sanften" und einem "wilden") gezogenen Wagen; die Pferde werden von Tritonen geführt, die aus dem Wasser auftauchen.

Sant'Isidoro - Die ursprüngliche Struktur des Gebäudes aus dem 18. Jahrhundert, das von spanischen Franziskanern errichtet wurde und später an irländische Bettelmönche überging, wurde im Laufe des Jahrhunderts im Stil Borrominis vollendet. Der Innenraum bewahrt rein barocken Charakter, der vor allem in der Cappella Da Sylva zum Ausdruck kommt; die Kapelle entstand 1663 nach einem Entwurf Berninis und wurde mit erlesenen Skulpturen des Meisters ausgeschmückt.

Palazzo Boncompagni - Der Sitz der amerikanischen Botschaft ist auch als **Palazzo Margherita** bekannt, da die Königinmutter hier ihre Residenz hatte. Der Palast wurde Ende des 19. Jahrhunderts von Gaetano Koch für den Fürsten Boncompagni Ludovisi im Stil der Neorenaissance an der Stelle der ehemaligen Villa Ludovisi errichtet; von diesem Gebäude, das sich an den heutigen Palast anschließt, ist ein wenn auch stark umgestalteter Teil erhalten, der zuweilen Maderno und zuweilen Domenichino zugeschrieben wird.

VILLA BORGHESE
(S. 172)

Bienenbrunnen - Bei diesem Brunnen spielt Bernini noch einmal mit dem Dekorationsmotiv der Bienen, dem Wappenbild der Familie Barberini, für die der Bildhauer diese Fontäne 1644 ausführte. Der Brunnen stand vormals auf der benachbarten Via Sistina und wurde 1917 an dieser Ecke der Piazza Barberini aufgestellt.

Quadrivio delle Quattro Fontane - Die Kreuzung zwischen der Strada Pia und der Via Felice wurde Ende des 16. Jahrhunderts durch vier Brunnen gekennzeichnet, die in statuengeschmückte Nischen einbezogen sind und Personifizierungen der Flüsse *Tiber* und *Aniene* sowie Statuen der Göttinnen *Diana* und *Juno* enthalten (auf dem Foto, der *Tiber*).

SAN CARLINO ALLE QUATTRO FONTANE
(S. 170)

PIAZZA BARBERINI UND DER STADTTEIL LUDOVISI

Santa Maria della Concezione - Diese zwischen 1626 und 1630 erbaute Kirche verdankt ihren Ruhm vor allem den unterirdischen Kapellen, in denen der sogenannte **Friedhof der Kapuziner** untergebracht ist. In einer makaber wirkenden virtuosen Dekoration sind hier die Knochen und Schädel der Mönche zu phantasievollen Girlanden, Festons und Kapitellen zusammengestellt. Die Kirche birgt auch einige Meisterwerke der Malerei, wie den *Hl. Erzengel Michael* von Guido Reni und den *Hl. Franz von Assisi* von Caravaggio, sowie weitere berühmte Gemälde von Domenichino und Gherardo delle Notti.

San Nicola da Tolentino - Das rein barocke Konzept dieser Kirche ist ein Werk Barattas, der das Gebäude in der zweiten Hälfte des 17. Jahrhunderts auf einer von den Augustinern errichteten Vorläuferkirche schuf. Der durch Säulen gegliederten, harmonischen **Fassade** entspricht ein ebenso ausgewogener, überkuppelter Innenraum, in dem wertvolle Werke von Baciccia und Algardi bewahrt werden. Bemerkenswert ist auch die Cappella Gavotti, die Pietro da Cortona in Zusammenarbeit mit anderen Künstlern des 17. Jahrhunderts entwarf und dekorierte.

Tritonenbrunnen - Papst Urban VIII. beauftragte Bernini mit dem Entwurf dieses Brunnens, der für die Piazza Barberini bestimmt war. Der Künstler schuf das Werk von 1642 bis 1643, indem er allegorische Motive im Zusammenhang mit Meeresgottheiten verwendete und im Familienwappen der Barberini mit den drei *Bienen* den Ruhm des Auftraggebers verherrlichte.

PALAZZO BARBERINI UND GALLERIA D'ARTE ANTICA
(S. 170)

Galleria Nazionale d'Arte Antica, Giulio Romano, Madonna Heitz, *16. Jahrhundert.*

Die nordöstlichen Hänge des Quirinals, zwischen der servianischen Mauer und dem aurelianischen Stadtgürtel, waren im Altertum nur dünn besiedelt, insofern als sich die Stadt mehr zum Tiber hin als zu den Anhöhen ausgedehnt hatte. Hier befanden sich in klassischer Zeit einige Vorstadtvillen, umgeben von riesigen Grünräumen, unter denen die sogenannten Horti Sallustiani *herausragten. Die Hauptachse bildete die* Alta Semita, *die heutige Via del Quirinale, die sich als Vico di Porta Collina, heute Via XX Settembre, fortsetzte und in die Via Salaria einmündete. Das Gebiet behielt diesen vorwiegend ländlichen Charakter auch im Mittelalter bei und zeichnete sich bis zu Beginn der modernen Zeit durch ausgedehnte Felder, Weinberge und Weideland aus, in denen vereinzelte Bauern- und Landhäuser lagen, die den reicheren und angesehenen Familien des römischen Adels gehörten. Aus letzteren entwickelten sich, etwa wie der Palazzo del Quirinale und - in der ideellen Fortführung - der* **Palazzo Barberini**, *im 16. Jahrhundert zahlreiche Villen, die sich in der Folgezeit stark vermehrten (Villa Ludovisi, Villa Valenti Gonzaga), später von der Verstädterung unter Humbert I. jedoch fast alle verschlungen wurden.*
Starke Impulse zur Erschließung dieses Stadtgebiets lieferte auch die Anlage des Straßennetzes, die unter Pius IV. mit dem Bau der Strada Pia begann. Diese Straße verband den Quirinal mit dem Vatikan, folgte dann dem Verlauf des antiken Vico di Porta Collina bis zur Einmündung in die Via Salaria und setzte sich ab 1585, unter Sixtus V., in der neugebauten Via Felice, einer Verbindungsstraße zwischen Trinità dei Monti und der Jubiläumsbasilika Santa Croce in Gerusalemme, fort. An der Kreuzung dieser beiden Straßen - wo im 17. Jahrhundert die Kirche **San Carlino**, *ein Meisterwerk der römischen Barockarchitektur, erbaut wurde - entstand eine der malerischsten Ecken von Rom: der sog. Quadrivio delle* **Quattro Fontane**, *wo der Blick in alle vier Himmelsrichtungen schweift und dabei die Obelisken oberhalb der Spanischen Treppe, vor dem Quirinalspalast und vor der Kirche S. Maria Maggiore erfasst.*
Im Rahmen der städtebaulichen Eingriffe in Rom als Hauptstadt kam es ab 1870 im oberen Teil des Stadtbezirks Trevi durch den Bau der Ministerien zu radikalen Veränderungen, während der neue Stadtteil Ludovisi, ausgehend vom **Tritonenbrunnen**, *allmählich Gestalt annahm, insbesondere mit dem Bau der* **Via Veneto**, *an der imposante Adelspaläste, wie der* **Palazzo Boncompagni**, *heute Sitz der amerikanischen Botschaft, große Luxushotels und herrschaftliche Stadtvillen entstanden. Von der Via Veneto, die in den Jahren des italienischen Wirtschaftsbooms durch Federico Fellini berühmt wurde und deren schillernde Atmosphäre der Regisseur in seinem Film* Das süße Leben *unsterblich machte, erreicht man den* **Park der Villa Borghese** *mit dem* **Casino Borghese**, *Sitz der berühmten Kunstgalerie.*

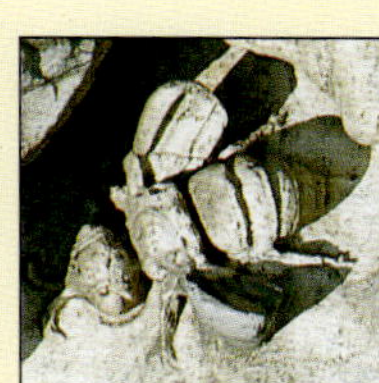

Tritonenbrunnen: die Biene im Familienwappen der Barberini.

Palazzo Barberini, ein Detail des kunstvollen Gitters aus dem 19. Jahrhundert an der Via delle Quattro Fontane.

Filippo Lauri, Fest zu Ehren der Königin Christina von Schweden im Palazzo Barberini, *17. Jahrhundert, Museo di Roma.*

PALAZZO BARBERINI UND GALLERIA NAZIONALE D'ARTE ANTICA

Als Carlo Barberini, ein Bruder Papst Urbans VIII., im Jahre 1625 von den Sforza eine in der Nähe des Weinberges des Kardinals Grimani gelegene Vorstadtvilla kaufte, die er zu seinem Familienpalast machen wollte, besaßen die Barberini bereits eine Prunkresidenz in der Via dei Giubbonari, die von Maderno restauriet wurde.
Gleichzeitig erhielt der Architekt jedoch den Auftrag für den Bau eines neuen, noch prächtigeren Palastes, in dem ausländische Botschafter mit erlesenen Festlichkeiten würdig empfangen werden konnten. Dieses Gebäude befand sich in strategischer Lage an den Hängen des Quirinals, unmittelbar neben der Sommerresidenz der Päpste, deren Verlängerung es gewissermaßen darstellte.
Maderno, dessen Pläne ein quadratisches Gebäude um einen Innenhof vorgesehen hatten, gelang es nicht, sein Werk fertigzustellen, da er 1629 verstarb. Er hinterließ den Hof ohne Bedachung und die Langseiten des Gebäudes unvollendet, die später in Flügel umgewandelt wurden.
Die Bauarbeiten übernahm zunächst Borromini, später Bernini, der den Originalentwurf völlig abänderte, indem er zwischen die beiden Flügel einen kompakten, wenn auch durch die **Fassade** erheblich aufgelockerten Mittelkörper einfügte. Diese Fassade war durch tief eingeschnittene Fenster gekennzeichnet, die fast den Eindruck einer Loggia entstehen ließen. Die beiden **Treppen** im Inneren, eine von Bernini, die andere von Borromini, führten von der Vorhalle zum Hauptsaal, an dessen Dekoration ab 1633 Pietro da Cortona arbeitete. Der Künstler schuf hier am Gewölbe den großartigen *Triumph der göttlichen Vorsehung*, der den Ruhm der Familie Barberini verherrlichte.
Zur Ausschmückung der Säle und Prunkgemächer des Palastes trugen auch die von den Barberini im Laufe der Jahre gesammelten, unschätzbaren Statuen und römischen Antiquitäten bei, wie auch eine beachtliche Gemäldegalerie, die den Kernbestand der heutigen **Galleria Nazionale d'Arte Antica** darstellt, die 1895 eingerichtet wurde. Absolutes Meisterwerk dieser Sammlung, die unter anderem Werke von Filippo Lippi, Perugino, Bronzino, Giulio Romano, Tintoretto, Guido Reni, Guercino und zahlreichen ausländischen Meistern umfasst, ist die *Fornarina* von Raffael, bei der es sich vermutlich um das Porträt der Geliebten des Künstlers handelt. Daneben sind von besonderem Interesse *Judith und Holofernes* von Caravaggio und der *Narziß*, der lange Zeit diesem Barockmaler zugeschrieben wurde, heute aber von der Mehrheit der Kunsthistoriker für das Werk eines seiner Schüler gehalten wird.
Außer der Gemäldegalerie beherbergte der Palast eine Bibliothek und, im Hinblick auf seine Bestimmung als Repräsentationsort, zahlreiche andere Räume, wie das berühmte Theater, das Pietro da Cortona entworfen hatte, einen Ballspielplatz, der später demoliert wurde, und einen riesigen, heute nicht mehr existierenden Platz vor dem Gebäude, auf dem Feste und Turniere abgehalten wurden, von denen eines zu Ehren der Königin Christina von Schweden in die Geschichte einging.
Die städtebauliche Neuordnung des Viertels und der Bau des monumentalen, auf riesigen Telamonen ruhenden Gitters veränderten 1864 nicht unerheblich die imposante Palastansicht vor dem ansteigenden Hügel, die heute von den umliegenden Bauten zum Teil verdeckt wird.

SAN CARLINO ALLE QUATTRO FONTANE

Diese kleine Kirche, die an der Kreuzung der vier Brunnen steht und nicht viel größer ist als einer der vier Stützpfeiler, auf denen die Kuppel der Peterskirche ruht, stellt ein wahres Juwel der römischen Barockarchitektur dar. Den Auftrag für die Kirche wie auch für das angrenzende Kloster erhielt Borromini von den spanischen Trinitariern, die hier Anfang des 17. Jahrhunderts ihren Sitz eingerichtet hatten. Die Kirche wurde 1638 begonnen und 1641 in ihren wesentlichen Bestandteilen fertiggestellt.

Mehr Zeit erforderte die Ausführung der Fassade, das letzte Werk des Tessiner Architekten, an dem er von 1664 bis zu seinem Tod 1667 arbeitete. Die Vollendung der Fassade nach den Plänen des Meisters, die heute in der Albertina in Wien aufbewahrt werden, übernahm der Neffe des Künstlers, der 1670 auch den Glockenturm baute. Die an den Seiten konkav und in der Mitte konvex geschwungene **Fassade** ist mit Gesimsen, Säulen, Nischen und Statuen geschmückt, die insgesamt eine ungemein phantasievolle und harmonisch gegliederte Komposition ergeben. Der gekrümmte Verlauf der Linienführung am Außenbau der Kirche wird im **Inneren** wieder aufgegriffen. Hier betonte Borromini aber auch die vertikale Richtung der Struktur, wo die **ellipsenförmige Kuppel** - die mit einem Geflecht aus kreuzförmigen, sechs- und achteckigen Kassetten verziert ist - die Perspektive zur Geltung bringt und einen größeren Raum vorspiegelt als in Wirklichkeit vorhanden ist. Unterer und oberer Kirchenraum weisen die gleichen Motive auf, an denen sich auch der angrenzende **Kreuzgang** mit harmonischen und eleganten Proportionen inspiriert.
Bei der Verwirklichung dieses komplexen Baukunstwerkes befasste sich Borromini mit jedem Detail; er entwarf sogar die Beichtstühle und die schmiedeeiserne Bekrönung des Brunnens, der die Mitte des Kreuzganges ziert.

San Carlino alle Quattro Fontane: ein Detail der geschwungenen Fassade und (unten links) der kleine Kreuzgang mit dem schmiedeeisernen Brunnen.

Unten rechts, Blick in das Innere der ellipsenförmigen Kuppel mit verschiedenartigen Kassetten, unter anderem in Kreuzform, dem Symbol des Trinitarierordens, der die Kirche bei Borromini in Auftrag gab.

VILLA BORGHESE

Museum Borghese, Gian Lorenzo Bernini, Apoll und Daphne und, unten, der Raub der Proserpina.

Am grünen Hang des Pincio, der zum Stadtteil Ludovisi hin von der aurelianischen Mauer begrenzt wird, ließ sich Kardinal Scipione Borghese, ein Neffe von Papst Paul V., im Jahre 1608 eine Villa bauen, die von einem riesigen Park umgeben war und für die Flaminio Ponzio den Entwurf lieferte. Er brachte jedoch das Werk nicht zum Abschluss, so dass der Bau von Vasanzio und Rainaldi fertiggestellt wurde.
Die Ausgestaltung der Villa, in der die reichen Kunstsammlungen der Familie Borghese Aufnahme fanden, wie auch die Anlage des weitläufigen **Parks** wurden in den folgenden Jahrhunderten fortgeführt. Wichtige Arbeiten kamen von 1766 bis 1793 durch Mario und Antonio Asprucci, und ab 1822 durch Luigi Canina zur Ausführung. Letzterer gab der Anlage - aus dem ursprünglich "italienischen" Garten war bereits ein "englischer" Park geworden - ein neues Gepräge, indem er mit Statuen und klassizistisch inspirierten Bauten (griechische und ägyptische **Propyläen**, **Äskulap-Brunnen**, **Römischer Bogen**) die bereits vorhandene Gartenarchitektur, die gegen Ende des 18. Jahrhunderts von den Asprucci geschaffen worden war (der **Löwenportikus**, der **Äskulap-Tempel** auf einem Inselchen in der Mitte eines kleinen Sees und die **Piazza di Siena**, die den römischen Stadien nachgebaut ist und auf der heute ein weltbekanntes Reitturnier veranstaltet wird), zu einem harmonsichen Abschluss brachte. In der vor kurzem restaurierten, auch **Casino Borghese** genannten Villa sind das **Museum Borghese** (Skulpturen, Zeugnisse und Marmorwerke aus der Römerzeit) und die Galleria Borghese (Pinakothek) untergebracht. Es handelt sich um zwei der berühmtesten Kunstsammlungen der Welt, die aus den Kernbeständen des Kardinals Scipione entstanden sind. Neben zahlreichen Gemälden trug er hier Antiquitäten verschiedener Her-

Galleria Borghese: oben Madonna mit Kind, Johannesknaben und Engeln, Tondo von Botticelli.

Museum Borghese, die berühmte Paolina Borghese von Canova.

kunft zusammen, die er von den bedeutendsten Künstlern seiner Zeit restaurieren ließ, vor allem von Gian Lorenzo Bernini, der für seinen reichen Auftraggeber auch einige Aufträge ausführte, die zu den Meisterwerken der barocken Bildhauerkunst gehören: den *David* (1623 bis 1624), der ein Selbstporträt des Künstlers darstellt, *Apoll und Daphne*, eine Marmorgruppe aus der gleichen Zeit, die jedoch ein mythologisches Thema behandelt, wie auch den *Raub der Proserpina*, ein frühes Meisterwerk des Bildhauers. Weitere Werke entstanden in Zusammenarbeit mit seinem Vater Pietro, wie *Äneas und Anchises* und *Die von der Zeit entschleierte Wahrheit*, eine im Barock sehr beliebte Allegorie. Die Werke sind in den Sälen der Villa untergebracht, neben antiken Skulpturen, wie dem berühmten *Hermaphrodit*, dem *Tanzenden Silen* und zahlreichen *Kaiserporträts*, im Wechsel mit *Büsten aus Buntmarmor*, die Della Porta im 16. Jahrhundert nach klassischen Vorbildern schuf.

Die Sammlung fand in den Sälen des Casino Aufnahme. 1807 überließ Fürst Camillo Borghese die Sammlung seinem Schwager, Napoleon Bonaparte, der zahlreiche Werke in den Louvre überstellte, wo sie bis heute den Kernbestand der Antikenabteilung bilden. Zwei Jahre zuvor war Camillos Gemahlin, Paolina Borghese, von Canova in der Pose der *Siegesgöttin Venus* porträtiert worden. Dieses als **Paolina Borghese** bekannte Werk stellt gestern wie heute eine der Hauptattraktionen des Museums dar.

Ebenso wie die Skulpturen- und Antikensammlung wurde auch die Gemäldesammlung oder **Galleria Borghese** von Kardinal Scipione angelegt, der in den Sälen der Villa eine große Anzahl von Meisterwerken der berühmtesten Maler des 16. und 17. Jahrhunderts zusammenstellte. Vor allem Caravaggio ist hier mit einigen seiner bemerkenswertesten und eindrucksvollsten Gemälde vertreten: *Knabe mit Früchtekorb*, eines der ersten Werke, die der Meister in Rom malte, *Kranker Bacchusknabe*, *Madonna dei Palafrenieri*, *Hl. Hieronymus* und *David mit dem abgeschlagenen Haupt des Goliath*, eines der letzten Werke des lombardischen Malers, der sich in dem getöteten Riesen selbst darstellte. Neben den Werken des bedeutenden Barockkünstlers sammelte Kardinal Scipione unschätzbare Gemälde von Raffael (*Grablegung Christi*), Tizian (*Himmlische und Irdische Liebe*) und von Malern der Schule von Ferrara (*Apollo* von Dosso Dossi). Spätere Ankäufe (etwa durch Olimpia Aldobrandini, die Gemahlin von Paolo Borghese) führten der Galerie Meisterwerke zu wie *Madonna mit dem Kind, dem Johannesknaben und Engeln* von Botticelli, *Danae* von Correggio, das *Männerbildnis* von Antonello da Messina sowie Werke von zahlreichen italienischen Meistern (Domenichino, Lorenzo Lotto, Parmigianino, Veronese) und ausländischen Künstlern (Rubens, Cranach).

Museum Borghese, der David *von Bernini und (oben) Detail des Kopfes.*

Galleria Borghese, Caravaggio, Knabe mit Früchtekorb *und* Hl. Hieronymus.

Villa Medici - Die von Kardinal Ferdinando de' Medici ab 1576 erweiterte großartige Villa, Sitz der Académie Française, weist eine schmucklose Straßenfront auf, der eine reich dekorierte **Gartenfassade** von Ammannati entspricht. Die Stuckfiguren und Reliefs, von denen einige von der Ara Pacis stammen, wurden im typischen Antikenstil des ausgehenden Cinquecento angeordnet.

Kloster Sacro Cuore - Das Kloster steht auf den Resten der Villa des Lukull und besitzt neben einem interessanten **Kreuzgang** mit Lünetten, die von großen Meistern, wie Pomarance und Cavalier d'Arpino, mit Fresken ausgemalt wurden, eine Porträtreihe der *Könige von Frankreich*, ein Werk von Nucci aus dem 18. Jahrhundert.

TRINITÀ DEI MONTI
(S. 176)

SPANISCHE TREPPE
(S. 176)

Palazzetto Zuccari - Das kleine Palais wurde 1592 von Federico Zuccari erbaut, der hier eine Malakademie einrichten wollte. Er selbst schuf, zusammen mit seinem Bruder Taddeo, die Innendekoration. Kurios sind das **Portal** und die **Fenster** in der Form von aufgesperrten Rachen monströser Fabelwesen.

Caffè Greco - Das berühmte Café der Literaten und Künstler, wo sich prominente Leute wie De Chirico, Mafai und Scipione trafen, bewahrt noch Gemälde und Mobiliar aus der Gründungszeit. Das Café liegt in der **Via Condotti,** die mit ihren eleganten Geschäften und renommierten Modelokalen zu den meistfrequentierten Straßen der italienischen Hauptstadt gehört.

Santissima Trinità degli Spagnoli - Die Kirche mit angrenzendem Kloster entstand um die Mitte des 18. Jahrhunderts nach Plänen von Emanuel Rodriguez de Santos, der dem Gebäude eine harmonische konkave Fassade verlieh. Das Innere mit elliptischem Grundriss bewahrt eine *Allerheiligste Dreifaltikeit* von Giaquinto.

Palazzo di Spagna - Das Gebäude, das seit 1647 die Spanische Botschaft beim Heiligen Stuhl beherbergt, spiegelt den römischen Barockstil wider. An der Innendekoration wirkten große Meister mit, unter anderem Bernini, der hier zwei seiner eindringlichsten Werke hinterließ, die *Verdammte Seele* und die *Gerettete Seele*.

Fontana La Barcaccia - Der Brunnen, der von Urban VIII. Barberini in Auftrag gegeben wurde (auf ihn nimmt das Wappensymbol der Bienen in der Dekoration Bezug) gilt als eines der besten Werke Pietro Berninis, das er 1629 zusammen mit seinem Sohn Gian Lorenzo schuf.

Palazzo di Propaganda Fide - Der Ende des 16. Jahrhunderts errichtete Palast ging 1626 als Geschenk an die von Gregor XV. vier Jahre zuvor gegründete Kongregation für die Verbreitung des Glaubens über. Der Papst beauftragte zunächst Bernini und dann Borromini mit der Erweiterung und Restaurierung des Gebäudes. Ersterem ist die Backsteinfassade mit Blick zum Platz zu verdanken, während Borromoni die Front an der Via di Progaganda gestaltete. In den Palast einbezogen ist auch die **Kirche I Re Magi**, die auf der ursprünglichen Anlage Berninis zwischen 1660 und 1666 von Borromini neuerbaut wurde.

SANT'ANDREA DELLE FRATTE
(S. 176)

Mariensäule der Immacolata Concezione - Die Säule, die 1856 zur Erinnerung an das Dogma der Unbefleckten Empfängnis Mariens errichtet wurde, stammt aus dem Kloster Santa Maria della Concezione in Campo Marzio. Auf der Spitze steht eine Bronzefigur der Heiligen Jungfrau Maria, am Sockel befinden sich die Statuen von *Moses* und *David* sowie der Propheten *Jesaias* und *Ezechiel*.

San Silvestro in Capite - Die Kirche entstand im 8. Jahrhundert neben dem angrenzenden Kloster, das später abgerissen wurde, um Raum für die Hauptpostzentrale zu schaffen. Anfangs hieß das Gotteshaus *"intra duos hortos"*, da es von Obst- und Weingärten umgeben war. Später erhielt die Kirche die Bezeichnung *"in capite"*, mit Bezug auf die hier bewahrte kostbare Kopfreliquie des Täufers. Das ursprüngliche Gebäude wurde im Laufe des 13. Jahrhunderts vollkommen neuerbaut. Damals entstand auch der schlanke romanische **Glockenturm**, der durch fünf Ordnungen mit doppelten Biforen aufgelockert wird. Von der mittelalterlichen Geschichte der Kirche zeugen, trotz der Barockisierung im Inneren, das schöne **Portal** an der durch Lisenen gegliederten, reichgeschmückten **Platzfassade** mit *Statuen von Heiligen* in der Bekrönung - ein Werk von Francesco da Volterra und Carlo Maderno aus den Jahren 1595 bis 1601 - und die zahlreichen *Fragmente von Gedenksteinen*, die den kleinen grünen Innenhof zieren.

PIAZZA DI SPAGNA

Der elegante Stadtteil rund um die Piazza di Spagna und die berühmte Spanische Treppe umfaßt zwei kleine Zonen der Stadtbezirke Colonna und Campo Marzio, die im Laufe der Jahrhunderte durch eine gemeinsame städtebauliche Entwicklung irgendwie zusammengewachsen sind. Beide waren Bestandteil der östlichsten Randzone des antiken Marsfeldes, das allmählich bis zu den grünen Hängen des Pincio anstieg. Damals hieß der Hügel Collis Hortulorum, *wegen der vielen Gärten, unter anderem der berühmten* Horti Luculliani, *die zur Villa des Lukull gehörten und in denen heute das* ***Kloster Sacro Cuore*** *liegt. Der ausgesprochen ländliche Charakter hielt sich das gesamte Mittelalter hindurch, als der Hügel mit Wein- und Obstgärten und kleinen Wäldchen bedeckt war. Davon zeugt noch der Name der Kirche* ***Sant'Andrea delle Fratte****, der sich aus dem lateinischen "de fractis" ableitet und auf die damals baumreiche Gegend hinweist. Auch in den Straßennamen drückt sich noch das einstige Landschaftsbild dieses Winkels von Rom aus: Via Capo le Case z.B. ist eine Übersetzung des lateinischen* "ad capita domorum"*, womit die Grenze des bewohnten Gebietes gemeint war, die bis ins 17. Jahrhundert unverändert blieb. Im übrigen standen in diesem Stadtteil vereinzelte Häuser und Kirchen, unter anderem* ***San Silvestro in Capite****, die auf den Ruinen des antiken Sonnentempels steht.*
Während sich im 16. Jahrhundert im westlichen Teil der Rioni Colonna und Campo di Marzio eine radikale städtebauliche Veränderung vollzog durch die Schaffung von Straßen, Plätzen und Palästen, entstanden in den näher zum Pincio gelegenen Gegenden neue Klöster, wie das Karmeliterkloster ***San Giuseppe a Capo le Case*** *oder das Kloster der Eremitani Scalzi di Spagna in* ***San Idelfonso****. Die herausragende Lage und ein riesiger Garten waren der Grund, weshalb Kardinal Ferdinando de' Medici 1576 auf der Höhe des Pincio ein Gebäude kaufte, das er zu einer prächtigen* ***Medici-Villa*** *umgestaltete.*
Eine systematischere städtebauliche Neuordnung des Gebietes erfolgte ab Gregor XIII. und vor allem unter Sixtus V., der die Strada Felice anlegte und von 1585 bis 1589 einen ganzen Komplex mit öffentlichen Gebäuden einleitete. Die Straße, die in ihrem ersten Abschnitt der heutigen ***Via Sistina*** *entspricht, verband die Kirche* ***Trinità dei Monti*** *mit den beiden Basiliken Santa Maria Maggiore und Santa Croce in Gerusalemme. Im 17. und 18. Jahrhundert belebten zwei ausländische Gemeinden die Bautätigkeit: die französische, die eine eigene Kirche,* ***Santi Andrea e Claudio dei Borgognoni,*** *besaß und im 19. Jahrhundert in der Villa Medici die 1666 von Ludwig XIV. gegründete Académie Française unterbrachte, damit junge Künstler in Italien ihr Studium vollenden konnten; und die spanische Gemeinde, deren religiöses Zentrum die Kirche* ***Santissima Trinità degli Spagnoli*** *und politisches Zentrum der* ***Palazzo di Spagna*** *(heute Botschaftersitz beim Vatikan) waren. Der Einfluss dieser beiden Nationen schlug sich auch in den Ortsbezeichnungen dieses Gebietes nieder. Der Platz, der bis zum 16. Jahrhundert nach der Kirche Trinità dei Monti* "Platea Trinitatis" *hieß, erhielt den Namen* ***Piazza di Spagna****, und der zur Via del Babuino gerichtete Teil Piazza di Francia. In den umliegenden Straßen ließen sich ausländische Künstler, Literaten und Intellektuelle nieder, vor allem in der* ***Via Margutta****, wo auch heute noch zahlreiche Künstlerateliers liegen. Im 18. Jahrhundert wurde hier die* ***Scalinata di Trinità dei Monti*** *oder* ***Spanische Treppe*** *gebaut, die für die barocke Stadtraumgestaltung vorbildlich und zu einer Hauptattraktion der Touristen aus aller Welt geworden ist.*

DIE SPANISCHE TREPPE UND DIE KIRCHE TRINITÀ DEI MONTI

1728 hatte Montesquieu auf einer Italienreise Gelegenheit, die rund zwei Jahre zuvor fertiggestellte Spanische Treppe zu sehen. Sein Urteil fiel vernichtend aus: “Die Scalinata di Trinità dei Monti”, schrieb er, “zeugt von schlechtem Geschmack. Von Architektur keine Spur, sie ist kaum erkennbar, abgesehen von den ersten Rampen. Man hätte hier eine schöne Treppe bauen und Säulen aufstellen müssen. Im übrigen war die Arbeit so schlecht ausgeführt worden, dass ein Teil eingestürzt ist”. Obgleich es historisch den Tatsachen entspricht, dass die von dem Architekten Francesco De Sanctis 1723 begonnene Treppe, bedingt durch einen Erdrutsch, teilweise einstürzte, wurde das Urteil des französischen Philosophen über den von Papst Innozenz XIII. veranlaßten Bau hinreichend widerlegt durch die unzähligen Besucher, mit denen die Treppe, die zum Wahrzeichen von Rom und Italien wurde, stets bevölkert ist. Der kulissenartige Aufstieg zur Kirche Trinità dei Monti, früher ein von Bäumen gesäumter Weg, besteht aus zwölf Rampen, die sich in einem faszinierenden Wechselspiel teilen und wieder vereinen. Fluchtpunkt der Perspektive ist die Kirche mit dem davor stehenden **Obelisco Sallustiano**, der aus den Horti Sallustiani stammt und 1789 auf ausdrücklichen Wunsch Pius' VI. von Antinori hier aufgestellt wurde. In der Dekoration der Treppe erscheinen der Adler, das Wappentier der Familie Conti, der Innozenz XIII. angehörte, und die Lilie Frankreichs, der Nation, der die **Kirche Trinità dei Monti** gehört. Die Kirche wurde zusammen mit dem anschließenden Kloster 1502 von König Ludwig XII. von Frankreich errichtet und rund achtzig Jahre später von Sixtus V. anläßlich der Eröffnung der Strada Felice geweiht. Nach einer Restaurierung im 19. Jahrhundert präsentiert die Kirche heute die weltbekannte **Fassade** mit den beiden Zwillingstürmen, die Maderno möglicherweise nach einem Entwurf von Giacomo della Porta schuf.

Das **Innere** beeindruckt durch die reiche Ausstattung mit Kunstwerken. Die zahlreichen Seitenkapellen enthalten Gemälde von Perin del Vaga, der Brüder Zuccari und vor allem von Daniele da Volterra, von dem die eindringliche Kreuzabnahme stammt.

SANT'ANDREA DELLE FRATTE

Im 12. Jahrhundert befand sich die Kirche außerhalb des Wohngebietes und hieß entsprechend Sant'Andrea de Hortis, d.h. “degli Orti”, das später durch das geläufigere “de Fractis” oder “delle Fratte” ersetzt wurde. Das Gebäude, das zuerst den Schotten gehörte und das Sixtus V. den Minoritenbrüdern des hl. Franz von Paula schenkte, wurde im Auftrag des Marchesen Del Bufalo Anfang 17. Jahrhundert von Gaspare Guerra vollkommen wiederaufgebaut und von Borromini Mitte des gleichen Jahrhunderts fertiggestellt.
Letzterem Baumeister sind die halbelliptische Apsis, der unvollendet gebliebene Kuppeltambour und der ungewöhnliche **Kampanile** zu verdanken. Den besten Blick auf den kühn konzipierten Glockenturm hat man von der Via Capo le Case aus. Der viereckige Turm mit mehreren Ordnungen schließt mit einer phantasiereichen Bekrönung in Form von Cherubinen ab, die das *Andreaskreuz* und einen *Büffel* tragen, das Wappentier des Auftraggebers, überragt von einer Metallstruktur im Stil der Turmspitze von Sant'Ivo alla Sapienza. Der einschiffige **Innenraum** mit Tonnengewölbe bewahrt unter anderem Werke eines anderen römischen Barockkünstlers, der Borrominis erbitterter Rivale gewesen sein soll. Es handelt sich um Bernini, von dem die beiden wunderschönen **Engel** stammen, der *Engel mit der Dornenkrone* und der *Engel mit Schriftrolle*, die der Meister 1668 bis 1669 als Dekoration für die Engelsbrücke schuf und die hierher gebracht wurden, um sie vor Witterungsschäden zu schützen. Von einer Seitenkapelle hat man Zutritt zum **Kreuzgang** des anschließenden Minoritenklosters, der wunderschöne Lünettenfresken mit *Geschichten aus dem Leben des hl. Franz von Paula* birgt.

Trinità dei Monti: Gedenkstein mit Angaben über die Baugeschichte der berühmten Spanischen Treppe.

Blick zum Obelisco Sallustiano.

Oben rechts die Inschrift an der Fassade des benachbarten Palazzo di Propaganda Fide.

Nebenstehend, der grazile Glockenturm der Kirche Sant'Andrea delle Fratte.

Die Kirche Trinità dei Monti mit der Fassade und den charakteristischen Zwillingstürmen oben auf der Treppe.

PIVS·VI·PONT·MAX

Ponte Sisto - Die Brücke verdankt ihren Namen Papst Sixtus IV., der Baccio Pontelli 1473 mit dem Bau beauftragte. Die neue Brücke, welche die Stadtbezirke Regola und Parione mit Trastevere verbinden sollte, entstand an der Stelle der aurelianischen Brücke aus dem Jahr 147 n. Chr., die nach langwierigen Restaurierungen, die der Präfekt Simmacus Mitte des 4. Jahrhunderts hatte vornehmen lassen, durch das Hochwasser von 589 wieder einstürzte.

San Giovanni dei Genovesi - Die Kirche wurde zusammen mit dem angrenzenden **Ospizio dei Genovesi** Ende des 15. Jahrhunderts erbaut. Der **Kreuzgang** des Hospizes aus dem Jahr 1481, der Baccio Pontelli zugeschrieben wird, gehört mit seinen Achteckpfeilern und der mit Architrav ausgestatteten, harmonischen Loggia, die den alten Brunnen umlaufen, zu den schönsten in ganz Rom. Die **Kirche** wurde im 18. und 19. Jahrhundert erneuert und bewahrt das *Grabmonument für Meliaduce Cicala*, den Gründer dieser wohltätigen Einrichtung.

Santa Maria della Scala - Der Bau der Kirche neben dem Karmeliterkloster, die das Gnadenbild der *Madonna della Scala* aufnehmen sollte, wurde im ausgehenden 16. Jahrhundert in Angriff genommen und rund hundert Jahre später fertiggestellt. Das Kircheninnere bewahrt wertvolle Kunstwerke, wie die *Enthauptung des Täufers*, ein eindringliches Werk von Gherardo delle Notti, eine **Madonna mit Kind** von Cavalier d'Arpino und den *Hochaltar* mit einem Ziborium von Carlo Rainaldi. Für diese Kirche war auch der *Tod Mariens* von Caravaggio bestimmt, ein Werk, das sich heute im Louvre befindet.

Torre Anguillara - Der Turm, der wie das angrenzende Palais auf das 13. Jahrhundert zurückgeht, zeugt von der mittelalterlichen Geschichte dieses Rione und von den befestigten Wohnpalästen der einflussreichen römischen Familien, die sich um die Kontrolle des Stadtbezirks stritten.

Sant'Egidio alla Scala - Das Kirchlein, das früher dem Barfüßerorden der Karmeliter gehörte, wurde im 17. Jahrhundert erbaut und bewahrt einen schönen *Hl. Ägidius* von Pomarancio. Das angrenzende Kloster beherbergt das **Folklore-Museum**.

SANTA MARIA IN TRASTEVERE
(S. 182)

Piazza di Santa Maria in Trastevere - Der Platz vor der Basilika von Trastevere, dessen Mitte ein achteckiges Bassin (1692) von Carlo Fontana ziert, wird von einer Reihe schöner Gebäude gesäumt, unter anderem dem *Palazzo di San Callisto*, früher Benediktinerkloster neben der benachbarten Kirche gleichen Namens, und dem *Palazzo Cavalieri* (16. Jh.) mit reichverziertem Barockportal.

SAN CRISOGONO
(S. 183)

Kirche und Kloster San Cosimato - Der Komplex, der das ehemalige Benediktinerkloster und die Kirche umfaßte, wurde zwischen dem 10. und 11. Jahrhundert erbaut und 200 Jahre später restauriert. Aus dieser Zeit stammt der **erste Kreuzgang**, während der **zweite Kreuzgang** unter Papst Sixtus IV. entstand. Die **Kirche** besitzt eine Baccio Pontelli zugeschriebene Fassade des 15. Jahrhunderts, an der das feingestaltete Portal und eine gotische Zwerggalerie aus Backstein auffallen. Das einschiffige Innere, das im Ottocento umgestaltet wurde, bewahrt wertvolle *Fresken* des 15. Jahrhunderts und Teile des *Grabdenkmals für Kardinal Lorenzo Cybo* (16. Jh.), das früher in der Kirche Santa Maria del Popolo stand und hier als Schmuck für den Hochaltar wiederverwendet wurde.

SAN FRANCESCO A RIPA
(S. 183)

Santa Maria della Luce - Im 18. Jahrhundert wurde das kleine Gebäude durch Valvassori neu gestaltet, nachdem ein hier bewahrtes Marienbild ein wunderbares Licht verströmt hatte. Von ihrer mittelalterlichen Vergangenheit bewahrt die Kirche den schönen romanischen Glockenturm. Das Innere, das durch die im Rahmen spätbarocker Stilkriterien gelöste harmonische Raumaufteilung besticht, wurde von Giovanni und Sebastiano Conca mit Fresken ausgemalt.

San Benedetto in Piscinula - Die Kirche entstand zwischen dem 11. und 12. Jahrhundert über der sogenannten *Zelle des hl. Benedikt* im Elternhaus des Heiligen, der hier der Überlieferung nach seine ersten Lebensjahre verbrachte. Abgesehen von der klassizistischen Fassade bewährt das Gebäude mit dem romanischen Kampanile viel von seinem mittelalterlichen Ursprung: die schönen *Cosmaten-Fußböden, Kapitelle* an den Mittelschiffsäulen, die einst mit Mosaiken geschmückte *Marienkapelle* und ein Tafelgemälde mit *Thronendem hl. Benedikt* aus dem 14. Jahrhundert.

Piazza Mastai - Der Platz bildet das Herz des Stadtviertels Mastai, das in der zweiten Hälfte des 19. Jahrhunderts auf Veranlassung von Papst Pius IX. entstanden ist, als er hier die in klassizistischem Stil erbaute *Tabakmanufaktur* mit Arbeiterwohnungen ansiedelte. Der Entwurf für den Platz stammt von Andrea Busiri Vici, der auch den *Brunnen* in der Mitte schuf.

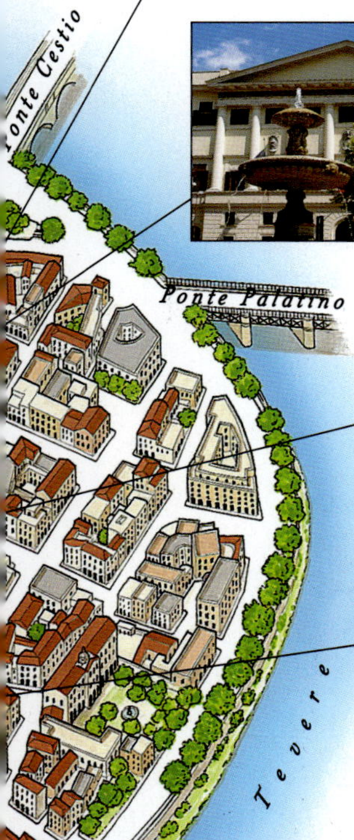

SANTA CECILIA IN TRASTEVERE
(S. 180)

SANTA MARIA DELL'ORTO
(S. 181)

Ehemaliges Päpstliches Hospiz San Michele a Ripa Grande - Dieser riesige Komplex, heute Ministerium für Kultur und Umwelt, dessen (über 300 Meter lange) Fassade den tiefer liegenden Hafen Ripa Grande überragte, wurde Ende des 17. Jahrhunderts von Monsignor Tommaso Odeschalchi gegründet. Den ersten Gebäudekern an der Porta Portese schufen De Rossi und Fontana, der später an das ursprüngliche Kolleg eine Wollfabrik, ein Erziehungsheim für Minderjährige, eine Kaserne für Hafenzöllner, die Kirche Madonna del Buon Viaggio, ein Altenheim, die Kirche San Michele und weitere Nebengebäude anfügte.

Porta Portese - Das im Mauergürtel Urbans VIII. entstandene Stadttor, das die *Porta Portuensis* der aurelianischen Mauer ersetzte, wurde im Auftrag Papst Innozenz' X. fertiggestellt. Hier beginnt der langgezogene **Sonntagsmarkt**, der sich an der Via Portuense hinzieht und wo man praktisch alles kaufen kann.

TRASTEVERE

Bereits in republikanischer Zeit wurde das rechte Tiberufer ("trans Tiberim", d.h. "auf der anderen Tiberseite", daher der Name Trastevere) von Handelsgebäuden eingenommen, die an den Hafenbetrieb auf der anderen Seite des Flusses geknüpft waren. Erst später entstand hier ein Wohngebiet mit Villen in den vornehmeren Gegenden des heutigen Rione und mit vereinzelten öffentlichen Gebäuden, wie der ***Naumachia*** *des Augustus, von der rund um die Kirche San Cosimato einige Spuren erhalten sind. Im übrigen war das Gebiet vor allem von ausländischen Gemeinden bevölkert, hauptsächlich von Orientalen, die für die Verbreitung der zahlreichen Kulte verantwortlich waren, etwa in dem noch erkennbaren* ***Syrischen Heiligtum****, das im 1. Jahrhundert n. Chr. im heiligen Wald der Göttin Furina erbaut worden war. Auch viele Juden hatten sich hier angesiedelt. Das Christentum fand somit einen guten Nährboden in diesem Teil der Stadt, und mit Beginn des Mittelalters, im 4. und 5. Jahrhundert, entstanden verschiedene* Tituli, *über denen später Basiliken und bedeutende Kirchen, wie* ***Santa Maria in Trastevere****,* ***Santa Cecilia*** *und* ***San Crisogono****, erbaut wurden. Das Viertel war mit dem Stadtteil, der sich am linken Tiberufer entwickelt hatte, durch zahlreiche Brücken verbunden, in erster Linie durch den Pons Fabricius und den Pons Cestius, dann, wenig entfernt, durch den Pons Aemilius, heute als Ponte Rotto bekannt, die direkt zum Tiberhafen und zum Forum Boarium und Forum Holitorium führten. Flußaufwärts war Trastevere mit dem Marsfeld über den Pons Aurelius verbunden, der unter Sixtus IV. als* ***Ponte Sisto*** *wiederaufgebaut wurde wie auch über eine nach Agrippa benannte Brücke, die heute nicht mehr existiert. Flußabwärts lag in der Nähe von Ripa Grande der* ***Pons Sublicius****, an der es Horatius Cocles allein gelang, das etruskische Heer des Porsenna zurückzuschlagen. Der Pons Marmoreus oder die Brücke des Theodosius aus dem 4. Jahrhundert verband schließlich diesen Stadtteil mit dem Aventin und dem* Emporium.

Im Mittelalter ging die Bevölkerung in diesem Bezirk stark zurück, doch war der Anteil der hier ansässigen Juden weiterhin groß, die zahlreiche, heute nicht mehr vorhandende Synagogen besaßen, bis die jüdische Gemeinschaft kraft der Bulle Papst Pauls IV. im Jahre 1555 ins Ghetto gezwungen wurde. Vom Jahr Tausend bis ins 13. Jahrhundert kennzeichnete ein starker Aufschwung des Bauwesens die städtebauliche Entwicklung dieses Bezirks, in dem neue Kirchen und Klöster entstanden, wie ***San Cosimato, San Benedetto in Piscinula*** *und* ***San Francesco a Ripa****, und bestehende Gotteshäuser restauriert und erweitert wurden. Die vorübergehende Verlegung des Heiligen Stuhls nach Avignon brachte diesen Prozess zum Stillstand. Erst Ende des 15. Jahrhunderts blühte das Bauwesen wieder auf, insbesondere unter Sixtus IV., der Verkehrsachsen am Tiberufer schuf - u.a. die Via Santa, die Julius II. später als Via della Lungara ausbaute - und neue Straßen, wie die Via Pettinari, anlegte. Nach dem Ausbau des* ***Flußhafens Ripa Grande****, entstanden auch in dem dahinter liegenden Gebiet neue Gebäude, etwa die Kirche* ***Santa Maria dell'Orto*** *und vor allem die Kirche* ***San Giovanni dei Genovesi*** *mit Hospiz für kranke und fürsorgebedürftige Seeleute. Viel gebaut wurde auch unter Paul V., der im 17. Jahrhundert das Trajanische Aquädukt wiederherstellte und dem Gebiet hinter dem Hafen eine städtische Ordnung gab.*

Im folgenden Jahrhundert konzentrierte sich die Bautätigkeit auf das Gebiet in unmittelbarer Nähe des Tibers, wo nach und nach der riesige Komplex des ***Ospizio Apostolico di San Michele a Ripa Grande*** *entstand. Das letzte von päpstlicher Seite geförderte Großprojekt in diesem Bezirk schuf Pius IX. rund um die* ***Piazza Mastai****. Die Einstellung des Hafenbetriebs, die Befestigung der Tiberdämme mit der Errichtung hoher Mauern zum Schutz gegen die häufigen Überschwemmungen und die Anlage des Viale Trastevere führten später zu Veränderungen in diesem Rione, der jedoch seine "Seele" und seine einmalige Atmosphäre erhalten konnte.*

Santa Cecilia in Trastevere, die Fassade zum Hof, der als Garten gestaltet ist, und der schöne romanische Glockenturm.

Ziborium in der Kirche Santa Cecilia in Trastevere und ein Detail der Dekorationen.

SANTA CECILIA IN TRASTEVERE

Trotz zahlreicher Umbauten im Laufe der Jahrhunderte konnte diese Basilika in Trastevere zu Ehren der jungen Märtyrerin Cäcilia, die der Überlieferung nach mit ihrem Gemahl Valerianus hier gewohnt hat, ihren antiken Reiz bewahren, der in der Aufeinanderfolge von Höfen und Gebäuden sowie in dem noch bewohnten Klausurkloster mit wunderschönem **Kreuzgang**, dem herrlichen romanischen **Glockenturm** und den unzähligen Kunstwerken hinter den Mauern dieses Komplexes zum Ausdruck kommt. Die Kirche wurde über dem *Titulus Caeciliae*, dem von Papst Paschalis I. im 5. Jahrhundert geschaffenen Vorläuferbau, errichtet und um 1110 großenteils neuerbaut. Später erfolgten weitere Veränderungen, und bei einer Restaurierung im 19. Jahrhundert schloss man die antiken Mittelschiffsäulen, die zu zerbröckeln drohten, in Pfeiler ein.
Im 18. Jahrhundert schuf Ferdinando Fuga den kulissenartigen **Eingang**, der in einen als Garten angelegten **Innenhof** führt. In der Mitte steht ein großer marmorner Kantharos aus römischer Zeit, der als Brunnen genutzt wird. Darüber erheben sich der Kampanile und die barocke Kirchenfassade, der ein harmonischer Portikus mit schmückendem Mosaikfries aus dem 12. Jahrhundert vorgelagert ist. Unter dem Wandelgang wird, neben zahlreichen mittelalterlichen Fundstücken, das nach einem Entwurf von Girolamo Rainaldi (anderen Kunsthistoriker zufolge von Maderno) geschaffene *Grabmonument für Kardinal Sfondrati* bewahrt, der den Leichnam der Heiligen hatte auffinden lassen. Durch ein **Atrium**, in dem das *Grabmonument für Kardinal Forteguerri* von Mino da Fiesole steht, betritt man das im Stil des 18. Jahrhunderts gestaltete Innere mit breitem **Mittelschiff**, dessen Gewölbefresko von Conca die *Verherrlichung der hl. Cäcilia* zeigt. Von den Seitenschiffen, in denen wertvolle Gemälde bewahrt werden, u.a. der *hl. Valerianus und die hl. Cäcilia* von Guido Reni, betritt man die zahlreichen Kapellen, die alle sehenswert sind. Die *Cappella del Calidario*, ein harmonischer Raum im Stil der Spätrenaissance mit Stuckarbeiten und Malereien über das Leben der Märtyrerin, ruft das altrömische Calidarium wach, einen Raum für Dampfbäder, in den Cäcilia drei Tage lang eingesperrt worden war, damit sie ersticken sollte, aus dem sie jedoch unversehrt herauskam. Erwähnenswert sind auch die *Cappella dei Ponziani* mit schönen zeitgenössischen Fresken und einem Cosmaten-Antependium sowie die *Reliquienkapelle*, die nach Plänen von Luigi Vanvitelli errichtet wurde, von dem auch die Altartafel und das Gewölbefresko stammen.
Die künstlerisch wertvollsten Werke sind in der **Apsis** und im **Presbyterium** zu sehen. Hier hebt sich gegen die leuchtenden byzantinischen Mosaiken der Apsiswölbung aus dem 9. Jahrhundert mit der Darstellung *Segnender Christus zwischen den Heiligen Paulus, Cäcilia, Paschalis I.* (mit viereckigem Heiligenschein,

Santa Cecilia in Trastevere, Innenraum: ein Detail des Jüngsten Gerichts *von Pietro Cavallini (13. Jh.) und ein Ausschnitt des byzantinischen Apsismosaiks mit dem hl. Paschalis, dem hl. Paulus und der hl. Caecilia (9. Jh.)*

da er zur Zeit der Entstehung des Werkes noch lebte), *Petrus, Valerianus und Agatha*, sowie mit der Allegorie des Osterlammes, das **Ziborium** von Arnolfo di Cambio ab. Das erlesene Meisterwerk des toskanischen Künstlers aus dem Jahr 1293 gleicht einer marmornen Stickerei, in die anmutige Figuren von Engeln, Heiligen, Propheten und Evangelisten verwoben sind. Das Ziborium birgt die Statue der **Heiligen Cäcilia**, ein meisterliches Werk von Stefano Maderno; er schuf das Bildnis nach dem Leichnam der jungen Märtererin, der bei den von Kardinal Sfondrati 1599 veranlaßten Ausgrabungen bei den Kalixtus-Katakomben an der Via Appia intakt aufgefunden wurde. Die Heilige liegt auf dem Boden, mit nach unten gekehrtem Gesicht; die Handstellung zeigt symbolhaft das Dogma der Dreifaltigkeit an, das sie noch im Augenblick ihres Todes bekräftigte. Am linken Kirchenschiff hat man Zugang zum Kreuzgang des 13. Jahrhunderts, und von hier aus zum **Nonnenchor**, in dem sich das **Jüngste Gericht** von Pietro Cavallini befindet, ein Meisterwerk der mittelalterlichen Malerei, das etwa zur gleichen Zeit wie das Ziborium von Arnolfo entstand, jedoch leider bruchstückhaft zu uns gelangte. Doch kommt die Dramatik des Werkes noch hervorragend zum Ausdruck in der Christusfigur zwischen den Bittstellern vor *Maria* und *Johannes d. Täufer*, um die sich die *Apostel* gruppieren; ringsum der *Engelschor* und Fragmente himmlischer und höllenhafter Visionen mit der Schar der Seligen und Verdammten.

Die Renaissancefassade der Kirche Santa Maria dell'Orto.

SANTA MARIA DELL'ORTO

Die Kirche wurde eigens zur Aufnahme eines *Marienbildes* errichtet, das von einer Mauer in einem Garten (daher der Name) stammte und heute den Hochaltar ziert. Der Entwurf stammt von einem unbekannten Architekten aus dem Kreis Bramantes. Der 1495 begonnene Bau wurde Mitte des folgenden Jahrhunderts durch Guidetto Guidetti fertiggestellt. Die Baukosten wurden von zahlreichen römischen Handwerksinnungen getragen, unter anderem von den Zünften der Wurstwaren-, Geflügel- und Nudelhändler, die im angrenzenden **Oratorium** Erwähnung finden. Während die von Vignola begonnene und von Francesco da Volterra vollendete Fasssade (16. Jh.) ihre ursprüngliche Form bewahrt hat, wurde der Renaissancecharakter des **Inneren** durch die aufwendige Barockdekoration weitgehend verwischt, mit der die wertvollen Malereien Zuccaris (16. Jh.) in der Apsis umrahmt sind, oder auch die Gemälde Bagliones, der die Wände des Presbyteriums und einiger Seitenkapellen mit Fresken ausstattete.

SANTA MARIA IN TRASTEVERE

Der Überlieferung nach handelt es sich um die älteste Kirche für öffentliche Gottesdienste in Rom und um die erste Marienkirche überhaupt. Sie wurde im 3. Jahrhundert von Papst Kalixtus I. an der Stelle gegründet, an der nach Zeitberichten im Jahre 38 v. Chr. Öl aus der Erde quoll, ein wunderbares Ereignis, das als Ankündigung der Geburt Christi gedeutet wurde (an die sogenannte *Fons Olei* - Ölquelle - erinnert ein Gedenkstein am Chor der Kirche).
Ein Jahrhundert später ließ Papst Julius I. über dem *Titulus Calisti* (nach dem Gründerheiligen) ein basilikales Gebäude errichten, dessen endgültige Form jedoch das Ergebnis späterer Umbauten war. Die heutige Anlage geht auf Papst Innozenz II. zurück, der zwischen 1130 und 1143 mit Material aus den Caracalla-Thermen eine Restaurierung vornahm, ohne jedoch den basilikalen Charakter oder den Rhythmus der zweiundzwanzig antiken Granitsäulen zur Teilung der Kirchenschiffe zu verändern.
1702 beauftragte Klemens XI. Carlo Fontana mit dem Wiederaufbau des **Portikus**, der sich mit seinen zahlreichen Epigraphen, Marmorwerken sowie römischen und christlichen Reliefs gegen die schöne **Fassade** abhebt. Einmalig ist die horizontale Bekrönung mit aufgesetztem Giebel und einem *Mosaikfries* aus dem 13. Jahrhundert, bei dem möglicherweise Pietro Cavallini mitgewirkt hat und der die *Thronende Madonna mit zwei Stiftern* und zwei *Prozessionen mit Frauengestalten* darstellt. Daneben erhebt sich der massive romanische **Glockenturm**, der mit einer kleinen Ädikula (17. Jh.) abschließt.
Dominierend am Ende des **Mittelschiffes** mit reichgeschnitzter *Holzkassettendecke* von Domenichino (der auch das mittlere Gemälde mit der *Himmelfahrt Mariens* schuf) ist die herrliche **Apsis** mit hervorragenden *Mosaiken* auf Goldgrund, von denen die Darstellungen am Triumphbogen und im Halbrund aus dem 12. und die unteren Bildfelder aus dem 13. Jahrhundert stammen. Die Mosaiken am großen Bogen, die nach dem Tod Innozenz' II. im Jahre 1143 entstanden sind, stellen die *Symbole der Evangelisten und die Propheten Jeremias und Jesaias* dar, während in der Halbkuppel die *Marienkrönung* mit Christus sowie Figuren von Heiligen und Päpsten erscheinen, die mit dem Kirchenbau in Zusammenhang stehen; unmittelbar darunter das *Apokalyptische Lamm*, auf das zwölf Lämmer als Symbole der Apostel zugehen. Die Bildfelder mit *Geschichten aus dem Marienleben* schuf hingegen Pietro Cavallini im Jahre 1291 im Auftrag des Kardinals Bertoldo Stefaneschi, der als Stifter neben der Muttergottes und den Heiligen Petrus und Paulus dargestellt ist.
Zahlreiche modernere Werke runden die Kirchenausstattung ab. Auf das 16. Jahrhundert geht die *Cappella Altemps* zurück, die Martino Longhi il Vecchio 1585 für Kardinal Marco Sittico Altemps errichtete und in der sich die *Ma-*

Santa Maria in Trastevere:
(oben) der obere Fassadenabschnitt und der romanische Glockenturm.

In der Mitte, der Innenraum mit der Apsiswölbung, dem mosaikverzierten Triumphbogen und dem marmornen Ziborium in der Mitte.

Unten, ein Ausschnitt aus den Fassadenmosaiken mit Thronender Madonna (13. Jh.)

Santa Maria in Trastevere, Innenraum, Bischofsstuhl des 12. Jahrhunderts.

Santa Maria in Trastevere, Innenraum, das Apsismosaik mit der Darstellung im Tempel, *eine Szene aus dem* Marienleben *(13. Jh.)*

San Crisogono, die Fassade mit Vorhalle des 18. Jahrhunderts und dem wuchtigen romanischen Glockenturm.

donna della Clemenza befindet, ein byzantinisch anmutendes Werk, das in Enkaustik-Technik ausgeführt wurde. Dem folgenden Jahrhundert zuzuordnen ist die *Cappella Avila* von Antonio Gherardi, dem hier eine einmalige Raumgestaltung gelang, wo das Spiel mit der Perspektive vor allem in der phantasiereichen kleinen Kuppel zum Ausdruck kommt, die von vier fliegenden Engeln getragen zu scheint; ein typisches Meisterwerk des Rokoko ist die winzige *Taufkapelle* von Filippo Raguzzini aus dem Jahr 1741.

SAN CRISOGONO

Die drittgrößte mittelalterliche Basilika in Trastevere, San Crisogono, wurde 1123 bis 1129 an der Stelle des *Titulus Chrysogoni* aus dem 5. Jahrhundert von Kardinal Giovanni da Crema errichtet, der die frühere Titelkirche einebnen ließ, die neben einigen Wand- und Apsisfresken in den unterirdischen Räumen der heutigen Kirche noch sichtbar ist. Trotz der Umbauten im 17. Jahrhundert blieb die Anlage des 12. Jahrhunderts im wesentlichen erhalten. Im Auftrag Kardinals Scipione Borghese befaßte sich Soria von 1620 bis 1626 mit der Erneuerung der Kirche, im Zuge derer er am Außenbau unter Verwendung der mittelalterlichen Granitsäulen den **Portikus** wiederaufbaute, während er den mächtigen **Kampanile** aus dem Jahr 1124 außer der Bekrönung praktisch unverändert ließ. Auch im Inneren beschränkte sich Soria auf wenige Eingriffe. Er bewahrte die mittelalterliche basilikale Anlage mit drei Kirchenschiffen, die durch zweiundzwanzig antike Granitsäulen geteilt werden, den schönen Cosmaten-Fußboden und die **Apsis**, deren herrliches Mosaik mit der Darstellung der *Jungfrau mit dem Kind zwischen den Heiligen Chrysogonus und Jakobus* aus dem Kreis Pietro Cavallinis nichts von seinem ursprünglichen Glanz eingebüßt hat. Von Bernini stammt die **Sakramentskapelle** am Kopfende des rechten Schiffes, die seine Schüler mit sehenswerten Skulpturen ausschmückten.

SAN FRANCESCO A RIPA

Die Kirche gehörte, zusammen mit dem angeschlossenen **Kloster** des 10. Jahrhunderts, den Benediktinern, bei denen der hl. Franz von Assisi mehrmals zu Gast war. 1229 ging die Kirche an die Minoritenbrüder über, die das Kloster zeitweise bewohnten und im 16. Jahrhundert verschiedene Umbauten vornahmen. In der Reliquienkapelle wird die Kopie eines *Porträts des hl. Franz* (das Original befindet sich in der Pinakothek im Vatikan) aufbewahrt, das Margaritone d'Arezzo zugeschrieben wird. Die schlichte dreischiffige Kirche, die von Mattia de Rossi Ende 17. Jahrhundert erneuert wurde, birgt in der Cappella Paluzzi Albertoni ein Meisterwerk der barocken Bildhauerei. Es handelt sich um die Statue der **Seligen Ludovica Albertoni**, ein eindringliches Spätwerk von Bernini, das in mancher Hinsicht auch die Heilige Theresia in der Kirche Santa Maria della Vittoria übertrifft.

San Francesco a Ripa, Innenraum, der Tod der Seligen Ludovica Albertoni, *ein Spätwerk (1675) Berninis.*

Villa Celimontana - Der Landsitz mit angrenzendem, heute öffentlichem Park war seit Mitte des 16. Jahrhunderts im Besitz der Familie Mattei und wurde von Jacopo del Duca erbaut. Im Park erhebt sich ein ägyptischer **Obelisk** aus der Zeit Ramses' II., der früher im Kloster Santa Maria in Aracoeli stand und den Ciriaco Mattei 1584 vom römischen Senat zum Geschenk erhielt.

Santi Giovanni e Paolo - Die kurzzeitige Rückkehr zum Heidentum und zur Christenverfolgung unter Kaiser Julian Apostata gipfelte im Jahre 362 in der Hinrichtung von zwei Offizieren der kaiserlichen Wache, Johannes und Paulus, nach denen die Kirche benannt ist. Das Gebäude entstand über dem Haus, in dem die beiden Märtyrer 398 auf Veranlassung des Senators Byzanz und seines Sohnes Pammachius den Tod fanden, wurde aber im 5. Jahrhundert bei den in der Stadt wütenden Barbarenüberfällen wiederholt beschädigt. Nach einer neuerlichen Zerstörung durch die Normannen im Jahre 1084 nahm man unter dem Pontifikat Paschalis' II. eine Restaurierung des Gebäudes vor, die gleichzeitig mit dem Bau des anschließenden Klosters und des schönen **Glockenturms** erfolgte, der im 12. Jahrhundert zusammen mit der einen früheren Narthex ersetzenden **Vorhalle** vollendet wurde. Nach weiteren Restaurierungen im 18. und 19. Jahrhundert legte man so weit wie möglich die alte frühchristliche Bausubstanz wieder frei. Auf diese Weise traten die schönen marmornen *Fünfbogenfenster* der Fassade des 4. Jahrhunderts und das schöne *Portal* (13. Jh.) mit Cosmatenarbeiten und einem Adler im Architrav zutage. Unverändert blieb der barockisierte Innenraum, wo in der Mitte des Hauptschiffes ein *Gedenkstein* den Marterort der beiden Heiligen anzeigt. Spuren der jahrhundertealten Geschichte der Kirche sind indessen in den labyrinthartigen **unterirdischen Räumen** sichtbar, wo sich die Reste von fünf Gebäuden mit insgesamt etwa zwanzig Räumen aus dem 1. bis 4. Jahrhundert befinden.

La Vignola - Diese Villa aus dem 16. Jahrhundert mit luftigem Portikus lag ursprünglich an den Hängen des Piccolo Aventino, bevor sie anlässlich der Schaffung des Archäologishen Parcours hierher versetzt wurde.

Arco di Dolabella - Bei dem von den Konsuln Dolabella und Silanus errichteten Bogen handelt es sich möglicherweise um den Wiederaufbau der ehemaligen Porta Celimontana in der servianischen Mauer, über die zur Kaiserzeit das Aquädukt Neros geleitet wurde.

San Gregorio Magno und die drei Oratorien - Der heutige Komplex, das Ergebnis einer Barockisierung des mittelalterlichen Gebäudes, entstand an der Stelle, wo der hl. Gregor d. Große, dessen Namen die Kirche trägt, im Jahre 575 über seinem Wohnhaus ein nach dem heiligen Apostel Andreas benanntes Kloster gründete. Die an einer breiten Freitreppe hoch aufragende **Fassade**, die den Palatin überblickt, verwirklichte Giovanni Battista Soria nach dem Vorbild der Fassade von Lan Luigi dei Francesi. An einem großen Platz liegen drei Oratorien, die Anfang des 17. Jahrhunderts von Kardinal Baronio wiederhergestellt wurden. Das erste, **Sant' Andrea**, bewahrt im Inneren zwei schöne und berühmte Fresken: die *Geißelung des hl. Andreas* von Domenichino und *Der hl. Andreas wird zum Marterort geführt* von Guido Reni. Das Oratorium **Santa Barbara**, das ebenfalls der frühen gregorianischen Gründung angehört, wird auch "Triclinium" genannt; diesen Namen verdankt es einem antiken Steintisch, an dem der hl. Gregor angeblich zwölf Arme gespeist hat, denen sich später ein in strahlendes Licht getauchter Engel anschloss. Diese Episode, erscheint als Fresko an einer Wand des Oratoriums und ist ein Werk von Antonio Viviani aus dem Jahr 1602. Das letzte Oratorium, **Santa Silvia**, ist der Mutter des hl. Gregor gewidmet und wurde von Baronio erbaut. In der Apsis ist das berühmte *Engelskonzert* von Guido Reni zu sehen.

Santa Maria in Domnica - Die ursprüngliche Kirche, die im 7. Jahrhundert auf den Resten einer Kaserne des altrömischen Militärkomplexes auf dem Caelius entstanden war, wurde zwei Jahrhunderte später von Papst Paschalis I. neu errichtet. Das Gebäude gelangte unverändert bis ins Jahr 1513, als Kardinal Giovanni de' Medici, der spätere Papst Leo X., es durch Sansovino restaurieren ließ, dem die elegante fünfbogige **Vorhalle** zugeschrieben wird. Eine leider nicht belegte Überlieferung gibt als den Schöpfer dieses schönen Entwurfs Raffael an. Unbestritten bleibt jedoch der Einfluss dieses Künstlers sowohl bei genanntem Bau als auch bei den anderen im 16. Jahrhundert erfolgten Arbeiten.

Fontana della Navicella - Der Brunnen ist nach dem marmornen Modell eines altrömischen Schiffes benannt, das man in der nahegelegenen Kaserne *Castra Peregrina* gefunden hat und zur Zeit Leos X. auf einen Sockel stellte. Seine Funktion als Brunnen erfüllt das Schiffchen jedoch erst seit 1931, als man die Straße erweiterte. Vermutlich handelte es sich um eine ehemalige Weihgabe, die ein ägyptischer Seemann der römischen Flotte der in seiner Heimat vielverehrten Schutzgöttin Isis dargebracht hatte. Andere Historiker halten das Werk hingegen für eine Nachbildung des Äskulap-Schiffes.

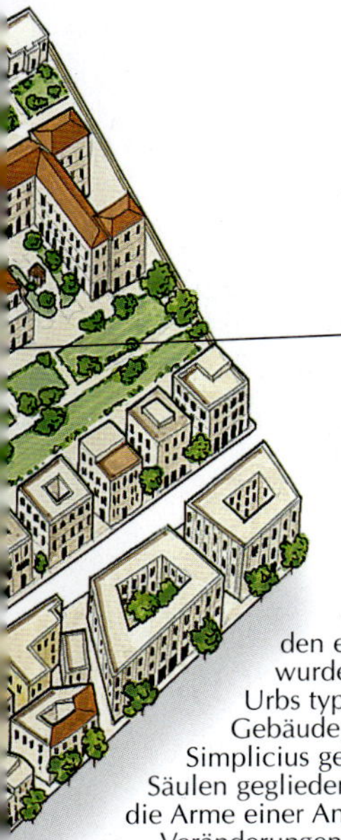

Santo Stefano Rotondo - Die Kirche gehört (zusammen mit dem Baptisterium von San Giovanni in Laterano und Santa Costanza) zu den drei frühchristlichen Rundkirchen der Stadt, die in den ersten zwei Jahrhunderten des Christentums erbaut wurden und unmittelbar auf die für Thermalanlagen der Urbs typischen römischen Rundbauten zurückgreifen. Das Gebäude, das im 5. Jahrhundert fertiggestellt und von Papst Simplicius geweiht wurde, bestand ursprünglich aus drei durch Säulen gegliederten konzentrischen Kirchenschiffen, in denen sich die Arme einer Anlage über griechischem Kreuz überschnitten. Erste Veränderungen an der ursprünglichen Kirche erfolgten unter dem Pontifikat Innozenz' II. im 12. Jahrhundert zunächst mit dem Bau einer **Vorhalle**, deren Säulen aus Spolien bestanden, dann zwei Jahrhunderte später mit der Errichtung einer quer verlaufenden **Kolonnade**.
Die vierunddreißig Säulen des äußeren Umgangs wurden in die Außenwand einbezogen, an der Pomarance und Tempesta gegen Ende des 16. Jahrhunderts das *Martyrologium* schufen, einen Freskenzyklus mit vierunddreißig dramatischen und teilweise grausamen Darstellungen über das Martyrium ebensovieler Heiliger.
Über dem zentralen Teil der Kirche, der vom äußeren Umgang durch zweiundzwanzig Marmorsäulen mit korinthischen Kapitellen getrennt wird, erhebt sich ein hoher **Vierungsturm**, der bei einer Restaurierung im 15. Jahrhundert mit Bogenfenstern, zum Teil mit Biforen, ausgestattet wurde.

San Sisto Vecchio - Die Kirche mittelalterlichen Ursprungs wurde im 18. Jahrhundert durch Raguzzini vollkommen neuerbaut, der nur den hoch aufragenden **Kampanile** des 12. Jahrhunderts intakt ließ. Die Kirche war 1219 dem heiligen Dominikus gestiftet worden, der hier sein erstes Kloster einrichtete. Eine **Kapelle** im Kreuzgang zeigt die Stelle an, wo sich der Legende nach seine Zelle befand. Das Kircheninnere läßt trotz der phantasiereichen architektonischen Einfälle Raguzzinis noch Spuren der mittelalterlichen Vergangenheit erkennen, vor allem im *Freskenzyklus* (14. Jh.) in der Apsis.

DER CELIO

Ursprünglich hieß der Celio-Hügel Colle Querquetulano, wegen der ausgedehnten Eichenwälder (lateinisch quercus*), mit denen die Hänge bedeckt waren. Den heutigen Namen erhielt der Hügel erst später, als die Anhöhe von den Etruskern besiedelt war, deren Stammesfürst, Caelius Vebenna, Romulus im Krieg gegen die Sabiner Hilfe geleistet hatte. Nach der Zerstörung von Albalonga siedelte Tullius Hostilius dann die Einwohner dieser Stadt hier an. An den einstigen Namen des Hügels erinnerte noch ein Stadttor in der servianischen Mauer, die Porta Querquetulana, an der die antike Via Tuscolana ihren Ausgang nahm. Die übrigen hügelseits gelegenen Tore waren die Porta Celimontana, auf deren Resten der* **Bogen des Dolabella** *errichtet wurde, und die Porta Capena, Ausgangspunkt der* **Via Appia Antica**. *In dieser Gegend standen mehrere prächtige Patrizierhäuser, die bei einer Feuersbrunst unter Tiberius zerstört wurden. Der Kaiser, der für seine sprichwörtliche Großzügigkeit bekannt war, entschädigte die Eigentümer der Häuser mit so viel Geld, dass diese sich noch prunkvollere Villen bauen konnten, was dem Celio-Hügel schließlich die Bezeichnung* Mons Augustus *eintrug.*
Auf dem Hügel befanden sich mehrere größere Heiligtümer, unter anderem der Tempel des Herkules Victor und der Tempel der Minerva Capta. Von herausragender Bedeutung war jedoch der **Tempel des Divus Claudius**, *den Agrippina zu Ehren ihres Gemahls hatte errichten lassen. Es handelte sich um eine Kultstätte von kolossalen Ausmaßen (Umfang ca. 800 Meter), deren überreiche Ausschmückung und das verwendete Baumaterial eine unglaubliche Prachtentfaltung offenbarten. Von dem riesigen Podium und von den Strukturen, auf denen das mächtige Gebäude ruhte, sind in der Nähe der Kirche Santi Giovanni e Paolo noch Überreste erhalten.*
Der Nachfolger des Kaisers Claudius, Nero, ließ auf dem Hügel einen großen Markt, den Macellum Magnum, errichten. Der überkuppelte Rundbau lieferte nach Meinung einiger Kunsthistoriker das Vorbild für die frühchristliche Kirche **Santo Stefano Rotondo**, *die im 5. Jahrhundert ganz in der Nähe erbaut wurde. Hier befand sich zur Kaiserzeit eine* Castra Peregrina *genannte Kaserne, in der die für die Verhaftung und Bewachung der Gefangenen verantwortlichen Polizeikräfte untergebracht waren. Zwei Soldaten der kaiserlichen Garde, die auf dem Hügel wohnten und unter Julian Apostata im Jahre 362 den Martertod starben, weil sie sich geweigert hatten, Jupiter zu opfern, ist die Kirche* **Santi Giovanni e Paolo** *geweiht, die an der Stelle ihres Wohnhauses errichtet wurde. Ebenfalls über einem Haus, das Papst Gregor I. gehörte, entstand im 6. Jahrhundert eine weitere wichtige Kirche auf dem Celio-Hügel,* **San Gregorio Magno**, *die dem heiliggesprochenen Papst Gregor d. Großen gewidmet ist. Von dem angeschlossenen Kloster aus reiste 506 der Mönch Augustinus ab, um England zu christianisieren.*
Auf die Zeit des Papstes Paschalis I. geht hingegen die Gründung der Kirche **Santa Maria in Domnica** *zurück, wo sich ein schönes Portal mit krönender Ädikula befindet, das von Meister Iacopo und seinem Sohn Cosma signiert ist, den Begründern der berühmten* Cosmatenschule *(12.-13. Jh.), die zwei Jahrhunderte hindurch in Rom wirkte und erlesene Marmorintarsien hervorbrachte.*
Das ganze Mittelalter und die Renaissancezeit hindurch behielt der Hügel seinen ländlichen Charakter bei. Er war stets dünn besiedelt, auch nachdem im 19. Jahrhundert die idyllische Landschaft durch Bauspekulationen bedroht war. Die Einrichtung des riesigen Gartens der **Villa Celimontana** *als öffentliche Parkanlage schob diesen Versuchen einen Riegel vor, auch wenn die 1931 durchgeführten Arbeiten für die Verbreiterung der Via della Navicella, wo die* **Fontana della Navicella** *steht, das Stadtbild teilweise veränderten.*

Porta San Sebastiano - Das ursprünglich als Porta Appia bekannte Stadttor, das Aurelian an der gleichnamigen Konsularstraße errichtet hatte, ist mit zwei Durchgängen und zwei seitlichen Rundtürmen ausgestattet. Honorius ließ die Türme um zwei Geschosse aufstocken und an der Basis durch mächtige, viereckige Sockel verstärken. Nachdem man die beiden Durchgänge zu einem einzigen Tor verbunden hatte, verkleidete man den Außenbau mit Marmor aus den Grabhäusern, mit denen der erste Abschnitt der Via Appia übersät war. In diesem besterhaltenen Stadttor der aurelianischen Mauer ist das **Museo delle Mura di Roma** untergebracht.

Porta Latina - Dieses neben einem mittelalterlichen Turm liegende Stadttor, das ganz aus Travertin erbaut ist, stellt eines der besterhaltenen Teile der aurelianischen Mauer dar.

Jüdische Katakomben - Neben dem Friedhof der Villa Torlonia ist dies eine der weitesten unterirdischen Begräbnisstätten, die von der jüdischen Gemeinde in Rom schon in der Kaiserzeit angelegt worden war.

San Giovanni a Porta Latina - Die vermutlich im 5. Jahrhundert gegründete Kirche erfuhr im Laufe der Zeit beachtliche Veränderungen, konnte jedoch ihre mittelalterliche Gestalt großenteils bewahren. Vor der Fassade liegt eine auf Marmor- und Granitsäulen ruhende **Vorhalle**. Der schlanke romanische *Kampanile* geht auf das 12. Jahrhundert zurück. Das dreischiffige Innere mit Marmorsäulen von unterschiedlicher Größe enthält einen wertvollen **Freskenzyklus** des 12. Jahrhunderts mit *Szenen aus dem Alten und Neuen Testament*.

Pago Triopio (Pagus Triopius) - In diesem ausgedehnten Besitztum des Herodes Atticus, Literat und Freund des Kaisers Marc Aurel, befinden sich die Reste des schönen **Grabes der Annia Regilla**, seiner Gemahlin, die **Grotte der Nymphe Egeria** - wo das liebreizende Wesen ihren Geliebten Numa Pompilius, den zweiten König von Rom, bei der Abfassung der Gesetze für sein Volk inspiriert haben soll - und die Ruinen des **Tempels der Ceres und Faustina**.

Drusus-Bogen - Der Bogen wurde zwischen 211 und 216 gebaut, um das Wasser der *Aqua Antoniniana*, eine Abzweigung des Aquädukts, das die nahegelegenen Caracalla-Thermen speiste, über die Via Appia zu leiten. Honorius bezog ihn in das Festungssystem der angrenzenden Porta San Sebastiano ein, wobei die schönen schmückenden Säulen aus gelbem Marmor erhalten blieben.

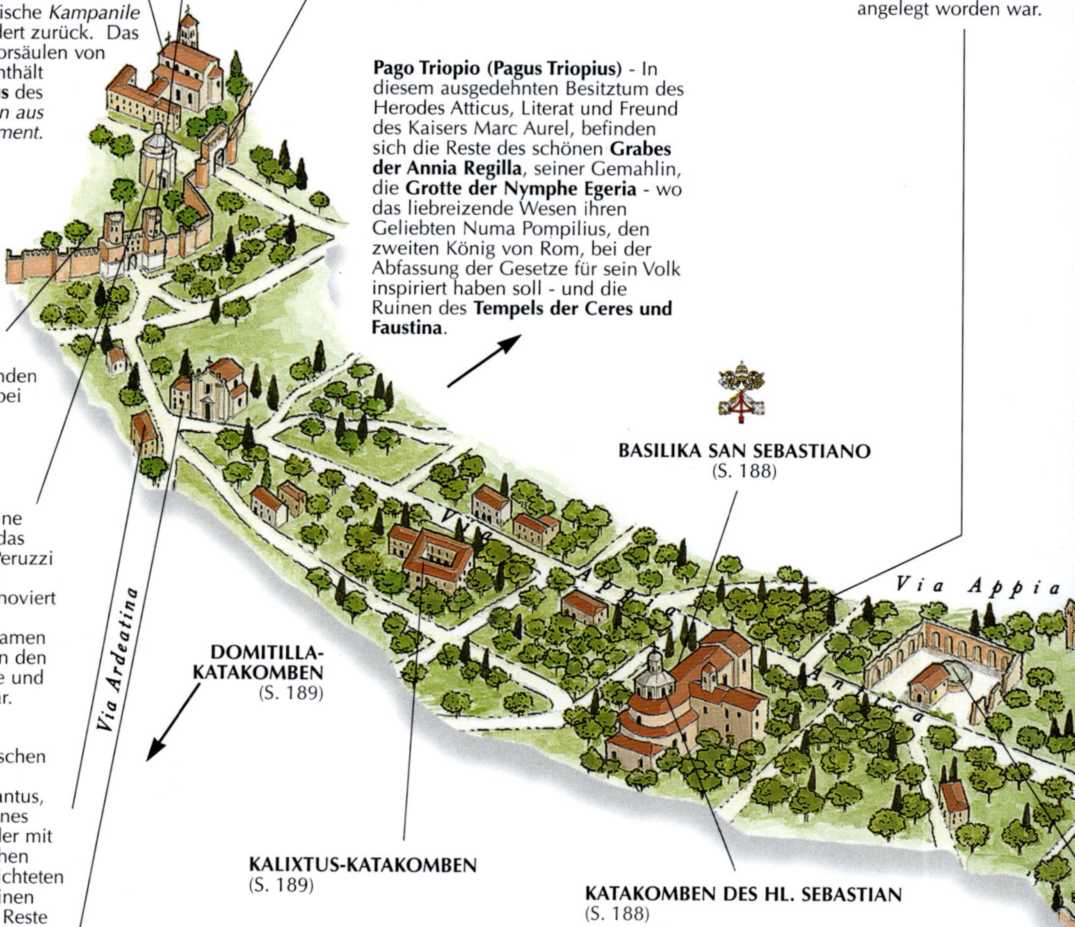

BASILIKA SAN SEBASTIANO
(S. 188)

DOMITILLA-KATAKOMBEN
(S. 189)

KALIXTUS-KATAKOMBEN
(S. 189)

KATAKOMBEN DES HL. SEBASTIAN
(S. 188)

an Giovanni in Oleo - Das kleine Oratorium des 5. Jahrhunderts, das nter Julius II. von Baldassarre Peruzzi ollkommen restauriert und von orromini 1658 noch einmal renoviert vurde, steht am Marterort des Heiligen und verdankt seinen Namen em Kessel mit siedendem Öl, in den nan den Heiligen getaucht hatte und em er unversehrt entstiegen war.

rab der Priscilla - Auf der römischen nlage dieses Grabes, das ein eigelassener Domitians, Abascantus, r seine Frau Priscilla in Form eines esigen runden Tumulus baute, der mit avertin verkleidet und mit Nischen nd Statuen geschmückt war, errichteten e Caetani im 13. Jahrhundert einen **achturm**, von dem heute noch Reste sehen sind. An der Via Salaria kann an die **Katakomben der Priscilla** esichtigen.

Kirche "Domine quo vadis?" - Die Kirche, die im Mittelalter Santa Maria in Palmis oder Santa Maria del Passo hieß, wurde im 9. Jahrhundert errichtet und zwischen dem 16. und 17. Jahrhundert an der Stelle vollkommen wiederaufgebaut, an der Christus dem aus Rom geflohenen heiligen Petrus erschienen sein soll. Auf die schicksalhafte Frage *"Domine quo vadis?"* (Herr, wohin gehst du?), habe dieser geantwortet *"Romam iterum crucifigi"* (Nach Rom, um mich noch einmal kreuzigen zu lassen). Daraufhin kehrte der Apostel um, seinem Martyrium entgegen. Der Stein, auf dem Jesus seine Fußabdrücke hinterließ (daher der antike Name der Kirche) wurde hier aufbewahrt, bevor er in die benachbarte Basilika San Sebastiano überführt wurde.

DIE KONSULARSTRASSEN

Die alten Römer waren bekanntlich große "Straßenbauer". Konkretes Zeichen ihrer Expansionspolitik war das Straßennetz, das mit der Eroberung der Territorien Schritt hielt und eine rasche Verbindung zur Hauptstadt ermöglichte. Von hier gingen die sogenannten Konsularstraßen aus, mit deren Bau man in republikanischer Zeit begann, die dann aber in der Kaiserzeit verlängert wurden. Ausgangspunkt war das *Miliarum aureum* auf dem Forum Romanum, eine von Augustus aufgestellte Säule, auf der die Entfernungen zwischen Rom und den wichtigsten Städten des Imperiums eingeritzt waren. Die erste Konsularstraße, die um 312 v. Chr. von dem Zensor Appius Claudius Caecus angelegt wurde, war die **Via Appia**. Sie verließ Rom an der antiken Porta Capena in der servianischen Mauer (später Porta San Sebastiano in der aurelianischen Mauer) und führte bis nach Brindisi. In entgegengesetzter Richtung zur Via Appia sicherte die vom Zensor Gaius Flaminius zwischen 223 und 219 v. Chr. angelegte **Via Flaminia** die Transporte nach Norden und verband die Urbs mit Rimini. Sie führte durch die Porta Flaminia (heute Porta del Popolo) in der aurelianischen Mauer aus der Stadt und erreichte die Milvische Brücke, wo sie in die **Via Cassia** mündete, die der Zensor Lucius Cassius Longinus Ravilla von 117 bis 107 v. Chr. baute und Rom mit Mitteletrurien verband. Diese Straße hatte auch Anschluß an die **Via Aurelia**, die in der Kaiserzeit bei Luni in die Via Cassia mündete, bis nach Arles verlängert wurde und das ganze Mittelalter hindurch die Hauptverkehrsachse nach Frankreich darstellte, weshalb sie auch den Namen Fränkische Straße erhielt. Sie bildete den einzigen Weg für alle Pilger, die von Nordeuropa nach Rom reisten.

Grab der Caecilia Metella - Dieses Grab, das nahezu intakt in unsere Tage gelangt ist, stellt das Wahrzeichen der Via Appia und das besterhaltene Monument in dem gesamten archäologischen Park dar. Der Zinnenkranz ist ein Aufbau der Caetani, die das Grabmal 1302 in ihre angrenzende Festung einbezogen. Der Grabbau entstand um 50 v. Chr. für Caecilia Metella, die Tochter des Konsuls Quintus Metellus Creticus und Gemahlin des Sohnes von Crassus, der zusammen mit Cäsar und Pompeius das erste Triumvirat bildete. Anfangs war der Tumulus, der einen Durchmesser von 20 m besaß, mit einer kegelförmigen Kappe bedeckt, die später abgetragen wurde. Erhalten sind noch die Bukranien, nach denen das umliegende Gelände Capo di Bove (Stierkopf) genannt wurde. Neben den malerischen Ruinen des **Castello dei Caetani** (14. Jh.) befinden sich auch die Reste der antiken gotischen Kirche **San Nicola a Capo di Bove**, ein seltenes Beispiel dieses Stils im Panorama der römischen Architektur.

Zirkus des Maxentius - Die im Vergleich zum Circus Maximus besser erhaltene Anlage weist noch Reste der Türme an der Westseite auf, ferner Teile der *carceres*, der Startboxen für die Pferde, und der Stufenreihen, auf denen 10.000 Personen Platz fanden. Auf der "Spina" erhob sich der Obelisk des Domitian, den Bernini auf die Piazza Navona bringen ließ, um den Vierströmebrunnen damit zu schmücken.

Mausoleum des Romulus - Das Grabmal wurde von Maxentius für seinen verstorbenen Sohn Romulus erbaut. Die Anlage bestand aus einem von Arkadengängen eingefassten Platz, in dessen Mitte sich ein runder Baukörper erhob. Im Inneren befanden sich in den Mittelpfeiler gegrabene Nischen mit den Aschenurnen.

DIE VIA APPIA ANTICA

Von der berühmtesten der römischen Konsularstraßen, die schon im Altertum als Regina Viarum, *die Königin der Straßen, bekannt war, ist noch ein Vorstadtabschnitt erhalten, der von antiken Gräbern, Kirchen und Katakomben gesäumt wird. Dieses Gelände, heute archäologischer Park, beginnt an der* **Porta San Sebastiano** *und erstreckt sich über neun Kilometer zwischen Pinien und bestellten Feldern, bevor es in offenes Land übergeht. Die im Jahr 312 v. Chr. durch den Zensor Appius Claudius Caecus eröffnete Straße - die seinen Namen trägt - sollte anfänglich Rom mit den Albaner Bergen verbinden, wurde dann aber bis Capua und 190 v. Chr. bis Brindisi verlängert. Die Straße war das ganze Mittelalter hindurch noch in Benutzung, geriet jedoch in der Folgezeit in Verfall und wurde erst im 18. Jahrhundert unter Pius VI. wiedereröffnet. Später kam die Idee eines archäologischen Parks auf, die aber erst Ende des 19. Jahrhunderts Gestalt annahm und noch auf ihre Vollendung wartet. Die Vorschrift, die Toten vor der Stadt zu begraben, führte nach der Errichtung der* **aurelianischen Mauer** *an der Via Appia und den anderen Konsularstraßen zunehmend zum Bau von Grabhäusern und Mausoleen, die zum Teil von Prunk und monumentaler Größe geprägt waren, wie das Grab der* **Annia Regilla** *oder das* **Grab der Caecilia Metella**, *das im Mittelalter in die* **Festung der Caetani** *einbezogen wurde. Die Schönheit und die Stille dieses Ortes ließen hier auch sakrale Gebäude und fürstliche Residenzen entstehen, wie den dicht an der Straße gebauten, letzten* **Kaiserpalast** *des antiken Rom, in dessen unmittelbarer Umgebung dann der* **Circus des Maxentius** *und das* **Mauloseum des Romulus** *Platz fanden.*

Mit der Verbreitung des Christentums nahm die Via Appia nicht nur Heidengräber, sondern auch die Grabstätten der neuen Religion auf. Bereits Ende des 2. Jahrhunderts waren die ersten Sammelgräber entstanden, die aus praktischen Gründen und der lokalen Tradition gemäß unterirdisch angelegt waren, oft unter Nutzung vorhandener Pozzolan- oder Tuffsteinbrüche, an denen der Boden rund um Rom besonders reich war. So entstanden die **Katakomben** *(vermutlich abgeleitet von* cumba, *Graben), regelrechte unterirdische Friedhöfe, die sich kilometerlang durch ein Netz von Galerien hinzogen und unzählige, in das Gestein getriebene Grabnischen aufnehmen konnten. Während der ersten zwei Jahrhunderte, zumindest bis ins 4. Jahrhundert, dienten die Katakomben ausschließlich als Begräbnisorte, an denen die Totenmesse mit liturgischen Gedächtnisfeiern und den sogenannten* refrigeria, *rituellen Gastmählern zu Ehren der Verstorbenen, gefeiert wurde. Mit Beginn des 6. und bis Ende des 7. Jahrhunderts wandelten sich die Katakomben zu Verehrungsstätten der Märtyrer und hießen fortan* memoriae, *d.h. "Stätten der Erinnerung". Damit änderte sich die Struktur der Katakomben grundlegend, da jetzt kleine unterirdische Basiliken und Zugangstreppen gebaut wurden, die eine Verbindung zu den inzwischen über der Erde entstandenen Kirchen herstellten. Besondere Bedeutung kam den Katakomben zur Zeit der Barbarenüberfälle zu, da sie als Versteck für die kostbaren Reliquien von Heiligen und Märtyrern dienten, um sie vor Plünderung und Zerstörung zu bewahren.*

Die **Katakomben des hl. Kalixtus** *an der Via Appia werden bereits Anfang des 3. Jahrhunderts erwähnt, als Papst Zephyrinus seinen Diakon Kalixtus mit der Überwachung der Anlage betraute. Nachdem Kalixtus Papst geworden war, vergrößerte er die Katakomben und machte sie zur offiziellen Begräbnisstätte der römischen Kirche. Hier wurden zahlreiche Päpste beigesetzt, unter anderem Sixtus II., der 258 während der Christenverfolgung des Kaisers Valerian den Martertod starb. Damals wurden auch die Gebeine der Apostel Petrus und Paulus in die benachbarten* **Katakomben des hl. Sebastian** *überführt, die zu jener Zeit den bezeichnenden Namen* Memoria Apostolorum ad catacumbas *annahmen. Erst später wurden die Katakomben und die darüber befindliche* **Basilika** *dem* **hl. Sebastian** *geweiht, als man hier die Reliquien des Zenturios der kaiserlichen Wache unterbrachte, der von Diokletian im Stadion des Palatins zu Tode gemartert worden war. Vom 9. Jahrhundert an überführte man sämtliche Reliquien nach und nach in die Kirchen und Basiliken der Stadt, so dass die Katakomben an Bedeutung verloren und allmählich in Vergessenheit gerieten. Das Interesse an diesen Zeugnissen der christlichen Urkirche wurde im 16. Jahrhundert wieder geweckt, als Antonio Bosio, Wissenschaftler und Archäologe* ante litteram, *beim Durchstreifen der Konsularstraßen, unter anderem der Via Appia, die Eingänge von rund dreißig Katakomben fand. Doch erst im 19. Jahrhundert konnten diese, auf der Grundlage seiner Hinweise, systematisch erforscht und für die Gläubigen und Altertumsfreunde wieder zugänglich gemacht werden.*

BASILIKA SAN SEBASTIANO

In die als *Basilica Apostolorum* gegründete Kirche wurden 258 vorübergehend die Gebeine der Heiligen Petrus und Paulus überführt. Sie gehört zu den sieben Pilgerkirchen Roms und wurde um die Mitte des 4. Jahrhunderts dem hl. Sebastian geweiht, dessen Reliquien in der Krypta Aufnahme fanden. Anfang des 17. Jahrhunderts beauftragte Kardinal Scipione Borghese den Architekten Flaminio Ponzio mit dem Neubau, den Vesanzio fertigstellte, indem er das Gebäude mit einer eleganten **Fassade** und Vorhalle ausstattete. Der einschiffige **Innenraum** besitzt eine schöne holzgeschnitzte Decke. Die **Reliquienkapelle** bewahrt den originalen Stein mit den Fußabdrücken Christi aus der Legende *Domine, quo vadis?* und einen der Pfeile, die den hl. Sebastian töteten. Diesem Heiligen ist eine andere Kapelle in der Krypta gewidmet, in der sich eine *Sebastian-Statue* von Giorgetti, einem Schüler Berninis, befindet.

KATAKOMBEN DES HL. SEBASTIAN

Die in einem ehemaligen Sandsteinbruch angelegten Katakomben des hl. Sebastian waren ursprünglich eine heidnische Begräbnisstätte, die später von den Christen übernommen wurde. Sie bestanden hauptsächlich aus drei **Mausoleen** des 2. Jahrhunderts, die im folgenden Jahrhundert eingeebnet wurden. So entstand die mit Portikus ausgestattete sog. **Triclia**, in der die *refrigeria*, liturgische Gastmähler, abgehalten und die Reliquien der Heiligen Petrus und Paulus verehrt wurden, die 258 vorübergehend hier untergebracht waren. Mittelpunkt der labyrinthartig verzweigten Galerien ist die **Krypta des hl. Sebastian**, wo der Märtyrer, nach dem der gesamte Komplex benannt ist, seine Ruhestätte fand. Die zahlreichen Räume bergen sehenswerte *Fresken*, unter anderem in der **Grabkammer des Jonas** einen *Zyklus* über diese bekannte biblische Gestalt, und das *Wunder des Besessenen von Gerasa*, das in einem der drei Mausoleen bewahrt wird. Der unterirdische Komplex umfasst auch die Reste der antiken **Basilica Apostolorum**.

San Sebastiano, die Fassade und zwei Ansichten des Kircheninneren.

Unten, Detail der Holzdecke mit dem Bild des Martyriums des hl. Sebastian.

Kalixtus-Katakomben, Der Gute Hirt, Wandgemälde in der Krypta der Lucina, und ein Blick in die Krypta der hl. Cäcilia.

Katakomben der Domitilla, die Basilika Santi Nereo e Achilleo und ein Abschnitt der unterirdischen Gänge.

KALIXTUS-KATAKOMBEN

Die riesigen Kalixtus-Katakomben, deren Gänge sich auf vier Ebenen über eine Gesamtlänge von rund 20 km erstrecken, enthalten unzählige Grabkammern (Cubicula) und Hypogäen, die mit nur zum Teil erhaltenen Fresken geschmückt sind. Zu den ältesten Anlagen aus dem 2. Jahrhundert gehören die **Krypta der Päpste**, wo die gemarterten und heiliggesprochenen Päpste der ersten Jahrhunderte des Christentums bestattet sind; die **Krypta der hl. Cäcilia**, wo die intakte sterbliche Hülle der jungen Märtyrerin gefunden wurde; die **Krypta der Lucina** und die **Sakramentskapellen**, die im 3. Jahrhundert entstandene *Fresken* mit verschiedenen religiösen Themen enthalten. Auf das 4. Jahrhundert gehen die **Krypten der Heiligen Gaius und Eusebius** mit den Gräbern dieser beiden Päpste zurück.

DOMITILLA-KATAKOMBEN

Die Katakomben, die auch den Namen der Heiligen Nereus und Achilleus tragen, haben eine sehr große Ausdehnung. Sie entwickelten sich aus dem Familiengrab der Domitilla, der Gemahlin oder Nichte des Konsuls Flavius Clemens, der von Domitian hingerichtet worden war.
In den Katakomben sind noch die Überreste der **Basilika Santi Nereo e Achilleo** zu sehen; hinter der Apsis befindet sich eine Grabnische mit einem Fresko der *verehrungswürdigen Verstorbenen, welche die heilige Petronilla anruft*. In der Nähe der Basilika beginnt die *Friedhofszone der Flavier Aurelier*.
Ein anderer Teil der Katakomben, der dem "Guten Hirten" gewidmet ist, bewahrt neben einer Skulptur gleichen Themas Gewölbemalereien des 2. Jahrhunderts n. Chr. In einem jüngeren Abschnitt der Gänge befinden sich schöne Darstellungen mit dem Kornmarkt und mit Szenen aus dem Arbeitsleben und dem Alltag (3.-4. Jahrhundert n. Chr.).

SACHREGISTER

Alle Gebäude, die Museen, Galerien oder Kunstsammlungen beherbergen, sind unterstrichen.

ROM

VATIKAN, 10